高等政法院校规划教材

西方法律思想史

司法部法学教材编辑部 审定

主　编　张彩凤
副主编　程　华　薄振峰
撰稿人　（以编写章节先后为序）
　　　　张彩凤　程　华　薄振峰
　　　　史彤彪　李宏勃

中国政法大学出版社

作者简介

张彩凤 中国人民公安大学教授,主要研究方向为法理学、法律史及比较法律文化。代表性著作有:《英国法治研究》、《法理学》(主编)和《比较司法制度》;代表性论文有:《论西方法治传统的思想渊源和观念基础》、《二十世纪英国法治理论的传承与超越:哈特的法律世界》、《自由秩序:解读哈耶克的普通法法治观》和《对话法哲学:现代宪政的认识论基础》等。

程 华 法学博士,中国人民公安大学副教授,主要研究方向为法理学、宪法学及比较法律文化。主编、参编《行政法与行政诉讼法学》、《宪法学导论》和《公安法制建设研究》等;代表性论文有:《略论宪法观念的历史演变与发展》、《市民社会:宪政国家的生长点》和《市民社会与美国宪政的成长》等。

薄振峰 法学博士,中国人民公安大学讲师,主要研究方向为法理学、法律史和比较法律文化。代表性著作有:《当代西方综合法学思潮》,《法理学阶梯》(参编)、《比较司法制度》等;代表性论文有:《法律理性与人类正义》、《法律逻辑、选择的空间与司法创造性》和《"祛魅"时代的法律信仰》等。

史彤彪 法学博士,中国人民大学教授,主要研究方向为法理学、法律史及比较法律文化。代表性著作有:《法国大革命时期的宪政理论与实践》、《西方法律思想史论》、《中国法律文化对西方的影响》和《威严与尊严——中西法律文化宏观比较》等,主编、参编《西方法律思想史》、《现代西方法学流派》和《西方人权思想史》等,发表论文多篇。

李宏勃 法学博士,中国外交学院讲师,主要研究方向为法理学、法社会学和人权法学。代表性著作有:《法制现代化进程中的人民信访》,主编、参编《法理学阶梯》、《法理学案例教程》和《法理学原理与案例教程》等;代表性论文有:《认真对待权力》、《法律的本体论依据》和《析论公民权与政治权项下的结社自由》等。

内容简介

本教材旨在全面系统地阐述作为西方文明重要组成部分的西方法律思想的发展史,全书由导论和五编组成,包括古希腊罗马、中世纪、近现代及当代西方法律思想,描述和揭示有史以来对西方世界及人类社会产生重要影响的西方人的法观念、法理论及其生成、发展的规律。

新版说明

长期以来,在司法部的领导下,法学教材编辑部认真履行为法学教育服务的职能,为满足我国不同层次法学教育发展的需要,在全国高等院校和科研院所的大力支持下,动员了包括中国社会科学院法学研究所、北京大学、清华大学、中国人民大学、浙江大学、厦门大学、中山大学、南京大学、武汉大学、吉林大学、山东大学、四川大学、苏州大学、烟台大学、上海大学、中国政法大学、西南政法大学、中南财经政法大学、华东政法学院、西北政法学院、国家行政学院、国家法官学院、中国人民公安大学、中央司法警官学院、广东商学院、山东政法管理干部学院、河南政法管理干部学院等单位的教学、科研骨干力量,组织编写了《高等政法院校法学主干课程教材》、《高等政法院校法学规划教材》等多层次、多品种的法学教材。

这些教材的出版均经过了严格的策划、研讨、甄选、撰稿、统稿、修订等程序,由一流的教授、专家、学术带头人担纲,严把质量关,由教学科研骨干合力共著,每一本教材都系统准确地阐述了本学科的基本原理和基本理论,做到了知识性、科学性、系统性的统一,可谓"集大家之智慧,成经典之通说"。这些教材的出版对中国法学教育的发展,起了非常重要的推动作用,受到广大读者的欢迎和法学界、法律界的高度评价。

教材是一定时期学术发展和教学、科研成果的系统反映,所以,科研的不断进步,教学实践的不断发展,必然导致教科书的不断修订。国际上许多经典的教科书,都是隔几年修订一次,一版、五版、二十版……使其与时俱进,不断成熟,日臻完善,成为经典,广为流传,这已成为教科书编写的一种规律。

《高等政法院校规划教材》出版至今已有十余年的时间,本套系列教材已修订多次,其中不少教材多次荣获国家教育部、国家司法部等有关部门的各类优秀教材奖。由于其历史长久,积淀雄厚,已经形成自己独具特色的科学、系统、稳定的教材体系,在法学教育中,既保持了学术发展的连续性、传承性,又及时吸纳新的科研成果,推动了学科的发展与普及。它已成为目前国内最有影响力的一套法学本科教材。

进入 21 世纪,依法治国,建设社会主义法治国家是我国的基本方略。为了更好地适应新世纪法学教育的发展,为了迎接新时代的挑战,尤其是我国加入 WTO 带来的各种新的法律问题,我们结合近年来法制建设的新发展,吸收国内外法学研究和法学教育的新成果、新经验,对这套教材再次进行了全面修订。我们相信重修之规划教材定能对广大师生提供更有效的帮助。

司法部法学教材编辑部
2001 年 8 月

编写说明

西方法律思想史是一门重要的法学专业基础理论课程。本书是高等政法院校规划课程教材(司法部系列),由长期从事西方法律思想史教学和研究的学者共同撰写,是各位老师在总结教学经验和整理课堂讲义的基础上,借鉴和吸收了国内外相关研究和教材的重要成果而形成。该教材按照西方法律思想史目前通行的体例设计,力求将西方法学文明中积淀下来的、具有代表性的、深具意义的典型人物、经典著述、观点、学说、理论及流派囊括其中,为研究者和学习者提供一个相关知识的全景。

本教材编写的具体分工如下:

主　编:张彩凤

副主编:程华　薄振峰

撰稿人(以编写章节先后为序):

张彩凤:导论、第一编、第二编、第三编中的第五章、第六章和第七章。

程　华:第三编中的第八章、第九章和第十章。

薄振峰:第四编、第五编中的第十四章、第十九章、第二十章和第二十一章。

史彤彪:第五编中的第十五章、第十八章。

李宏勃:第五编中的第十六章和第十七章。

此外,中国人民公安大学法学理论专业的研究生金云舟、辛素和李芳参与了目录、参考文献和中外文专业术语对照表的编辑工作。

《西方法律思想史》编写组
2007 年 7 月

目 录

■导论 /1

第一编 古希腊罗马法律思想

■第一章 古希腊法律思想 /12
  第一节 西方法律思想的产生 /12
  第二节 智者和苏格拉底的法律思想 /18
  第三节 柏拉图的法律思想 /22
  第四节 亚里士多德的法律思想 /29

■第二章 希腊化时期和古罗马法律思想 /39
  第一节 希腊化时期和古罗马时期法律思想的演变 /39
  第二节 斯多噶学派的法律思想 /43
  第三节 西塞罗的法律思想 /47
  第四节 罗马法学家的法律思想 /53

第二编 中世纪西欧法律思想

■第三章 基督教法律思想 /60
  第一节 基督教法律思想概述 /60
  第二节 奥古斯丁的法律思想 /65
  第三节 阿奎那的法律思想 /69

■第四章 早期人文主义法律思想 /76
  第一节 早期人文主义法律思想概述 /76
  第二节 马基雅维里的法律思想 /80
  第三节 布丹的法律思想 /84

第三编　17、18世纪西方法律思想

■第五章　古典自然法学概述 / 89
第一节　古典自然法学的产生及其思想体系 / 89
第二节　古典自然法学的特征 / 94

■第六章　荷兰法律思想 / 97
第一节　格老秀斯的法律思想 / 97
第二节　斯宾诺莎的法律思想 / 101

■第七章　英国法律思想 / 107
第一节　霍布斯的法律思想 / 107
第二节　洛克的法律思想 / 114

■第八章　美国法律思想 / 121
第一节　潘恩的法律思想 / 121
第二节　杰弗逊的法律思想 / 128
第三节　汉密尔顿的法律思想 / 136

■第九章　法国法律思想 / 145
第一节　孟德斯鸠的法律思想 / 145
第二节　卢梭的法律思想 / 153

■第十章　德国法律思想 / 161
第一节　普芬道夫的法律思想 / 161
第二节　康德的法律思想 / 167
第三节　黑格尔的法律思想 / 176

第四编　19世纪西方法律思想

■第十一章　功利主义法学 / 186
第一节　边沁的法律思想 / 186
第二节　密尔的法律思想 / 192

■第十二章　奥斯丁的分析法学　　　　　　　　　　　　　　/ 198

■第十三章　历史法学　　　　　　　　　　　　　　　　　　/ 206
　　第一节　历史法学概述　　　　　　　　　　　　　　　　/ 206
　　第二节　萨维尼的法律思想　　　　　　　　　　　　　　/ 207
　　第三节　梅因的法律思想　　　　　　　　　　　　　　　/ 211

第五编　20 世纪西方法律思想

■第十四章　新康德主义法学和新黑格尔主义法学　　　　　　/ 218
　　第一节　新康德主义法学和新黑格尔主义法学概述　　　　/ 218
　　第二节　施塔姆勒的法律思想　　　　　　　　　　　　　/ 219
　　第三节　拉德布鲁赫的法律思想　　　　　　　　　　　　/ 223
　　第四节　柯勒的法律思想　　　　　　　　　　　　　　　/ 226

■第十五章　新自然法学　　　　　　　　　　　　　　　　　/ 229
　　第一节　马里旦的法律思想　　　　　　　　　　　　　　/ 229
　　第二节　富勒的法律思想　　　　　　　　　　　　　　　/ 232
　　第三节　罗尔斯的法律思想　　　　　　　　　　　　　　/ 236
　　第四节　德沃金的法律思想　　　　　　　　　　　　　　/ 239

■第十六章　分析实证法学　　　　　　　　　　　　　　　　/ 244
　　第一节　凯尔森的法律思想　　　　　　　　　　　　　　/ 244
　　第二节　哈特的法律思想　　　　　　　　　　　　　　　/ 249
　　第三节　拉兹的法律思想　　　　　　　　　　　　　　　/ 254
　　第四节　麦考密克和魏因贝格尔的法律思想　　　　　　　/ 258

■第十七章　欧洲社会学法学　　　　　　　　　　　　　　　/ 262
　　第一节　耶林的法律思想　　　　　　　　　　　　　　　/ 262
　　第二节　埃利希的法律思想　　　　　　　　　　　　　　/ 266
　　第三节　赫克的法律思想　　　　　　　　　　　　　　　/ 269
　　第四节　狄骥的法律思想　　　　　　　　　　　　　　　/ 272
　　第五节　韦伯的法律思想　　　　　　　　　　　　　　　/ 277
　　第六节　卢曼的法律思想　　　　　　　　　　　　　　　/ 282

■第十八章　美国社会学法学　　　　　　　　　　　　　　　/ 286

第一节　庞德的法律思想 / 286
第二节　弗兰克的法律思想 / 292

■第十九章　新自由主义法学 / 297
第一节　新自由主义法学概述 / 297
第二节　哈耶克的法律思想 / 299

■第二十章　经济分析法学 / 308
第一节　经济分析法学概述 / 308
第二节　波斯纳的法律思想 / 312

■第二十一章　其他西方法学流派 / 320
第一节　西方马克思主义法学 / 320
第二节　批判法学 / 325
第三节　存在主义法学 / 330
第四节　行为主义法学 / 334
第五节　综合法学 / 337

■专业词汇中英文对照表 / 343
■参考书目 / 349

导 论

> ■ **本章学习目的和要求**
>
> 法律,作为一种文化现象和人类杰作,"它既带有尘世的重负,也具有天堂的引力。"[1]
>
> 西方法律思想史,作为理论法学和法律史学的重要分支学科,旨在阐述西方法律思想产生、发展、演变的历史及其规律,在西方传统法律文化和现代法律文化中始终占据着重要地位。对西方法律思想史的了解首先须明确其研究对象、理论体系及其学科特点和意义。
>
> **本章重点掌握**:西方法律思想史的研究对象;西方法律思想史的学科体系;西方法律思想史的学科特点和意义。

一、西方法律思想史的研究对象

西方法律思想史是以西方法律思想产生、发展、演变的历史及其规律为研究对象的科学。在此,"西方"指的是具有共同文化思想渊源或传统的西欧和北美的一些主要国家。西方法律思想史主要研究从古希腊罗马一直到20世纪西方发达国家重要的、有代表性的法学观点、理论、思潮、代表人物和学派及其法学思想产生、发展的过程和规律。源远流长的西方法律思想,自产生伊始,便以法律这一特殊的社会规范或社会现象为基本的研究对象,如:法是什么? 是强者的利益、意志的体现、理性的命令和规则的集合;法律本源于什么? 法律源于神、人的意志或理性、功利或自然;法律应该是什么? 法律是正义、善、中庸、自由、安全、权利或秩序;法律是主观的还是客观的? 是经验还是理性? 是纯粹精神的还是物质的? 法与人类的生存方式、社会生活、政治经济活动以及与其他社会现象的关系如何? 等等。对这样一些有关法律这一存在物根本性问题的历史性思考,伴随着人类社会文明的进展,似涓涓细流汇集成浩荡的历史长河。在这一思想的历史长河中,灿若星辰的思想巨人、经典论著、思潮学派有如长江后浪推前浪,汹涌澎湃,波澜壮阔。他们指点江山,激扬文字,推陈出新,与时俱进,始终不渝地试图为人类寻求一个和谐、有序及安定的世界。

---

[1] [德]拉德布鲁赫:《法学导论》,米健等译,中国大百科全书出版社1997年版,第3页。

在19世纪之前,有关法学问题基本上是由一些哲学家、政治思想家和伦理学家进行思考和解释,在其法律思想中,既有对法律现象的经验描述,又有对法律本质的哲学思考。在19世纪及其后,这一思考和研究主要是由职业法学家来推动,且逐渐形成一门独立的学科。它反映了19世纪科学、人文精神的处境和发展,也反映了法学家们试图建构法学这一独立学科体系的大厦,将法学从普通哲学、宗教哲学和政治道德哲学中分离出来的努力,使法学获得了前所未有的发展前景。西方法律思想史研究的主要内容范畴大体上有:法的概念、法的本质、法的起源、法的价值、法律结构、法律原则、法律意识、法律渊源、法律逻辑、法律解释、法律效力、法律责任、法的运行、宪政、法治以及法与国家、法与社会的关系等等。就上述法问题来看,实际上它们都是法的一般理论问题,是有关法的世界观和方法论的问题。只不过这样一些法的一般的、基本的问题是在历史的视野中进行研究和考察的,是在具体的语境中去理解和认知的,是在不同的社会背景和条件下去解读的。西方法律思想史可以说是西方人法观念成长的历史,是西方历史上有关法意识形态的知识体系,它既是一种法律史学的知识形态,也是一种理论法学的知识形态。

我们还可以从"关系"角度进行思考,在对西方法律思想史与西方政治思想史和外国法制史的关系的比较分析中掌握西方法律思想史的研究对象。①西方法律思想史与西方政治思想史的关系。西方法律思想史同西方政治思想史有着密切联系,二者都是专史,其研究内容都是西方历史上发生的各种有关社会政治法律制度和国家权力的政治法律主张、观点、理论和学说。在19世纪之前,二者的内容几乎是一样的。在法学成为一门独立学科之后,我们可以作出这样的区分:政治思想史属于政治学的范畴,它的研究对象和范围主要是政治思想、理论、观点和学派,揭示政治思想发生、发展和演变的规律;而西方法律思想史的研究对象则是要揭示法律思想发生、发展及其演变的规律。②西方法律思想史与外国法制史的关系。西方法律思想史与外国法制史既有联系又有区别。二者的联系主要表现在:其一,都以历史学的方法进行研究,属于法律史学范畴;其二,研究的内容都不是中国的而是外国的法律问题。二者的区别则在于:西方法律思想史的研究对象是观念而外国法制史则是制度和规范,前者又属于理论法学的范畴,而后者在研究对象的范围方面不只限于西方,同时也只属于历史法学的范畴。③西方法律思想史与西方哲学史的关系。西方哲学史属于哲学的范畴,西方法律思想史属于法学范畴。处于不同学科领域中的哲学与法学又是一般和特殊的关系。哲学是法学的理论基础,对法学起着指导作用;法学是哲学理论概括的前提和基础,为哲学提供必要的知识和素材。在西方历史上,大部分法律思想产生和发展于哲学家,可见二者关系之紧密。

二、西方法律思想史的学科体系

西方法律思想史是一门云集了自古希腊以来众多思想巨人和学术流派的法学学科,其研究对象具有特殊的复杂性,若想按某一逻辑理路将一些相对独立且不相容的内容组织成为一个结构严谨的逻辑整体,就目前而言确非易事。对西方法律思想史的学科体系如何理解,如何更好地把握,不同的教材有着不同的处理方法。本教材主要从"史"的角度进行思考,依据西方法律思想发展的历史进程大体可以将这一学科体系划分为五大部分,这正是传统教材的一贯做法,也是本教材结构体系的安排。

古代希腊是西方政治法律思想的发源地,该时期是西方政治法律思想的奠基时期。希腊人从一开始,就形成神人分治的二元格局,故其法律也分为自然法与实在法。他们把政治法律秩序的建立看成是人类社会发展的必然,犹如山川大海,既是自然的一部分,又是自然而然形成的。希腊哲学家和罗马思想家提出和论述的法律思想有关于正义和社会政治法律秩序的法学理论问题,其内容和范畴主要有:法的正义理论、自然法理论、人治与法治理论、国家法律起源及目的理论、宪政理论和实在法理论。这些不同的、多元化的法律思想和观念成为后世各种法学理论的胚胎,从而为现代西方法学理论奠定了重要的古典基础,在西方法律思想史上占有重要的地位。①他们已经将法律与神、正义、自然、理性以及至善等联系在一起,确立了正义法律观。②认为一个城邦是好是坏与其奠基的原则和治理方式关系密切,因此,他们普遍关注对政体、人治和法治的研究。其法治理论及其政体思想为其后西方民主和法治传统的形成奠定了基础。③他们所讨论的法学理论问题为西方法学确立了研究的一般对象和基本范畴。④其自然法观念自产生时起,一直支配着西方法律传统。自然法在西方法律思想史上是一个非常重要的概念,它以思想和观念而非文本和制度为其存在的形式,突出地代表了古希腊、古罗马的自然理性主义文化,这种文化与其后的基督教文化的合流构成了现代冲击全球的西方文化的主要源流。总之,古希腊、古罗马的法律思想对西方法律传统的形成产生了深远的影响,中世纪和近代资产阶级法学理论在很大程度上就是以古代法律思想传统为基础而形成和发展起来的。就古代自然法而言,虽有一定的理论缺陷,如绝对、静态和神秘性,但作为一种法观念,其所具有的伟大的人文关怀,是推动西方法学和法治精神形成和发展的巨大观念力量。

中世纪的一切都建立在基督教文明的基础上,而基督教文明是西方文明不可或缺的部分,也是现代西方法律文明的重要基础。西欧中世纪始于公元476年西罗马帝国的灭亡,当时的西方世界虽在政治、经济上处于四分五裂的状态,但其精神世界却一统于基督教神学。罗马天主教会这一普世性组织及其以拉丁语为载体的神学、教会法,和复兴的罗马法一起,构成一个有形或无形的、相对统一的社会文化和行为规范,维护和发展了西方传统文明的整体性或大一统特点。"中世纪意识形态的其他一切形式——哲学、政治、法学,都合并到基督教神学中,使他们成为神学的科目。"[1]神学是显学,是君临一切、唯我独尊的,它包容一切理论。此时期法律思想的突出特征是神学主义的法律观,它体现在奥古斯丁和阿奎那的思想体系中。特别是阿奎那将基督教理性化,不仅大大扩展了知识领域,而且,也向法学作为独立的学科进行世俗性探讨伸出援手,使近代法学得以从宗教中分离出去。13世纪后,已达到登峰造极的教会势力,随着西欧资本主义的萌发、文艺复兴的到来趋于下滑,人文主义开始崭露头角。中世纪处于至高无上、万流归宗之地位的神学,以其丰富的神权法思想及其神学的形式保存和发展了古代的自然理性主义法律观,将之神圣化且传递到近代社会。

作为西方法律思想重要组成部分的古代希腊、罗马和基督教法律思想,既是近现代西方法律思想的主要来源,又是其理论基础。古希腊、古罗马、基督教实质上是同一文化传统在不同历史阶段上的不同表现形态。这三者都是因多元文化碰撞而生成的不同文化形式,它们之间存在的内在逻辑机理和西方法律思想一脉相承的进化线索是一致的。

近代西欧是宗教改革、人文主义、资产阶级革命、启蒙运动和创建资本主义国家和法制的发生、发展时期。始于16世纪初的宗教改革强化了民族国家意识,势不可挡的资产阶级拒绝神权和专制王权,不仅要求在政治上全面推翻封建主义专制统治,建立资本主义新秩序,在经济上自由地发展资本主义,而且要求在法律领域内废除封建主义的法律制度,建立资产阶级政治法律体系。在法学领域中,他们冲破了神学法律观的束缚,使自由了的法学获得了前所未有的发展。他们以人本主义眼光理性地认识国家法律现象,使西方法学进入了一个全新的发展阶段。一种全新的世界观即法学世界观确立了。这种理性主义的或人本主义特征的法学世界观是一种"资产阶级的经典世界观"。此时,"代替教条和神权的是人权,代替教会的是国家"。但是,代替神学法律观的法学世界观仍旧是一种唯心史观。近代法学世界观的核心内容是自由、民主、平等、人权和法治,其典型的表达形式或理论体现便是古典自然法学。近代启蒙思想家的自然法理论的前提是肯定人类理性作为国家和法律产生及其目的的可靠保障,能够创造一切、解释一切,具有革命性和批判性的功能和使命,这对于摧毁封建主义、建立资本主义社会有着直接的指导意义,为新的资产阶级理想王国的建立及其法律体系提供了思想、观念、原则和理论,奠定了西方今日辉煌的基础。但同时,于理性时

---

[1]《马克思恩格斯选集》第4卷,人民出版社1973年版,第251页。

代而生发的古典自然法学在"企图给政府和个人指定其各自领域"[1]的同时,也因其万能的理性、绝对主义的认识论而于19世纪不得不偃旗息鼓。

西方法律思想发展到19世纪进入成熟时期。随着欧美各国资产阶级统治的确立和民主法治模式的建立,西方法律思想在其发展的进程中出现了新的动向,这就使盛极了200多年之久、在此时显属过时了的古典自然法学趋于衰退,代之而起的是新的、适应自由资本主义阶段的、注重历史因素、现实因素和人的功利的法学思潮。如果说17、18世纪的西方法律思想的功能主要是革命与建构性的,那么19世纪的法律思想就是批判与保护性的;前者属一枝独秀,后者则是流派纷呈。19世纪的西方法律思想通过批判、继承和扬弃,发生了分化和重新组合。不同的学派基于不同的认识论强调法的不同方面,但表现出的基本倾向是理想主义与现实主义。此时,占支配地位的主要有历史法学、哲理法学和分析实证法学。历史法学出现于19世纪,是以反对自然法学、强调法律体现民族精神或历史传统为特点的法学思潮。它是以实证认识论和怀疑论为哲学基础,以历史的观点和历史的方法来研究和解释法律的一种法学。它从历史、社会的风俗习惯中寻找法的根源和基础,注重经验,贬低理性,否定国家在法律形成中的关键作用。作为一种法学研究方法和法学理论,到20世纪初,历史法学逐渐融入分析实证主义法学和社会学法学中。哲理法学在继承和发展自然法学的基础上强调理性主义或理想主义及二元法论的传统,以唯心主义和形而上学的哲学观,以抽象的概念、保守的理论形式、难懂的哲学语言,论证了法的自由意志的本质以及正义、公正、理性、权利等实在法的基础和标准。康德和黑格尔的法哲学是他们各自哲学体系的一个相对独立的重要组成部分。特别是奥斯丁实证分析法学的出现,标志着法学作为一门独立学科地位的确立。分析法学以功利主义和实证主义哲学为理论基础,摈弃理性、社会和道德对法的影响和作用,只对实在法进行逻辑分析,构建了一套全然不同于自然法学的思想体系。如果说19世纪以前西方法律思想一直构建于形而上学、理性主义的哲学基础之上,那么之后则因哲学的转向而使法学范式发生了重大变化。法学走上了实证哲学的道路,开始关注实在法问题,研究实在法理论,强调事实和经验及客观数据。其理论具有科学主义、规范主义和形式主义的特征。这一世纪的西方法律思想基本上是对古典自然法学的反动。

20世纪是人类历史上变革最为巨大且最为迅速的时期。在这个世纪,人类的各个方面发生的是翻天覆地的变化。经济上,垄断资本主义和现代市场经济加速发展;政治上,福利国家出现,政府几乎对社会生活所有方面进行着前所未有的干预;各种社会矛盾加剧,利益结构不断重组,社会发展

---

[1] [英]罗素:《西方哲学史》上卷,何兆武、李约瑟译,商务印书馆1997年版,第20页。

进程加速。由此而引发的变化不仅表现在物质生活方面,还体现于思想文化方面。西方法律思想发展到当代,出现了法的社会化和法律改良运动。新的社会问题和法律实践要求新的法理念,如研究和规范政府行为的实践使法治与宪政成为法律思想的主题;而主要思路已从论证现实的合理性、探讨法律应该是什么转变为说明现实法和法律现象是什么,以及如何运行和实际效果如何等问题。"秩序"、"安全"和"人权"成为这个时代主要的追求目标。特别是第二次世界大战后,世界格局出现了新的变化,已实现了工业化和现代化的西方政治经济进入了"第二个黄金时代"。科技突飞猛进,出现了许多科学新领域,特别是计算机的出现,促使社会走向知识经济时代,进而影响了人们的生产生活方式。在民主化和多元化已成为世界潮流的局势下,思想家们围绕着西方社会的重重危机,寻求解决由工业文明带来的各种社会问题的良方。法学研究领域大大扩展,新方法、新理论、新学说以前所未有的局面展现,西方法律思想更是派别林立、百家争鸣,表现出许多新特点:①高度分化,学派林立,论战迭起,法律学说、理论呈多元化的态势。从50年代中后期起,由于对各种重大社会、政治和经济问题的理论争论,导致了法学领域的几次论战,进而推动法学出现了百花齐放的繁荣局面。②高度综合,三足鼎立的三大主流学派相互吸收、相互渗透,理论呈趋同的态势。自然法学、实证分析法学和社会学法学以新的法律理论态势出现,各学派都向对方靠近,相互吸收,其发展方向有着共同的趋向,都持一种相对主义的态度。虽然三大法学流派各有其理论独特性,而且彼此之间有着根本性区别,但却因它们共有的现当代社会背景、共同的古典渊源和知识论基础,使得当代西方法学研究更具宽容性、综合性和科学性。如自然法学开始关注法的技术层面,新分析法学开始注重法的社会性和价值性,社会学法学则开始强调法的多元性、法的价值、现实中的活法。三大法学流派实际走上了趋同和融合的发展道路,这也展示了未来法学研究发展的方向。③研究方法与手段的多样化,尤其是多种学科互为研究的方法和视角,以及许多学科及学者加盟法学研究,使得西方法律思想的殿堂内儿孙济济,兴旺发达。④由于80年代开始流行后现代主义,使得具有后现代特色的法学思潮犹如一匹横空出世的黑马,对现代资本主义社会制度及其政治法律制度加以深刻反思和批判。究竟如何对待启蒙运动以来西方工业文明发展的得失,如何认识现代工业社会所面临的种种危机,如何看待由工业社会向后工业社会的转变,后现代法学思潮对上述问题的关注为丰富多彩的现代法学园地增添了勃勃生气,犹如锦上添花。⑤现代法律思想的发展,自始至终伴随着现代西方工业文明的历史进程。现代人类社会生活的巨大变化,时时都在改变着每一个人的生活方式和生活内容,"人"的问题在当代西方愈来愈被重视,反映了现代社会的发展,特别是现代科技的发展给人类社会带来的巨大负面影响,如全球经济危机、几次世界大战、种族冲突、环境问题、生态系统的破坏、人性异化等,人们不得不开始从人本身出发寻求答案。法学家立足主体,剖析人性,从不同的层面、全方位地解说法律现象,为社会提供化解现代性危机的思路。他们基本的哲学倾向是实证主义和理性主义的。也就是说,实证主义法哲学思潮与理性主义法哲学思潮并驾齐驱,构成了现代西方法学发展的两个轮子,正是这两种主要哲学思潮推动着现代西方法律思想的发展。现代西方法律思想异彩纷呈,有不少建设性的或合理性的观点,它们的基本共同点在于其语境是西方现代化的资本主义社会。

三、西方法律思想史的学科特点

在整个法学体系中,西方法律思想史居于非常重要的地位。它属于法律学科体系中的理论法学和历史法学,是法学专业本科教学的一门基础理论课程。其基本特征如下:

1. 西方法律思想史是西方人法观念的发达史。在此需要说明的是,本学科尽可能地激活西方法律思想遗产,并以呈现一幅动态的西方法观念的全景为己任。当然,这不是面面俱到、包罗万象、毫无选择的,而是从发生学和历史性角度,在纷繁复杂、浩如烟海的人类智慧海洋中努力寻求某些线索,筛选出那些最能代表和象征某时、某地的法意识形态的思想、理论和思潮,将它们集锦和贯通,同时,将这些思想与既定的社会政治经济背景相联系,指出它们内在的历史逻辑、思想的连续性和谱系,说明它们在不同文化语境中的传承和流变,既能反映出西方人法观念成长的历史过程及其基本理念,又能揭示某一思想观念的多个可能性及其必要的条件环境。也就是说,我们所期待的是为研究者和学习者提供一个了解西方法律传统文明的思想向导。

2. 西方法律思想史的学科属性具有多元特质。①西方法律思想史既是历史法学的一个分支,又是理论法学的一个分科,它以历史的叙事方式讲述着法学观念、理论发生发展的故事。②西方法律思想史是一个开放的理论体系,它既是纵向开放的,又是横向开放的。也就是说,它接纳西方有史以来人类的一切学科和知识以丰富自我。西方法律思想史几乎与其他每一个知识领域都发生着持续不断的重要联系,其发生、发展与西方社会的哲学、宗教学、伦理学、政治学等人文社会科学领域,甚至自然科学领域关系非常密切。不同的思想主体和学科知识都不同程度地参与了法律观念成长的历史。③西方法律思想史实际上是一门对话的学科,研究者、学习者都得参与进去与思想家对话,研究者彼此之间也需要对话,从而讨论那些存在于法学经典中、渗透于法律文明传统中的未解结构、想象空间及构造经典理论的各种可能性。所以,在学科性质上,西方法律思想史的显著特点就是其所具有的开放性、宽容性和综合性。

3. 西方法律思想史这一学科的思维模式的特点。法学起源于哲学家对法的思考和解说,西方法律思想的历史是人类对法进行分析和梳理、进行哲学思考历程的一个缩影。我们通过考察整个西方法律思想发生、发达的历史过程可以发现,西方走的是理性主义和经验主义知识论的道路,也可以说是逻辑的、推理的道路。对此,可以从西方法律思想的诞生地——古代希腊的理性和思辨型法律思想模式加以理解。希腊哲学家、思想家们很早就开始探索宇宙的本源和规律,其后又发展到对社会、国家及法律的本源规律和良好的政治法律秩序确立和维续原因的探讨。这种抽象的哲理思维模式在西方一直延续到19世纪才有所改变。19世纪及其以后的法律思想一改过去的老面孔,由价值法学转向实证法学。这是现代社会的产物,也是现代哲学取代近代哲学的哲学思维方式重大变更的产物。此时,法学的研究对象、内容、领域和方法发生了变化,即由一种范式转变为另一种范式:①研究的对象从自然法到实证法和行动中的法;②研究内容从法的本体论和价值论到法的认识论和实践论;③研究范围从立法层面到立法、法的实施层面和人的经验所及的法现象世界;④研究方法从形而上学到逻辑实证和经验实证,从绝对主义到相对主义,从较单一的方法到多元的方法;⑤功能上,就19世纪之前的法律思想而言,其任务主要是揭示和阐明法的概念及其存在的理由根据,即探求法的真实性、普适性和公理性或法的绝对真理。而19世纪之后的法律思想,其任务则在于描述法经验事实、法的实际效用,探求法律知识的可靠性和确切性以及法的实际功利性;⑥研究的中心,近代法律思想是以人即主体性为中心研究法,现代法学理论是以法律为中心研究法,当代法律思想则是以人的精神、法的形式、社会及语言为中心研究法。也可以这样说,从强调人文精神和科学精神到只强调科学精神再到强调人文精神和科学精神;从只停留在认识领域关注理论法或概念法到进入实践领域关注实在法及其运行和实效。19世纪及其之后西方法律思想的发展是法学理论一种极大的进步。因为随着各种特殊科学的形成和发展,现代各学科都具有独立存在的意义(法学亦然)。它们不需要建立在某种绝对的道德、理性或其他绝对原则的基础上,更不能继续依附于道德学、政治学、宗教学和哲学。它们为了自身的进一步发展,必须突破原有的知识体系。法学家们试图将法看作一个不可分割的统一的整体,其中起主导作用的是社会生活及人的能动性。可见,在法学史上,每一种有意义的法学理论、学派或思潮的推出,都有赖于某种思维模式及其某种程度的新突破。在研究的倾向或学术传统上,现代自然法学承接的是自古代希腊以来的西方宗教和道德传统,注重的是理性和思辨性,即哲理思辨或形而上学,其理论强调在法之外以道德哲学的方式解答法律问题,并摆出评价者的姿态,关注法的好与坏。而始自于19世纪的实证分析法学所承接的是以近代科学为背景的实证主义传统,它力图摆脱普通哲学思辨性、哲学语言和政治道德的价值判断的影响,以分析性和清晰性,即进行学理描述和语言分析及逻辑论证,从法本身即内部性立场来讨论实在法问题。它以当事人的姿态,就事论事地关注法的是与否。社会学法学则根植于社会生活和法律实践,以法律的利益目的和法的实际社会效果为标准对法律作出评判。

4. 西方法律思想发展模式上有着较为清晰的法律观嬗变的历史脉络。如果武断地区分一下西方不同历史时期的法律观,我们会得出这样的一种判断:古代社会是一种自然法律观,中古社会是一种神学法律观,近代社会是一种理性法律观,现代社会以来则是一种理性和实证相结合的法律观。

(1)自然法律观是古代希腊人和罗马人的基本法律世界观,它集中体现于自然法思想。希腊早期"神人分治"的两种秩序、自然哲学家提出的"逻各斯"思想,都是在试图探索世界或事物的本源和规律,这是西方自然法思想的萌芽。到希腊化和罗马时期,形成了系统的自然法思想。自然法既是一种人类认识和解释世界的能力,又是能够通过自然理性认识的自然规律和社会发展规律。这种思想作为西方法律思想史上的一个重要观点而延续到后世,是能够解释现代法治和宪政传统的一个"应然法"理念。

(2)西方中世纪法律思想的标志是基督教神学法律观。当时存在着希腊罗马文化、基督教文化和日耳曼文化等多元文化的并存和融合。随着基督教势力的扩大,产生于罗马后期的基督教神学发展成为人们观察一切问题和解释世界的根据。无论是维护教权的法律思想,还是维护俗权的法律思想,都是从圣经或基督教的历史中寻找依据。

(3)西方近代社会的法律观是理性主义法律观。可以说,在西方法律思想发展过程中,思想家们认识、解释法的主要根据有三种:①以自然、自然规律为根据进行解释,是自然主义法律观,是一种自然哲学和道德哲学的理由。②以上帝为根据进行解释,是神学主义法律观,是一种宗教哲学的理由。③以人的精神为根据进行解释,是理性主义法律观,是一种政治道德哲学理由。在19世纪之前,法学研究的对象和范围主要是法的价值层面,是一种价值法学。有关法的理论知识体系主要是评价性的,强调法的基础主义和本质主义。这种对法的理论研究或法的知识论结构研究的缺陷表现于很少触及到法的事实知识层面。

(4)西方法律观在19世纪的转型既是一种根本性的变更,又是一种自然的发展。其"根本性的变革"表现在从二元法论到一元法论,从理性法律观到实证法律观。"自然的发展"是说,这种变革既符合哲学和思想文化传统本身发展的逻辑,又符合人类社会历史发展的规律,即历史与逻辑的统一,既具有思想文化发展的根源即认识根源,又具有社会历史根源。不得不承认,在近、现代西方法律思想模式上存在着重要的甚至是根本性的区别。

这就意味着西方法律思想的发展在近现代之间发生了重要的、甚至是根本性的转折。虽然从表面上看,不同的历史时期对法的认识是不同的,比如古代人是感性直观的,近代人虽克服了古代人认识的素朴性和直观性,但是却仍旧未能脱离形而上学的纯概念推理,只是在精神领域做文章。正如罗素所说,任何一种世界观都是传统的宗教观念、伦理观念和科学观念的产物,尽管这三者在不同的世界观中所占的比重是不同的。[1] 可以这样认为,仅仅就它们所共同强调的自然法的绝对性、惟一性、不变性、永恒性及普世性来说,三者都是一种神权法律意识,是一种形而上学,是一种思辨哲学的产物。19世纪之前西方法律思想的最大缺陷是对理性的倡导由于走向极端而变成了对理性的迷信,理性万能取代了上帝万能而导致了理性的独断;用理性主义构建的法学体系变成了凌驾于法律科学和法律生活之上的思辨法形而上学体系。法的二元性,即法精神与法形式本身(法应然与法实然)的分离使人们忽视了二者之间不可分割的联系。

当代法律思想的发展并不存在单一的道路和模式。不同的法学主张透露着一种宽容及和平共处的倾向,不同的道路和模式可以共同发展、相互沟通和借鉴。事实上,随着冷战的结束、世界经济的进一步一体化以及民族或地域文化矛盾的不断冲突和认同,各种法学流派在法律社会化的方向上趋同,走向求同存异之路。作为价值法学的新自然法哲学,吸收了分析法学和社会学法学的某些论题、观点和方法,同样,其他两种法学流派也吸收了自然法学的东西。他们共同或一致之处在于:既有要求维护人的自由和尊严的人权理论,也有要求社会的共同利益的社会化理论。

从整体上考量,现代西方法学是在西方各国资本主义社会里形成和发展起来的,在一定意义上,它是西方资产阶级法律观的理论形态。法律思想作为一种法意识形态,必然与其社会主体的生活目的和生活利益密切相关,对此,应当在西方社会的历史背景和哲学背景下加以学习和理解。同时,也应当意识到,西方法学与其哲学和科学一样,也必然具有超越西方社会历史和西方资产阶级法意识形态的法律文化内涵。如果将法学作为一门科学对待,那么无论何时何地的法学必然是超越时间和空间性的知识,即它是具有一些共同性、普适性的确定知识。

通过对西方法律思想史的学习和研究,可以帮助学生掌握西方法学的基本知识和基本原理,在掌握不同法学观点、思想、源流及方法的多样性的基础上,对法有一个合理而科学的认识。对于学习者而言,重要的是在历史中体验思想,在思想中总结历史和开拓未来。特别强调的是,异地的文化资源、观念的力量和影响并非只局限于观念生产地的版图,而是以其超时空性

---

[1] [英]罗素:《西方哲学史》上卷,何兆武、李约瑟译,商务印书馆1997年版,第20页。

波及整个世界,以至于生活于所谓"后现代"的我们在地球的任何角落都可以真切地感受到它们的存在,因为有些符号和观念已经融入我们的生活价值和行为方式中。而且,知彼才可能知己,只有在多个思想、理论知识的参照系下,才能进一步理解马克思主义法学,从而科学地认识和处理中国法治建设和社会发展中的法律问题。

■ 思考题

1. 简述西方法律思想史研究的对象和范围。
2. 简述西方法律思想史与西方政治思想史、外国法制史、西方哲学史、西方法哲学的联系和区别。
3. 简述西方法律思想史的学科体系及其学科特点。

■ 参考与阅读文献

1. [德]马克思:"黑格尔法哲学批判导言",载《马克思恩格斯选集》第1卷,人民出版社1995年版。
2. [德]马克思:"德意志意识形态",载《马克思恩格斯选集》第1卷,人民出版社1995年版。
3. [德]恩格斯:"反杜林论",载《马克思恩格斯选集》第3卷,人民出版社1995年版。
4. [美]博登海默:《法理学:法律哲学及其方法》,邓正来译,中国政法大学出版社1999年版。
5. 谷春德主编:《西方法律思想史》,中国人民大学出版社1999年版。
6. 吕世伦主编:《现代西方法学流派》上、下卷,中国大百科全书出版社1999年版。
7. 王哲:《西方政治法律学说史》,北京大学出版社1988年版。
8. 张文显:《二十世纪西方法哲学思潮研究》,法律出版社1996年版。
9. [美]萨拜因:《政治学说史》上、下卷,盛葵英等译,商务印书馆1986年版。
10. 西方法律思想史编写组编:《西方法律思想史资料选编》,北京大学出版社1983年版。
11. [英]韦恩·莫里森:《法理学:从古希腊到后现代》,李桂林等译,武汉大学出版社2004年版。
12. [英]罗素:《西方哲学史》上卷,何兆武、李约瑟译,商务印书馆1997年版。

第一编　古希腊罗马法律思想 ▶▶▶▶

第一章　古希腊法律思想

■ **本章学习目的和要求**

西方法律思想孕育于希腊城邦的摇篮中，产生于古希腊人理性觉醒之时，存在于宗教、道德、哲学和科学之中。正是在这里产生了西方最早、最基础的法观念且确定了法至上的地位，这种法观念将自然力量、自然秩序以及自然规律与人类社会的价值和人的行为规则联系在一起。柏拉图和亚里士多德是人类历史上最早、最全面地探讨法学理论和法治理论的思想家，以其为代表的自然正义法律观，既反映了人类早期法律思想与哲学、伦理学的水乳交融关系，也表现了西方法律思想自始至终对正义的强烈渴求，为西方法治主义奠定了坚实基础，是构成西方法理学最基本的要素，对西方法律思想的形成和发展产生了决定性的影响，为世界法律文化作出了不朽的贡献。

本章重点掌握：西方法律思想的产生及其特点；古希腊的自然法思想及其特点；苏格拉底的法律思想；柏拉图的两个理想王国；亚里士多德的正义法律观和法治思想；古希腊法律思想对西方法律思想发展的影响；希腊人为西方乃至全人类提供了哪些法律观念。

第一节　西方法律思想的产生

一、古希腊是西方法律思想的发源地

西方文明虽可追溯至迈锡尼文明，甚至米诺文明，但从法律文明的真正意义上讲，源远流长的西方法律思想和整个西方文明一样缘起于古希腊。古希腊法律思想属于古代西方法律思想，是西方法律思想史的重要组成部分。与希腊社会发展历史时期相对应，其法律思想的产生、形成大致经历了

三个时期:法律思想的萌芽时期:荷马时代(公元前12~公元前8世纪);法律思想的产生和形成时期:城邦制度时代(公元前5~公元前4世纪);法律思想的发展时期:后城邦时代(公元前4~公元前3世纪)。

与其他文明古国相比,希腊文明产生较晚,但是,它却凭借其优越的自然条件和地理环境而成为一种得天独厚的区别于内陆文明或大河文明的海洋文明。这种文明靠海而生,环地中海区域交通便利的贸易往来有利于滋生开放进取、自由平等之精神,同时这也是产生规则意识、发展科学精神和形成抽象思维方式的必要条件。在这方土地上,精神价值高于物质生活。当然,由于地中海区域是几个重要文明交汇的地区,希腊人借地缘便利吸收了西亚和埃及文明,并利用其后发优势,成为文明世界的后起之秀。

在地理上,古代希腊处于巴尔干半岛的南端,是一个大希腊世界。[1]约公元前12~公元前8世纪,希腊人还处于分散的部落状态,他们仍在用宗教和神话思考、解释自然界和社会发生的一切现象,指导其宗教和道德活动。约公元前8~公元前6世纪,希腊人开始了由部落向民族的过渡,与此同时,希腊世界进入了城邦形成时期,也是其理智开始觉醒之时。这表现在产生于此时的希腊哲学、科学以及文学艺术等所取得的辉煌成就。从此,西方人开始了对国家和法律的理性思考。

由于处于特殊的地域,山脉和岛屿的分割造成了经济和政治的分离倾向,希腊城邦[2]是最早、也是极为特殊的一种国家形式,每个城邦都有自己的政体(如雅典的民主政治,斯巴达的寡头政治及波斯的君主专制)和法律,对外独立,对内享有完全的自主权,经济上基本自给自足,政治上是城邦本位主义。维持这一政治经济独立体的社会秩序的公共权威是政府和法律,其内部关系已是一种人为的政治法律关系。多元的政治格局发展了每个城邦独立的个性,也使得人们视野开阔地进行哲学思考,为研究国家和法律的起源、本质、法律与政体以及人治与法治的法学问题提供了实证个案。值得一提的是,雅典城邦的形成、确立、发展直到民主制繁荣,这一过程是通过一

---

[1] 它以爱琴海地区为中心,包括希腊半岛、爱琴海中各岛屿和小亚细亚沿海地区、意大利南部直至土耳其半岛的沿岸。当时的希腊不是一个统一的国家,只是一个地理和文化概念。

[2] 典型的城邦是以一个城市或城堡为中心,由附近数公里以内的若干村落组成,城邦之间往往以山河海洋为自然边界。一般城邦的面积在50~100平方公里之间,雅典是2550平方公里,斯巴达是8400平方公里,都是大邦,总人口一般在数千人,公民人数在625~1250人之间,雅典18岁以上的成年男性公民约3万人。每个城邦都有自己的守护神,如斯巴达的守护神是波塞冬,雅典的守护神是雅典娜。

系列政治改革实现的。[1] 雅典的民主制在奴隶制社会是独一无二的,其法律由立法改革产生或公民大会制定,故法律意识和守法意识已成为公民的普遍法律心理和行为模式。同时,也为人们对政治秩序和权力的规则治理与个人生活意义的密切关系提供了思考模式。

二、西方法律思想的萌芽:西方最早的法律观

西方法观念最早萌芽于古代希腊部落社会的荷马时代(约公元前 12 ~ 公元前 8 世纪)。直到公元前 6 世纪,希腊人一直用神话解释自然界和社会发生的一切现象,指导宗教和道德活动。作为西方文化一部分的西方法律思想是以古代希腊荷马时代为其源头的,其最初的观念是神法,表述方式是文学形式,思考方式是宗教和神话(公元前 8 世纪希腊神话已成体系)。神话是希腊早期文化的一个核心特征,它影响着希腊人的思想、言论和行为方式。可以说,神学法律观是西方最早的法律观。

迈锡尼文明之后,古代希腊文明的第一个阶段就是荷马时代。举世闻名的伟大英雄史诗《荷马史诗》[2]是记载希腊人原始法观念萌芽的最早文献,它在一定程度上反映了荷马时代的社会特征和人们的法观念。如这一时期处于原始社会氏族制度的末期,等级分化反映了阶级的出现,政治权力处于萌芽状态,民众大会、长老议事会和军事首领巴西琉斯是部落管理中的主要权力机构,它们虽已具备城邦民主管理的雏形,但其职责未能实现分工和专门化。另外,也有讲述世界和神的起源的赫希俄德(Hesiod)的《神谱》

---

[1] 几次大的立法改革,如提秀斯改革(约公元前 8 世纪):统一四大部族,成立总的议事会进行地域管理,按个人财产多寡和职业将全体公民分为三个等级,其中由贵族担任公职、掌管宗教仪式、讲授法律、解释神意;另两个是农民和手工业者。此后出现的执政官是公选的,有法定任期,对公民负责。有元老院和公民大会;德拉古法(约公元前 621 年):作为司法执政官,他制定新的法典,进行立法改革,扩大公民范围,由公民大会选举执政官,建立议事会,制定成文法和建立国家法庭。梭伦改革(公元前 594 年):颁布解负令,建立遗嘱法,按财产将公民分为四类,由公民选举和监督官吏,建立四百人议事会为常设机构,首创陪审法庭为国家最高司法机关,其意义在于使雅典在其后发展为具有多样性特征的开放的灵活的社会,为建立一种尊重民主法治和个人独立自由的政治秩序奠定了基础;克里斯提尼改革(公元前 509 年):确立民主政治机构,以地域组织清除了血缘关系对政治的最后影响;伯里克利改革(公元前 443 ~ 公元前 429 年):元老院改革,公职津贴和抽签选举,公民大会成为最重要的权力机关,五百人议事会,十将军委员会和执政官,陪审法庭,是极盛时期的民主。这些改革不仅标志着国家的建立,同时也确立了雅典城邦民主法治原则。

[2] 《荷马史诗》一直是希腊传统教育的基础,其中的故事"伊利亚特"(Iliad)和"奥德赛"(Odyssey)描述的是希腊人与特洛伊人的特洛伊战争末期及其后英雄的冒险经历,其中有众神加入。这是一个口耳相传的口头文化的产物。

(Theogony)。[1] 其中,宙斯(Zeus)在艰苦奋战中确立了自己在奥林匹斯山神中的统治,将原初的混沌变为有序。宙斯是最伟大、最有权力的神,是天之主、地之父、气候之神、闪电的掌管者、法律和道德的判决者以及万物之父。正义之法是宙斯为人类所立,法律乃是建立在公平基础上的一种和平秩序,它迫使人们戒除暴力,将争议提交于仲裁者。[2]《神谱》中不同的神象征着希腊人灵魂的张力:一方面存在着秩序和理性,另一方面却存在着无序和本能冲动。希腊人的这种双重性格使得其科学、哲学、法学和艺术得以产生且辉煌无比,它造就了"西方的精神家园",并最终改变了整个世界。

神话成为古希腊文化和教育的核心基础,而且也是其开始迈入文明世界的标志。荷马史诗中的英雄们真正服从的权威是神,但因这些神极不统一且也具有人格,所以英雄们对神既有服从也有抗争。这种抗争是他们依据其内在的、体现在惯例和习惯法中的原始"正义观念"[3]进行的。正义是习惯法的绝对基础,习惯法是正义的具体体现。至高无上的宙斯的统治显然是在确立神圣秩序,是在人间和神界确立一种正义秩序和法制原则。而史诗中的英雄们则依据正义原则实现自己的权利及维护神圣秩序。荷马时代希腊人的正义理念是从神话中发展而来,并且与法律相关联,一种决定着西方法特质的二元法观念(自然的法与人为的法)便萌芽于此。在希腊悲剧中也反映出二元法的冲突性,即两种法律秩序都试图要求人类对它们绝对效忠。[4] 在索福克勒斯在其悲剧《安提戈涅》中提出了自然法与人为法及其关系这一法理学的难题,认为自然法则是永恒的存在。

总之,法律与宗教的一体性决定了这一时期所产生的最早的法观念的特点:①法的起源问题。正如希腊名称来源于神话,法也是由诸神颁布的,法由奥林匹斯山众神之首宙斯颁布,通过神意的启示为人类所知。②法存在的本源或根据是在人和神之外的"必然"、"命运"、"定数"。这些东西存在于具有主体人格的神和人之外,是独立于人和神的,是无法抗拒的,是人和神必然服从的,这是一种绝对的自然规律、自然法则,正是这种自然法则

---

[1] 赫希俄德将众神排在一个宗谱里,且与荷马一样确立了他们各自的性格特征和掌管的功能。奥林匹亚的万神庙,共有12位奥林匹斯山神成为希腊人的神。诸神各司其职,有专司法律与正义的女神;有光明与理性的象征阿波罗;也有神秘与暴力的象征狄娥尼索斯,等等。
[2] [美]博登海默:《法理学:法律哲学与法律方法》,邓正来译,中国政法大学出版社2001年版,第4页。
[3] 在史诗中出现的"狄凯"是正义女神,意指"正义","忒弥斯"意指习俗和法律,意指良好的法制,它们是宙斯的两个女儿。
[4] [美]博登海默:《法理学:法律哲学与法律方法》,邓正来译,中国政法大学出版社2001年版,第5页。

决定了法存在的必要性。也就是说,古代希腊人相信诸神对人的权威性,但同时又认为人和神都逃不过或都要受某种命运或自然规律的支配。

这种最早产生的法观念的影响是巨大的:①法来源于神,一方面说明人必须服从法;另一方面说明法的权威性、至高无上性。对具有神意的法,人不得不服从,由此而确立了法的至高至尊的地位。另外,法来自于具有人性的神,暗藏着对凡人的不信任,揭示了人性的缺陷。②人能够领悟、理解具有神意的法,说明人与神具有可沟通之处,昭示了"理性"产生的必然性,同时,也是主体性意识产生的最早根源。这是一种神学主义法律观,即国家和法律是神创造的,神是一个独立的评价标准和价值观念。从荷马史诗和海希奥德的诗歌可以了解,法律是由神颁布的,而人则是通过神意的启示才得知法律的。法律是宙斯送给人类的伟大礼物,故法律是神圣不可改变的。将自然界的规则和人类社会的规则相对应,这是早期社会必然的认知,因为法律与宗教在很大程度上是合一的。比如在立法和司法过程中,人们常常引用德尔菲神的至理名言(认为是一种阐明神意的权威性意见),宗教仪式在立法和司法中很普遍,祭司也在司法中起很大作用。

三、早期自然哲学家的法律观

在公元前 8~公元前 6 世纪,伴随着国家的出现和城邦制度的确立,希腊哲学也开始出现。即在意识形态层面,一些人开始寻找一种比神话世界观更为合理的自然观和道德原则来思考这个世界。他们脱离神话的羁绊而用理智来思考,形成一种与神话并存的新的哲学思维模式。伴随着对自然进行思考而产生的哲学使得人们的思维方式发生了质的变化,由此人们渐渐地不再将国家法律这样的社会现象看作是神意了,而认为是"自然"[1]的现象,是一种自然的规律,是一种自然理性即 logos。这些生活在一个神话仍旧大行其道的宗教文化里的自然哲学家开始了对世界的哲学思考,他们是希腊最早的哲学家,是一些主要研究外部世界的自然哲学[2] 这些哲学家

---

[1] 早期哲学家所思考的"自然"特指事物存在、运动变化的本性。亚里士多德明确将"自然"定义为"运动和变化的本原"。

[2] 自然哲学是对世界本原和宇宙整体的探讨。由于他们关注于自然(physis),这些引入新的思维方式和思维对象的哲学家被亚里士多德称为"论述自然的人"即自然哲学家(physikoi, physiologoi)。如泰勒斯(Thales)、毕达哥拉斯(Pythagoras)、赫拉克利特(Heraclitus)等。他们询问关于世界的成份、组成及其运作的问题;质询它是由一种或多种物质组成的;探究它的形状和位置并猜测它的起源;他们追求理解事物产生和转化的变化过程;他们沉思地震、日食、月食等异常自然现象,并寻求不仅适用于一次具体的地震或日食、而且适用于所有地震或日食的普遍性解释;他们开始仔细思考推论和证明的规则。"什么是本原?"这是一个贯穿于希腊哲学始终的问题。希腊哲学家普遍相信,最高原则是惟一的、永恒不变的,但又统摄着万世万物的存在和变化。由于本原的运动是有序的变化,事物的存在和运动具有内在的必然原因。

开始对他们所生活的世界的"本原",即在宇宙内部起作用、并赋予宇宙万物特定秩序的原因进行一种严肃的、批判性的探求,这种探求从那时一直延续到现在。在这些自然哲学家眼里,世界是一个有序和可预言的世界,事物按其本性在其中运作。他们关于自然和宇宙本原的概念不仅开启了研究自然之先河,而且更为重要的是其观念在后来发展为形而上学的最高原则。其中,对法律本原的探讨是以自然为前提,认为自然法是统摄法律世界的本原,是最高抽象原则,是现实法存在与变化的原因,即法律依据其本性(自然法)而存在变化,并不受外在的神的支配。这种探讨是对古代自然法学的一个根本问题的关注。上述哲学观表明,西方的先哲们较明确地摆脱了神对世界的影响,说明哲学从宗教中明显分离出来,这是人的理性开始觉醒之时,即开始关注人的生存方式,并主要从客观世界去寻求理由并加以解说。

这些探讨的重要性在于:①他们提出了一种新问题,即事物的本源是什么?或者说,能以各种形式产生出我们感知到的多样物质的简单的基本实在是什么?大体上有两种思考:一和多以及变与不变。这其实是在探求多样性背后的统一性和变化背后的稳定性,即一个整体性概念,如法的整体性概念便是自然法,自然法是多样性的实在法背后的永恒秩序。②他们几乎不诉诸神灵而是以物质或"自然"来解释事物的起源和本质,如法存在的原因及正当性问题。③他们似乎已经意识到,在探讨中不仅要表述他们的理论,而且还要反驳那些批评者,并由此形成了批判性的评价传统的开端,这也是其后概念法学或价值法学产生的源头。

综上所述,古希腊是西方法律思想的发源地。公元前5世纪之前在希腊出现了西方最早的法观念,主要有:①提出国家与法律的起源并加以讨论。对此,有两种观点:一是法是由诸神颁布的即神学主义的。二是自然主义观点,认为国家和法律犹如高山和大海,都是自然的一部分,是必然的,不可抗拒的,体现了自然界的秩序和规则,将自然界的规则和人类社会的规则相对应。在自然哲学家的言说中,出现了"必然"、"命运"、"定数"。它们存在于具有主体人格的神和人之外,独立于人和神,是人和神必然服从的一种绝对的自然规律、自然法则,正是自然法则决定了法存在的必要性。也就是说,古代希腊人早期主要相信诸神对人的权威性及对万事万物的影响,但其后又认为人和神都逃不过或都要受某种命运或自然规律的支配。②提出法律的定义、作用及目的并加以讨论。认为正义就是法律。其认识是多元的,有超验的、超自然的、自然的、理性的。还出现了二元法观念,提出"神的法律",即自然法完美而公正,存在于万物之中,其完善性和不可抗拒性统治一切,支配一切,满足一切和超过一切。据此,一方面,对万物本性作出自然的解释,提出应然、秩序和命运,对人类社会秩序问题进行自然地思索。另一方面,将自然与法律对立起来,认为自然(事物的本性、自然的规律)是真正的自然法,与人造的世俗法是对立的,自然法就是正义。各国实行的同样的不成文法就是自然法。

这种最早产生的法观念的影响是巨大的:①法来源于神及自然,如果当时的人认为自然界和神是无所不能和无所不知的,那就自然而然地会推断出人类的法律也与自然界和神大有关系,它们必定是神和大自然赋予的。一方面说明人必须服从法;另一方面说明法的神圣性、权威性、至高无上性。对具有神意和自然属性的法,人不得不服从,由此而确立了法的至高至尊的地位。另外,法来自于具有人性的神和具有必然性的自然,暗藏着对凡人的不信任,揭示了人性的缺陷。②人能够领悟、理解、服从法,说明人与神和自然具有可沟通之处,人的思维是神之所赐,昭示了"理性"产生的必然性,同时,也是主体性意识产生的最早根源。③自然法观念的最初形态是他们所宣扬的"命运"、"必然"、"定数"等。一方面,说明神和人都不可靠,体现了人定法的暂时性和多变性。只有存在于宇宙的"神法"、存在于自然世界、支配自然现象的"自然"(自然规律或自然法则)是永恒不变的,是最可靠的。另一方面,说明法是神圣的、不可抗拒的,自然规律是绝对的,不可改变的,人只有服从的份。此外,其后便将自然法作为评判人的行为和组织行为及社会共同体制度规则的一种惟一标准。④这种法观念与自然哲学、科学、宗教、道德及风俗习惯水乳交融,纠缠在一起,对世界的理解和认知在前期主要是一种感应认知方式,即宗教的思维,而在自然哲学家那里主要是一种哲学的思维。其世界观在前期主要是神权主义的,而自然哲学家则主要是自然主义的。

第二节 智者和苏格拉底的法律思想

一、智者的法律思想

将国家和法律等社会现象作为主要对象予以关注始于公元前 5 世纪。此时,希腊的哲学和思想发生了一次深刻的变化即哲学与宗教基本分离,而且,希腊古老而传统的生活方式也受到了批判,实施并推进这种"价值观转变"的思想家便是智者和苏格拉底。[1] 如果说,"在一与多、变与不变的关系的思想框架中思考事物的本原问题,早期自然哲学家已经穷尽了一切可能性,它的发展不可避免地终止了。希腊哲学的下一步发展,需要问题的转变和思想框架的转变。智者运动便提供了这一转变的契机。"[2]

---

[1] [美]博登海默:《法理学:法律哲学与法律方法》,邓正来译,中国政法大学出版社 2001 年版,第 5 页。
[2] 赵敦华:《西方哲学简史》,北京大学出版社 2001 年版,第 27 页。

公元前5世纪中叶希波战争之后,特别在伯利克里时代及其后,以雅典为代表的希腊城邦民主制度达到鼎盛,雅典成为希腊政治和文化中心。发达的民主制度和活跃的公民政治生活促使希腊人将其谈天说地的重点由自然哲学转移到了人生与社会的深层问题,即人文社会科学上来,他们参政议政,讨论宇宙、社会和人生等哲理问题,推动政法思想的繁荣。其中,一大批智者认为对宇宙原理的理解已经超出人心之所及,就个人而言,最为重要的是完善自我,惟一值得努力研究的对象应当是人的行为。[1] 在关注人和社会的过程中,智者提出并讨论了一系列法律问题,如法律的性质、实在法与自然法、法与正义、法律正义和道德正义、国家与法存在的原因或依据、法律与权力、法与理性、法与利益、法的目的和作用,法律与自然、社会和神以及人治与法治等法理学永恒的主题,为现代法学大厦奠定了基础。希腊由此进入了一个法学开始高度发达的时期。

智者[2]不是一个学术流派,其政治立场和哲学观是多元的,他们思想活跃,对政法问题有着独到的见解,并带有强烈的相对主义和怀疑主义的倾向。①他们以"自然"为前提,明确提出"自然法"概念,讨论了自然法与人为法的关系。将"自然"作为一个独立的评价判断,一个客观的价值观念源泉,这是自然哲学家的贡献。但是,以"自然"为前提明确提出"自然法"概念,却是智者的贡献。智者利用自然哲学家提出的"逻各斯"这一解释自然的概念来解释社会政法现象,认为与自然规律相一致的社会生活才是一条达致幸福生活的必由之路,具有普遍性和稳定性的自然规律当然是作为自然一部分的人类行为的必然模式,进而提出"自然法"概念。他们倡导自然,认为自然就是真理或实在,自然法是公正的、必然的、平等的、正义的,它存在于万物之中,它的最高表现是正义,它是人为法的源泉、基础、依据和尺度。人为法只有符合自然法才能是完美的、正义的和符合人性的。就其所论而言,是对法律现象的本性作出的自然解释,他们提出应然、必然与实然的概念,认为有限与无限、实然和有限是由应然和无限决定并产生的;宇宙万物、人间世事不断变化,自然使其然。他们对人类社会秩序问题进行自然

---

[1] 参见 Jackson J. Spielvogel, *Western Civilization A Brief History*, 2005, First Published by Wadsworth, a division of Thomson Leaming, United States of America. p.51.
[2] 智者是一些与希腊哲学家如苏格拉底、柏拉图及亚里士多德等人几乎同时代、甚至略早于他们的思想家,如普罗塔格拉、高尔吉亚、安提芬、卡里克利斯和斯拉西马库斯。这些人大多数是以教育为职业的哲学家或思想家。他们自称或被认为是智慧之人,以传授知识(主要是伦理、修辞、语法、逻辑和诉讼等)为主,自招弟子,并以此为生。正是他们的知识和智慧传播工作,正式开启了西方人文社会科学的研究活动。罗素说:智者大致就是我们现在的"教授"。但后来很多人称之为"诡辩论者"。美国学者科塞认为,智者是知识分子的远祖。

地思索,强调自然与法律的对立统一,认为自然(事物的本性、自然的规律)是真正的自然法,人的本性具有不可抗拒性,人为的世俗法是要与自然相一致的,因为自然法就是正义。②就人为法而言,一般认为,法律是源于自然和神、由贤人制定且经共同体成员一致同意的正义准则,是善恶的标准。至于其形式渊源,有制定法和习俗。有人认为习俗和习惯法就是自然法,如各国实行的同样的不成文法就是自然法(希比亚),是"对所有人都一样的法律",是"合乎自然的法律"。安提佛区别了自然法则和制定法,认为自然的命令是必然的和不可抗拒的,而制定法的命令则是人类专断制定的,是那种因时、因人和因势的变化而变化的偶然的和人为的安排。任何人只要违反了自然法则就必定会受到惩罚。③以人的眼光考察社会、政治和法律问题,将人在自然、社会和国家中的地位和作用加以合理化。如提出"人是万物的尺度","法律是按照人类的法则制定出来的",法律存在的目的是谋取人类的功利(普罗塔格拉)。他们还主张维护和遵守法律,强调守法的重要性。如普罗塔格拉认为:"国家制定了法律之后,就要依照法律强制命令人们和迫使人们服从。"如果人人为所欲为,不仅法律遭到破坏,人的生活也降低到野兽的程度。此外,他们还探讨了社会不平等是否符合自然的要求。

古希腊是自然法思想的发源地,而自然法是由智者明确提出且作出了杰出的理论贡献。这一观念自产生时起一直支配着西方法律传统。智者的法律思想构成以柏拉图和亚里士多德为代表的古代法学理论的出发点和思想来源。

二、苏格拉底的法律思想

苏格拉底(Socrates,公元前469~公元前399年)是与智者同时代、古希腊最著名的思想家,柏拉图的老师。他生于雅典,其父是雕刻匠,其母是助产妇,曾从军,参加过三次战役。他一生主要探索政治、社会和伦理人生哲学。后因不服从当权者的命令而被指控犯了"否认城邦公认神并引入新神和腐蚀青年"的罪名,经陪审法庭审判被处死。"述而不作"是苏格拉底教学、思考的原则,其思想主要通过其弟子柏拉图、色诺芬等人的著作得以传世。

苏格拉底反对智者的相对主义哲学,认为知识是可能的,真理有客观标准,其哲学主要是一种人生哲学,激发人们爱真理和德性,帮助人们正确思考,过正当的生活。其重要性在于:①他将哲学从天上带到了人间,启发人们关注人生的意义,而这种人生哲学的核心是其政治哲学和伦理哲学。②在某种意义上,他是一个行动中的哲学家,或是一个话语的思想家,主要通过语言和对话来思考,其目的在于引导人们掌握一种取得知识的正确方法且实践这种方法。对事物本性的探究是他提问题的方式,对普遍定义的探讨是其一大贡献。③由他启动了西方的理性传统,并造就了一个柏拉图。

④苏格拉底的被审判和被处死,引发了一个西法史上重要的法哲学论题:良法与恶法、法律与道德的关系以及守法、法的效力等理论问题。其主要观点有:

1."认识你自己"——开辟了西方的理性传统。人们要认识由天神统治、安排的宇宙,就得从人的理性开始。也就是说,苏格拉底认为,所有真正的知识存在于人的内心,[1]对变化无常的感性世界要进行理性的判断,发现其背后的真理。感性世界是不可靠的,只有经过经理性审视而获得的真理才是可靠的。其方法是对常识进行拷问,也就是从人们已公认的常识这种假定开始,对之进行反复的诘问,以确定是否为真。他以此方法与许多所谓的智者进行讨论,检验那些已经习以为常的观念和概念,以此达到认识人自己的目的。在对世界或事物的认识上,苏格拉底之前主要是自然的和神学的,几乎很少从人本身出发去认识,对于人的力量几乎没有进行思考。可以说,正是从苏格拉底开始,人们不只关注外在的世界,不只以自然为主要研究对象,还开始将对外部世界的思考渐渐集中于对人本身这一内部世界的认识上,深入内心,对自己的心灵进行审视。他批判智者,认为掌控世界的力量不只在于自然、天神,更在于人类自身的"善",客观真理即自然法则存在于人类的心灵之中。就此,可以说是苏格拉底首创了天赋自然法观念,开辟了理性传统。尽管在苏格拉底的思想中不乏神学的、自然的观点,如他认为国家和法律的起源、城邦的一切都是神有意的安排,不过,由于他意识到了人这一主体性问题,因此,他思考的问题都是有关人的价值的问题。其理性主义的哲学观影响了柏拉图。罗素说:"苏格拉底的主要关怀是在伦理方面而不是在科学方面。我们已经看到他在《申辩篇》中说过,'我和物理学的探索是毫无缘分的'。"[2]

2.美德即知识,知识贵族统治论。苏格拉底一生都在探求真理,寻求真知识,且在实践着自己的伦理信念。他认为知识具有确定性,真理具有实践可验性。道德规范源于知识,基于知识,灵魂给人以道德标准。他将知识的客观性与人的主观美德相联系,主张"美德即知识"。所有的美德本质上是相互联系的,是基于普遍的善的理念。"有知识就有美德",人类最大最高的美德是政治美德。有了这种美德,便有了管理城邦的艺术,便会成为优秀的政治家。因为美德这个内在标准是永恒的,而外部权威却易变化。可见,知识是政治家进行统治的最大资本。在逻辑上,自然而然地推出城邦应由知识贵族进行统治的结论。他还认为,城邦是适应人类生活而产生的,是神的

---

[1] 参见 Jackson J. Spielvogel, *Western Civilization A Brief History*, 2005, First Published by Wadsworth, a division of Thomson Learning, United States of America. p. 52.
[2] [英]罗素:《西方哲学史》上卷,何兆武、李约瑟译,商务印书馆1997年版,第128页。

安排，是神有计划的秩序。由知识贵族对城邦进行统治，是最符合美德的。他不赞成民主制，认为民主制的主要缺陷是用投票和抽签的办法产生公职人员，而普通大众多数是缺乏政治智慧的，民主制往往使无知的人变成了统帅。他主张由知识贵族或哲人在法律基础上进行统治，即贵族统治。其知识传统和贵族统治思想影响了柏拉图。

3.法律是体现是非善恶标准的，是人类幸福的标准。"守法是绝对的"，"守法即正义"，遵守法律是一种美德的要求。法律与城邦一样，都是来源于神的，是神的安排。自然法则存在于人的心中。法律最初体现为自然法，自然法也就是自然规律，它纯粹是一种神有意的安排。城邦颁布的法律是人定法，由于人定法是来源于自然法的，即使它具有易变性，人也要服从，这是接受神的安排和服从自然规律的要求。故，守法是绝对的，是正义的实现。"凡是合乎法律的，就是正义的"。在各个国家中，那些最好的统治者总是将对法律的服从作为公民最大的义务。一个国家的公民遵守法律，他在和平时期就幸福，在战争时期就坚定。服从法律是公民的天职和义不容辞的责任。一个城邦的理想状态当是人人从内心守法的状态，如此，才最符合正义的要求。

面对伯罗奔尼撒战争后城邦社会的各种危机，如道德沦丧和民主制的变异，苏格拉底将雅典比作一匹马，而他自己是马背上的牛虻，神令他不断鞭策这匹马，改造人的灵魂，重建社会道德伦理秩序，其结果是他被这匹马踢死了。缺少了苏格拉底这一牛虻，是雅典这匹马的巨大不幸。苏格拉底的被审判，主要因他求真、求知，因他要"修理国家这条船"，因他不断揭发那些所谓的智慧者，而被所谓"民主制的国家"以"腐蚀青年、不信仰雅典的神和发明新的神"的罪名而被指控。这是西方历史上第一个也是最为著名的审判，由501人组成的陪审法庭进行审判。《苏格拉底的申辩》中说："雅典人啊，我尊敬你们，爱你们，但是我将服从神而不服从你们。""为正义事业而斗争"的苏格拉底正好死于世纪之交，这不只是一个日历事件，也是一个学术事件。在此之前的古希腊哲学为"前苏格拉底哲学"，自他始重点转移，从公元前6~公元前5世纪的宇宙论关怀转向了政治和集体伦理问题。

第三节 柏拉图的法律思想

一、生平和著述

柏拉图（Plato,公元前427年~公元前347年），本名阿里斯托克力斯（Aristokles），是古希腊城邦时代的政治法律思想家。出身于雅典贵族世家，其父阿里斯顿是雅典末代国王的后裔，其母珀里克提恩的族谱可上溯至梭伦家族。柏拉图年幼丧父，其母改嫁民主政治家皮里兰佩，对柏拉图影响很大,同时,对柏拉图贵族主义思想倾向有重要影响的是他的舅父克尔米第斯(Charmides,是"十三僭主"的成员)。柏拉图20岁时师从苏格拉底,苏格拉底被判处死刑后,柏拉图逃离雅典。逃亡期间,柏拉图游历了地中海沿岸,如埃及和意大利等许多地方,受到巴门尼德、赫拉克利特和毕达哥拉斯的影响,正是通过毕达哥拉斯结识了叙拉古的君主迪奥尼西二世(Dionysios)的叔父迪恩(Dion),允许他对该国政制进行自由改革,但两次改革均告失败。据说,盛怒之下的迪奥尼西二世险些把柏拉图送到奴隶市场卖掉,这对柏拉图的打击非常大。公元前387年,柏拉图40岁时返回雅典,创办"柏拉图学园",专事教学和著述,构筑其理想国。此后,柏拉图学园一直是古代欧洲的思想文化研究中心。在古代西方法律思想史上,最早的、真正形成体系化、且对后世法律文明产生实质影响的法律思想是以柏拉图为开端的。柏拉图的著作颇丰且广泛流传于现代,一般采用对话体的形式且常以苏格拉底的名义阐述自己的思想。其代表作《理想国》、《政治家》和《法律篇》中包含着丰富的法律思想。其中,《理想国》最为重要,是迄今保存最为完整的古希腊最早的政治学著作,约成书于公元前386年柏拉图60岁时,副标题是正义论。该书讨论的问题虽相当广泛,但其核心内容是一个理想国家方案的设计,书中阐发的政治法律思想对西方法律文明产生了久远的历史影响。而《政治家论》和《法律论》是柏拉图晚年的作品,它是柏拉图在其最优理想国家方案受挫以后设计的次优理想。柏拉图的法律思想是以其客观唯心主义理念论为基础、以正义论为核心、在形而上学层面展开的。罗素曾说,柏拉图和亚里士多德是古代、中世纪和近代一切思想家中最有影响的人,在他们两个人中间,柏拉图对于后代人的影响尤其来得大。

二、柏拉图的理念世界——国家与法律的认识论基础

理念论是柏拉图政治法律思想的理论基础。长期以来,柏拉图一直作为哲学的罗盘,"柏拉图主义"已经成为一个众所周知的称谓,它所包含的肯定或否定的意义取决于当前的思想思潮。由于柏拉图所处的时代仍在探索价值观念的起源,柏拉图在探求真理的过程中提出了理念论(或共相论),这是一个贯穿于其所有著作中的核心概念。"理念",在柏拉图的逻辑世界中被赋予特定的内涵,它是现实世界的原型、范式、本原,是惟一真实的存在。由"理念"这一概念产生了可知事物与可感事物的区别,即一个分裂的二元世界;一个是能够感知到的经验事物和现象世界,是变化的,不真实的,是理念世界虚幻的影子;一个是概念的或精神的世界,是真实的、永恒的、不变的。"从这个观点到以下的观点只是一步之遥:只有可知事物才是真实的、完美的和永恒的;而可感事物则是表象的、有缺陷的和暂时的。这些都是自那以后一直支配哲学思想和神学的毕达哥拉斯学说的直接推论。"[1]柏拉图的理念是一个绝对的、客观的、永恒不变的、与现象世界相隔裂的本质世界,这一实在的、理念的世界是客观独立的存在,而个人所感知的物质世界是理念的摹本或不真的影子。以这种哲学观思考政治法律现象时,就会推崇法理念即理念自然法,认为法理念居常不变,是真正存在的法,是法本质,它规定了法这一事物的基础和原则,是多样性的法世界的标准和范型,是关于法的真知识。一个人要想过一种道德的生活,就必须生活在一个正义和理性的王国中,这个王国便是理念王国即理想国。[2]

柏拉图的理念是世界的本原,以此确定性概念解释万世万物,它只具超验性和真理性,不具现实性和物质性,因而其思想较苏格拉底更为抽象,是形而上的。柏拉图的理念论是古代哲学的高峰,在法哲学上是"二元法"论的创始人,代表着自然法哲学的历史发展高度。

三、正义论——国家与法律的政治伦理基础

传统希腊强调人们的幸福生活是一种高尚而满意的善的生活,是一种正义的生活。柏拉图最先阐述了系统的正义观,且与国家政体法律紧密相连。①他认为,"正义是智慧和善,不正义是愚昧和恶","正义是心灵的德性,不正义是心灵的邪恶",正义就是"一个人应该做他的能力使他所处的生活地位中的工作。"[3]正义要求人人各安其位,各守本分,各司其职。正义是一种和谐,其基本原则就是"每个人必须在国家里执行一种最适合他天性的职务"。[4] 正义与非正义的性质,首先体现于国家,然后表现于个人身上。正义的要义是在国家中每个人各行其是,各司其职。②他将正义分为国家正义与个人正义。在《理想国》中,柏拉图首先从探讨个人的正义开始进而思考城邦即国家的正义,论证了正义国家的基本原则、基本结构及其生活方式。个人正义就是每个人只做那种最适合自己天分的事而不兼做别人的事。国家正义存在于社会有机体各个部分间的和谐关系之中。如果每个阶级的成员都专心致力于本阶级的工作,并且不去干涉另一个阶级的工作,那么就是正义的,即"正义就是只做自己的事而不兼做别人的事"。③法律应该是与正义相一致的东西,维护法律就是维护正义,遵守法律就是服从了正义。正义是国家和法律的最高原则甚至是生命。④柏拉图还从心理学角度对正义作出解释。他认为,每个人都具有理性、意志和欲望三种品性。理

---

[1] [英]罗素:《西方哲学史》上卷,何兆武、李约瑟译,商务印书馆1997年版,第32页。
[2] 参见 Jackson J. Spielvogel, *Western Civilization A Brief History*, 2005, First Published by Wadsworth, a division of Thomson Learning, United States of America. p.52.
[3] [古希腊]柏拉图:《理想国》,郭斌和、张竹明译,商务印书馆1986年版,第36页。
[4] [古希腊]柏拉图:《理想国》,郭斌和、张竹明译,商务印书馆1986年版,第42页。

性是使人获得知识的能力,它表现为知识和智慧;意志是使人具有愤怒的能力,意志如果接受理性的支配,就表现为勇敢;而欲望是人的冲动要求,欲望如果接受理性的支配,则表现为节制。当意志和欲望基本上由理性支配时,人们便获得了正义的德性。进而言之,一个理想的国家应该具备智慧、勇敢和节制这些美德,这些美德的获取须通过理性,如此,正义或至善便会实现。

柏拉图的正义论是其政治法律思想的出发点和归宿点,《理想国》就是从讨论正义问题开始的,他大体上倾向于把正义看作是个人和国家的"至善"。柏拉图的正义观为西方法律文化传统深层的价值观念奠定了政治伦理基础。

四、理想国(Public):第一选择——哲学王统治的人治论

何种国家才能维护和实现正义,才能使公民过上一种道德的生活?对此,柏拉图的思考有一个发展历程。由于他比苏格拉底更加深入到观念之中,故柏拉图前后构造了两个正义的政治社会秩序方案:第一个是"哲学王"治下的最优理想国模式;第二个是以法治国的次优方案。柏拉图认为,哲学王是最理想的统治者,一个社会如果由掌握知识和智慧的哲学王进行统治,那是最符合正义的。

1.由哲学家统治,强调知识治国。在柏拉图的心目中,一个最理想的国家就是通过知识治理的国家,是由"哲学王"统治的国家,这是其理想国家的核心内容。因为知识(智慧)是一个国家和一个人的最高美德,而它又是由哲学家所专有,故,一个正义的国家只能由哲学家统治。"除非那些真正的哲学家获得最高的政治权力,或者掌握国家政权的那些人由于某种天赐良机而成为真正的哲学家,否则人类将永无宁日。""除非哲学家成为我们这些国家的国王,或者我们目前称之为国王和统治者的那些人物,能严肃认真地追求智慧,使政治权力与聪明才智合而为一。"[1]在此,哲学家的本质特征是具有知识进而拥有智慧。他认为,哲学王是出于爱智慧而求知识的人,是"永远酷爱那种能让他们看到永恒的不受产生与灭亡过程影响的实体的知识"的人,[2]这样的人就应该掌握国家最高权力。他强调,哲学王必须为智慧而求知识,以知识和智慧服众和治理国家,而不能只提供"意见",因为"意见是知识和无知两者之间的东西"。这里所说的"知识"可不是一般意义上的知识,这种知识是对理念的把握,是对事物本质的认识,是真理性的知识。这样的知识当然只有哲学家才能掌握。同时,因苏格拉底的传统,有了这样的知识,也就有了美德。故,哲学家是德能兼备之人。[3]哲学王更不能搞

---

[1] [古希腊]柏拉图:《理想国》,郭斌和、张竹明译,商务印书馆1986年版,第214～215页。
[2] [古希腊]柏拉图:《理想国》,郭斌和、张竹明译,商务印书馆1986年版,第230页。
[3] [古希腊]柏拉图:《理想国》,郭斌和、张竹明译,商务印书馆1986年版,第224页。

权术。只有那种为知识而知识的哲学家成为统治者,掌管和制定法律,这个国家才是最符合正义的国家。可见,所谓哲学家统治、知识治国,强调执政者一定要将高超的智慧、真实的知识、完美的德行与绝对的最高权力相结合。[1] 事实上,理想国的大多制度安排都可在斯巴达找到原型,只有哲学家治国是柏拉图的原创。

2. 在国家制度层面实行社会等级制和财产公有制,以确认和维护社会分工制度。在柏拉图的理想国中,若要由哲学王通过知识和智慧进行统治,就须实行严格的等级制和公有制。"当商人、辅助者和监护者这三个阶级在国家里各做各的事而互不干扰之时,便是有了正义,从而也就使一个国家成了正义之国。"[2] 他对等级制度的解释是,一个完善的理想国的社会政治建构应该由三部分人构成,即处于等级结构顶端的治国者阶级、处于中间状态的卫国者阶级和处于社会最底层的生产者阶级,而智慧、勇敢、节制这些美德分别由不同阶级的人所享有,其中,崇尚哲学的少数治国者阶级所具有的是由理性所生的知识和智慧;卫国者阶级所具有的是由理性支配下的意志和勇敢;生产者阶级所具有的是由理性指导下的欲望和节制。在此想要说明的是,人的品性是政治的基础,人因品性的不同而分属不同的社会等级。而人的品性又为什么会不同呢?其中的根本原因是因为人是由上帝用不同的质料制造出来的,治国者阶级是上帝用金质材料制成的,卫国者阶级是上帝用银质材料制成的,而生产者阶级则是上帝用铜质和铁质材料制成的。若每一个阶级尽其所能,完成分内的工作,便是一个和谐的社会。至于社会经济制度方面,出于社会和谐和国家强大的考虑,理想国家中的公民应当养成优良的道德品质,不能有私人利益,不应该存在"你的"与"我的"之分。他在哲学家和军人内部废除了家庭,推行公有化,实行财产公有制。在他的逻辑里,私有和私欲是一切纷争的根源。作为统治阶级,当以国家利益为重,不得接触金银;实行共餐制和共妻制,以消灭纷争不断的小家而实现和谐一致的大家,进而也就实现了城邦正义。

3. 强调教育制度的重要性。理想城邦首先是一个陶冶情操、培养道德、开发智慧的教育机构。哲学家能够制定教育规划、审定教育内容、控制教育手段,以服务于城邦的政治目的。他认为,教育的最高成就是培养出能够掌握"善的理念"的哲学家。

4. 就法律本身的缺陷而言,柏拉图看到了法律即刚板和固定,有很强的原则性,不能简单适用于每一个特殊的事例,而且,由于法律是国家机关制定的规则,没有任何技术能够促使人们制定出一种应付千变万化的法律,这

----

[1] 徐大同主编:《西方政治思想史》,天津教育出版社2006年版,第42页。
[2] [古希腊]柏拉图:《理想国》,郭斌和、张竹明译,商务印书馆1986年版,第156页。

远不能同哲学家的智慧相比。用法律条文束缚治理国家的哲学家国王的手脚是愚蠢的,就好像强迫一个有经验的医生从医学教科书的处方中去抄袭药方一样。他讥讽法学家们是可怜虫,说他们"不停地制定和修改法律……他们不明白,他们这样做其实在砍九头蛇的脑袋"。所以,在一个理想的国家中,正确的方法并不是给予法律以最高权威,而是给予明晓统治艺术、具有才智的人以最高权威,哲学王通过知识进行统治比法律统治具有更大的优越性。在秩序良好的国家中,人们完全可以在哲学家的教育指导下过良善的生活,有无法律并不重要,而在秩序不良的国家,有了法律也不会被遵守。况且,法律有时是"强者之所好",而强者并非都是正义的化身,任何错误的判断都可能是"恶法",而"恶法"并不是真正的法律。

通过如此的制度安排便会为一个城邦带来更为合理的法律和秩序。这是其人治论的集中体现。在苏格拉底"知识就是美德"传统的影响下,柏拉图将人类知识所表征的理性和智慧道德化,其化身就是哲学家,因为在他心目中,哲学洞察力一直占有优势地位,哲学是人类最崇高的事业,故正义要求由理性和智慧统治世界,即哲学王统治。这是柏拉图提出的异于当时其他人的政治纲领,是一个哲学家在"彼岸所看到的原型",一个"神圣的原型"。"理想国"是柏拉图构筑的第一乌托邦社会,是其前期为之而奋斗的理想政治秩序,是一个由哲学家统治的人治国家。

五、法治国:第二选择——次优的治国方案

在法治与人治问题上,柏拉图前期倾向于人治,中后期偏向法治。法治思想主要体现在其后的《法律篇》(The Laws)中。以法治国,是他称为第二好(次佳)的政治统治形式。如果一个国家的统治者不是哲学家,而在短时间内又没有好的办法使他变成哲学家,那么,法治要比人治好。

1. 实行法治是人性的必然要求。因为在每一个人的品性当中,都有"较恶"和"较善"两部分,其中的"恶性"须靠外在的权威进行约束。法律就是一种外在的行为规则,是公道和正义的标志。他说,法律是智慧的标准、理性的结晶和全部道德之体现,人的生活需要由法律来引导,因为人心始终存在着两种矛盾思想,苦与乐、好与坏、善与恶的斗争像两种拉力似的,拉着人们向两个相反方向发展。这些复杂的拉力,如同绳子拉着我们走,而其中领头的绳子是用金子做的,既柔软又文雅,它就是国家的法律。我们只有紧紧抓住这条绳子,才能抗拒其他绳子的拉力。国家法律规定善恶是非界限,人们才能循法达到快乐的境地。这就是"金质的法律纽带"说。

2. 认为"理性的命令就是法律","我们应该仿效'黄金时代'的生活,如同传说的那样,在家庭和国家两方面都要服从我们内心中那种永恒的素质,它就是理性的命令,我们称之为法律"。[1] 在此,强调正义的社会应当是由理性所统治的社会,尽管他所强调的理性包含着知识和善德,但已经具有理性法律观的萌芽了。强调法律的目的在于惩恶扬善,它能帮助人们选择与社会目标相一致的最佳生活方式,是引导公民和国家实现正义的一种手段。

3. 重视立法工作。法律是与正义相一致的。法律的基础是正义,是用来维护正义的,正义应该在法律中得到体现。认为立法是实行法治的重要前提,立法应当以正义为基础,以美德和安宁为目的,要符合具体国情,以实现社会的稳定与和谐。"立法的目的是为了促进全体人民的至善,而不是去满足统治集团的贪欲。"立法的根本原则是要遵循自由、公正和善德的理念及正义的原则。立法的前提是:应当是一个自由的国度;应当是一个统一的国家;国民应当具有理解力;所立之法一定要具有教育作用,特别是对青少年的教育。"法律应该寻求改善公民的道德品性",使他们掌握道德的知识,从而明白"个人唯有获得道德的灵魂,才有可能幸福"。[2]

4. 法治的关键是树立法律至高无上的权威,这事关城邦的生死存亡。在以法治国的城邦里,统治者是法律的仆人。他不仅强调立法是法律在治理国家过程中起重要作用的前提,而且还强调守法的重要性,尤其是官吏守法。他强调选拔司法官吏的重要性,提出为了体现正义,就应该在法律中规定非常严格的标准,包括规定只有那些有高洁之心、清晰之脑,品质优良,阅历丰富,对犯罪问题有良好知识而自己又不犯罪的人才能担任法官。"人类必须有法律且遵守法律,否则他们的生活将像最野蛮的兽类一样","服从法律也是服从诸神"。⑤柏拉图将法律与道德紧密相连,希望个人和国家通过法律实现道德理想。认为公民从事正义的活动是出于道德义务,而不是出于对惩罚的恐惧。其中,涉及到自然法问题,认为"有一些能够为人的理性所领悟的客观的道德准则,这些道德准则与统治低能动物和无生命物质运动的自然法则之间存在一个基本的和谐,而任何真正的法则,其目的都是使人类趋于完美的普遍的善"。

六、政体论

为了寻求一个理想的国家,柏拉图研究了国家的起源及政体。他认为国家是社会分工的产物。由于人的生活需要是多方面的,人们只有在共同的社会生活中分工合作,各尽其能,相互提供服务,才能繁衍生存。故,国家起源于人们的生活需要和社会分工,社会分工是城邦产生的原因和动力,同

---

[1] 西方法律思想史编写组编:《西方法律思想史资料选编》,北京大学出版社 1983 年版,第 23 页。

[2] [古希腊]柏拉图:《法律篇》,张智仁、何勤华译,上海人民出版社 2001 年版,第 102~106 页。

时,也是城邦的基础。一个理想的国家实行的是严格的社会分工原则,国家因具有统治、保卫和生产三种职能,也就存在相应的三个等级的合理性。

关于政体形式,柏拉图的思考也有一个发展、成熟的过程,在不同的条件下有着不同的政体,不同政体实行的原则和体现的精神也不同。①在《理想国》中,柏拉图主张哲学王统治下的理想国家是"贤人政治"或贵族政治,这是最好的政体。但是,现实政治生活中存在着四种变态政体形式:财力政体、军阀政体、平民政体和专制政体,这四种政体基于不同的条件依次循环。②在《政治家》中,他又依统治是否依据法律进行而将政体分为正常政体和变态政体,其中,正常政体是依据法律进行统治的政体,这种政体依据统治者人数的多少可以分为君主政体、贵族政体和民主政体;变态政体是不依靠法律进行统治的政体,又依据统治者人数的多少分为暴君政体、寡头政体和暴民政体。此时,他倾向于贵族政体。③在《法律篇》中,他认为实行法治国家的最好政体是由三种正常政体结合而成的混合政体。

柏拉图以绝对的整体主义精神构造了西方世界第一个法哲学体系,贡献了第一部法学专著,开创了西方法律思想史上正义法律观的传统,提出"人治"与"法治"的法学理论,其理念论是西方理性主义思想传统的源头。

第四节 亚里士多德的法律思想

一、生平和著述

亚里士多德(Aristotle,公元前384年~公元前322年),古希腊思想家、科学家、政治法律思想的集大成者。生于斯达奇拉,其父是马其顿人,曾是马其顿国王的御医。亚里士多德少年时便入雅典柏拉图学园学习达20年,是柏拉图最优秀的学生。前347年柏拉图去世后,他离开学园到外地游历。前343年,他始任马其顿王子亚历山大的教师。前336年,亚历山大即位,亚氏回到雅典设立吕克昂学园,直到去世一直从事讲学与著述活动。亚历山大死后曾在希腊的反马其顿运动中受到牵连,离开雅典后不久去世。亚里士多德是古希腊学术成就的集大成者,流传下来的著作相当丰富,约计164种,内容涉及哲学、伦理学、逻辑学、历史学、政治学、法学、经济学、美学以及自然科学等许多学科,不过大部分都佚失了。其政治与法律方面的主要代表作有:《政治学》(约前325年)、《雅典政制》(于1891年在埃及沙漠里发现,是他对158个城邦宪法调查分析的产物)和《伦理学》。其中,《政治学》的影响最为深远,是西方第一部系统的政治理论名著,该书创立了政治学体系,第一次将政治概念置于首位,使政治学从古代哲学和伦理学中独立出来,成为一门独立的学科,成为西方政治学基本原理及其范畴的古典渊源。该书分8卷,卷一论述城邦的起源、目的及其本质;卷二论述理想城邦的原则,且批判了柏拉图的理想国;卷三研究了城邦的性质、公民的品质及不同政体;卷四、五和六研究现实的城邦的起落;卷七、八提出了理想城邦的规划,尤其是教育规划。该书内容丰富,分析精深,在批判和继承柏拉图思想精华的基础上,构筑了古代西方最为庞大的思想体系,但并不认为存在着放之四海而皆准的普遍的政治模式,更为注重的是具体的语境和实践的智慧。亚里士多德在经验主义的基础上集中讨论了实在法、自然法、法律与正义、法治与人治及宪政等法理学问题,主要有:提出了自然主义的国家起源学说且论述了国家的目的、作用、构成以及政体比较;以正义论为核心提出中庸主义、法律正义和自然正义等问题;提出且讨论了法治主义的法哲学思想,如有关法律、人治与法治等理论问题;批判了柏拉图理想国的空想思想;提出"人是城邦的政治动物",人按其本性必须结合才能生存;教育要合乎人的天性等等。亚里士多德是古代最伟大的科学家、最博学的人、是百科全书式的学者。

二、正义法律观

作为柏拉图的学生,亚里士多德与其老师相同的是承认有一普遍原则或一"共相"的存在,不同的是,他认为"共相"与"物质"是不能分开的,他将柏拉图的理念与自然概念真正联系在一起,将柏拉图的理念与前苏格拉底学者们关于世界本原是物质性的观念相结合,使得他自己的世界本原说更加可靠。[1] 他创立的所有存在都是形式与质料的统一及承认事物的发展变化和相对真理性的学说,使人们确信自然就是事物的最好的状态,以此为基础的自然主义的正义法律观具有更实在、更完美的特征,其具体内容如下:

1.什么是正义?亚里士多德说:"政治学上的善就是正义,正义以公共利益为依归。按照一般的认识,正义是某种事物的'平等'观念。"[2]正义是善的一种具体品质,是人们在社会关系中产生的一种美德。具体而言,正义是指实施正当的行为,即以正当的方式行事。正义是一种中庸(持中庸哲学观)。

2.正义的分类。正义可以从不同角度进行分类,他将正义分为普遍正义与特殊正义、自然正义(普适性的正义)与法律正义(因国而异的正义)。普遍正义为抽象正义、绝对正义,是一种道德正义。特殊正义为具体正义,如政治正义、法律正义,他将特殊正义分为分配正义与平均正义两种。分配正义是指求得比例的相称,即国家和社会根据每个人的身份、地位、功绩和

---

[1] 参见 Jackson J. Spielvogel, *Western Civilization A Brief History*, 2005, First Published by Wadsworth, a division of Thomson Learning, United States of America. p. 52.

[2] [古希腊]亚里士多德:《政治学》,吴寿彭译,北京商务印书馆1981年版,第148页。

价值来分配财富、官职和荣誉等,是以承认人天生具有社会的、政治的和经济的身份、地位以及体力和智力的不平等性为前提的。分配正义主要调整的是国家与公民关系,价值倾向主要是国家利益和社会利益。平均正义(又称补偿正义或矫正正义)是以人的等价性为依据,反映的是人们之间的绝对平等关系,主要规范个人之间自愿平等的交往、交换关系,也适用于诉讼法律关系,其价值取向主要是个人利益。一般说来,分配正义是一种实质正义,它所强调的重心不在于前提、资格、机会等纯形式方面的平等,而在于通过这种形式达到事实上的价值和利益的合理分配。而矫正正义有时又被称为交换正义,它主要是在物品交换过程中形成的一种契约性的正义原则,它强调的重心是纯形式上的平等,其目的在于恢复公平、矫正不公。

3. 正义与法律。亚里士多德的正义论是其法律思想的基础。他认为,正义和法律都是基于人的自然本性的,二者在本质上是一致的。他从正义论出发,阐明正义是法律的基础,法律是正义的体现和实现正义的手段,法律的好坏完全以是否符合正义为标准。在亚里士多德看来,社会关系当中,人们服从法律就是在服从正义,而立法的根本目的也恰恰是要促进正义的实现,要利用法律节制人民、教育人民,培养人民的正义观念和善德观念。立法家的任务就在于参考历史,斟酌现状,制定出合乎正义的法律。总之,法律离不开正义、离不开美德,法律的制定和实施、法律作用的大小、法律变革与否、政体的选择都要以是否符合正义为转移,因为法律本身是从社会的政治正义演化而来的,正义的原则必须寓于法律之中。法律主要解决非正义问题。正义理论是亚里士多德最重要的贡献之一,被认为是构成西方公法与私法理论的法哲学基础。

三、法律的概念

在亚里士多德对政治法律的论述中,他较为明确地对自然法和实在法进行了界定。①通过区别不同的法而进行解释。他说:"波利斯的法分为自然的和法律的(实在的法),自然的法具有普遍的效力,不取决于对人来说是好是坏;实在的法其内容在起源上具有偶然性,但一旦通过立法确定,便有着确切的内容。"在此,他明确说明,自然法是反映自然存在秩序的法,其性质是自然的,具有天然合理性,体现了自然正义的要求,是普遍适用、永恒不变的法,其地位高于人定法,是人定法的依据,如夫妻、父子、主仆之间的关系;而人定法是以自然法为基础,由人所制定的确定性规则,用以调整人为的秩序,反映的是法律正义。②他将法律与正义、中庸联系在一起,从中寻求对法律的解说。"法律只是人们互不侵犯对方权利的(临时)保证而已,法律的实际意义却应该是促成全邦人民都能进于正义和永久善德的制度。""相似于城邦政体的好坏,法律也有好坏,或者是合乎正义的,或者是不合乎正义的。""要使事物合乎正义,须有毫无偏私的权衡,法律恰恰正是这样一个中道的权衡。"[1]他认为,法律是一种正义,一种中庸,一种权衡。③从法与理性的联系中讨论法的概念,认为"法是不受欲望影响的理性"。"谁让法律来统治,可以说是让上帝和理性来统治,但谁要让人来统治,那就要加上兽性的成分。"④认为国家制定的法律是规章、制度和标准、尺度,是一种良好秩序,而普遍良好的秩序根植于普遍守法的习惯。

  法律是正义的化身及体现,是国家制定的法律,是规章、制度和尺度。从其对法律的上述认识可以概括出法律具有以下特性:正义性与平等性,普遍性与规范性,可变性和稳定性,统一性和权威性。其中,平等性是指法律对一切人,包括统治者和被统治者、穷人和富人都是平等的,任何人都不能因为法律的差异而占对方的便宜,任何人都不能成为人自己的主宰,唯有法律。普遍性是平等性在执法和守法上的体现,城邦制定的法律要想充分发挥作用,完全靠民众的普遍服从和遵守。可变性与稳定性是指任何法律都不是一成不变的,一般说来,初期制定的法律都是不很周详和欠明确的,必须根据人类积累的无数经验进行变革。因为不可能每一条通例都能精确而且无遗漏地编写出来,用普通词汇叙述的每一成规总不能完全概括人们千差万殊的行为。同时,亚里士多德认为,法律变革固然重要,但也要注意法律的稳定性:"明白了法律必须在某些情况、在某些时候加以变革的道理,我们仍旧要注意到另一论点:变革实在是应当慎重考虑的大事。人们倘使习惯于轻率的变革,这不是社会的幸福,要是变革所得的利益不大,则法律和政府方面所包含的一些缺点还是姑且让它沿袭的好。"权威性是指法律因具有正义性而获得其无上权威。在一个城邦中,法律应该受到绝对尊重而保持其无上的权威。为了维护法律的权威,亚里士多德不但认为城邦的一切事务都应该求助于法律,而且,他更认为,法律不能随意废改:"法律所以能见成效,全靠民众的服从,而遵守法律的习惯需经长期的培养,如果轻易地将这种或那种法制常常作这样或那样的废改,民众守法的习性必然消灭,而法律的威信也就跟着削弱了。"[2]"凡不能维持法律威信的城邦都不能说它已经建立了任何政体","法律应在任何方面受到尊重而保持无上的权威"。他强调法律的目的,其实际意义在于促进全邦人民正义和善的实现,法律的作用是实施和维护社会正义,保障公民正义和善的实现,保障公民的共同利益。

四、法律的一般分类

  亚里士多德依不同的标准把法分为自然法与人定法、成文法与习惯法、基本法与非基本法、良法与恶法。

---

[1] [古希腊]亚里士多德:《政治学》,吴寿彭译,商务印书馆1981年版,第138~148页。
[2] [古希腊]亚里士多德:《政治学》,吴寿彭译,商务印书馆1981年版,第81页。

1. 自然法与人定法。这是从法律的性质、地位角度对法律进行的分类。在亚里士多德那里,所谓自然法是指反映自然存在秩序的法,如主仆之间、父子之间、夫妻之间的关系就是自然秩序,应该由自然法调整。自然法性质上是自然的,体现了自然正义的要求,其内容普遍适用,并且永恒不变,它的地位高于人定法,是人定法制定的依据。与自然法相对应,顾名思义,人定法不是自然存在的,而是人为制定的法律,它源于自然法,但与自然法又有所不同,表现在人定法的内容是可以改变的。人定法要以自然法为基础,无论是自然法,还是人定法,其基本原则都是必须符合正义,基本目的都是为了实现人类的幸福。亚里士多德把法分为自然法和人定法这种二元论的法律分类方法,对西方法律文化的发展产生了重要的影响,这种法的分类方法也被一直延续下来。

2. 习惯法与成文法。习惯法又叫不成文法,它是指在希腊城邦中那些世代流传下来的通行的习惯规则,它是在氏族组织的基础上自然形成的。成文法则是指各个城邦制定的条文规则。关于习惯法与成文法的关系,亚里士多德认为,"积习所成的'不成文法'比'成文法'实际上还更有权威,所涉及的事情也更为重要"。[1] 因为,习惯法往往反映了自然法的精神。

3. 基本法与非基本法。所谓基本法,实际上就是城邦宪法。亚里士多德在《雅典政治》和《政治学》中研究了数以百计的城邦宪法。他认为,宪法是规定国家治理形式的法律,包括规定统治者的人数及其产生办法,规定国家的任务和目的,规定公民在城邦中的法律地位等。非基本法是指除了基本法之外的涉及城邦公民在买卖、贸易、赔偿以及城邦在收税、维持治安等方面的法律。

4. 良法与恶法。这种分类是亚里士多德谈论政体问题和法治问题时对法律作的划分。他认为,法治应该以良法为基础和前提,区分良法与恶法的一个重要标志是看政体的性质,一般说来,凡是在正常政体下制定的法律为良法,而在变态政体下制定的法律则为恶法。

五、法治思想

在古代西方,"法治"的观念源远流长,法治理论至亚里士多德时代已经理论化。与柏拉图不同,亚里士多德自始至终力主法治,在人类历史上最早全面探讨了法治的概念和理论基础,并提出了"法治应当优于一人之治"的主张。亚里士多德的"良法之治"和"普遍遵行"的法治思维模式对后世法治思想的发展产生了重大而持久的影响。

1. 法治的基本要素。亚里士多德说:"我们应该注意到邦国虽有良法,要是人民不能全部遵循,仍然不能实行法治。法治应该包含两重意义:已成

---

[1] [古希腊]亚里士多德:《政治学》,吴寿彭译,商务印书馆1981年版,第169~170页。

立的法律获得普遍的服从,而大家所服从的法律又应该是本身制定的良好的法律。"[1] 良法与普遍守法是构成法治的基本要素,其中,"良法"是前提,"普遍服从"是法治所要求达到的一种状态。亚里士多德对法治的这一基本诠释,在一定意义上为西方法治理论确立了一种范式,其后的思想家只是在这一既定的框架中作出一些符合自己时代精神的发挥和进一步的阐释而已。

2. 法治优于人治。作为柏拉图的学生,亚里士多德在认真思考"由最好的一人或最好的法律统治,哪一方面较为有利"这个问题之后,明确主张"法治优于一人之治",并以人性论为基础对法治的优越性和必要性作了较为系统的阐述。法治之所以优于人治及法治之所以是必要的,原因在于:①分析了人性的缺陷。人不仅是理性动物还是兽性动物。人在本性上有恶的一面,人类普遍存在恶性,"单独一人就容易因愤懑或其他任何相似的感情而失去平衡,终致损伤了他的判断力;但全体人民总不会同时发怒,同时错断"。[2] 即使是最好的贤人也难消除兽欲、热忱和私人情感,这就往往在执政时引起偏见和腐败。可见,人性是不可信的。而"法律恰恰正是免除一切情欲影响的神祇和理智的体现"。[3] ②人的知识的有限性。一个人的认知是有限的(尽管人类的认识能力是无限的),而法律却具有确定性、可靠性和稳定性,因为法律是众人的智慧的结晶,众人的智慧优于个人或少数人的智慧。这是从人的认知角度而言。许多人出资举办的宴会可以胜过一人独办的宴席;相似地,在许多事例上,群众比任何一人有可能作较好的裁断。法律是经过众人的判断而形成的,众人的判断显然要比任何个人判断要好些。因此,以体现多数人智慧的法律治理国家和社会,能够较少发生错误,而且,多数人也不易腐败。③法律是"最优良的统治者"。法律的统治是神和理智的统治,法律是理性正义的、理智公正的、正确高明的、平等自由的、稳定可靠的。法治代表理性统治,而人治则难免使政治混入兽性的因素。因为人类普遍存在恶性,即使是最好的贤人也难消除兽欲、热忱和私人情感,这就往往在执政时引起偏见和腐败。"法律不应该被看作和自由相对的奴役,法律毋宁是拯救。"[4] 他认为,法律内含着平等和自由等社会价值,法治的一个重要作用就是控权,使执政者不至于脱离正义,可防止专制的出现。

3. 法治与人治的统一性。亚里士多德始终坚持法治,而且,主张法治与

---

[1] [古希腊]亚里士多德:《政治学》,吴寿彭译,商务印书馆1981年版,第169~170页。
[2] [古希腊]亚里士多德:《政治学》,吴寿彭译,商务印书馆1981年版,第163~164页。
[3] [古希腊]亚里士多德:《政治学》,吴寿彭译,商务印书馆1981年版,第169页。
[4] [古希腊]亚里士多德:《政治学》,吴寿彭译,商务印书馆1981年版,第276页。

人治是统一的。他说:"完全按照成文法律统治的政体,不会是最优良的政体。"这一点主要从法律的稳定性与社会的变动性的关系角度谈。①法律不及社会变化快,也不能包罗万象,治理好国家还需要运用理智进行判断,发挥统治者个人的智慧。当然,"主张法治的人并不想抹杀人们的智虑,他们就认为这种审议与其寄托一人,毋宁交给众人"。法治理论的确也并不否认现实中有些人的才智较为杰出,也不否认才智较为杰出者更有资格执掌公共权力。但是,这并不等于说才智较为杰出者不会犯错误或者比依照在众人智慧基础之上订立的法律规则行事更少犯错误。即使退一步说,"即便有时国政仍须依仗某些人的智虑(人治),这总得限制这些人只能在应用法律上运用其智虑,让这种高级权力成为法律监护官的权力。应该承认邦国必须设置若干职官,必须有人执政,但当大家都具有平等而同样的人格时,要是把全邦的权力寄托于任何一个个人,这总是不合乎正义的。"②法治未必适合一切社会,只有中产阶级执政的共和政体才适合,法治不是普适的,受制于诸多条件。③法治不排除个人智慧,但对人的智慧的利用有一定的限度。这说明他认识到了法律的能与不能。这是其中庸哲学的体现——既强调法的灵活性、社会适应性,又强调法的道德性。

4. 法治的实行。他主张法的至上性,认为社会只有一个权威即法律,并设计了实现法治的三个环节:①要有良法。良法如何才能获得?这就需要重视立法。他提出立法的基本原则是:所制定的法律要合乎政体性质;要符合国情,如要研究国境、人口、外交、财产及军备;要反映中产阶级的利益;要有利于教育;要将法的稳定性与灵活性相结合,及时修改和补充。同时,立法要考虑对公民和青少年的教育作用。②对严格执法和公正司法的要求。凡是有明确法律规定的,应当依法办事,依法行政;关键是执政者要"凭借国家法律行事"。凡是法律不周详或无明确规定的,应当按照法的精神公正处理与裁决。他主张法院对案件应当具有普遍管辖权,对案件的裁决应当宽严有度、罚而不滥。他还根据法院管辖的案件性质,划分了多种法院,如宪法法院、专门处理重大私人交易的法院、专门审理杀人案件的法院、涉外法院、裁决较小交易案件的法院、监察法院。③对守法的要求。"邦国虽有良法,要是人民不能全部遵循,仍然不能实现法治。""法律所以能见成效,全靠民众的服从。"[1]普遍守法的习性须经长期的培养。他还强调主动积极守法。"法律应当在任何方面受到尊重而保持无上的权威,执法人员和公民团体只应在法律所不及的个别事例上有所抉择,两者都不该侵犯法律。"[2]④法治的政体基础要求。他主张中产阶级执政的共和政体最适合法治国。这

---

[1] [古希腊]亚里士多德:《政治学》,吴寿彭译,商务印书馆1981年版,第81页。
[2] [古希腊]亚里士多德:《政治学》,吴寿彭译,商务印书馆1981年版,第192页。

一政体在权力分工上要实行政体"三要素"。⑤处理好自由与法律的关系。"法律不应当被认为是奴役(与自由相对的),法律毋宁是一种拯救。"

六、宪政思想

亚里士多德的贡献不仅是对国家和法律作出了一般认识,特别重要的是提供了一套理论分析方法,以此方法探讨了国家起源、政体的概念和分类及国家与公民的关系等宪政理论。亚里士多德不像柏拉图那样基于单一的原则寻求一个"彼岸世界",而是穷其一生调查研究,试图为人类提供一个能够理性地引导人们过一种"至善"生活、一个理性与实践相结合的政府类型、一个正义和有效的国家模式、一种平衡的政治和法律。他比较研究了158个城邦的宪制,通过分析各类政府的形式、内容及本性,对政体进行了一般分类,认为善法须有善邦。他主张法律的目的与国家的目的是相一致的,是为了帮助人们过好生活。但是,不仅仅法律有好坏,城邦政体也有好坏。城邦政体的好坏决定着法治的好坏,法治要求一个以实现正义为宗旨的政体。他以正义理论为思想基础,探讨了何种政体是理想的,这与其正义和法治理论是一致的。

1. 国家的起源及其目的。亚里士多德是从人开始论述国家法律问题的。从伦理的角度来看,作为人应该具有善、美德和正义三种品质和完成三种"善业"的人生目的(即物质富足、身体健康和良好道德),而这些人的"品质"和"善业"只有通过城邦才能得以实现和完成。故,人是城邦的政治动物,家庭、城邦的形成是出自人类的本性,人类天然有一种过城邦政治生活的愿望和本能。他认为,国家起源于家庭生活和村落形式,是一个自生自发、由低级向高级的演进过程,国家完全是自然进化的产物,是人类社会高级而完备的状态,同时,也是人的本质不断趋于完善的历程。亚里士多德提出一个著名的命题,即国家是出于自然的演化,而人类是自然趋向于社会政治生活的,"人天生(在本性上)是一个政治(城邦的)动物,注定要过一种城邦的生活"。[1] 国家是最完善的社会团体,其目的在于实现最高的善德,是为了全体公民的幸福。故,国家的目的也是个人的目的,在此,他说明人类生来就有合群性,自然趋向社会和政治组织,这也说明人类是一个优良动物。而且,人类也只有在团体中才能满足其生存需要;国家发展是一个自然合理的过程,人类必须接受之;国家的目的是为了全体社会成员的幸福。为了达此目的,每一个政治共同体的人都应当拥有一定的财产、健康和道德。他认为,"城邦是至高而广涵的社会团体","城邦的一般含义就是为了要维持自给生活而具有足够人数的一个公民团体","是许多公民各以其不同职

---

[1] [古希腊]亚里士多德:《政治学》,吴寿彭译,商务印书馆1981年版,第7页。

能参加而合成的一个有机的独立体系"[1]。城邦的基本要素是公民,是自由人的自治团体。[2]

2.政体分类及其主张。亚里士多德系统地研究了政体的概念、划分政体的标准、政体的分类及其政体主张。他说:政体是"一个城邦的职能组织,由以确定最高统治机构和政权的安排,也由以订立城邦及其全体各分子所企求的目的"。"政体(宪法)为城邦一切政治组织的依据,其中尤其着重于政治所由以决定的'最高治权'的组织。"[3]这个政体概念从"最高治权"及对"政权的安排"的角度抓住了政体的基本内涵,尤其是它把政体同宪法等同看待,这对西方文明从法律上界定政治结构的思路产生了重要影响。亚里士多德坚持两个标准:①根据执政者人数的多少;②根据统治所趋向的目的,把政体分为正宗政体和变态政体。正宗政体是为了城邦公共利益和整体共同的善而组成并有效能的政体(共包括三类:一人统治的君主政体、少数人统治的贵族政体和多数人统治的共和政体);变态政体是只谋掌权者自身利益的腐败政体,其目的不是正义或至善(共包括暴君政体、寡头政体及平民政体)。亚里士多德认为,最优良的政体是行于中道的政体,由中产阶级统治的共和政体最为理想。其政体主张显然是同他的中庸哲学相联系的。在亚里士多德看来,人的一切行为都有过度、不及和适中三种状态,过度和不及是恶性的,只有适中体现了美德。与之相联系,任何城邦都有极富、极贫和中产阶级三个等级,极富阶级往往逞强好胜,易犯重罪;极贫阶级往往懒散无赖,易犯小罪;只有中产阶级境界最高,很少野心,因此,应该实行中产阶级治国。在一个中产阶级占主导地位且执政的城邦中,应该实行立宪的共和国政体,用亚里士多德的话说,这是一个介乎三种正常政体之间并吸收了三种正常政体优点的中间型的政体,即三种正常政体的集优政体,这种政体最有利于实行法治,它能调和多方利益,中庸、稳定、代表大多数利益。

此外,亚里士多德基于希腊丰富的政治资源,在较为详细地比较分析了各类政体的特性及其存在的基础和政体变革的原因的同时,还讨论了法律与政体的关系,主张法律与政体的统一性。认为,法律决定于政体,法律服务政体,法律与政体相一致,二者是双向互动的。他提出"政体三要素",认为任何一个政体都是由分别行使议事职能、执行职能和司法审判职能的三个不同机关构成的。其中,立法职能是最高的,其他职能具有从属性。

亚里士多德是古希腊学术成就的集大成者,他的法哲学理论对西方法

---

[1] [古希腊]亚里士多德:《政治学》,吴寿彭译,商务印书馆1981年版,第109页。
[2] [古希腊]亚里士多德:《政治学》,吴寿彭译,商务印书馆1981年版,第129页。
[3] [古希腊]亚里士多德:《政治学》,吴寿彭译,商务印书馆1981年版,第129页。

律思想的发展贡献是巨大的。他在继承柏拉图正义法律观的基础上,对希腊城邦法律思想进行了综合和系统化,其研究有较大突破和创新,集中表现在其现实主义的认识论,历史的、经验的和比较分析的方法论,以及其实在法理论、宪政理论和法治主义思想等方面,对后世西方法律思想的发展产生了深远的影响。

■思考练习

一、关键术语

智者学派;《理想国》;《法律篇》;《政治学》;《雅典政制》;哲学王;法治;自然法;正义论;良法与恶法;法治应当优于一人之治。

二、思考题

1. 简述古代希腊法律思想及其特点。
2. 简述西方法律思想的产生、历史地位及其意义。
3. 简述智者的自然法观念。
4. 简述苏格拉底的法律观。
5. 评述柏拉图的正义法律观。
6. 简述柏拉图政体分类及哲学王思想。
7. 评述亚里士多德的实在法思想及其理论基础。
8. 论亚里士多德对法治的思考模式及其对西方法治传统形成的影响。
9. 试比较柏拉图与亚里士多德的法律思想及其特征。

■参考与阅读文献

1. [英]罗素:《西方哲学史》,何兆武、李约瑟译,商务印书馆1981年版。
2. [美]博登海默:《法理学:法律哲学与法律方法》,邓正来译,中国政法大学出版社2003年版。
3. [古希腊]柏拉图:《理想国》,郭斌和、张竹明译,商务印书馆1996年版。
4. [古希腊]柏拉图:《法律篇》,张智仁、何勤华译,上海人民出版社2001年版。
5. [古希腊]亚里士多德:《政治学》,吴寿彭译,商务印书馆1996年版。
6. [古希腊]亚里士多德:《雅典政制》,日知、力野译,商务印书馆1978年版。
7. [古希腊]亚里士多德:《伦理学》,向达译,商务印书馆1996年版。
8. [美]萨拜因:《政治学说史》,盛葵阳等译,商务印书馆1986年版。
9. [苏]涅尔谢相茨:《古希腊政治学说》,蔡拓译,商务印书馆1991年版。

第二章 希腊化时期和古罗马法律思想

> ■ **本章学习目的和要求**
>
> 作为西方文化的起点和发祥地之一,古代罗马是西方法律思想又一个产生与形成的重要历史时期。一方面,古罗马法律思想源于古希腊,其理论渊源主要有苏格拉底的理性传统、柏拉图和亚里士多德的正义法律观和斯多噶学派的自然法观念,集中体现于西塞罗的自然正义法律观;另一方面,其法律思想又具有强烈的实践性和多元性,是罗马法发达的观念力量。可以说,西方法律思想从希腊到罗马经历了从"百家争鸣"到逐渐统一、从创立理论到实际运用的过程。
>
> **本章重点掌握**:古代西方法律思想的产生及其特点;古代罗马法律思想及其特点;斯多噶学派的自然法思想与西塞罗法律思想的关系;西塞罗的自然正义法律观;罗马法学家有关法的概念和法的分类的思想。

第一节 希腊化时期与古罗马时期法律思想的演变

一、走出城邦:希腊化时期(公元前4世纪下半叶~公元2世纪)

在希腊后期,因伯罗奔尼撒战争而使城邦制度开始走向衰落。此后在希腊世界战争不断。公元前338年希腊各城邦沦为马其顿王国的殖民地,其后,不断扩张的马其顿国王亚历山大在建立起一个世界帝国的同时,加速了希腊文化的向外传播,就此,城邦时代的终结便是希腊化时期的开端。所谓希腊化时期指的就是这一历史时期,其突出的特征是:①希腊城邦制度解体,城邦时代让位于帝国时代,进而使个人与国家的关系发生了重大变化;②希腊政治法律思想观念出现了重大变化。由于希腊各城邦的殖民地化和民族、文化的混杂,使希腊文化本身发生了深刻的变化,其理论的重心从国家转向个人,伦理学较政法学显得更为重要;③希腊文化走出城邦,进入世界视野并广泛传播。但是,客观地说,希腊化时期可谓文化互动时期,是一个属于多元文化、观念大冲突和大融合的时期。"作为政治动物,作为城邦国家或自治国家一分子的人已经同亚里士多德一道完结了,作为一个个人的人则是同亚历山大一道开始的。"[1]此时的希腊人突破了狭隘的城邦主义和朴素的纯自然主义观念,走出城邦主义、走向世界主义和个人主义的思潮出现了。这一时期有代表性的法律思想是伊壁鸠鲁学派和斯多噶学派的法律思想。

伊壁鸠鲁(Epicurus,公元前341年~公元前270年)是希腊后期著名的唯物主义哲学家和无神论者,萨摩斯岛人。他主要从事教授活动,曾在雅典创办"伊壁鸠鲁花园",举办各种讲座,其追随者众多,形成一重要学派。作为这一学派的创始人及代表人,其主要观点有:①基于其唯物主义和无神论思想,宣扬个人主义的伦理观。伊壁鸠鲁继承和发展了由德谟克利特开创的无神论和原子论思想,认为自然有其自在的发展规律,神不可能支配得了自然。人类应当从宗教的束缚下获得解放。这一思想被马克思称为"是古代真正激进的启蒙者","如果说罗马人有过无神论,那么这种无神论就是由伊壁鸠鲁奠定的"[2]。在此认识论基础上,他认为快乐是人的自然本性和幸福的主要内容,是最高的美德和善。快乐、善和幸福是我们努力的方向。他所说的快乐主要是心灵的感觉,一种身体的无痛苦和灵魂的无纷扰,是一种心灵平衡的状态。故,这种理论被称为快乐主义。②主张国家和法起源于社会契约说。这一学派不再将国家视为自然的产物,而是自私的个人为了自身的利益相互达成的契约的结果。"国家起源于人们相互间的契约,起源于社会契约,这一观点就是伊壁鸠鲁最先提出来的。"[3]他认为,公正不可能独立地存在,它是由相互约定而来的,在任何地点,任何时间,只要有一个防范彼此伤害的相互约定,公正就成立了。"渊源于自然的正义是关于利益的契约,其目的在于避免人们彼此伤害和受害。"[4]由此说明国家和法律是一个自然的公正物,公正是社会的、彼此约定的产物,社会正义是相对于契约而言的,如果没有契约,也就谈不上公正或社会正义。法律是宣布正义并为现实目的服务的,要以法律的手段实现快乐、平等和功利。伊壁鸠鲁认为,人们以契约成立国家的主要目的是确保人们之间相互安全,以避免恐惧和伤害。这种功利主义的契约论国家观说明个人是国家的基础这种观念萌芽了。

二、古罗马时期法律思想的特点

伴随着希腊化的进程,作为希腊近邻,原为台伯河上一个城邦的国家罗

---

[1] [英]塔恩:《希腊文明》,伦敦1952年英文版,第79页。
[2] 《马克思恩格斯全集》第3卷,人民出版社1995年版,第147页。
[3] 《马克思恩格斯全集》第3卷,人民出版社1995年版,第147页。
[4] 参见北京大学哲学系编译:《古希腊罗马哲学》,三联书店1957年版,第347页。

马,紧步马其顿之后对外扩张,在马其顿治下的希腊又遭日渐强大且迅速向帝国转变的罗马的不断征服,沦为罗马帝国的一个行省。古代罗马社会发展的历史时期大致可分为:王政时期(公元前8世纪~公元前6世纪);共和时期(公元前509年~公元前27年);帝制时期(公元前27年~476年);东罗马拜占廷帝国时期(公元395年~1453年)。

  罗马氏族制度解体、国家逐步形成约在公元前8世纪至公元前6世纪。据记载,王政时期的罗马,社会管理组织有库利亚会议(人民大会)、元老院和王。罗马的"王"(Rex)相当于希腊时期的巴息利斯,是人民大会选举的。公元前6世纪,塞维·图里乌王(公元前578年~公元前534年)的改革[1]标志着罗马从氏族制度过渡到阶级社会、王政时代结束和奴隶制国家逐渐形成。公元前509年,罗马建立共和国,实行执政官、元老院和公民大会权力分立体制。其中,执政官是国王的替代物,行使军事、行政、司法权,元老院是最高决策机关,公民大会选举执政官等官员。公元前494年,在平民的斗争下设立了护民官,以保护平民的权益。公元前450年又制定和颁布了《十二铜表法》,[2]进一步肯定了平民的政治地位,扩大了平民的政治权利。从公元前3世纪末叶起,罗马开始大规模外扩。一个世纪之后,它已成为东起小亚细亚、西至大西洋、南至非洲、北至莱茵河的地中海世界霸主。公元1世纪中期基督教兴起,4世纪被定为国教。公元3世纪奴隶制经济、政治陷入危机。公元395年狄奥多西皇帝死后,帝国终于分裂为东西两部分。西罗马连年战乱,经济衰落,统治日趋削弱,日耳曼人源源不断入境,多次发动反罗马统治者的起义。公元476年,罗慕路斯·奥古斯都帝被日耳曼军事首领奥多亚克废黜,西罗马帝国从此灭亡。东罗马帝国(或称拜占庭帝国)推行封建化,一直存在至公元1453年,后为土耳其所灭。

  罗马扩张至帝国时代不仅加速了希腊文化由城邦文化转变为世界文化,同时,其政制也由城邦共和国转变为专制独裁帝国。罗马人为后人留下的有形的政治法律财富主要是罗马法和圣经,而这些财富的获取得益于"两希文明"(即希腊文明和希伯来文明)。在此,我们所要讨论的西塞罗和罗马法学家所处的时代正值古罗马共和国向帝国过渡的转型历史时期。这一时期的时代特点有:①疆土不断扩大,产生了大量新的前所未有的社会问题

---

[1] 塞维·图里乌(公元前578年~公元前534年)是罗马王政时代第六王,据说公元前578年他进行了改革,主要是按财产多寡将罗马人划分为五个等级,各出相应数目之百人团,同时设百人团大会,拥有重要权力,每一个百人团享有一票表决权,原有的库利亚大会渐失意义。

[2] 《十二铜表法》,古罗马最早的成文法,由以阿·克劳狄多斯为首的十人委员会编制。因其铸于十二块铜牌之上而得名。内容主要是规定财产继承、借贷条件、伤害赔偿、婚姻、刑法、诉讼等制度,维护私有制度和奴隶主贵族利益,是后来罗马法的渊源。

（政治经济法律文化种族等）；②对外征服导致罗马社会政治结构、经济结构和社会结构发生了巨大变化，罗马奴隶制度进入发达时期，其内陆和外海都获取了生存手段；③在政治上，原有的贵族共和政体渐渐走向崩溃，元老院的权力日渐式微，国家权力开始被少数人垄断，一个以官僚、军队和法律为支柱的专制独裁帝国拔地而起。罗马历史上的政治斗争一直很激烈，各种冲突如平民与贵族、自由人与奴隶的冲突、罗马人与外邦人的冲突等持续不断。这是一个社会转型、风起云涌的时代。④法律制度上，原有的程式化、刻板的、适用范围狭隘的属人主义的市民法体系，如《十二表法》，已不能完全适应急剧扩展的社会生活的需要，以外事裁判官为主的新的万民法体系正在形成当中，万民法适用于罗马人与外邦人、外邦人与外邦人之间的交往，克服了市民法只适用于罗马市民的属人性、保守性和狭隘性，其内容是以人类普遍的自然理性为出发点，具有普遍适用性，从而使罗马法适用到广大被征服地区。

面对社会转型时期社会问题的复杂性和多样性，罗马政治家、法学家和思想家们在思考一个如此庞大的、杂乱多变的发展中国家在政治上如何治理这一政治体制问题，以及何种政体为好、政治权益如何分配、社会成员的平等权利等问题。以西塞罗为代表的法学家的法律思想恰恰是解决这样的问题的。他们基于罗马国情，在政治上主张权力制衡的贵族共和国；法律上以自然法理论为万民法提供合理依据。其思想为现实政治法律秩序提供了理论上的解释和支持。

古罗马法律思想的形成发展、理论内容及其特点，一方面受古希腊的哲学、伦理、政治和法律思想影响相当大，另一方面又受制于其国家形成和发展的独特性。其主要特点如下：

1. 其法律思想主要来源于古希腊的法哲学。古罗马法律思想理论渊源主要有始自于苏格拉底的理性传统、柏拉图和亚里士多德的自然正义的二元法律观以及斯多噶学派的世界主义的自然法理论和伊壁鸠鲁的个人主义思想。

2. 其法学理论继承大于原创。无论是理论形态、思想内容和价值倾向，还是方法论，古罗马法律思想基本上都是对古希腊的复制，理论的发展是有限的。其思想的原创性大体上表现于基于罗马现实的宪政理论和实在法理论。罗马人认为，个人不是依附城邦而是独立的，国家有国家的权力，个人有个人的权利，国家仅是一个法人性团体。特别是罗马人创建的罗马法理论，对后世民法学的产生和发展产生了相当深远的影响。

3. 其法律思想具有多元化色彩。由于地域、种族、政治传统和文化的多样性，使得罗马帝国兼容东西方，主要表现在：①强烈的个人主义和世界主义倾向。原本萌芽于希腊的个人主义和世界主义观念在罗马国家悄然兴起且得到强化,形成一种较强的意识形态思潮,这是随着罗马国家政治经济的发展和向外扩张而形成的文化多元性与民族异质的产物,为自由民的个性发展提供了广阔空间,形成了世界国家、世界公民、世界法律的罗马观念。这种观念成为其法学理论的依据和基础,为自由民的个性发展提供了广阔空间,个人主义、世界主义及万民法也有了生存和发展的空间。②随着罗马国家的向外扩张,特别是发展到帝国时期,专制主义倾向达到顶峰,"专政"、"独裁"更是罗马人的独创。③神学主义有所抬头。随着帝国的形成和源于东方的基督教的出现,神学主义的政法思想在罗马后期应运而生。到帝国末期,随着教会势力的日益强大,基督教义对世俗生活产生了越来越大的影响,基督教已取得绝对统治地位,出现了"君权神授论",为罗马的专制统治辩护。

4. 其法律思想具有为平等和权利辩护的倾向。由于个人主义思潮的出现和职业法学家的形成,罗马法学在某种程度上获得了独立性。在建构其法学范畴、界定法的概念的过程中,法学家们首次明确提出"平等"、"权利"、"自由"、"人格"这样一些法学概念。这样一种具有近代要素的法学概念和法的价值对发达的罗马法产生的影响是可想而知的,以至到帝国末期,人人平等的观念在私法领域已获得普及,奴隶制度是违背自然的观念已成共识。

5. 其理论较务实,实践色彩浓厚。与古希腊相比,罗马人似乎不太擅长形而上思辨,而更喜欢制度设计,重视政治实践和立法实践,如对实在法进行研究、不一般地谈论抽象正义等。职业法学家群体表现出较大独立性,其思想对哲学和伦理学的依附不强。特别需要强调的是,其务实性还表现在他们将自然法思想引入罗马法,成为一种变革罗马法的革命性要素。西塞罗和帝国时代的法学家在自然法思想的影响下,致力于改革现实政治和法律,这就促成了罗马法以前所未有的规模和姿态,以对个人的重视而成为古代法律世界以至人类法律史上的奇迹。

6. 在方法论上,运用其首创的一些法学概念开启了法的权利思维方式、公法与私法的思维方式以及立法技艺。

第二节 斯多噶学派的法律思想

产生于希腊化时期的斯多噶学派(Stoics)在西方政治法律思想史上占有重要地位,在罗马帝国时代一时为主流思想,其影响极为深远。斯多噶学派的创始人及主要代表是芝诺(Zenon,公元前336年~公元前264年),因芝诺曾在雅典的一个画廊(Stoics)里讲学,其代表的学派由此得名。斯多噶学派思想的核心是人的本质、人生价值及行为准则等伦理哲学,其法律思想的最大贡献是理性自然法理论。

一、自然法思想

自然法观念产生于希腊城邦时代,源于古代希腊的自然哲学,智者曾对其作出了初步的明确的表述,在柏氏和亚氏的理论中却未能展开讨论。直到希腊化时期自然法才由斯多噶学派得以梳理成形,成为一种完整的理论形态。其论证的逻辑过程是:

1. 自然界的一切都是必然的,都受制于普遍的自然规律或自然理性(逻各斯或理性或神)。斯多噶学派的自然法思想源于其自然哲学。他们认为,人是宇宙这一绝对统一整体中不可分割的一部分,其本性与自然界和宇宙是一致的,其理性也是普遍理性的一部分。故,人的行为必定受制于宇宙秩序的创造者、主宰者,即不可抗拒的普遍的自然规律和自然理性。这个普遍的自然规律或普遍的自然理性就是自然法。自然法是遍及整个宇宙的统治原则,其本质是理性。故,自然法就是理性法、正义法。由于自然法统治着万物,是人的行为的最高准则,自然法与人的本性是一致的,人类服从自然法就是服从自己的本性。自然法对人的作用须要通过人的体验和理性才能反映出来。芝诺说:"自然法是神圣的,拥有命令人正确行动和禁止人错误行动的力量。"[1]

2. 就自然法与人为法的关系,认为人类"最高的目的是按照自然生活,即按照自己的本性和普遍的本性生活,决不做共同法所禁止的事情,即决不做贯穿于一切事物之中的正确理性所禁止的事情。"[2]人们一定要按照自然法则生活,法律是世界性的、由普遍的自然规律支配的自然法则,实在法应当以此为根据。强调自然法是实在法的来源、基础和标准,是普遍存在的和至高无上的法则,它的效力远远超过人类领袖所制定的法律,对一切行为(适用于所有的人、神和统治者)都具有指导和约束作用。

自然法之所以成为古代世界中的一种普遍信念,成为人类政治法律制度进步的思想力量,成为成就罗马法、基督教学说及近代古典自然法学说的理论经典,成为成就西方自然法传统的一种观念模式,斯多噶学派的自然法思想功不可没,是它成就了这一切,奠定了这一切成就的传统基础。

二、平等观

斯多噶学派从自然理性理论出发,依据人人具有同质的内在精神而确立了人与人的平等关系。他们认为:

1. 按照自然生活,服从普遍的自然法是一种至善的、平等的和有德行的生活。斯多噶学派的伦理思想体系的核心是有关人的本质、人生价值及行

---

[1] [前苏联]涅尔谢相茨:《古代希腊政治学说》,蔡拓译,商务印书馆1911年版,第215页。
[2] [前苏联]涅尔谢相茨:《古代希腊政治学说》,蔡拓译,商务印书馆1911年版,第215页。

为准则等的伦理哲学,关注的是人如何才能过上一种至善和有德行的生活。他们对人的本质和人与人关系的认识已经超越了亚里士多德,认为人不必依赖国家也能获得好的生活,因为整个人类、国家都是整个宇宙的一分子,都是以自然法为纽带的共同体,国家也是自然的结合体。在普遍的自然法则和自然理性的统辖下,形成一个体现自然理性本质的普遍的政治法律秩序,这一普遍的社会政治秩序就是世界国家,构成世界国家的人类便成为世界公民。而世界公民是相对宇宙而言的,是必然的,成为此国或彼国的公民完全是偶然的。个人只有在世界国家里,按照自然生活,以普遍的自然法为行为准则,才能尽显人的平等本质,才能体现其善的伦理价值。

2. 按照自然生活,人的内在的精神便会获得自由,这是一种最有平等价值的伦理生活。人由于脱离了城邦国家这一外部强力,其生活只要服从自己的本性,受自然规律的支配,选择与理性相一致的生活,就是一种人人平等的、有德行的生活。而且,人与上帝一样具有相同的理性,故,作为理性的人和只服从自己的人必然是自由的。这种自由因其是自我的选择且是对必然命运的服从,所以,是一种内在的精神自由,一种道德自由。因而,在这种精神自由的基础上,按照自然生活便是一种至善的、本质的、自由平等的生活。

3. 人因具有共同的与上帝一致的自然理性而在类上是平等的。斯多噶学派以内在视角进行研究,关注主体人及其内心和精神层面,进而挖掘出人与人是平等的,对人在类上的平等达成共识。他们以"自然"为前提,以理性和自然法为核心概念,提出适用于一切人的普遍自然理性、自然规律和自然法则,其逻辑结果必然会得出人人平等的结论。马可·奥勒留说:"如果人有相同的智能,那么也会有相同的理性……如果这部分理性相同,法律也就是相同的,而如果法律相同,我们就都是公民同伴。这样说来,世界就是一个国家或城市。"[1]他们证明了所有的人不论其出身、种族、社会地位及财富如何不同,但有一点是共同的,即都具有自然赋予的与上帝相一致的理性,都受制于同一个自然法,由此而论证了世界国家和宇宙公民,确立起一个普遍的人类世界和人人平等的大同的理性秩序。他们明确断言,奴隶也是人且具有人的精神品质,在精神价值上,奴隶与主人是等值的,精神是平等的。同样,外邦人和野蛮人在精神上与所有人一样是平等的。

这一自然平等观直接被基督教所吸收,进一步促成了基督教人人都是上帝的子民、在灵魂和出生上自然平等的观念。同时,又由这种基督教平等观推波助澜,成为近代社会的一个革命性要素。总之,斯多噶学派以自然为

---

[1] 参见徐大同:《西方政治思想史》,天津教育出版社 2006 年版,第 68 页;转引自希特尔:《公民:世界历史、政治和教育中的公民理想》,朗曼公司 1990 年英文版,第 12 页。

其哲学体系的核心,通过必然性、自然法则或自然理性主义解释社会法律现象,认为自然界的全部发展过程都是被普遍理性和普遍的自然规律决定着,而人的本性是整个自然和宇宙的一部分,所以,伦理生活最高的准则是自然的生活。

斯多噶学派自然理论的影响在于:①使自然法从以亚氏为代表的城邦国家思想中走出来,进入普遍的人类世界,由此,自然法具有了世界性理性,法律具有了普适性规律。②架起了古代自然法通向近代自然法的桥梁,其自然法观念中所包含的普遍理性和自然秩序的世界主义及人人平等的个人主义世界观,对其后的罗马思想及其公私法制度的影响是极为深刻的。在这一法律观的影响下,罗马法学家在自然法理论的发展过程中起到了承上启下的作用。西塞罗便被认为是"罗马第一个斯多噶主义者",他将这一法律观引入罗马现实的政治法律生活世界,将罗马法普遍化和道德伦理化,从而促成了罗马法由早期的地方性法律体系向后来的世界性法律体系的伟大转变,其质的飞跃是由民族传统和习俗所构成的罗马法这一地方性知识基础转变为一种普遍事物本质的正义与非正义的普遍性知识基础。经由罗马人之手,使发生于古代希腊的自然法观念在其后演化为中世纪教会法学的超自然的、出自于上帝的"神法"和近代的人的理性即一种出自于主体人的理性思维的"主观法"(但近代自然法学家认为是一种"客观法")。而且,在这样的观念之下,使得罗马人因关注个人权利而产生了人格权,因重视个人财产权而产生了制度层面的财产权安排。故,平等和权利观念在制度上的安排是罗马法的贡献。③确立了一个新的价值尺度,即唯以人的精神特征和道德水准来衡量人的价值。[1]

为什么古代自然法会在此时得以初步理论化?①柏氏和亚氏时期,国家仍处于城邦时期,尽管开始衰落了,但此时的城邦急需的是治国安邦即治国之道。②亚历山大帝国和罗马帝国这两个军事帝国不断对外征服,其辖下的广阔领土,成分极为复杂,仅靠政治和军事手段维系这样的帝国政治实体,向心力较弱,专制独裁的帝国体制促使国家与社会的分离与对立。③就希腊而言,因处于希腊化时期,随着其城邦的解体,面对庞大的国家,作为帝国的一个自治区域的个体是很微不足道的。民主制已不复存在,市民参与国家治理已成明日黄花,关注点不是何种治国方式好而是关注个人和世界的关系。个人与国家的关系开始疏远,必然导致希腊人的世界观(政治法律思想)发生了两个方面的变化,一是世界主义色彩,那种小国寡民的城邦文化消失了;二是个人主义思想上升了,集体主义渐渐衰弱了。也即,一方面这两个帝国即殖民者利用且普及了希腊的自然理性这一普遍性精神,鼓动

---

[1] 参见徐大同:《西方政治思想史》,天津教育出版社2006年版,第69页。

出一个世界主义;另一方面,此时的人已不是"一个城邦的政治动物",而是一个对政治不感兴趣的独立的社会一份子,维持整体利益的纽带消失了,只好关注自我权益。他们关注的是伦理人生、精神的享受、个人的幸福,有着平等、自由和权利等内在属性的自然法便会成为此时的重要概念。④个人自我意识的强化,需要的不是政治舞台而是社会历史舞台,由过去依附于城邦变成独立于国家。故,失去城邦的人需要的是自我保护,关心个人的平等、权利意识,进而促进罗马私法的发达。同时,文化中心先后转移至埃及的亚历山大和罗马。加之希腊境内移民大增,民族文化混杂,正统文化与异邦文化冲突、融合,易产生平等、权利观念和一个多元文化的土壤。相对自我封闭、自我满足的城邦开放了,也促成了有着世界主义和个人主义内核的自然法的产生。此外,随着基督教的产生,它以宗教方式关怀个体的心灵世界,也是个人的某种精神解放和世界主义与个人主义的萌芽。古代自然法虽有一定的缺陷,如绝对性、静态性、神秘性,但作为一种法观念,它却具有伟大的人文关怀和法治精神。

第三节 西塞罗的法律思想

一、生平和著述

马尔库斯·图利乌斯·西塞罗(Marcus Tullius Cicero,公元前106年~公元前43年)古罗马著名的政治家、法学家、思想家和演讲家。曾担任律师、财政官、市政官、裁判官、执政官、总督和元老院首席代表等,也曾在罗马政治权力角逐中几度沉浮,后因坚持共和国而被安东尼杀害。他生于意大利拉丁地区阿尔皮诺一个富裕家庭,其教育是在当时的政治、经济和文化中心罗马和雅典完成的。在当时,掌握演说艺术是从政的必要手段,西塞罗倾其心血培养自己的演讲才能,同时对人文社科进行了大量研习,具有很高的人文素养。他是作为律师在法律诉讼中崭露头角的,多起案件为他赢得了巨大成功和政治声誉,并被誉为罗马第一演说家,其后便开始辉煌的政治生涯。其特殊的政治经历赋予其政治法律思想以独特性。其著述甚丰,政治法律著述主要有《国家篇》、《官职篇》及《法律篇》,都是对话体形式。其中,《国家篇》六卷,主要讨论的内容是国家、政体、政治家、人性、人类理性、公民、德行、正义的必要性及法律等。《法律篇》是《国家篇》的续篇,在其三卷中主要讨论了法律正义、理想国家的宗教法、法律与国家权力等宪制内容,在此,所论法律既是基于罗马实在法,也是其理想共和国的重要组成部分。西塞罗主要的思想是自然法理论、宪政理论和市民法理论。

二、自然法理论

古希腊的自然法观念经过斯多噶哲学的理性化、世界化和人性化及系统化之后传到罗马。西塞罗和罗马其他法学家在继承和发展希腊法律思想、特别是斯多噶的理性主义的自然法理论的同时,从罗马实际情况出发,现实化和通俗化了自然法理论,使希腊自然正义法律观物化为罗马法律制度,发展了起始于希腊的法律思想。自然法理论是其政治法律思想的核心和出发点。"我们的全部讨论必须在大自然的指导下进行","在大自然中寻求正义的根源",因为大自然是知识和权利的基础,"美德只不过是得以完善和发展到其最高点的自然"。[1]

1. 自然法的定义和内容。"在确定正义是什么的时候,让我们从最高的法律开始,这种法律的产生远远早于任何曾存在过的成文法和任何曾建立过的国家。"[2]整个宇宙都是由这一最高法律统治着的,这种最高法律便是自然法,它是正确理性的体现。而"人和神是类似的",他们的"第一个共有就是理性"。[3]"理性,惟一使我们超越野兽并使我们能够推断、证明和反证、讨论和解决问题并获得结论的理性,对我们肯定是共同的。"[4]因为人和神都是宇宙共同体的成员,他们为正义而生,共同服从着这一正确理性。这一正确理性源于自然,发自上帝,出于人的本性。"真正的法律乃是与大自然相符合的正确的理性,它是普遍适用的、不变而永存的,它以它的命令召唤人们负责尽职,以它的禁制防止人们为非作歹。……在罗马和雅典不会有不同的两套法律,在现在和未来亦复如是,一种永恒不变的法律将适用于一切民族与一切时代,在我们之上也将只有一位主人与统治者、颁布者与执行者的法官。"[5]

自然法具体内容和要求大体为:恭敬尊长、尊重神祇、尽忠报国、孝敬父母、知恩图报等。主张"恶法非法"。自然法是与自然即客观事物的本质相一致的,来自于事物本质,这是不证自明的公理,故法为正当理性的体现。这样一种对自然法解释的重要性首先在于其古典性格,是希腊的延续,同时,对罗马现实法律生活产生了巨大影响,如万民法便是普遍适用于每一个人的自然法,可以说,上述解释也是罗马帝国法律结构体系及其广泛适用的某种真实写照。

2. 自然法的特点。①自然法源于自然、神的心意和人的本性,是最高的法,是本质性的法,是最高的正确的理性和神意的体现。②自然法是理性

---

[1] [古罗马]西塞罗:《国家篇 法律篇》,沈叔平、苏力译,商务印书馆1999年版,第155页。
[2] [古罗马]西塞罗:《国家篇 法律篇》,沈叔平、苏力译,商务印书馆1999年版,第152页。
[3] [古罗马]西塞罗:《国家篇 法律篇》,沈叔平、苏力译,商务印书馆1999年版,第154页。
[4] [古罗马]西塞罗:《国家篇 法律篇》,沈叔平、苏力译,商务印书馆1999年版,第157页。
[5] [古罗马]西塞罗:《国家篇 法律篇》,沈叔平、苏力译,商务印书馆1999年版,第101页。另见 Cicero, De Republic, III, XXII, p.33,引自恩特维斯:《自然法——法律哲学导论》,台北1984年版,第15页。

法,这里的理性主要指的是自然理性、自然规律,但也有人的理性在内,体现了对人的意识和主体性的重视。同时,西塞罗还认为,理性是同传统相结合的。③自然法具有普适性、永久不变性和永恒有效性,是适用于一切民族的、统治全人类的、最高的、正义的法。"凡是正当的和真正的法律都是永恒的,而且不与成文法相始终。"④自然法是不成文的。

3. 自然法与人为法的关系。①自然法高于人为法。他将法分为自然法与人为法,"法律是根据最古老的一切事物的始源自然表述的对正义与非正义的区分"。实在法,也即各民族制定或认可的各种法律之上有一必然的、更高的、普遍适用于一切民族的永恒法律,即自然法。②人为法是自然法的具体化;实在法的根源是自然法,是自然理性的体现;自然法是人定法的价值准则和道德基础,是人定法的最终效力渊源。③自然法与人为法都源于自然,是正义的,但自然法是先于人为法的,是与上帝的心意同时发生的,它高于且指导人为法。"凡是正当的和真正的法律都是永恒的,而且不与成文法相始终。""人与上帝是相通的,都具有理性。"社会、国家和法律都源于自然法,国家法要符合自然法的要求。主张"恶法非法"。实在法必然反映和体现自然法的要求,因为如此便体现了正义和公正。

4. 平等原则。自然法决定了社会是正义的,人与人是平等的,是检验万物和一切行为规则的标准。由自然法推导出人类平等原则。"人与人之间没有类的差别",[1]这是因为:①人是神创造的,在神的面前人是平等的。②人类受着共同法律即普遍自然理性的管辖。③人类天生具有与上帝相通的理性。[2] 他说,人类的相似性还清楚地表现于人类的善良倾向和邪恶倾向上。自然法要求人们正确行为并阻止犯罪。这种解释对罗马实在法律产生了巨大影响,如万民法成为适用一切人的法律。自然法作为一种学术理论,第一次被如此实在地用来评判现实的政治法律生活,为法律面前人人平等原则提供了必然前提。

西塞罗的自然法理论对以往的理论有继承也有创新,被认为是西方古代人对自然法理论最完整、最经典的表述。其思想性和创新性在于:①所有法律源于自然,赋予法以不可抗拒的自然力量和自然规律性;法是正确理性的体现,其正确性主要在于法是神明的意志、源于大自然和人的本性,就此说明法的本质在于人性,与人性相一致,突出了人对法的主体性和道德基础,同时,强化法的神圣性,为中世纪的神法开道,为神与人的沟通开道。②由其自然法理论产生的近代思想要素,如对古代平等观的超越[3]权利

---

[1] [古罗马]西塞罗:《国家篇 法律篇》,沈叔平、苏力译,商务印书馆1999年版,第157页。
[2] [古罗马]西塞罗:《国家篇 法律篇》,沈叔平、苏力译,商务印书馆1999年版,第157页。
[3] 人类平等论,超越了古希腊的人类等级观念,认为"在种类上人与人没有区别"。

和自由观念的产生,具有近代主体性要素的理性以及法治理念。其二元法论是神学自然法律观和人文主义法律观的古典基础。③其理论关注实在法,一再阐明法的本质是对所有人普遍适用的、与自然、人性和上帝相一致的正当理性,进一步抬高了正义和道德对法律的重要性和地位。在将自然法进一步理论化的同时,将自然正义理念引入罗马法,以自然法抬高、巩固了现实罗马法的至上权威。将先进的观念与罗马法制度相结合,为万民法提供了理论依据、价值准则和道德基础,为罗马法的发展作出了开创性的贡献。④在方法论上,以人、神和自然为讨论法律现象的出发点,是一种柏拉图式的强调法律的道德标准和基础的唯心史观和绝对主义;在法的价值层面,旨在追求一种合理的法和良法。不过,虽说其理论立意高远,背景宏大,讨论却较为具体和现实,将理念法转为现实法,体现了政治家论法的风格。

三、实在法论

西塞罗指出:"法律最初是从自然产生的;接着,被断定为有用的标准就相因成习地确定下来;最后,尊敬的神圣又对这一从自然产生的并为习惯所确定的东西加以认可。"[1]"法律是根据最古老、一切事物的始源自然表述的对正义和非正义的区分,人类法律受自然指导,惩罚邪恶者,保障和维护高尚者。""要知道,存在过源自万物本性、要求人们正确地行使和阻止人们犯罪的理性,它成为法律并非始自它成文之日,而是始自它产生之时,它是同神明的灵智一起产生的。因此,真正的第一条具有允行禁止能力的法律是至高的尤皮特(罗马主神)的正确的理性。""法律是植根于自然的、指挥应然行为并禁止相反行为的最高理性……当这一理性在人类意识中牢固确定且完全展开后,便是法律。"[2]他认为法律源于自然、人的本性和神明,是正确的理性,其功能是指导人们正确行为,禁止错误行为。对其实在法思想的认识的关键是:①法律源于自然、人的本性和神明,是正确的理性。这种源于古代希腊自然主义的伦理法律观到罗马时期增加了一点神明和现实的色彩。②他强调的仍是恶法非法,将法律立于道德基础之上。在西塞罗这里,法律必须与自然、人性和神明相一致,否则,就是"匪徒的规则"。"如果正义的原则只是建立在各民族的法令、君王的敕令或法官的决定之上,那么正义就会支持抢劫、通奸和伪造遗嘱,只要这些行为得到大众投票和法令的赞同。如果这样重要的权力只附属于傻瓜的决定和法令,大自然的法律可以为他们的投票所改变,那么他们为什么不会颁布法令规定那些恶害应当视为善益呢?或者,如果法律能让不正义变成正义,难道它不能让恶变成善吗?而事实上,我们只有按照大自然的标准就可以感受到善法和恶法的差

---

[1] 谷春德主编:《西方法律思想史》,中国人民大学出版社 2000 年版,第 74 页。
[2] [古罗马]西塞罗:《国家篇 法律篇》,沈叔平、苏力译,商务印书馆 1999 年版,第 151 页。

异;不仅正义和非正义,而且光荣和耻辱的事物也毫无例外地由大自然区分开来了。"[1]③他强调法律对于一个国家的重要意义,国家基于法律,法律的目的是保障平等和自由,故,在立法上一定要坚持公民权利平等的原则。他一再说明,作为同一个国家的公民起码应该在权利方面是相互平等的。一个国家若没有法律,就必然变得毫无意义。在执法上,强调执法的重要性,"执政官是会说话的法律,而法律是不会说话的执政官",要求执法应当公正。在司法上,主张司法活动由司法官主持,但应当由元老院和平民大会监督,主张审判公开和罪刑相适应原则。同时,特别强调法律的意义在于对所有人都适用和有效。

四、宪政论

(一)国家的起源及目的

1. 国家起源。基于其自然法理论,西塞罗认为国家起源于人的自然合群本性,是人们合意的产物,是人出于共同的利益需要而订立的一项协定,是一种为了正义和善而实现的道德和法律的结合。这种联合的"首要原因不在于人的软弱性,而在于人的某种天生的聚合性"[2]。在此,虽主要是亚氏的自然主义起源观,强调的是由于人的自然本能需要,人们之间必然会交往和结合,这种交往和结合成为共同体的基础是人的自然需要。但同时,也强调人的理性或人的自由意志的作用,因共同利益而达成法律协定,是一种现实主义的表现。

2. 国家的定义。西塞罗说:"国家乃人民之事业,但人民不是人们某种随意聚合的集合体,而是许多人基于法的一致和利益的共同而结合起来的共同体。"[3]"共和国是人民的事务","国家是法律共同体"。由此定义可分析出国家的特点:①国家是人民的事业,其权力来自人民,是由人民组成的法律共同体和利益共同体;②国家是一个公正的、平等的正义联合体。"既然法律是团结市民联合体的纽带,既然由法律强化的正义对所有人都相同,那么当公民之中没有平等时,又能有什么正义使一个公民联合体被拢在一起?如果我们不能同意平分人们的财富,并且人们固有能力的平等又不可能的话,那么至少同一国家的公民的法律权利应当同等。因为除了一个公正的联合体或合伙之外,国家还能是什么?"[4]国家与法律是人民共同的财富,是法律将人民联结起来且形成国家即人民共同体。只有政治权力合法

---

[1] [古罗马]西塞罗:《国家篇 法律篇》,沈叔平、苏力译,商务印书馆1999年版,第164页。
[2] [古罗马]西塞罗:《论共和国 论法律》,王焕生译,中国政法大学出版社1997年版,第39页。
[3] [古罗马]西塞罗:《论共和国 论法律》,王焕生译,中国政法大学出版社1997年版,第39页。
[4] [古罗马]西塞罗:《国家篇 法律篇》,沈叔平、苏力译,商务印书馆1999年版,第39页。

的行使才合乎人民的利益。国家和法律都得服从上帝、道德和自然法。

3. 国家的目的。西塞罗强调国家的目的有两个方面:在精神方面要维护正义和自由,在物质方面要保护公民的私有财产。"除了人民的权力最大之外,自由在任何国家都不可能有安身之地,可以肯定,没有什么东西比自由更可爱。"[1]基于与国家同样的目的,法律产生的原因在于使弱小能受到强者的保护,在于保障每个人的权利。国家、宗教和法律的根本目的都在于对平等、自由、正义及财产权益和公共利益的保护。

(二) 政体形式

西塞罗的政体理论在继承亚里士多德有关理论的基础上有所创新,集中体现于其基于罗马的政治实践而总结出的混合政体和权力均衡的思想。

1. 混合政体的思想。当时罗马现实政体由行使行政权、司法权和军事权的两名执政官、行使议政决策权的元老院、行使国家最高权力的公民大会等组成,重大事情由全体民众决定。基于这样一种现实政制,西塞罗提出,最好的政制是君主制、贵族制和民主制的"均衡结合"。混合政体是西塞罗理想的政体主张,它是集君主政体的"恩爱"、贵族政体的"智慧"和民主政体的"自由"等优点于一身的政体形式。他认为,君主政体的"恩爱"反映了执政官的尊荣和威望因素;贵族政体的"智慧"体现了从事议政、决策的元老院的知识和稳定因素;民主政体的"自由"体现了最高权力机构公民大会的民主平等因素。其论证表明,这三种类型中没有任何一种形式是理想的,只有那种将三种较好形式混合而成的形式才比上述每一种都好。[2]混合政体形式最突出的特点是公平性和稳定性。

2. 国家权力制约平衡的政治统治架构。他认为在混合政体之下应当实行普选,国家机构有人民大会、元老院、执政官和保民官,这种有节制、和谐的国家体制可以通过法权的适当分配来维持,再配置完备的司法审判制度和监察官,各机构都在法律规制下行使其权力,且彼此之间保持一定的均衡。西塞罗混合政体的宪政理论是古罗马政治法律实践即罗马共和国的反映。

在此,我们不妨分析一下西塞罗有关国家起源和政体理论的特点。①一方面,本源于自然的国家的存在是合乎自然规律的、必然的,受自然规律即自然法的制约。另一方面,基于理性而形成的国家是依赖于人民的,受人的正确理性和人的本性的制约。②国家与人民分离,个体独立于组织,组织基于个体。国家是人民的事业,其权力来自人民,是基于人们的协定而形成的,是由人民组成的法律共同体和利益共同体。国家与法律是人民共同的

---

[1] [古罗马]西塞罗:《国家篇 法律篇》,沈叔平、苏力译,商务印书馆1999年版,第37页。
[2] [古罗马]西塞罗:《国家篇 法律篇》,沈叔平、苏力译,商务印书馆1999年版,第85页。

财富,是法律将人民联结起来且形成国家即人民共同体。突破了古希腊的城邦主义思想,强调国家对公民个体的依赖性。③出于人民利益的考虑,政治权力的行使应具有合理合法的限度(自然法和理性、人性的要求)。只有政治权力合法地行使才合乎人民的利益,才能称之为国家。④起源于自然法的国家和法律都体现了人的意志,是在意志的作用下形成的。国家和法律既是自然规律发展的产物,又是上帝的心意和理性、意志的作用。故,国家和法律都得服从上帝、道德和自然法,服从人的自然本性。其国家法律起源理论不是完全的契约论,也不是完全的自然论。⑤在西塞罗混合政体和国家权力制约与平衡理论中,不仅再现了罗马民主共和制政体,在一定程度上反映了罗马的政治现实,而且已经初步萌生了权力制约的思想萌芽,有着早期宪政和法治的观念;对后世三权分立的政体有影响;这种政体架构完全以人民的共同利益(权力平等财产)为依归。

在西方政治法律思想史上,西塞罗占有重要的历史地位,他是一位从古代希腊到欧洲中世纪这一历史时期惟一具有代表性的人物。西塞罗继承了古希腊理性主义的思想传统,其思考的法学内容基本属于法的价值层面,如法的合理性和良法,其思想突出之处是按照罗马社会和国家的需要系统地发挥了古代希腊的自然法思想。作为希腊文明的传人,他较完整地表达了斯多噶的自然法思想和平等精神,将希腊精神转变或物化成了一种现实政治法律秩序,将自然法精神通过罗马法及其原则延续下来。可以说,自然法作为一种学术理论,第一次被如此实在地用来评判现实的政治生活。

第四节 罗马法学家的法律思想

一、罗马法学家

罗马法的发达完备与罗马法学家是分不开的。从公元前3世纪起,由于罗马疆域的扩大、商品经济发展、人际关系的复杂和立法活动的频繁,迎来了罗马法学的"古典时期"(约公元前27年奥古斯都开始帝制到公元284年戴克里任罗马皇帝,这一历史时期史称罗马法学的"古典时期"),正是这一时期,出现了职业法学家阶层。在奥古斯都统治时期,法学家有了"公开解释法律的特权",而且这种解释具有法律效力,法院必须遵循。公元426年罗马皇帝狄奥多西二世颁布《引证法》,规定五大法学家的法学著作具有法律效力,使得法学家对法的解释正式成为罗马法的组成部分。该《引证法》明确规定,遇到疑难问题时,成文法无明文规定,就按五大法学家的著作解决。各家观点不一致时,取决于多数,相等时则以伯比尼安学说为准。此时,法学家的地位和作用极为突出。其中,钦定的"五大法学家"[1]更是作出了重要贡献,他们出任行政官职,编制现行立法,指导司法。罗马法学家的法律活动有力地推动和促进了罗马法的发展和完善。罗马帝国初期,罗马法学家分为两派,即萨比努斯派与普罗库路斯派,前者倾向保守,主张帝制;后者倾向革新,主张共和。罗马法学家集团对罗马国家的立法、司法、法律解答、法学教育发挥了极为重要的作用。罗马法学家主张治理国家须"以法为据",他们除为制定完备的法律尤其是反映简单商品生产的私法提供指导和法律服务外,在法学理论上也颇有建树。罗马五大法学家主要的法学理论观点主要有:创造性地提出并阐释了法的概念,对法进行系统的分类、详细讨论法的渊源。这些法学基本理论集中体现于《查士丁尼国法大全》[2]中,其学说本身就是罗马法的重要组成部分。

二、法的概念

罗马法学家对法律和法学给予明确的界定和区分,深刻地影响了后世法学,特别是实证法学的诞生。①就法律而言,一方面在词义上进行界定,主要以拉丁文 lex 和 jus 来指代。其中,lex 专指王政时代罗马国王制定的法律和共和国时期平民会议的决议。而 jus 则指法律及由法律而生的权利。乌尔比安多次说过,法是"给每个人以稳定和永恒权利的意志","法律的基本原则是,为人诚实,不损害别人,给予每个人他应得的部分。"[3]其后,又扩大法的外延,用来指裁判官法庭、诉讼程序、法律资格等。另一方面,从法律与道德的关系角度予以解释。根据自然法推论,法律与道德和正义是不

---

[1] 罗马五大法学家,是公元 426 年由罗马皇帝狄奥多西二世颁布《引证法》规定的,他们是:盖尤斯(Gaius,117 年~180 年),代表著作是《法学阶梯》;保罗(Paulus,121 年~180 年);乌尔比安(Ulpianus,170 年~228 年),曾任罗马皇帝的司法大臣,著有《罗马法学注释》;伯比尼安(Papinions,212 年以前),曾任司法大臣;莫德斯蒂努斯(Modeslinus,250 年前后)。他们的著作具有法律效力,成为《查士丁尼民法大全》的重要组成部分。

[2] 《查士丁尼国法大全》,是罗马私法典,东罗马帝国皇帝查士丁尼下令于公元 529 年~534 年编纂而成,它由《法学阶梯》、《法学汇编》(又名《学说汇编》)、《法典》和《新律》等构成。《法学阶梯》以盖尤斯的同名著作为蓝本,依照新律精神,参酌其他法学家著作改编而成,于公元 533 年问世。全书共分四编若干章,层次分明,结构严谨,是后人学习研究罗马法的主要著作之一。《法学阶梯》是钦定罗马私法的教科书,具有法律效力。《学说汇编》是按照查士丁尼的指示,组成 17 人专门委员会,搜集历代著名法学家的书籍,撷其精华。经过 3 年多的努力,成书 50 编,于公元 533 年公布。其中半数是乌尔比安和保罗的著作。《法典》是罗马皇帝谕令和法律的汇编,共 12 编,于公元 529 年公布。《修正法典》公布于 534 年。《新律》的主要内容是查士丁尼在公元 535 年~565 年所发布的谕令,实际上是法典的补编,在查士丁尼死后由法学家汇编而成。《查士丁尼民法大全》是罗马法历史发展的系统总结。对后世民法的发展产生了深远影响,这种影响至今依然存在。

[3] [古罗马]查士丁尼:《法学总论——法学阶梯》,张企泰译,商务印书馆 1989 年版,第 5 页。

可分的。"正义是给予每个人他应得的部分的这种坚定而恒久的愿望。"[1]杰尔苏说"法律是善良与公正的艺术",[2]"法是正义、公平、公道的表现"。塞尔撒则认为,"法是美德与正义之求",把实在法与自然法或道德相混淆。③认为君主的意志就是法律。盖尤斯说,皇帝有权颁布宪法。乌尔比安说的更为露骨,他说皇帝的意旨具有法律效力,因为人民通过 lex zegia(国王法)的一段话把他们自己的全部权力授予了他。[3] 还说,凡是皇帝所定的东西,就具有法律效力;凡是对元首有利的东西,就具有法律效力。皇帝根本不受法律的约束。所有这些,都为罗马皇帝的专制主义奠定了理论基础。

对于什么是法学,乌尔比安认为,"法学是关于神事和人事的知识,是关于正义和非正义的科学。""正义是给予每个人他应得的部分的这种坚定而恒久的愿望。"[4]在此,这样一种观念便制度化为罗马法中的"权利"(Jus)。罗马法学家都是斯多噶派的追随者,这样的法认识显然是深受希腊自然正义的伦理法律观的影响。

三、法的分类

关于法的分类,罗马法学家将罗马法主要分为公法与私法;自然法、万民法和市民法;人法、物法和程序法;成文法与不成文法。这种分类也体现在罗马法中。

1.公法与私法。此种法的分类是因法律所调整的对象的不同及其价值取向的不同而得以区分,是由乌尔比安首创的。乌尔比安认为,法律"有的造福于公共利益,有的则造福于私人。公法见诸宗教事务、宗教机构和国家管理机构之中","公法涉及罗马帝国的政体,私法则涉及个人的利益"[5]也就是说,法律因其介入不同的社会关系而在主要的价值倾向上有所区别,公法主要用来调整政治关系以及国家应当实现的目的,确保公共利益的实现,是有关罗马国家宗教、政治及组织管理方面的法律,如宪法、行政法、宗教法、刑法等;而私法是用来调整公民个人之间的关系,为个人利益确定条件和限度,涉及的是个人福利,是保护私人利益的,如罗马国家的自然法、万民法和市民法的基本原则就都属于私法之列。《学说汇纂》中说:"公法的规范不得由个人之间协议而变更",而私法的原则是"对当事人来说'协议就是

---

[1] [古罗马]查士丁尼:《法学总论——法学阶梯》,张企泰译,商务印书馆1989年版,第5页。
[2] 见《查士丁尼学说汇纂》的序言。
[3] 《学说汇编》第1卷第四章第一节。
[4] [古罗马]查士丁尼:《法学总论——法学阶梯》,张企泰译,商务印书馆1989年版,第5页。
[5] [古罗马]查士丁尼:《法学总论——法学阶梯》,张企泰译,商务印书馆1989年版,第5~6页。

法律'"。《查士丁尼民法大全》更是典型的私法大全。这种公私法分类理论不仅被当时的立法所采用,也对后世影响较大,成为大陆法系法的分类基础。

2. 自然法、万民法和市民法。此种法的分类是以罗马私法的适用范围和效力地位为标准得以区分的,是乌尔比安提出的分类法。

(1)自然法,是理想的法,是高于现实法律的法,泛指那些包含在任何法律体系之中的具有内在合理性、普适性的原则和精神。在罗马法学家看来,自然法是指"自然界教给一切动物的法律",它"不是人类所特有","不是为体现立法者意志而产生的法"。早期的罗马法学家大多将自然法与万民法视为一物,看作是同一东西,或将万民法视为重新发现的自然法。五大学法学家之一的盖尤斯也持同样的认识,他就将自然法与万民法综合为一个统一的概念,认为自然法是"自然理由在所有人当中制定的法","根据自然原因在一切人当中制定的法为民众共同体共同遵守,并且称为万民法"。他坚持罗马法由市民法和万民法组成。不过后期罗马法学家多数则把自然法看成是独立的概念。乌尔比安就说过:"自然法是大自然教给一切动物的法"。保罗认为:"自然法永远是公正和善良的东西。"盖尤斯在《法学阶梯》中明确指出:自然法的原则"在一定程度上是根据神明制定的,总是保持稳定和不变"。[1] 他们所要说明的是,自然法不等同于现代的任何法律体系,即便如万民法这样适用对象如此普遍的法律,也不能与自然法划等号。因为存在着"一切人都是生而自由的"、"所有人都是平等的"的自然法则,而万民法却承认奴隶制度。自然法是现实法律的标准、依据及方向。"诚实生活,不犯他人,各得其所"是自然法的原则及要求。

(2)万民法。所谓万民法,是人类法、世界法,适用于一切自由人的法,是罗马人与其他所有民族"共有的法"。万民法的理论依据和法律效力在于罗马人从希腊引进的普适性的自然法理念。按照罗马法学家的定义,万民法是"罗马人与古代文明民族共有的或在同他们的关系中逐渐创立的规范总和"。盖尤斯在《法学阶梯》中将万民法与自然法综合在一起,说"根据自然原因在一切人当中制定的法为所有的民众共同体共同遵守,并且称为万民法,就像是一切民族所使用的法"。万民法是用来调整外来人之间以及外来人与罗马公民之间财产关系的法律。

(3)市民法。市民法是指仅适用于罗马公民的法律,是纯粹为罗马人民所特有的法律制度的总和,是调整罗马公民个人关系的法。盖尤斯在《法学阶梯》中说:"每个共同体为自己制定的法是它们自己的法,并且称为市民

---

[1] 参见[意]彼得罗·彭梵得:《罗马法教科书》,黄风译,中国政法大学出版社1992年版,第13~15页。

法,即市民自己的法。"[1]市民法是由罗马人民批准和制定的,它仅适用于罗马公民,它多是由民众大会通过的法律、元老院的决议及习惯法规范构成。当时罗马的市民法主要包括:《艾里亚和森迪亚法》、《尤尼亚法》、《值菲亚和卡尼尼亚法》、《米尼奇法》、《十二铜表法》、《克尔内利法》、《尤利法》、《巴比和波培法》,等等。市民法是由罗马城邦法发展而来的、用以调整公民内部法律关系、较为狭隘和程式化的一种特权法。

3. 人法、物法和诉讼法。这是一种罗马私法的分类,是以权利主体、权利客体和私权保护为内容的一种法典编制模式。人法是规定人格与身份的法,是规定民事主体、确立民事主体权利能力、行为能力即权利义务主体的资格和法律地位的法。罗马法学家将人区分为自由人和奴隶。人法中最重要的划分是:"一切人不是自由人就是奴隶。"那些自出生就自由的人是生来自由人,那些摆脱法定奴役地位的人是解放自由人。[2] 有些人生来就是奴隶,奴隶因不具"人格权"而不是权利的主体,只是权利和义务的客体。奴隶既无婚姻资格,也无交易资格,"奴隶完全不享受市民法上的结合"。盖尤斯将自由定义为:做一切想做之事的自然权利,以受法律禁止或强力阻碍为限。可见,在罗马法学家那里,这种在法定限度内按照意愿处置自己的人身和行动的自由权,并不属于所有人,只有"自由人"才能拥有这种自由权。在罗马法中,虽说个人自由和权利问题凸显,但这只是针对身份自由的人。物法在私法体系中占有重要地位,它是关于权利义务客体的法,涉及的是财产法律关系,如物、物权、继承和债。"有些物依据自然法是众所共有的,有些是公有的,有些属于团体,有些不属于任何人,但大部分物是属于个人的财产,个人得以各种不同方式取得之。"[3]诉讼法是用来保证实现主体的权利和义务的程序、技术和手段。罗马法学家将诉讼分为公诉与私诉,罗马诉讼法主要是关于私诉即私权保护的法律,它有一整套系统复杂的私诉制度和程序,包括法定诉讼、程式诉讼及特别诉讼。

4. 成文法与不成文法。这是以法律的表现形式为标准划分的。成文法是指所有以文字和书面形式表现且具有法律效力的规范,包括民众大会通过的法律、元老院的决议、皇帝的敕令及裁判官的告示等。不成文法主要指的是经认可的习惯法。"不成文法是习惯确立的法律,因为古老的习惯经人

---

[1] [古罗马]盖尤斯:《法学阶梯》,黄风译,中国政法大学出版社1996年版,第2页。
[2] [古罗马]查士丁尼:《法学总论——法学阶梯》,张企泰译,商务印书馆1989年版,第12页。
[3] [古罗马]查士丁尼:《法学总论——法学阶梯》,张企泰译,商务印书馆1989年版,第48页。

们加以沿用的同意而获得效力,就等于法律。"[1]

四、法的渊源

罗马法学家由于参与法律实践,因而意识到了法的渊源问题的重要性且对之进行了研究,他们讨论了应然法渊源和实在法渊源。在盖尤斯看来,罗马法的渊源有两类,即成文法与习惯法,其中,成文法渊源主要有:民众大会和平民会议制定的法律、元老院决议、君主谕令、长官的告示及法学家的解答与著述。罗马共和国时期的主要立法机关是民众大会和平民会议,由它们制定且通过的法律实质上反映了大多数公民的意志和利益。罗马共和国时期的元老院是国家最高的政权机关,拥有批准民众大会和平民会议通过的法律、使之生效的权力。在帝国时期,皇帝控制下的元老院颁布的决议具有法律的效力。君主谕令是由皇帝通过裁决、告示或诏书制定的,是帝国时期最重要的法律渊源。长官的告示指的是由罗马最高行政长官和最高裁判官发布的具有法律效力的告示,这些告示在帝国时期形成了最高裁判官法。法学家的解答和著述也是一种重要的法律渊源,主要指的是"五大法学家"的著述和法律解释具有法律的效力。

古罗马的法律思想是对古希腊思想的继承和发展,它不仅仅将希腊的法理念系统化,且滋长出平等观和权利观,更为重要的是将这一法理念与现实法律世界相结合,为产生于古希腊的法观念寻找到一个现实世界的根。

■思考练习

一、关键术语

《论共和国》;《论法律》;《法学阶梯》;《学说汇纂》;罗马法学家;公法与私法;万民法;市民法;自然法;五大法学家。

二、思考题

1. 简述古代罗马法律思想及其特点。
2. 简述斯多噶学派的自然法思想与西塞罗法律思想的关系。
3. 简述西塞罗的自然正义法律观。
4. 简述西塞罗混合均衡的政体理论。
5. 简述罗马法学家有关法的概念和法的分类的思想。
6. 简述罗马法学家的历史贡献。

■参考与阅读文献

1. [英]罗素:《西方哲学史》,何兆武、李约瑟译,商务印书馆1963年版。

---

[1] [古罗马]查士丁尼:《法学总论——法学阶梯》,张企泰译,商务印书馆1989年版,第11页。

2. [美]博登海默:《法理学:法律哲学与法律方法》,邓正来译,中国政法大学出版社 2001 年版。
3. [古罗马]查士丁尼:《法学总论》,张企泰译,商务印书馆 1996 年版。
4. [古罗马]西塞罗:《国家篇 法律篇》,沈叔平、苏力译,商务印书馆 1999 年版。
5. [古罗马]盖尤斯:《法学阶梯》,黄风译,中国政法大学出版社 1996 年版。
6. [美]萨拜因:《政治学说史》,盛葵阳等译,商务印书馆 1986 年版。

第二编　中世纪西欧法律思想

第三章　基督教法律思想

> ■ **本章学习目的和要求**
>
> 　　了解基督教神学法律思想,是认识现代宪政和"法治"基础不可或缺的前提。基督教法律思想继承和弘扬了古代自然法及其自由、平等和正义的理念,且将之进一步超验化和神圣化,将一种必然的自然力量改变为上帝的力量,同时,结合现实的历史条件将实在法进行了具体化和合理化,把法治提升为一种中古世界极具人文关怀的普遍信念。
>
> 　　**本章重点掌握**:基督教法律思想的主要特点及其贡献;《圣经》中的法律思想;奥古斯丁的"神国论"及其神法与人法思想;阿奎那的神学法律思想。

第一节　基督教法律思想概述

一、基督教法律思想的主要特点

　　公元 476 年西罗马帝国的灭亡到文艺复兴这一历史时期,史称西欧中世纪。这是欧洲历史上的一个新时期,一大批日耳曼王国即"蛮族国家"拔地而起,入主欧洲且处于原始社会末期发展水平的日耳曼人的统治使原来罗马的奴隶制政治、经济遭到极大的破坏,欧洲开始了奴隶制原始经济向封建制自然经济的转化,欧洲史上漫长的封建社会开始了。"封建"(Feudal)这一社会形态在大多数史学家眼中,代表了中世纪西欧一种特殊的社会形态和政治法律制度,即一种高度约束而又十分分散的社会关系和国家管理体制。教权、王权、诸侯和市民在中世纪欧洲的舞台上相互牵制、彼此竞争,伴随着这种多头政治现实的是一种极度多元化的法律体制,即各政治团体之间的条约、封建契约、教会法、庄园法、城市法及各地沿袭久远的习惯法,凭借着所依附的力量和民众的信任交织并存、各行其用。不同时期、不同政治主体间的争斗除了借助于赤裸裸的武力外,还经常从自然法和法律理论那里寻求力量。日耳曼人对欧洲的统治不仅带来了社会的转型和政治法律结构的改变,而且还承接且发展了古代西方法律思想,为其注入了新的元素,同时,为基督教的全面发展提供了绝妙的广阔天地。此时,西方世界在政治、经济上长期处于四分五裂的状态,而其精神世界则一统于基督教神学。

从 5 世纪到 15 世纪,西欧经历了封建制度和封建国家法律产生和形成的时期,与此同时,基督教会发展为封建主义堡垒和联结西欧的国际中心。在日耳曼人实行采邑制、推行封建等级制的过程中,公元 756 年法兰克王丕平以罗马的大块土地和成立教皇国为代价,被罗马教皇里奥三世加冕为"罗马人皇帝",法兰克王国也成了查理曼帝国。公元 962 年,东法兰克皇帝奥托被教皇加冕为"神圣罗马帝国皇帝"。此时,在各国封建主扶持下的基督教会获得了具有实质意义的发展,如教皇成为最大的封建主,教会占有全欧洲 1/3 以上的土地,确立了教会的权威性和神圣性,《圣经》确立了最高经典的地位,教会什一税具有了合法性,建立起等级森严的教阶制度,形成了普遍适用的教会法体系和司法机构,等等。公元 13 世纪末 14 世纪初,伴随着欧洲等级代议君主制阶段的开始,皇权得到了强化,教会也一度到达它的权力巅峰。商品经济的发展催生了罗马法的复兴运动。15~17 世纪初,随着资本主义经济在封建社会内部的成长,资本主义生产关系开始形成,宗教改革和文艺复兴运动的发展和影响使一直处于至高无上地位的基督教思想发生动摇,西方理性主义时代开始到来。此时,民族国家开始兴起,西方社会摆脱神学的主宰步入以人为主的现代社会,西方法学思想也朝着世俗化的方向发展和变革,其代表人物是意大利的马基亚维里和法国的布丹。此外,这一时期也产生了早期空想社会主义,主要有英国的莫尔和意大利的康帕内拉。法哲学家们的理论成为中世纪政治合法性与权威合法性的依据,法律在其理论中获得了前所未有的地位,如法律万能、法律神圣、法律至上和早期法治主义的萌芽,都开始在中世纪的政法理论和社会实践中显现。对这些理论的理解要结合其思想渊源和历史背景。

中世纪的法律思想是建立在作为西方文明重要基础之一的基督教文明之上的,基督教法律思想的主要特点如下:

1. 神学主义法律观。在长达 1 000 余年的欧洲封建社会中,作为中世纪法意识形态基本模式的神学主义政治法律观一直占据着统治地位,这是基督教法律思想和西欧中世纪政治法律思想总的特征。正如恩格斯所说:"中世纪的世界观本质上是神学的世界观","中世纪只知道一种意识形态,即宗教和神学","教会信条自然成了任何思想的出发点和基础。法学、自然科学、哲学,这一切都由其内容是否符合教会的教义来决定"。[1] 这种神学主义的政治法律观是通过教父学、君权神授、神法等理论来表现的,也即政治法律思想是以基督教神学的形式出现的。一些来自于古代社会基本的政治和法律概念如自然法、法律、平等、正义、权利、义务、犯罪、处罚等都是在神学体系中加以解释和理解的。在法律制度层面,基督教的教义、教会法、寺院法、宗教裁判所始终左右着中世纪欧洲封建社会的法律制度和司法制度。总之,中世纪欧洲封建法律思想的基本特点就是神学政治法律观自始至终占据着绝对的统治地位,而且有一系列具体学说表现。代表这一法律观的思想体系主要有:①《圣经》和基督教教义中的法律思想;②以奥古斯丁为代表的教父学法律思想;③以阿奎那为代表的经院式的法律思想。

2. 其思想在吸取、整合希腊人和罗马人的理性传统和法治精神的基础上发展出一种宗教法治精神。从根本上说,基督教作为一种"救世之说",与古代法治精神是相一致的,但是,由于其视角是神学的,相信一切都是神意,世界是在上帝的统治之下,世俗政府和法律当然都有服从和维护上帝律法的义务,所有的行为和行为规则都应当与上帝的永恒法保持一致,这是人的普适性义务。在此,一方面包含有良法与普遍守法的思想;另一方面说明人不能成为人的主宰,唯有上帝和法律才是。宗教法治精神是以"大爱"、平等、正义和理性为其基本理念的,这种宗教法治理念进而成为近代法治主义的渊源。

3. 其思想糅合了自然、道德和宗教学,以宗教学重新提出且解释了始自于古代的人类的理性与信仰的关系问题,事实上,是人与上帝的关系问题。在神学家的论述中,当然是信仰高于理性,理性服务于信仰。在此,所有的知识和真理都源于信仰而非理性,即便是说来自于理性,也是上帝的理性而非人的理性。同时,我们注意到,在奥古斯丁和阿奎那的思想中,具有调和理性与信仰的色彩。他们出于证明道德秩序与自然秩序的一致性而强调信仰对理性的依赖。奥古斯丁说:"上帝不可能憎恨他所创造的、使我们优于其他动物的东西。让我们把信仰看作迎接与追随理性的序曲,因为如果我们没有理性的灵魂,我们甚至不能信仰。"[2] 阿奎那也强调,正规的信仰是被理性和爱充实了的信仰。这一糅合多种要素且将理性与信仰相统一的神学法律思想的重要之处就在于以表面上的一元逻辑掩盖了内设的多值逻辑和多种发展的可能性,恰恰是这样一种以神的理性取代自然理性的逻辑确立了起始于古代希腊的社会伦理行为准则且以信仰增强了其对人类政治社会的必然性和必要性,确立了"法律必须被信仰"的传统,为古典自然法学和

---

[1]《马克思恩格斯选集》第 4 卷,人民出版社 1995 年版,第 231~245 页。
[2] 赵敦华:《基督教哲学 1500 年》,人民出版社 2005 年版,第 144 页。

近现代的法律体系提供了神圣的道德基础。

4.基督教法律思想具有国际性而非民族性的特征。在 15 世纪之前的欧洲尚未形成民族主义国家和统一的国家政治、经济、法律及文化,君主的权力较为软弱,公民意识低于教民意识,拉丁文又是其统一的文字语言。这就必然使得思想家们在观察、思考和解释社会、国家和教会时必然以基督教为基础,以神学来构建其丰富的政法思想体系,这样一种神学法律体系的国际性是显而易见的。此时,最为突出且具最高学术成就的是奥古斯丁和阿奎那的思想。

二、基督教教义中的法律思想

中世纪的法律思想受制于"一种共通的宇宙观,亦即《新约全书》中和早期基督教著作家的教义中所确定的观念。……基督教徒们按照神学和基督教教义对古代哲学所提出的观念和理念进行了重新阐释或修正。"[1]

(一)教父学

教父学[2]也称教父哲学,是基督教哲学的早期形态,由奥古斯丁等教父创立,故名。教父们在为《圣经》作注的过程中提出了系统、完整的基督教教义,其基本内容包括:创世说、原罪说、末日审判说和三位一体说。①"三位一体说"。认为上帝是具有人格化的神,为圣父;基督是上帝的儿子,为圣子;教皇是上帝在人间的代表。教父们把将上帝、基督和教皇即圣父、圣子和人联在一起便为"圣灵",这便是"三位一体说"。②"创世说"。主张宇宙万物以及人类都是由上帝从虚无中创造出来的,上帝是万能的救世主。故,人类理性应当服从信仰,哲学等学科应当臣服神学。③"原罪说"。认为人类始祖亚当和夏娃在伊甸园时因违反上帝禁令偷吃禁果而犯了罪,其后代一出生就都带有"原罪",这是上帝给予人类的永远难以解脱的惩罚。④"天国报应说"(或称"末日审判说")。认为因灵魂不灭即使是人死后也须受到"天国审判"而进入天堂或地狱。在此,指引人们在世时信仰上帝且从善业可洗掉原罪而获得救赎。与古希腊人文主义或理性主义的人性观不同,基督教的原罪论本意是为基督救世论做铺垫,事实上却演变为法治主义人性恶的理论前提。

(二)《圣经》中的法理念

脱胎于犹太教的基督教形成于公元 1 世纪中叶,一度受到罗马帝国的

---

[1] [美]博登海默:《法理学:法律哲学与法律方法》,邓正来译,中国政法大学出版社 2001 年版,第 26 页。
[2] 教父学也叫教父哲学,是公元 2 世纪至 8 世纪由一批基督教父(如奥古斯丁等)创立的,它研究神学和希腊罗马唯心主义哲学,创立和阐述基督教的教义,如三位一体说、创世说、原罪说、天国报应说等,它是经院哲学的先驱。

迫害,因其信仰者的普遍性而于公元 4 世纪初获得了合法地位,不久便成为罗马帝国国教。基督教经典《圣经》包括希伯来人的经典《旧约》(共 39 卷)和记载基督耶稣及其门徒言行的《新约》(共 27 卷)。《圣经》记载了犹太民族的历史、宗教信仰以及他们对现实世界的某种主观体验。《圣经》所体现的法理念主要有:

1. 其内容贯穿着一种伦理化的法理念,一种超现实的价值取向。耶稣布道,注重个人的精神生活,注重来世,强调人的精神上的信仰不能强制,只能服从上帝而不能顺从世俗的统治者。耶稣说:"我的国不属于这个世界",[1]"顺从上帝,不顺从人,是应当的"。如果说斯多噶学派以其强调个人与人类整体为本取代了古典城邦主义的价值观,那么,基督教则超越现实世界,进一步将人的目光引向来世和天国以求灵魂得救。这种超验的、注重精神和伦理生活的价值观使得国家、政治生活及世俗法律在人们价值体系中的地位降低了,进而增强了"上帝的选民"与"这个世界"的二元区分。耶稣一再强调"恺撒的东西当归恺撒,上帝的东西当归上帝",[2]这就导致一方面贬低世俗权威,对国家及其法律给予有限的承认,将国家及法律驱逐出信仰领域。而另一方面突出上帝及其律法的至高无上性,强化了法的神圣性及伦理化色彩。

2. 主张国家和法律来源于神。为了巩固基督教在现实世界中的权威性和确保教会的利益,鞭挞世俗权威。《圣经》从认识上帝、灵魂得救、寄托来世的基本观点出发,宣扬国家起源于恶,其使命是执行社会正义、抑恶扬善,其权力是上帝批准的。使徒保罗说:"在上有权柄的人,人人当服从他。因为没有一个权柄不是出自上帝的;凡掌权的都是上帝所命的。所以,抗拒掌权的就是抗拒上帝命令,抗拒的必自取刑罚。"[3]保罗的这些话表明,一方面,君权是来源于神的,一切当听命于教会,服务于教会。另一方面,肯定服从国家及其法律的义务,因为国家及其法律是来源于神和神法的,是对人的罪恶本性进行控制的权力,也是神圣的,人们对于它只能服从,不能反抗。《新约》道:"凡没有律法犯了罪的,也不必按律法灭亡;凡在律法之下犯了罪的,也必按律法受审判。"

3. 主张法律面前人人平等。基督教继承且以神学包装了斯多噶派和西塞罗人人平等的思想,《圣经》强调在上帝面前人人平等。在《新约》中一再说明,从人的本性上看,人人都是上帝的受造物、上帝的儿女,因而在上帝面前一律平等。出于共同信仰而相互平等,"不分犹太人,希利人,自主的,为

---

[1]《新约·约翰福音》第十八章第三十节。《新约·使徒行传》第五章第二十九节。
[2]《新约·马太福音》第二十二章第二十一节。
[3]《新约·罗马书》第十三章第一~七节。

奴的,或男,或女;因为你们在耶稣基督那里,都成为一子"。[1] 在此的平等是人格的平等。基督教的平等观对近代的平等思想产生了重要影响。

第二节 奥古斯丁的法律思想

一、生平和著述

圣·奥勒利乌斯·奥古斯丁(Saint Aurlius Augustinus,354年~430年),中世纪神学家,罗马帝国基督教的思想家、教父学的最大权威、基督教神学体系的创立者。他出生于罗马在北非的领地纽米迪亚省的塔加斯特城附近的小镇劳克阿赫拉斯(现位于阿尔及利亚境内),生活在罗马帝国晚期。其父巴特利亚乌斯是多神教徒,其母莫尼加是基督教徒。他接受过良好教育,在本城学习拉丁文和算术,在马都拉和迦太基攻读文学、逻辑、修辞和哲学,大量阅读柏拉图、亚里士多德和西塞罗的著作,受基督教的影响较深,于387年受基督教洗礼。他曾教授雄辩术并研究新柏拉图主义。后任神甫和主教,讲经布道的宗教生涯长达35年,直至在罗马去世。奥古斯丁著述颇丰,共有93种之多,其代表作有:《教义手册》、《论三位一体》、《论自由意志》、《忏悔录》和《上帝之城》等。其中,《上帝之城》写于公元413~427年,是由410年西哥特人洗劫罗马城这一历史事件引起的思考,被奉为基督教神学的经典,该书在神学的框架内解释了基督教与国家的关系,阐述了早期基督教政法哲学,使基督教价值观得以理论化。奥古斯丁的神学法律思想融基督教教义与古代自然"理性"法理念于一体,其系统的教父学说开创了中世纪宗教法哲学理论体系,且对中世纪意识形态产生了重大影响。

二、国家和法的起源

奥古斯丁认为,国家与法乃是惩罚及救济罪犯的一种社会制度,起源于人类的堕落(亚当的堕落即"原罪"),是罪恶的产物。①他从以神的存在为前提的人性出发讨论国家和法的起源,说人类在堕落之前原本生活在自由平等神圣的状态中,但人类堕落时其本性也为原罪所败坏,其邪恶的行为比比皆是,作为对人类腐败和堕落的惩罚,国家和法律这些理性的产物由此而生。国家是由社会交往而联合起来的人群,是一种力量的统治,有其世俗目的。同时,强调教会是上帝在人间的代表,是永恒法的执行者,教会的权威高于国家的权威。国家和法律的正当性就在于它们只是作为维护人间和平的工具。奥古斯丁在《上帝之城》中对"原罪说"进行解释,说自从人类的始祖亚当和夏娃违背神意犯下罪孽(偷吃"智慧果")之后,每个人生来是有罪的,只有信仰上帝的人方能得到救赎。基督教会是上帝在世间的惟一代表,

---

[1] 《新约·加拉太书》第三章第二十八节。

因此,接受洗礼和皈依基督教会是得救的惟一途径。如奴隶制就是来源于堕落而不是来源于自然。②国家和法的起源也是上帝理性的产物。"人类的拯救依赖上帝的恩典和启示"、"上帝创造一切"、"神创论"是在其《忏悔录》中提出的。他主张"神是最高的主宰","神是万物之源","神是最高的实在,最高的善,最高的爱,最高的美",神"不仅是真理的体现者,而且是真理本身"。进而提出了"神创论"、"预定论"、"神启说"及"神恩说"。这些就是其教父学的体系。③他从神学世界观出发,提出"君权神授论"的观点。认为一切都来自上帝,教皇是上帝在人间的代表,教权高于君权,君权神授。这一理论是其"原罪论"和"双城说"的逻辑必然。他所持国家恶的消极政治观,宣称世俗国家和政治制度不过是原罪的结果和神的补救方法,而教会是上帝所指派来拯救人类的工具,也是上帝永恒法(Lex aeterna)的看护者,据此,教会高于世俗国家,教会对国家有绝对的权威,国家有责任保护教会、执行教会的命令,用世俗法维护人与人之间的秩序。国家和法律在奥古斯丁看来是一种必要的恶,它们都是为了对付人类的堕落情况,是依神意而产生的惩治犯罪和救济犯罪的手段。因此,人们必须服从国家和遵守法律。[1]他的教父学贯穿于中世纪教会的一切活动之中,并在中世纪中期成为政治现实。后人颂扬他站在了两个世界的转折点,即古代和中世纪基督教世界,称其为"中世纪真正的导师"。[2]

三、两个世界的理论

奥古斯丁在其《上帝之城》中表达了对人类历史和社会的神学说明,以一种广阔的历史哲学和社会哲学的观点分析并处理了圣俗两种社会及其关系问题,为基督教法哲学确立了框架、奠定了基调。他将原罪论在社会政治领域放大为"双城说",认为每一个社会都是一种价值共同体,存在着天上之城(天国)和地上之城(尘世)的区分。这便是其以《圣经》为理论根据,提出的"神国"和"俗国"两国并存的著名理论。①他认为"两国"并存直接起因于亚当的堕落。自从人类的始祖犯了罪后,就产生了上帝的选民和上帝的弃民,进而分裂为两个世界即"上帝之城"和"世俗之城"。"上帝之城"是基督教的千年王国,是真正平等的、永恒的王国。而后者是罪人的集合体、撒旦的王国,充满了不平等、奴役、暴力和罪恶。②"两国"的根本区别在于各自以不同的爱为基础。两种爱创造了两座城,由只爱自己甚至连上帝也轻蔑的爱,造成了地上之城,由爱上帝发展到连自己也轻蔑的爱,造成了上

---

[1] [古罗马]奥古斯丁:《上帝之城》,英译本第14、18、22卷。转引自于海:《西方社会思想史》,复旦大学出版社1993版,第61~63页。
[2] [德]文德尔班:《哲学史教程》上卷,罗达仁译,商务印书馆1987年版,第354~355页。

帝之城。结果,地上之城为自己而自豪,天上之城为主而自豪。[1]"神国"是建立在对上天的和平与从精神上得救的希望之上的,其选民在内心充满了对上帝的爱和对他人的爱。"神国"依靠上帝至高无上的权威统治,而俗国的罪人们是些不义者、伪善者和异教徒,他们既不爱上帝也不爱他人,只图一己私利。③"两国"的生活性质不同。神国专注于一种灵魂的理性的高级的精神生活,而俗国则过着一种肉体的冲动的低级的物欲生活。按照奥古斯丁的说法,生活在"神国"的人包括神、天使和上帝的选民,凡是死后经过"末日审判"升到神国的灵魂便可以得到永生,达到至善。人们在"神国"过着精神生活,充满善行。"俗国"是建立在人的低级本质的世俗的饮食的和占有的冲动之上的,是由不能升到天国而在人间受罪的人群组成的,这些天生有罪的人是属于没有理性的灵魂,欲望多,因此,他们"生命短促",依靠人的力量只能管理人的低等活动,如财产关系等等。④强调和平和秩序。他认为,"俗国"为了满足世俗要求,也得维护社会和平,"这样一来,人们便可以安身在和平之中,可以和全世界有条理地和谐一致"。"和平"、"有秩序"、"有秩序的统治与服从"或者"有秩序的命令与遵守",在奥古斯丁的理论中,不管是哪种生活这些都极为重要。他说,人与人之间的和平是一种相互协调;一个家庭的和平是在各成员间有一种有秩序的统治与服从。一个城市的和平是在公民之间一种有秩序的命令和遵守。在上帝之城的和平是上帝和上帝创造物之间达到最高度的有秩序的一致;万物的和平是一种被安排得很好的秩序。奥古斯丁这里所说的秩序就是有差异的各个部分得到最恰当的安排,每一部分都安置在最合适的地方;灾难的原因是失去秩序。总之。按照奥古斯丁的说法,服从上帝、服从法律就是秩序、和平及和谐。⑤"神国"与"俗国"又是不可分的,相互联系的,是今世和来世的人们共有的。只有在末日审判时"神国"与"俗国"才能完全分开。奥古斯丁强调,教会担当着拯救全人类进入神国的责任,意在强化基督教会的统治。

事实上,一方面,奥古斯丁所说的"神国"就是基督教王国,最初体现在希伯来民族身上,后来体现于教会和基督教化的帝国。不过,奥古斯丁并没有将教会与神国完全等同,奥古斯丁所说的"俗国"实际是指撒旦王国,它的历史起源于天使们的不服从,这一王国在亚述和罗马这两个异教帝国得到体现。上帝之城必将最终取得胜利。在他的理论中,基督教王国是一个基于一致的理想社会;而地上之城就其本性来说是不完美的,它缘起于冲突和人类始祖的犯罪。另一方面,也可以将其"上帝之城"理解为人的精神生活部分,"世俗之城"则是物质生活部分。奥古斯丁生活于罗马帝国后期,帝国

---

[1] [古罗马]奥古斯丁:《上帝之城》第14卷第28章。参见赵敦华:《基督教哲学1500年》,人民出版社2005年版,第152~176页。

的转型带来的分裂、衰败和异族入侵，使得厌世感成为一种普遍的社会心理，原有的哲学、道德和信仰等意识形态基本解体，基督教价值体系渐趋确立。这种划分可以说构成了全部基督教关于伦理、政治和法律思想的理论基础。

四、法律分类

与其"神国"与"俗国"、"肉体"与"灵魂"的理论相一致，奥古斯丁在继承古代自然法思想的基础上，形成其典型的神学法律观。他把古代自然法理论加以神学主义的解释，将法分为神法与人法。神法是永恒的最高的法律，是上帝的理性和意志，是最高的理性和永久的真理，也就是正义，是一种普世秩序。他说："你（神）的法律即是真理"，而"真理即是你"[1]。"神法"是普遍的、不可抗拒的，适用于所有人类及整个宇宙和大自然。当然，这并不排除执行时和运用时的灵活性。奥古斯丁说："天主的法律一成不变，不随时间空间而更改，但随时代地区的不同而形成各时代各地区的风俗习惯"，"要为每一时代制定相应的法令"[2]。奥古斯丁这里所说的"神法"实际上就是他在《上帝之城》中所谈的整个生物界的自然习惯、自然规律，就是人服从上帝的那种永恒的法律，就是公民之间的命令，就是万物的秩序，也可以说，就是自然法，就是"神法在人的意识中的表现而已"，就是自然法的神学化。这种法的基本要求：①爱上帝、爱邻人和爱自己；②不得伤害别人；③尽力帮助他人，但首先要注意他自己；④遵守职责和秩序。所谓人法，也叫"现世法"，是世俗的法律，是神法的派生物，是人类原罪的产物。人法应当服从神法。奥古斯丁在《论自由意志》中曾说过，如果人法不是人们从永恒法得来，那么在人法里就没有一条条文是公正或合理的。不公正不合理就是非正义，如果法律是非正义的，那么它就不能存在。"不公允的法律我认为不是法律"，"法律只不过是正义的流露"。奥古斯丁还指出，人法是维护和平和秩序的一种手段。它通过对犯罪的惩罚来维护和平和秩序。它用命令来控制那些没有理性的人的各种欲望。它惩罚犯罪是为了帮助犯罪者改正错误。犯罪者改正自己的错误，不但对他本人有好处，而且对其他人也是个教训。人法的主要特点在于：①它须以神法为基础；②它会因时因地改变；③它对人内心罪过不予处罚，现实世界最重要部分还要靠永恒法统治；④其作用只限预防罪恶、维护和平；⑤它是君主意志的体现、由君主制定和颁布，人人必须遵守，不得破坏。在此，所要说明的是，神法就是正义原则，而人法则是可变的，必须以正义原则为基础。

奥古斯丁的神学法律思想虽说是对柏拉图主义的继承，但其理论的原

---

[1]［古罗马］奥古斯丁：《忏悔录》，周士良译，商务印书馆1981年版，第40页。
[2]［古罗马］奥古斯丁：《忏悔录》，周士良译，商务印书馆1981年版，第40页。

创性和独特性却是不容置疑的,其法律思想不仅拓宽了对古代的法的认识,而且一直支配着中世纪法意识,对托马斯主义产生重大影响。

第三节 阿奎那的法律思想

一、生平和著述

托马斯·阿奎那(Thomas Aquinas,1215年~1274年)是西欧中世纪神学家,经院哲学的集大成者,"天使博士"。出生于意大利那不勒斯附近的罗卡宙卡堡,那不勒斯大学和巴黎大学毕业,在科伦受业于哲学家阿勒贝尔图斯·马革努斯。曾是多米尼克教团僧侣,主持过那不勒斯的多米尼克教团的研究工作,一生从事宗教事业。1274年3月,在去里昂参加宗教会议的途中病死。阿奎那的主要著作有:《亚里士多德(政治学)诠释》、《君主政治论》、《反异教徒大全》及《神学大全》等。在理论上迎合了亚里士多德的理性哲学和奥古斯丁的信仰神学,将亚里士多德的伦理学、自然正义法理学与基督教教义密切结合起来,从哲学的高度论证了理性与信仰、上帝法、自然法和永恒法的关系,创立了系统而完整的基督教神学法律理论。阿奎那的经院主义法哲学以人的天然不平等和统治与服从的政治关系的观点出发,第一次系统地探讨了神学法学理论,建立起其神权政治法律体系,上帝在这一体系中处于最高支配地位。其理论涵盖了法的本质、法律分类和合法统治等丰富的内容。

二、国家和法律的起源与政体论

1. 国家和法律起源。阿奎那沿袭且从神学视角发挥了亚里士多德的国家和法律自然起源论。他主张,国家和法律起源于人的天然的"合群性"。"人天然是个社会的和政治的动物,注定比其他一切动物要过更多的合群生活。"[1]这种"合群生活"不是靠自发就可以自动实现,而是要在上帝所赋予的理性的指导下获取,人的政治法律生活正是人作为一个"理性的动物"所追求的。犹如其他动物有大自然为它们准备的食物和一身毛皮,以及牙齿、角、爪等逃逸的工具和自卫的手段,人也有上帝恩赐的为实现自己生存条件的理智能力。但是,由于任何一个人所创造的财富不能完全满足人自己的生活需要,人就自然需要和他的同类结合在一起,组成社会。进而,他断定人是自然的、社会的和理性的动物,愿意过合理的生活。国家的起源过程依次经过家庭、村落,最后为国家。具体论述到法律的产生和发展过程,他引用西塞罗的说法:"法律最初是从自然产生的;接着,被断定为有用的标准就相因成习地确定下来;最后,尊敬的神圣又对这一从自然产生的并为习惯所

---

[1] [意]托马斯·阿奎那:《阿奎那政治著作选》,马清槐译,商务印书馆1963年版,第44页。

确定的东西加以认可。"[1]也就是说,法律源于自然,是对习惯的确定和认可,法律有自己独立的产生和发展的过程和历史。他认为,政治社会是最完善的社会,它在安排上以满足人生的一切需要为目的,他说:"在这样的社会中间,存在着不同的种类和等级,其中最高等的是政治社会,它在安排上以满足人生的一切需要为目的,因而它是最完善的社会。"[2]"人成为其中一部分的政治社会不仅帮助他取得由一个国家许多不同工业生产的这样一些物质福利,而且也帮助他求得精神上的幸福。"[3]

故,国家和法律的目的是公民的共同幸福生活。阿奎那所强调的国家和法律的目的是宗教伦理性的。

2. 政体论。阿奎那对政体问题非常重视,认为"在社会之中必须要有某种治理的原则"。社会最初的、最基本的形式是父权制的家庭,君主可被视为"人民的父亲"。政治统治有正义统治与不正义统治。他说:"如果一个自由人的社会是在为公众谋幸福的统治者的治理之下,这种政治就是正义的,是适合于自由人的。相反地,如果那个社会的一切设施服从于统治者的私人利益而不是服从于公共福利,这就是政治上的倒行逆施,也就不再是正义的了。"[4]正义统治有平民政治、贵族政治和君主政治。"如果行政管理是由社会上某一大部分人执行,这一般就叫做平民政治……如果行政管理归人数较少但有德行的人承担,那就叫做贵族政治……如果正义的政治只由一个人掌握,这样的一个人就被正当地称为君主。"这就是说,正义的统治的根本标准是统治者"应当念念不忘公共的幸福,而不去追求个人的私利"。不正义统治有暴民政治、寡头政治和暴君政治。"当一个力求靠他的地位获得私利而置其所管辖的社会的幸福于不顾的人暗无天日地施政时,这样的统治者就叫暴君……如果不义的政治不是单由一个人而是由几个人结成集团行施的,这样的情况就叫做寡头政治或少数人的统治……不义的政治可以由许多人行施,这就叫做民主政治或暴民统治。"[5]君主制是最好的政体形式。其理由在于:①"凡是本身是一个统一体的事物,总能比多样体更容易产生统一……所以由一个人掌握的政府比那种由许多人掌握的政府更容

---

[1] [意]托马斯·阿奎那:《阿奎那政治著作选》,马清槐译,商务印书馆1963年版,第107页。

[2] [意]托马斯·阿奎那:《阿奎那政治著作选》,马清槐译,商务印书馆1963年版,第159页。

[3] [意]托马斯·阿奎那:《阿奎那政治著作选》,马清槐译,商务印书馆1963年版,第156页。

[4] [意]托马斯·阿奎那:《阿奎那政治著作选》,马清槐译,商务印书馆1963年版,第46页。

[5] [意]托马斯·阿奎那:《阿奎那政治著作选》,马清槐译,商务印书馆1963年版,第47页。

易获得成功。"[1]②许多人意见分歧,他们就永远不能产生社会的统一,与其让许多人实行统治,还不如由一个人统治的好。[2] ③"在自然界,支配权是操控在单一的个体手中的。在身体的各器官间,有一个对其他器官起推动作用的器官,那就是心……蜜蜂有一个王,在整个宇宙间有一个上帝,即造物主和万物之主……人类社会最好的政体就是由一人所掌握的政体。"④上帝说过:"许多牧人毁坏我的葡萄园","反之由一个国王统治的城市和省份都是一片升平气象,公道之风盛行,并因财富充盈而民情欢腾。所以上帝通过先知答应他的人民:只有一个君主来统治他们大众"。[3]

阿奎那认为,"在各种非正义的政权形式中,民主政治是最不可容忍的,暴君政治是最坏的"。那么,如何防止君主制蜕化为暴君政治？阿奎那秉承法律理性、法律神圣的传统,认为政治统治为之存在的道义上的目标意味着权力应当受到限制,权力只能依照法律加以行使。而法律作为上帝的理性权力只有当它是服务于公众利益时才能认为是正当的,暴政的目的不在于谋求公共福利,而在于获得统治者的私人利益,所以它是非正义的。[4]

3. 神权政治论。神权政治正是阿奎那的政治法律思想的核心内容。他认为,上帝主宰一切,一切归结于上帝。他说:必须承认,宇宙是由一人统治的。也就是说,世俗的秩序必须符合上天的秩序,尘世生活必须依附于精神的生活,政治必须隶属于宗教,国家必须服从教会,皇帝必须服从教皇,人法必须服从神法。他曾多次引用并称赞保罗说的"没有权柄不是出于神的","国王被称为上帝的仆人……唯有神的恩赐才是永生",说明统治权只能属于神,属于耶稣基督,属于主。这是典型的完整的神权政治论体系。阿奎那神权政治论体系是以人的天然不平等和服从的政治关系为基本出发点的,而其国家和法律起源的理论是在自然界、上帝及人相和谐一致的基础之上加以展开的。他说,"在上帝所建立的自然秩序中,低级的东西必须始终服从高级的东西,在人类事务中,低级的人也必须按照自然法和神法所建立的秩序,服从地位比他们高的人"。[5] 在其理论中,宇宙是一个系列,上帝高高在上,处于不同层级的每一种生物都按照它自己本性的内在冲动行事,高级的生物统治和利用低级的生物,上帝统治世界,灵魂统治肉体。在一切生物中,人与上帝最相近似。人既有肉体又有灵魂,所有人都有自己的一个位置,都有义务和权利。阿奎那认为不平等有两种情况:"一种是奴隶式的,在

---

[1] [意]托马斯·阿奎那:《阿奎那政治著作选》,马清槐译,商务印书馆1963年版,第48页。
[2] [意]托马斯·阿奎那:《阿奎那政治著作选》,马清槐译,商务印书馆1963年版,第49页。
[3] [意]托马斯·阿奎那:《阿奎那政治著作选》,马清槐译,商务印书馆1963年版,第49页。
[4] [意]托马斯·阿奎那:《阿奎那政治著作选》,马清槐译,商务印书馆1963年版,第49页。
[5] [意]托马斯·阿奎那:《阿奎那政治著作选》,马清槐译,商务印书馆1963年版,第146页。

这种情况下，主人为了自己的便利而使用他的仆人，这种服从是作为犯罪的结果而开始的。其次还有另一种服从的形式，主人依靠这种形式统治着那些为他们自身的福利而对他服从的人们。这种服从是在犯罪以前便存在的：如果人类社会不受那些比较聪明的人管理，它就会证明是缺乏合理的秩序。"[1] 其实这两种不平等和服从形式在本质上并没有什么不同，第二种形式只是打着主人为了奴隶的利益的幌子而已。

三、法的概念

阿奎那在《神学大全》中系统论述了法的本质和定义问题，认为法是为了公共利益而由关心社会的人制定和颁布的理性的命令，是对于种种有关公共幸福的事项的安排，并由负有社会管理之责的人予以公布。他说，最初产生于"自然"的法这个名词是由"拘束"一词而来，是由管理社会的人所公布的、以共同福利为目的的理性的命令，是人们赖以实施某些行为和不做其他一些行为的行动准则和尺度。"法律不外乎是由那统治一个完整社会的'君王'所体现的实践理性的某项命令。""法律不外乎是对于种种有关公共幸福的事项的合理安排，由任何具有管理社会之责的人予以公布。"[2] 在阿奎那看来，①法律是"命令"，是"理性的命令"，是基于理性的"君主的意志"，具有强制性。在此说明，人类行动的准则就是人类的理性，而理性则要通过意志支配人的行为。故，法的本质就是受"理性节制"的意志。当然，在上帝的前提下，法的本质最终必然是上帝的意志。这种将自然、理性、意志和命令集于法律一身对法律的解说，既是理性主义的，又是实证主义的，既是中世纪的，又是近代的，具有承前启后的意义。②法是指导人类行动的规则，具有规范性。法律是理性指导之下的人的意志的体现，是指导人们如何行为的行动准则和尺度，是一种社会规范。③法律的首要和主要目的是公共幸福的安排。阿奎那将法律与"公共利益"相结合，宣称如果在一种情况下对法律的遵从将会有损公共利益，那么，"法律"可以不被遵守。这使得主权者在制定法律时不得不考虑社会利益与民众的得失。阿奎那的法律定义突出地强调了法的合理性。阿奎那教导说，上帝的正义被恰当地称之为真理，这一正义依据上帝的智慧的理性确立了事物的秩序，这种理性即是他的法律。法与生俱来的理性，必然要求它是一种符合公共利益的秩序，而不是独裁专断的强力，这也体现了上帝的爱。实在法最终是以自然法为基础，是具体化了的自然法，其效力取决于其正义性。

---

〔1〕［意］托马斯·阿奎那：《阿奎那政治著作选》，马清槐译，商务印书馆1963年版，第100页。

〔2〕［意］托马斯·阿奎那：《阿奎那政治著作选》，马清槐译，商务印书馆1963年版，第104~106页。

四、法律分类

阿奎那的神学法律观集中表现于法律的分类上,他继承并发展了奥古斯丁的法的分类理论,认为法律是支配宇宙秩序和社会的工具,它存在着四个等级,依次为:永恒法、自然法、神法和人法。

1. 永恒法。在阿奎那看来,永恒法就是上帝的理性,适用于整个宇宙。体现上帝理性和意志的永恒法是统治宇宙的根本大法,是万法之源,至高无上。"宇宙的整个社会就是由神的理性支配的","所有受神意支配的东西都是由永恒法来判断和管理的"[1] 因此,上帝对创造物的合理领导当然具有法律的性质,也即永恒法。永恒法是最高的法,是一切法的本源,自然法和人法都要服从永恒法。

2. 自然法。自然法是指导人类行为的法律,是上帝的理性在人类理性中的体现,适用于全体人类。"我们赖以辨别善恶的自然理性之光","是神的荣光在我们身上留下的痕迹",是"永恒法对理性动物的关系"[2] 自然法是人凭借自己的理性对永恒法的反映和参与的形式,是上帝用来支配人类的法律,是永恒法的一部分。自然法是本质的法,它产生于人类趋吉向善的本性和对上帝美意的天然理解,具有人所共知的准则的普遍性和作为大多数正确事例通则的不变性,其内容主要是:自然法指示人们去做一切有利于保全人类生命的事情和一切反对人类生命毁灭的事情;自然教给一切动物的所有本能如性关系和抚养后代等;在人的身上具有同理性相一致的向善倾向,如一个人应当避免愚昧、不应得罪必须与之交往的人等,引导人们了解上帝和过有道德的社会生活。自然法的最主要的特点是:①具有普遍性,自然法对于所有的人都是一样的,原则上是一切人正当行为的标准;②具有不变性,尽管自然法的内容会有变化,但其性质和原理是不可改变的。上述自然法是人们必须遵守的行为尺度和道德规范。

3. 人法。人法是国家制定的法,是自然法的特殊运用,是按照自然法对人类事务的具体安排。具体说,法是由市民社会的统治者依据永恒法和自然法制定且颁布的,是反映人类理性、用来支配人类行动的法则,其目的是城市的公共福利。他认为如果人法不是人们从永恒法得来,那么在人法里就没有一条条文是公正或合理的。自然法是能保存和发展人类实体的法,实在法以自然法为基础,其效力取决于其正义性,不正义的法不再是法,而是对法的败坏。强调人法必须与自然法、与理性保持一致,否则就不是合法

---

[1] [意]托马斯·阿奎那:《阿奎那政治著作选》,马清槐译,商务印书馆1963年版,第106~117页。

[2] [意]托马斯·阿奎那:《阿奎那政治著作选》,马清槐译,商务印书馆1963年版,第107页。

的法。因为法律的制定一定是为了人类过一种有德性的、和平美好的生活。人法在适用时得进行解释,君主受法律的约束。阿奎那秉承法律理性、法律神圣的传统,认为政治统治为之存在的道义上的目标意味着权力应当受到限制,权力只能依照法律加以行使。而法律作为上帝的理性权力只有当它是服务于公众利益时才能认为是正当的,暴政的目的不在于谋求公共福利,而在于获得统治者的私人利益,所以它是非正义的。[1]

4. 神法。阿奎那这里所说的"神法"实际指的是教会法,如基督教圣经,是上帝赋予人类的法律。神法是上帝的永恒法通过《圣经》对自然法和人法的补充,是自然法的增益、神恩的礼物,主要是用来补充人法的。阿奎那断言:"一切法律只要与真正的理性相一致,就总是从永恒法产生的。"[2]就人法与神法的关系上,他认为人法必须有神法的指导,其理由是:①因为人注定要追求永恒福祉的目的,而这一目的的达到不仅要依靠理性的能力,还要受神法的指导;②人必须知道他的行为模式,即应该做什么和不应该做什么,然而,人类的判断又是不可靠的,这就需要以神法指导人法;③人法只能规定人的行为而不能够指挥和规定人的内心活动,人又必然得过道德生活,所以有神法补充的必要;④为了禁止和惩罚所有人类罪恶,就必须有神法的帮助。[3]

总之,西方社会发展至 13 世纪,神学主义自然法论的集大成者托马斯·阿奎那基于基督教神学,将理性概念神学化,将古代自然法进行了神学的改造和加工,使自然法成为联结上帝永恒法与人类实在法的纽带。阿奎那政治法律思想的核心内容是其神权政治论。他认为,上帝主宰一切,一切归结为上帝,"宇宙是由一人统治的",这"一人"就是上帝。"没有权柄不是出于神的",国家和人法都要服从教会和神法。阿奎那认为,国家起源于人的天然的"合群性"。任何一个人所创造的财富不能完全满足人的生活需要,因此,人就自然要和他的同类组合在一起,组成社会,以满足人生的一切需要。国家的目的在于谋求人的公共的物质幸福和精神幸福,尤其是精神幸福。阿奎那将政治统治分为正义统治与不正义统治,前者包括平民政治、贵族政治和君主政治,后者包括暴君政治、寡头政治和暴民政治,并认为君主制是最好的政体。阿奎那对法的产生、性质、特点和目的等问题有系统的论述,认为法产生于自然,是对习惯的确定和认可;"法律不外乎是对于种种

---

[1] [意]托马斯·阿奎那:《阿奎那政治著作选》,马清槐译,商务印书馆 1963 年版,第 136 页。

[2] [意]托马斯·阿奎那:《阿奎那政治著作选》,马清槐译,商务印书馆 1963 年版,第 104 页。

[3] [意]托马斯·阿奎那:《阿奎那政治著作选》,马清槐译,商务印书馆 1963 年版,第 116 页。

有关公共幸福的事项的合理安排,由任何负有管理社会之责的人予以公布";法律的基本特点是规则性和强制性;"法律的首要的主要的目的是公共幸福的安排"。阿奎那将法分为四种类型:永恒法、自然法、人为法和神法。永恒法、神法为最高的法,自然法和人为法要服从永恒法和神法。

■ 思考练习

一、关键术语

《上帝之城》;《神学大全》;圣经;神学法律观;教父学;原罪说;三位一体说;创世说;君权神授;奥古斯丁;阿奎那。

二、思考题

1. 基督教神学法律思想的主要特点是什么?
2. 简述《圣经》中有哪些法律思想?
3. 奥古斯丁是怎样论述"神国"和"神法"的?
4. 简述奥古斯丁的"教父学"。
5. 托马斯·阿奎那的神学主义法律观是如何体现的?
6. 简述基督教神学对西方法律思想史的贡献。

■ 参考与阅读文献

1. [英]罗素:《西方哲学史》上、下卷,何兆武、李约瑟译,商务印书馆1963年版。
2. [美]博登海默:《法理学:法律哲学与法律方法》,邓正来译,中国政法大学出版社2001年版。
3. [美]哈罗德·J.伯尔曼:《法律与革命——西方法律传统的形成》,贺卫方、高鸿君等译,中国大百科全书出版社1996年版。
4. [意]托马斯·阿奎那:《阿奎那政治著作选》,马清槐译,商务印书馆1982年版。
5. [美]萨拜因:《政治学说史》上、下卷,盛葵阳等译,商务印书馆1986年版。
6. [古罗马]奥古斯丁:《忏悔录》,周士良译,商务印书馆1981年版。
7. [德]韦伯:《经济与社会》,林荣远译,商务印书馆1997年版。

第四章　早期人文主义法律思想

> ■ **本章学习目的和要求**
>
> 　　了解中古后期人文主义法律思想,是掌握近代古典自然法学形成及其要旨的前提。此时期的法律思想继承和弘扬了古典人文主义和国家主义的理念,且将之进一步理论化和现实化。他们开始摆脱神学的影响,以"人的眼光"观察和解释现实世界,以理性和经验为根据提出且论证其民族国家和主权的政法主张,赋予政治法律思想以世俗的特征,以人的力量抗拒神的力量。主要代表是马基亚维里和布丹。
>
> 　　**本章重点掌握**:早期人文主义法律思想及其特点;马基雅维里的统治权术、政治法律思想及其特点;布丹的主权理论以及其地理环境对政法制度影响的理论。

第一节　早期人文主义法律思想概述

中世纪中后期的西欧,随着资本主义经济在封建社会内部的成长,商业和手工业发展,罗马法复兴,具有城市自治权的新型城市崛起,一股强大的世俗力量也随之出现了,这就是城市与维护秩序的王权的联盟。在城市反对封建贵族的分裂活动和罗马教会干涉世俗政权的做法与维护秩序的王权结成联盟的背景下,基督教世界出现了一个快速的离心过程,世俗社会在基督教法律思想以外创建了与之抗衡的法律理论,这套法律理论立基于人性,以王权(主权)与秩序、城市与商业和国家与民族为中心,主要有城市人文主义者的法律思想、宗教改革[1]法律思想和复兴的罗马

---

[1] 欧洲宗教改革运动是16世纪资产阶级在宗教改革的旗帜下发动的一次大规模反封建的社会政治运动,向以罗马教皇为首的天主教会发动了猛烈冲击。1517年德国人马丁·路德发表《九十五条论纲》,抨击教皇出售赎罪券,成为公开斗争的一个信号,运动很快在欧洲许多国家展开,提出反对罗马教皇对各国教会的控制;反对教会拥有地产;鼓吹《圣经》为信仰的最高准则,不承认教会享有解释教义的绝对权威;强调教徒个人直接与上帝相通,无须由神父作中介。主要有德国的路德派、法国的加尔文长老制派及英国和北欧各国的新教等,宗教运动有力地推动了意识形态的变革和资本主义的发展。

法学[1]。随着城市与商业的崛起,认为只有法才能保证秩序与安全的罗马法观念在社会上逐步得到承认与拥护。世俗社会应以法为基础,法应该使世俗社会得以实现秩序与进步。伴随着罗马法哲学的复兴,这些思想在12世纪和13世纪成为西欧的主要思想,这一过程被后世的比较法学家誉为一场革命[2]。文艺复兴运动和宗教改革的发展和影响使一直处于至高无上地位的基督教思想衰落,西方理性主义时代开始到来。此时,民族国家观念进一步强化,西方社会摆脱神学的主宰开始步入以人为主的现代社会。西方法学思想朝着世俗化的方向进一步发展和变革的代表人物是意大利的马基亚维里和法国的布丹。此外,这一时期也产生了早期空想社会主义,主要有英国的莫尔(著有《乌托邦》)和意大利的康帕内拉(其名著是《太阳城》)。这些早期人文主义学者们的思想理论成为中世纪政治合法性与权威合法性的依据,法律在他们的理论中获得了前所未有的地位,如国家和法律的起源、法律万能、法律神圣、法律至上和早期法治主义的萌芽,都开始在中世纪的政治理论和社会实践中显现。对这些理论的理解一定要结合其思想渊源和历史背景。

一、城市人文主义者的法律思想

城市人文主义者的法律思想集中体现在但丁、帕尔米埃等思想家的理论中。他们主要的思想包括:①君主与世界政府理论。认为世俗君主的权威不是来源于上帝,皇帝在罗马教皇存在以前便拥有了权力和权威,因此,教权不可能高于王权。政府是人的集合,为了人类的福利需要一个由君主统治的世界政府,国家间的争端应该由这个政府以判决解决。[3] ②依法统治。依照法律进行统治是君主与政府的职责,根据普遍法统治能够避免不公正、徇私舞弊和实现自由。"法律是为了维护君主、国家和每一个个人的共同利益,它指导着一切道德行为,禁止各种恶习,并且论功行赏或予以惩罚。"[4] ③法律实施。公共利益和私人利益可以在一个良好社会中协调起来,良好社会有赖于公民的遵纪守法和完备的司法制度,使法律得到切实实

---

[1] 罗马法复兴是中世纪欧洲一件意义重大的历史事件,它与宗教改革和文艺复兴并称为欧洲文化史上"三 R(Reformation)运动"。罗马法复兴的表因是 11 世纪末查士丁尼《国法大全》的原稿在意大利现世,深层原则是中世纪后期商品经济的发展,急需一种与其相适应的法律体系。罗马法复兴促进了欧洲社会法律的世俗化和世俗社会的法律化,它推动了整个欧洲法学的繁荣,也催发了罗马法哲学在中世纪的复兴。

[2] [法]勒内·达维德:《当代主要法律体系》,漆竹生译,上海译文出版社 1984 年版,第 38 页。

[3] 中国政法大学法律思想史教研室编:《西方政治法律思想史参考资料》,中国政法大学法律思想史教研室 1985 年编印,第 106 页。

[4] [意]萨尔沃·马斯泰内罗:《欧洲政治思想史》,黄华光译,社会科学文献出版社 1998 年版,第 9 页。

施。"任何城市、任何国家或任何公共政权,离开司法都无法生存"[1]。中世纪城市人文主义者站在城市和工商业的立场上抨击了基督教世界主义和教会霸权,其法律思想体现了早期市民阶层在封建社会中寻求地位与秩序的努力。

二、马西利的法律思想

马西利(约1275年~1342年)是中世纪使法学摆脱神学教条束缚的思想家之一,他的代表作《和平的保卫者》蕴涵了丰富的法律理论,也表达了他反对教权、支持王权的立场。其主要思想有:①国家理论。认为国家是自给自足的政治共同体,道德或宗教的事务毫无例外地都在人类社会的控制范围之内。解决世俗的问题无须联系信仰,而必须按照其自身合理的是非功过加以解决。神职人员只是社会中的一个阶级,教会从属于世俗国家,而世俗政体之范式是选举政府。②法律概念。认为法律是立法者以法庭强制为保证的一种强制性命令[2]。人类的法律渊源于人类社会本身,与神的权威和神的理性无关。神法和教会法只是另一世界的法律,没有现实的效力。③立法理论。认为制定法律的权威属于"全体人民",只有他们才有权威决定法律。在一个秩序良好的公民共同体中,法律和秩序的来源是"人民或全体公民,或其中的主要部分"[3]。④法律作用与效力。认为法律不仅仅制止人类的违法行为、维持社会治安,还组织全体国民分工合作。国家和公民必须服从已制定的法律,统治者必须基于对法律的尊重进行领导和管理,行政权力应当按照法律加以执行,它的任务和权限由人民确定。教会和教士没有凌驾于法律之上的特权[4]。

马西利的法哲学理论不仅区别于中世纪早中期的法律哲学,他还对选举政府和人民主权作了最杰出的早期研究。其思想摆脱了基督教教义的羁绊,被认为是自然主义的亚里士多德主义,为反对教权服务。他的理论直接以意大利国家的实践经验与政治概念为依据,也反映了新兴市民阶层的利益。

三、马丁·路德的法律思想

1517年,出生于德国萨克逊的马丁·路德(Martin Luther, 1483~1546)发表《九十五条论纲》,抨击教皇出售赎罪券,成为宗教改革运动的一面旗

---

[1] [意]萨尔沃·马斯泰内罗:《欧洲政治思想史》,黄华光译,社会科学文献出版社1998年版,第9页。

[2] 中国政法大学法律思想教研室编:《西方政治法律思想史参考资料》,中国政法大学法律思想史教研室1985年编印,第126页。

[3] [英]戴维·赫尔德:《民主的模式》,燕继荣译,中央编译出版社1998年版,第60页。

[4] [美]列奥·施特劳斯、约瑟夫·克罗波亚:《政治哲学史》上册,李天然等译,河北人民出版社1993年版,第312~317页。

帜。在德国宗教改革运动的影响下,很快在欧洲许多国家展开了类似运动,他提出反对罗马教皇对各国教会的控制;反对教会拥有地产;鼓吹《圣经》为信仰的最高准则,不承认教会享有解释教义的绝对权威;强调教徒个人直接与上帝相通,无须由神父作中介。

四、早期人文主义法律思想的地位

作为西方法律文明史重要一环的中世纪,不仅保存了古代传统文明,还在此基础上实践了一套可供操作的宪政和法治社会的理论模型,并孕育了近代世界历史发展最强大的动力,如近现代法治、宪政和资本主义都是兴起于中世纪的西欧。

1. 此时期确立了法律统治社会的理念、制度与实践。中世纪法学无论是神学的或世俗的都在参与塑造一个法律信仰的黄金时期。神学家将法提升为终极意义上的上帝的理性,宣称人的法律乃是整个神圣统治体系的重要组成部分;早期人文主义者将法律说成是人性之使然,与国家一样是维护人类安全和秩序的重要手段。这些信念最后促成了中世纪法律神圣的传统,同时,在人性恶的观念基础上,法律在中世纪被公认为是限制权力最有效、最主要的工具。鉴于封建主义的多元统治格局、多元利益集团的存在,认为没有一个集团在社会生活中永恒地占据支配地位,也没有一个集团被认为具有一种与生俱来的统治权利,对国家权力制约问题作出了理论贡献。基于奥古斯丁关于国家恶的消极政治观和阿奎那的合理反抗说所确立的政府权力必须予以限制的观念,教会改革派一度要求限制教权。"国王在万人之上,却在上帝和法律之下",国王应当而且只能根据法律统治,每个人都应当按其地位与身份享有法律待遇。[1] 梅特兰称欧洲在12世纪就已经是"一个法律的世纪"。法律不但影响了国家政治生活的方方面面,它还渗入了社会生活的角角落落。日耳曼习惯法、罗马法、王室法、教会法、城市法、商法、庄园法和各种各样的契约交织成一张大网,笼罩着整个欧洲社会,法律无所不在。勒内·达维德更是认为法律主治社会的思想在12、13世纪就在西欧"无争议地占统治地位,直至今天"。[2]

2. 早期人文主义政治法律思想促进了资本主义与市民社会的成长。中世纪法哲学理论蕴涵着革命的因素,反抗不公正或僭越的权威、拒绝服从一个"暴君",在马西利等人看来都是合法的行为。一种多元并存与对抗的政法生态及理论为新生力量即城市和市民的兴起提供了温床。市民通过斗争以与领主缔结和约的形式取得自治特许证,获得了独立的政治、法律、经济

---

[1] [美]萨拜因:《政治学说史》上册,盛葵阳等译,商务印书馆1986年版,第252页。
[2] [法]勒内·达维德:《当代主要法律体系》,漆竹生译,上海译文出版社1984年版,第42页。

和司法权,一种新的社会形态即市民社会在封建权力结构之外发展起来了。城市法保证了市民权利,如人身自由权。通过市民大会、代表制和请愿书,以城市法的形式保证了这种市民权利。至13世纪,城市的手工业、贸易、金融业都得到了充分的发展,在封建经济体制之外创造了与其平行的城市商品经济体系。强大的商人阶级的崛起,动摇了中世纪社会的封建结构。商人们根据各地贸易习惯和罗马法原理创造了商法和海商法。城市内部的社会关系体制也缘此随着经济生活向外渗透,开始了它对封建农村经济的摧毁作用。西欧农村在14.15世纪开始了农奴制解体、自由农民分化的过程,资本主义的生产关系在普遍意义上开始兴起。市民社会与资本主义生产关系的兴起是中世纪后期最重大的史实之一。

3.早期人文主义法律思想是近现代宪政、法律体系及法治理论的历史渊源。市民社会、资本主义与法治思想有着内在的必然性,是天然的姻亲。中世纪市民社会的政治妥协精神和全民的政治参与使得近代法治和民主社会得以到来,因为法律正是通过在多元格局的斗争和妥协中取得其支配地位的。早期人文主义法律思想同样有其独到之处,如法律主治、限权政府、司法独立、代议制与议会主权等法治的基本原则在中世纪法哲学理论中得到成长和发扬且获得实践,同时,对近代西方法律体系的形成起到了极为重要的型塑作用,为一种全新的社会治理模式的实现奠定了基石。

早期人文主义政法理论为人类社会提供了丰富的思想资源,它们所弘扬的自然法、自由、平等、正义、民族国家主义和主权的理念与现实相结合,被予以具体化和合理化,使"法律必须被信仰"成为中古世界的一种普遍信念。

第二节　马基雅维里的法律思想

一、生平和著述

尼科罗·马基雅维里(Niccall Machiavslli,1469年~1527年),意大利早期资产阶级政治家、政治法律思想家,近代第一个比较系统、完整地表述资产阶级政治法律思想的人。他出生于意大利佛罗伦萨一个没落的贵族家庭,其父是律师。他自学成才,曾任佛罗伦萨共和国政府的秘书、驻外使节和军队组建者。佛罗伦萨共和国被推翻以后,马基雅维里被关进监狱,获释后在佛罗伦萨郊外种田且著书立说,后被任命为国家编史官。马基雅维里一生著述很多且涉及多种学科,在政治法律思想方面的代表作有两部:《君主论》(1513)和《论提图斯·李维的前十卷》(1532)。马基雅维里生活和著书的时代正是意大利文艺复兴鼎盛时期,他是文艺复兴运动的产儿。他不以传统的道德和宗教为先,而是开以历史的、理性的和经验的方法研究政治法律现象之先河,从而摆脱了中世纪神学的束缚,用人的眼光观察国家和法律现象,基于历史经验和现实生活,探讨国家兴衰的原因和统治者如何运用权力治理国家。他总结了罗马帝国和文艺复兴成败的经验,提出了完全适应意大利政治统一需要的政法思想,其研究方法和理论从此成为西方人观察社会国家和法律的基本模式。

二、人性论:国家和法律的基础

性恶论是马基雅维里观察政治法律现象的基点,他说:"关于人类,一般地可以这样说:他们是忘恩负义、容易变心的,是伪装者、冒牌货,是逃避危难、追逐利益的。"[1]认为人类最初犹如动物,是分散生存的,无穷尽地追求权力和财富是人最为基本的欲望和天性,因而就会使人与人的关系充满了争斗、虚假、伪善和欺诈,一旦有了适宜的机会,人心就会自然堕落,他们反复无常、忘恩负义。世事一切都在于人的天性。为了更好地生存,须抑制人的无限制的本性,人类便联合在一起,国家和法律便得以产生。他说:"谁打算预见未来,就必须研究过去,因为人类的历史事件总是和过去时代的事件相似。情况之所以如此,那是因为人的所作所为,一直是,而且将来也是由于人类相同的种种冲动的刺激,所以必然产生相同的结果。"[2]面对当时处于内忧外患、灾难深重、社会腐败盛行、人际信任危机、四分五裂的意大利,他认为现世的人是不合人情、自私的动物,他们不惜败坏个人品德、不择手段而追逐权力、名誉、功利和安全,以致社会极端不公、社会秩序混乱。在人类社会经验中,如古罗马就是因社会的腐败、人民漠视公共利益而衰弱的。与恒久不变的人性相比,道德准则和宗教法规的作用极为有限。因此,否认道德和宗教在政法领域中的作用是马基雅维里政法理论的独特之处。他认为获得成功、取得权力和名誉是人生的首要目的,是人性之必然,善只不过是达到这一目的的一种工具而已,实现人的欲求和控制人的欲望的最为重要的手段是国家和法律。国家和法律是人为的而非上帝所为,其目的在于拯救人类的堕落、保障私有财产和生命安全。故,他将国家和法律的产生、存在及其目的建立于人性恶的基础之上,国家和法律是限制人的恶行的产物。

三、权力论:法律和军队

如果任凭人的本性发展,必定会造成一个纷争不断、战争频繁的社会局面,为了更好地生存,人类才联合起来,成立国家,建立军队,制定法律,以国家暴力确保人类社会的秩序、安全及公民的财产和自由。可见,马基雅维里理论的突出特色是国家主义,希望建立一个犹如古代罗马共和国那样的、独

---

[1] [意]马基雅维里:《君主论》,潘汉典译,商务印书馆1996年版,第80页。
[2] 转引自《政治家思想资料汇编》第2卷,牛津1941年英文版,第22页。

立统一强大的意大利国家,这一国家权力构成的重要因素一定是法律与军队。

1.国家的根本问题是统治权。如何夺取国家权力且维持权力,在马基雅维里政治法律思想中占有核心地位。政治就是权力和权术,《君主论》一书便是讨论君主在对自己不利的情况下如何获得权力、保持权力、维护自己的统治的。他甚至认为不必问是否符合正义,是否合法,权力本身就是目的,是终极目的。没有权力,社会生活的多数人就会追逐私利,扰乱社会的稳定和安全,权力是国家的核心,没有权力就不可能有国家的统一和秩序。他结合意大利的现实国情,通过考察古今中外许多国家的政治法律制度,从国家内部制度和国家间关系角度研究分析国家问题,得出意大利亟待解决的核心问题是统一领土与集中权力。获得权力要么是依靠他人的武力或君主自己的武力,要么就是由于幸运或者能力。[1] 国家统治权由谁掌控?这是一个关于国家政制的根本问题,在《君主论》中,他将国家划分为共和国和君主国,专门探讨君主国,"从古至今,统治人类的一切国家,一切政权,不是共和国就是君主国。"[2]但其理想的政体是资产阶级共和国。在《李维史论》中讨论的是共和国。针对当时处于四分五裂的意大利而言,主张实行君主制。他认为,意大利在政治、经济上实行统一,摆脱外国的侵略,克服国内纷争,结束教权与君权的长期争论,君主国最合适。他在书里为意大利君主出谋划策,如何使意大利从被奴役状态中解放出来,如何使意大利强盛和长治久安。[3] "要建立任何一种秩序,惟一的方法是建立君主专制的政府。因为在人们彻底腐化堕落的地方,法律已经起不到制约的作用。这样就必须建立某种最高的权力,凭借君主之手,依靠充分而绝对的权力,才能遏制权贵的极大野心和腐化堕落。"[4]其君主制思想实际上就是想利用王权形式实现意大利的统一和强大,为将来建立共和国、发展资本主义奠定必要基础。

2.法律和军队是维护国家统治的基础,法律和军队是统治国家有力的工具和手段。君主依靠什么维持自己的权力呢?一是靠法律,二是靠军队。马基雅维里说过:"世界上有两种斗争方法:一种方法是运用法律,另一种方法是运用武力。第一种方法是属于人类特有的,而第二种方法则是属于野兽。"[5]在其逻辑中,①君主应该以法律来治理国家,人民只有在法律的

---

[1] [意]马基雅维里:《君主论》,潘汉典译,商务印书馆1996年版,第3页。
[2] [意]马基雅维里:《君主论》,潘汉典译,商务印书馆1996年版,第4页。
[3] [美]利奥·施特劳斯:《关于马基雅维里的思考》,申彤译,译林出版社2006年版,第10页。
[4] [美]萨拜因:《政治学说史》下册,盛葵阳等译,商务印书馆1986年版,第404页。
[5] [美]萨拜因:《政治学说史》下册,盛葵阳等译,商务印书馆1986年版,第83页。

约束和指导下,才可能获得良好的品德,使人性中善的一面得以发挥。他说:一个人如果受到法律得当的约束,他就会变成坚定的、精明的、文雅的,人民需要法律,依照法律生活。②军队之重要是因为它代表了实力,而法律有时是无能为力的。有了最好的军队,也就有了最好的法律,"任何一个君主国如果没有自己的军队,它是不稳固的。"〔1〕马基雅维里还着手建立由臣民、市民和居民组成的自己的军队。③法律须以武力为后盾。良好的法律要靠良好的军队来保障,马基雅维里说:"一切国家,无论是新的国家、旧的国家或者混合国,其主要的基础是良好的法律和良好的军队,因为如果没有良好的军队,那里就不可能有良好的法律,同时如果那里有良好的军队,那里就一定会有良好的法律。"〔2〕所以,马基雅维里归根结底强调的还是暴力这样一种统治方法。

3. 国家运用法律和军队保障个人财产和维护公共秩序。在马基雅维里的理论中,财产是国家生活的重要内容,私有财产的安全和不可侵犯对国家的强大和稳定至关重要。因为"人们忘记父亲之死比忘记遗产的丧失还来得快些"〔3〕。政治手段和军事手段是他关心的惟一课题。在《君主论》中,马基雅维里开始就把政治学同神学、伦理学割断,尽管他一般不反对宗教,但是他认为宗教也只不过是政治的工具,政治是实践的艺术,它不应受神学的支配。政治应同伦理道德分开,用伦理道德的手段难以实现意大利的统一,要实现意大利统一完全要靠暴力,要以残忍的手段进行欺骗甚至背信弃义。这是马基雅维里的基本政治主张,也是他政治学的基本内容。

四、统治权术论

马基亚维里一生致力于建立一个统一的意大利民族国家,这个国家一定是强大而安定的,它能够克服分裂和割据,能够保护国家利益和人民利益。他从建立一个适应资本主义发展要求的中央集权君主制的民族国家出发,基于人性和人的行为,在《君主论》中提出君主的统治权术即所谓马基亚维里主义。也即,他认为有一种国家的艺术是政治统治艺术,它专属君主,这个艺术就是统治的技巧、手段和谋略,它是治国之道、兴邦之术、增强国势之道和使国家长治久安之策。这门艺术强调的是君主应当不受任何道德准则的约束,可以不择手段、背信弃义、两面三刀、崇拜暴力地去实现自己的目的。按照马基雅维里政治统治的逻辑,面对人的恶性,君主统治方法的基本内容和原则即:①"一个君主要保持自己的地位,就必须知道怎样做不良好

---

〔1〕 [意]马基雅维里:《君主论》,潘汉典译,商务印书馆1996年版,第68页。
〔2〕 [意]马基雅维里:《君主论》,潘汉典译,商务印书馆1996年版,第57页。
〔3〕 [意]马基雅维里:《君主论》,潘汉典译,商务印书馆1996年版,第81页。

的事情,并且必须知道视情况的需要与否使用这一手或者不使用这一手。"[1]君主必须有足够的明智预见,避免那些使自己亡国的恶行,必要时还要保留那些使自己亡国的恶行,如果不能够的话,君主就可以听之任之。②治者要重视历史经验的研究和学习,其行动要符合时代的要求,要学会用人。③政治家既要取信于民,又不必守信。也就是说,当遵守信义对自己不利时,君主就坚决无信。但是,君主的无信,不能溢于言表,相反,表面上要装得善德,装得守信,强调恐怖与恩惠并举。④统治者要有策略,文武并用、英勇果断。⑤政治家要善于用手腕,善于伪装,要具备狮子与狐狸的本领,善于暴力与欺骗并举。君主就应当同时效法狐狸和狮子。由于狮子不能够防止自己落入陷阱,而狐狸则不能够抵御豺狼。因此,君主必须是一条狐狸以便认识陷阱,同时又必须是一头狮子,以便使豺狼惊骇。总之,君主统治的准则是需要、方便和功利。"马基亚维里颂扬国家无限的权力,并主张公共生活中的伦理原则应当完全服从于管理国家的政治需要,立基于他所构画的一幅充满了人的情绪化、软弱和邪恶的图景,他劝告统治者无情地、玩世不恭地将他们的国民当作工具来使用,以建立强有力的统一的国家。他认为,为这个目的可以证明统治者运用那些被纯粹道德观根本唾弃的手段是正当的。"[2]马基亚维里是西方近代首位注重统治权术的思想家,其理论突出地表现为以"目的说明手段正当"为原则的政治无道德论,将伦理道德与政治法律分开。其理论观点被后世称为"马基亚维里主义"。当然,我们还应当客观承认,在其思想中体现出一种渴望民族国家统一的爱国精神,这是时代使然,是进步的。

第三节 布丹的法律思想

一、生平和著述

让·布丹(Jean Bodin,1530年~1596年)是16世纪法国著名的政治思想家,近代主权学说的创始人。生于法国安吉乐的一个富翁家庭,大学主修法学,毕业后留校任法学讲师。其后,曾任律师、亨利第三宫廷辩护官、省议会议员和全国三级会议的第三等级议员。布丹知识渊博,涉及人文社会科学和自然科学如占星术、天文学、地理学、物理学和医学等。他精通希伯来语、希腊语、德语和意大利语等多种语言。生活于16世纪已实行中央集权专制君主制的法国,布丹意识到,当时法国虽实现了政治统一,但是,政治统

---

[1] [意]马基雅维里:《君主论》,潘汉典译,商务印书馆1996年版,第74页。
[2] [美]博登海默:《法理学:法律哲学与法律方法》,邓正来译,中国政法大学出版社2001年版,第40页。

治者的权威极不巩固,其权力受到多方面限制,如长达 30 年宗教战争的破坏,几乎没有统一的法律制度,教士、贵族享有广泛特权,这些因素都制约着国王的权力,威胁着统一的民族国家以及限制了资本主义经济的发展。资产阶级为了自身的利益,迫切要求建立一个强大的民族国家,一个强有力的王权以及和平安全、有秩序的环境。布丹的理论正是这一历史语境下的产物。其代表作《国家论六卷》(1576)系统地论述了国家、王权、主权及政体理论,首次提出以"国家主权论"为基础的国家观念,其国家学说体现了专制主义的时代性,同时,又是近代资产阶级主权理论的奠基人。《简明历史认识方法》阐述了国家与法律的道德因素,强调应以历史的、比较的方法进行研究。在肯定地理环境对国家与法律产生影响的同时,也承认人类意志对历史发展的重要作用。布丹的政法理论受到亚里士多德思想的深刻影响。

二、国家论

在国家和法律起源问题上,布丹从人类历史经验出发予以研究和解释。他认为,国家是在家庭联合的基础上形成和发展而来的,国家与家庭具有共性。由于人类具有养育后代、安全防卫及群居性,家庭便应人类的这些自然本性所求得以产生,家庭是自然结合而成的、最接近自然的社会组织,是人类社会联系的首要和关键的形式。家庭的主要特点是以与家庭俱生的私有财产权为基础、家庭成员间关系不平等及体现了合法权威和政府的完美的原型。国家是从家庭产生的,是家庭的集合体。"家庭是一切国家的真正由来和起源"。家庭的联合体为了摆脱暴力和欲望而进行武装便成为国家。一个国家是由许多家庭及其共同财富组合而成的具有一个最高主权的合法政府。国家因源于家庭而规定其特点为:国家中所有人是不平等的关系,社会由僧侣、武士和平民三个不同品质、职能的等级构成;国家是共有或公有的范围,但却拥有私有财产;国家主权有至高无上的权威和绝对权力。国家这种权力集中体现于制定法律及法律具有至上的权威性,也体现于公民对主权者的服从。布丹的国家法律起源说是根据资产阶级的要求对亚里士多德有关学说的发展。

就国家的定义而言,布丹说,国家是"由许多家庭及其共同财产所组成的,具有最高主权的合法政府"。[1] 这里所说的"合法"是指正义或指遵循自然法,这样就把国家同强盗集团、非法组织相区别开来。在此,布丹还区别了国家与政府,认为国家包括对最高权力的掌握,主权是国家的标志,没有主权国将不国。而政府只是国家的一个机构,一个实施最高权力的机构。国家的目的在于人们的物质福利。布丹的理想政体是君主制。

---

[1] [法]布丹:《国家论六卷》第 1 卷第 1 章。转引自吕世伦、谷春德编著:《西方政治法律思想史》,辽宁人民出版社 1986 年版,第 187 页。

三、主权理论

他在历史上第一次提出并确立了主权概念及其属性,同时,对主权与国家的联系进行了讨论。认为一个国家的首要特征是这个国家享有主权,主权是国家的本质特征。布丹认为,主权是"不受法律约束的、超越于公民和臣民之上的最高权力"[1]根据这一定义,主权是一个国家最高的、不受法律限制的、对公民进行统治的最高权力。布丹认为,主权的性质和特点是:主权具有绝对性和永久性。主权的绝对性是指它是最高权力,是至高无上的、不受限制和不可分割的。主权高于任何其他政治权力,不受实在法的限制,它可以绝对地和完全地支配人们的财富、生命以及整个国家的权力。主权是永恒的、统一的、不可分割和不可转让的。

主权的内容极为广泛,它包括了一个国家所有的重大权力,如制定法律、宣战媾和、委任官吏、行使法院终审职能、准许豁免、铸造货币、征税、度量衡、批准习惯法等。其中,立法权最为重要,是君主首要的和主要的标志。他强调主权是一切法律的惟一渊源,主权者就是立法者,臣民是不能参与立法活动的。一切官职也来源于主权者、从属于主权者。

布丹还讨论了主权与政体的关系。以主权者人数的多少与权力行使的方式为标准划分国家主权类型与政府形式,且对不同类型的政体形式进行了比较。依据前一标准,主要有三类政体:君主政体(独占主权的君主掌握立法权);贵族政体(由少数人掌握主权,贵族阶层控制议会和君主);民主政体(由多数人掌握主权)。同时,由于权力行使方式的不同,上述三种政体类型又可分为不同的政府形式,而且,政府形式可以是混合式的,由民众、贵族和君主共同行使。在类型化的基础上进行比较分析,认为民主政体因主权属于公众团体而属于一种无政府状态,是最坏的政体形式。贵族政体因主权属于议会虽能确保道德和财富,但因易生党争而国家不稳;君主政体是最好的形式,因主权属于国王而能调和平衡各种利益冲突,能够使国家权力真正得到统一和强硬,主张以绝对君主主权论维护法国民族国家的统一和富强。

布丹正是试图用这种绝对君主主权论来维护法国民族国家的统一和秩序。但是,出于对有产阶级权益的保护,布丹并不否认主权者也要受限制,他说:如果说主权是不受一切法律限制的权力,则找不出一个有主权的君主,因为一切君主都受神法、自然法及契约法的限制。例如,自然法要求遵守协议和尊重私有财产,主权者就要遵守这两条。

---

[1] [法]布丹:《国家论六卷》第 1 卷第 1 章。转引自吕世伦、谷春德编著:《西方政治法律思想史》,辽宁人民出版社 1986 年版,第 187 页。

四、论法律

布丹认为,法律是主权者意志所为,是主权者的命令。主权主要体现于制定法律及法律具有至高无上性。制定法律是主权者最重要最基本的权力。

他对法律进行了分类:①自然法。自然法是人类理性的体现,其内容在于遵守协议和保护私有财产。②神法。神法即教会法或圣经,是上帝的意志。神法和自然法是用以保障人民的福利、保护契约和家庭私有财产的。③基本法。基本法是国家基础法,如日耳曼法。认为习惯经主权者认可具有法律效力。此外,布丹区分了法律与命令。法律由主权者制定,命令则是由其他官吏发布。法律与习惯也是不同的。他认为法律来源于主权者,习惯来源于人民;法律可以废止习惯,习惯不能废止法律;习惯一般没有强制力,法律则有强制力;习惯只有由主权者认可才有法律效力,才有强制力。显然,强调国家法的地位。

综上所述,布丹在西方政治法律思想上占有重要地位,他的突出贡献是提出并论证了主权论,第一次提出并论述了主权的概念和特点。他认为,主权是不受法律约束的、对公民和臣民进行统治的最高权力,其特点是:最高权力、绝对权力、永恒权力、不受法律限制权力、广泛权力。他的主权论是绝对君主主权论,这同他在政治上要求恢复法国的绝对君主制的目的是一致的。如果说马基雅维里是用"英明君主"来统一意大利的话,那么布丹就是用绝对君主主权来恢复法国的统一。

■思考练习

一、关键术语

《乌托邦》;《君主论》;马基亚维里主义;统治权术;布丹;君主主权。

二、思考题

1. 简述早期人文主义法律思想及其特点。
2. 马基雅维里是怎样论述统治权术的?
3. 简述马基雅维里政法思想及其特点。
4. 布丹是怎样论述主权的定义和特点的?
5. 简述布丹的国家理论及其地位。

■参考与阅读文献

1. [英]罗素:《西方哲学史》,何兆武、李约瑟译,商务印书馆1963年版。
2. [美]博登海默:《法理学:法律哲学与法律方法》,邓正来译,中国政法大学出版社2001年版。
3. [意]马基雅维里:《君主论》,潘汉典译,商务印书馆1985年版。

4.《西方法律思想史资料选编》,北京大学出版社 1983 年版。
5.[美]萨拜因:《政治学说史》,盛葵阳等译,商务印书馆 1986 年版。
6.[法]布瓦松纳:《中世纪欧洲生活和劳动》,潘源来译,商务印书馆 1985 年版。
7.[德]韦伯:《经济与社会》,林荣远译,商务印书馆 1997 年版。
8.[美]伯尔曼:《法律与革命》,贺卫方等译,中国大百科全书社 1993 年版。

第三编　17、18世纪西方法律思想

第五章　古典自然法学概述

> ■ **本章学习目的和要求**
>
> 　　古典自然法学派是西方法律思想发展史上第一个具有较为完整、系统的学说和理论意义的法学流派，它应时代所求，吸取古代自然法学的精华，以人为基础提出一整套经典法学理论，以期建构其自由、民主和法治的理想王国。他们从自然法理论的角度论证了资产阶级革命的必要性、合理性和资产阶级制度的优越性。他们认为，自然法是一种高于且指导现实政治社会的国家和法律的人类理性，这种理性可以取代自然和上帝成为国家和法律的基础。
>
> 　　**本章重点掌握**：古典自然法学产生和存在的原因背景及条件；古典自然法学的理论体系；古典自然法学的主要特点。

第一节　古典自然法学的产生及其思想体系

　　在17、18世纪的西欧，既掀起了一场声势浩大、持续不断的资产阶级人文主义思想启蒙运动，又在进行着前所未有、翻天覆地的资产阶级政治革命运动。在这一时期，势不可挡的资产阶级不仅要求在政治上全面推翻封建专制（教权和王权）的统治，建立资本主义政治新秩序，在经济上自由地发展资本主义，而且要求在政治法律领域内全面推翻封建主义的旧秩序，建立资产阶级政治法律新秩序。这样一种全新的政治经济社会诉求反映在思想文化和意识形态上，也必然要求有新的理论与之相适应，古典自然法学这样一种新的政法理论形态便应运而生。

　　近代西方社会以文艺复兴和宗教改革运动为先导开始了全方位的思想启蒙运动，而近代启蒙运动最早的制度性尝试是荷兰资产阶级革命。开始于16世纪下半叶的荷兰资产阶级革命是欧洲历史上第一次以加尔文教为旗帜、以城市平民和新教徒为主力军的革命。这次革命推翻了西班牙的军事和政治统治,建立了欧洲第一个资产阶级国家。马克思在《资本论》中曾经把当时的荷兰称为17世纪标准的资本主义国家。1640~1689年英国资产阶级革命以光荣革命的方式建立了君主立宪政体,所确立的宪政和法治为其后200年的辉煌奠定了政治和法律基础。18世纪美国的独立战争和自由独立的美利坚合众国的确立是欧洲启蒙运动的最佳产物,是古典自然法理论的一场制度化实践,以至形成了普通法系这一令今人不断移植的世界性法系。1789年法国资产阶级大革命将自由、民主和人权理念撒播到全世界,一批自由民主共和国诞生于欧陆大地,同时,也成就了大陆法系。置于这样一个人类大半个世界在经历着翻天覆地变革的背景下,一个时代的产儿——古典自然法学诞生了。其主要代表人物格老秀斯、斯宾诺莎、霍布斯、洛克、卢梭、孟德斯鸠等思想家都产生于资产阶级革命运动中。他们运用自然法、理性、契约、人权、自由、民主、法治等概念,创立了近代理性自然主义法学。他们基于人性,以近代国家和法律观念为基础,以自然法为武器,以社会契约的观点分析了国家和法律的产生及其目的;详细论证了近代主权国家产生的合理性和必然性,论证了法治的基本原则及天赋人权思想。其理论贡献不仅在于他们开始将法学从神学中分离出来,特别的是,他们用理性主义来为资本主义经济关系、政治法律秩序作辩护,为建立资产阶级理性王国建言立策。

"古典自然法学"(Classical Law of Natural School)是整个近代资产阶级革命时期各种自然法哲学的总称。此时期的思想家们吸取古代自然法学的精华,从自然法理论的角度论证了资产阶级革命的必要性、合理性和资产阶级制度的优越性。他们认为,自然法是一种高于且指导现实政治社会的国家和法律的人类理性,这种理性可以取代自然和上帝为国家和法律的基础。"古典"一词的含义是标准、传统,因其理论是基于古希腊罗马和基督教的自然法学说和理性传统的,而且,其理论体系非常完善,所以可视为一种经典之说。古典自然法学在17、18世纪的西方是居于支配地位的人文主义法理学,是新兴资产阶级用以反对封建压迫、民族压迫、教会神学和进行资产阶级革命及建立资产阶级政权的锐利武器,同时,亦是近代西方启蒙思想家们的启蒙思想的重要组成部分。

这一时期的思想家都是重量级的,虽说他们的学说具有共同的理论和时代特点,但又不尽相同。较典型的有:①格老秀斯和霍布斯的较为保守的国家主义法理学,他们认为国家与个人同样重要,其目的本身就是确保个人的天赋人权。个人必须绝对地服从国家及其法律。②洛克和孟德斯鸠的较为中庸的自由主义法理学。他们认为国家权力不是绝对的,国家和个人都应服从法律,法律限制国家权力以保护公民权利和自由不受非法侵犯。③

斯宾诺莎、卢梭和杰弗逊的较为激进的自由主义法理学。他们认为国家和法律是社会契约的产物,来自人民,理应归于人民,进而提出人民主权理论以及自由观、平等观和法治观。这些思想和理论通过杰弗逊和汉密尔顿等人的继承和发扬光大,物化为欧美各资产阶级的政治法律新秩序。

古典自然法学派可以说是西方法律思想发展史上第一个具有较为完整、系统的学说和理论意义的法学流派,其理论体系的主要内容有:自然状态、自然权利、自然法、社会契约和三权分立等。

1. 自然状态。古典自然法学普遍认为,在进入文明社会或国家出现以前,人类曾处在一种没有法律和国家,只有自然法支配人的所谓"自然状态"之下。在这种人类社会的早期状态下,人们的关系及其生活如何?这种状态为何会被政治法律文明状态所取代?思想家的论述不尽相同,但其结论则是一致的,即这样一种状态很不适合人类的生存、繁衍和进化,必然被政治法律这样一种文明社会状态所取代。如霍布斯将自然状态描述为一种"战争状态",人与人之间的关系是一种"狼与狼的关系"。洛克认为,自然状态是一种较好的状态。在自然状态下,人们享有普遍的自由和平等、生命和财产的自然权利。卢梭认为,自然状态是人类的黄金时代,人们过着一种孤立、自由和平等的生活。这是一种探讨国家法律起源的理论,是一种用以说明国家法律必然性和合理性的难以验证的假设理论。它试图证明:①个人的生存和发展是以国家和法律为条件的;②国家和法律是在自然法指导之下产生的,是理性的产物,是合乎人的本性的;③自然法先于国家和人定法,是自然的、永恒的、普遍的、与人类相始终的,而国家和法律则是后天的、人为的、暂时的。

2. 自然权利。古典自然法学认为在自然状态下生存的人们享有天赋的、不可剥夺的"自然权利",包括生命权、自由权、财产权、管理权以及追求幸福的权利。这些权利本源于人的本性,由自然法规定,政府及任何人只能保护而不得侵犯。由自然法确保与发展的这些权利是与生俱来的,也是不可剥夺的,政府及任何人只有保护和发展的份而无侵犯和剥夺的份,故称"天赋人权"。如格老秀斯强调的是私有财产权;霍布斯强调的是人的生命和安全;洛克则系统地提出人类天赋的三种重要权利:生命权、自由权和财产权,还有做他认为合适的事情的权利以及惩罚违反自然法的行为的权利。杰弗逊在洛克的基础上,将自然权利总结为生命权、自由权、财产权和追求幸福的权利,这些权利是不允许政府和任何人侵犯的。这些权利还被载入《独立宣言》《人权宣言》和《世界人权宣言》中。这是个人主义思潮发展的最高峰(只要你给个人以最大限度的自由,每个人都能找到他的最好的道路,于是整个社会也就达到一种最好的状态),其重要性在于:①说明人具有固有的权利即人权,这种权利与人类相始终,是人的应有权利,国家法律只有尊重、保护和发展的份。②国家和法律的存在决定于自然权利,自然权利是国家和法律得以存在的目的。如果说人类没有这些天赋人权的考虑,理性也不会迫使人类进入国家法律的政治社会状态。③恰恰是这些自然权利,不仅为国家和法律的存在提供了基础,同时也规定了国家法律的目的,特别是国家的限度和法律的品质,也即宪政和法治必要性的理论逻辑。其意义在于倡导个人主义,主张在政治社会中,是以个人为中心、以个人自由权利为本位的。在国家与个人关系上,个人的利益是首位的。其逻辑是:社会和国家是个体的集合,基于个体,源于个体,其存在的目的就是保护和发展个体的自然权利。

3. 自然法。他们从人性出发,进一步论述了自然法的本质、特点、内容以及自然法原则。在自然状态下,没有国家和人定法,但人们在相处过程中普遍遵循着一定的法则即自然法。从本质上讲,自然法就是人类的理性,是人区别于动物、人之所以为人的本质属性。生活在自然状态下并享有自然权利的人们为实现其天赋权利、解决利益冲突以及维持正常生活,通过正确的理性,即自然法去判断、权衡利害得失,规范人们的社会交往行为,指导人们过一种有理性的生活。自然法是最高的法,它不分时空地构成指导人类行为(政府行为和个人行为)的一种原则。故,在政治社会状态下,根源于人性的自然法仍旧支配和维持着社会政治秩序,是制定法的基础,决定着制定法的性质、目的、作用和发展方向。格老秀斯认为,自然法的原则是:私有财产不得侵犯;不谋取不属于自己的利益;赔偿因自己的过错导致的损害;违法犯罪者应当受到惩罚。斯宾诺莎认为,两利相权取其重,两害相权取其轻。霍布斯认为,己所不欲,勿施于人。孟德斯鸠认为,自然法原则有三个方面的内容:人有自卑感,寻找食物和相互爱慕。卢梭认为,自然法是人类固有的一种趋向完善的能力。

4. 社会契约。国家法律是社会契约的产物。他们假设,在文明社会或国家出现以前,人类曾生活在一种自然状态之中,在自然状态下,没有国家和法律,只有自然法。不管这种状态是如何的(战争的、祥和的、黄金的),都难以维护人类天赋的自由和平等等自然权利。自然状态的缺陷决定了它的暂时性,人类必定要从自然状态过渡到文明社会状态。其做法便是通过社会契约建立国家,制定法律,进入政治社会状态。也即,在过渡的方式上,社会契约起了决定性作用。人类通过社会契约的方式,从野蛮的自然状态进入国家法律文明的政治社会状态。具体做法是:人们放弃自然状态下的全部或部分自然权利,将他们交给一个人或一个集体。主权来源于每一个人的自然权利(国家权力来源于公民权利)。这个人或这个集体是主权的掌握者,国家或政治体由此产生,人类开始生活在有国家和法律的政治社会文明状态中。他们普遍认为,进入政治社会中的人们,为了实现其天赋的自然权利,同意把自己的部分或全部权利转让给一个实体,这个实体代理行使已转让的权利并负责保护公民的其他权利。每个人与政治实体或社会之间订立的转让自然权利的协定和人们所得到的充分的受政治实体或政治社会保护的自然权利的承诺就是"社会契约",这里的政治实体便是国家,国家治理之下的人们之间关系的总和便是社会。在政治社会即国家中,国家、政府和公民的权利(权力)与义务(责任)都是相等的。基于契约的国家是合法的,有管理国家和制定法律及执行法律的权力,但其义务是必须履行契约,必须确保社会成员的自然权利。法律也是基于契约的,是社会全体成员的合意,须符合人的正确理性即自然法。社会成员是缔约者,有自由、平等的权利,还有收回曾让渡的权利的权利,有革命的权利,有选择政府的权利;其义务是加入政治社会须让渡自然权利,也要履行契约,要守法。依据这一理论,自然法学家论证了权利先于权力,权力基于权利,国家和法律的产生依据及存在基础是人民的自由意志即合意或契约。其存在的目的是通过法律保护和发展缔约者的自由和权利。

5. 主权理论。由于订立社会契约的方式不同(当事人的不同),转让的权利多少有别,以及权利接受者的人数的不同,由此而决定着自然权利放弃的程度、政体建立的方式和社会民主的程度,进而形成不同的主权理论。大致有:①君主制:格老秀斯和霍布斯主张人们放弃全部自然权利,交给一个人即君主,人们只有服从而没有反抗国家或政府的权利。而君主须依法履行契约,保护公民的自然权利。②君主立宪制:洛克主张放弃部分权利(法律权),交给一个人即君主,人们在宪法之下保留生命权、自由权和财产权,并享有反抗权。君主在宪法之下依据自然法制定法律,实施法律,保护和发展公民的天赋人权。③人民主权制(民主制、共和制):斯宾诺莎、卢梭和杰弗逊主张,人们将自己与生俱有的全部权利转让出去,转让的对象是集体即人民自己,人们转让多少接受多少,即主权在民。人民有反抗权(直接民主)。④共和政体:孟德斯鸠赞成共和制,潘恩赞成共和代议制。

6. 分权原则。为了防止权力的滥用,保障人民的天赋权利,必须将国家权力分立,以权制权。英国人洛克首创近代权力分立学说(将权力分为立法权、执法权和对外权,没有将司法权分出来)。法国人孟德斯鸠则在洛克基础上提出完整的三权分立理论。他从自由与权力的角度提出这一理论,将国家权力一分为三:立法权、行政权和司法权,并分别由不同的国家机关掌握和行使,这三种权力既是独立的,又是相互制约的。美国人汉密尔顿将这一理论运用于美国宪政实践且进一步发展:限制了议会立法权和政府权力,扩大了法院司法权。他将三权分立理论发展为"牵制与平衡"的宪法原则。

第二节 古典自然法学的特征

一、理性主义

古典自然法学的思想渊源为古希腊、古罗马的自然正义及其理性的自然法学和中世纪神学自然法学中的精华,在汲取了先前时代自然法的理性主义、排除了自然主义和神学主义的基础上,形成了以理性主义为根本特征的古典自然法学。近代社会是一个由牛顿开辟的理性时代,他提出了一个全新的宇宙体系,有诗人赞颂:大自然和它的规律隐藏在黑暗之中,上帝说,让牛顿去嘛,一切便灿然明朗。正是从这里,人类思想获得了可以用理性解决问题的自信。在汲取了古代理性主义发展起来的近代自然法学家们看来,法根植于人本身,是人的理性意识的体现而非上帝和神。自然法中的"自然"就是人类共同具有的合理的精神。自然法就是理性法。强调法的理性主义精神,就是要去掉法中的野蛮、愚昧、专制和任意性。格老秀斯认为自然法是真正理性的命令。霍布斯认为自然法来自人的理性。故,近代自然法又称为理性主义自然法。人之所以能够认识和运用自然法,就因为人有理性。这种理性不再是自然理性和上帝理性,而是人的理性;这种理性是人类所特有的一种自然能力,能够认识真理,是人的行为和信仰的正当理由,是评判一切的根本标准。这种理性法学强调的是法的目的和价值即法的应然状态。同时,我们更要认识到这一理论的思想动机。古典自然法学家们以自然状态、天赋人权、自然法、契约论的观点而不是上帝或自然规律来解释和说明人类社会的发展及其形态,由此说明因人是平等和自由的本性所决定,国家和法律产生的目的是确保人的天赋的自由和权益。能认识到人本性和国家法律现象的存在及其理性的功能,进一步证明了人的理性的力量。理性主义与人文主义和自由主义密切相关,都是强调人这一大自然的精灵,强调人的价值、人是一切行为的目的而非手段,这是主体性认识论的一种反映。

二、法治主义

他们主张"法的统治",强调法在社会中的惟一权威地位,政治统治必须以法律为基础。①这里的法必须是良法,即是基于自然法的法,是体现了正确理性的法。用自然法论述法的普遍性、公正性即正义性和至高无上性。从人性出发进一步论述了自然法的本质、特点、内容、原则,认为在自然状态下指导人们从事交往和社会生活的自然法是人类正确理性的体现,因此,它是永恒的和放之四海而皆准的。在政治社会状态下,根源于人性的自然法仍旧支配和维持着社会政治秩序,是制定法的基础,它决定着人类制定法的性质、目的、作用、效力和发展方向。②国家和社会为了遵守诺言,履行社会契约,确保公民尽可能地实现自己的自然权利,就得实行法治。法治须以自然法为实现国家立法的基础原则,确立主权在民的民主制共和国、宪政及三权分立。以法限制国家权力,确保公民个人权利、自由、平等、安全、秩序和正义的实现。③强调法的至高无上性和依法行政。在政治社会,法居于惟一权威的地位,政治统治必须以法律为基础。法治与民主、自由、平等和人权具有不可分割的联系,应以法治限制国家权力,确保公民个人权利、自由、安全和秩序。洛克是西方法治主义的创始人。

三、自由主义

古典自然法学家都强调自由和平等原则。洛克是近代自由主义的首创人。在国家与个人关系上,个人利益是首要的。政府和国家来源于人民,其存在的目的就是确保人民的天赋人权。如果违背其宗旨,不顾人民利益,人民有权推翻旧政府,订立新契约,建立新政府。斯宾诺莎强调思想、言论、信仰、集会、结社的自由。洛克是古典自由主义者。卢梭有其独特的平等理论,认为人类依次经历了由平等到不平等,再到平等的阶段。在自然状态下,人们是普遍平等的。随着私有制的出现,人类出现了不平等。首先有了富人和穷人的区别。其次,有了统治者与被统治者的区别。再次,有了主人与奴隶的区别。这时,不平等发展到了顶点。最后,人们起来用暴力推翻暴政,人们重新恢复到平等的始点,这种平等的复归是一种更高一级的平等。卢梭的平等论充满了对立统一思想。

四、法学世界观

古典自然法学是一种近代法学,它所确立的是一种全新的世界观,即法学世界观。这种以理性主义或人本主义为特征的法学世界观是一种"资产阶级的经典世界观",它所表达的是"代替教权和神权的是人权,代替教会的是国家"。[1] 思想家们基于人性基础,以近代法学世界观,以自由、平等、人权、民主和法治为核心内容和价值取向,以古典自然法学为其典型的表达形式或理论体系指点江山,为资产阶级政治经济秩序的建立呐喊。经过中世纪罗马法复兴、文艺复兴和宗教改革的洗礼,一大批近代启蒙思想家集合在自然法这面旗帜下,为新时代立宣言,为万世开太平。他们冲破自然主义和神学主义的束缚,以人的眼光、人的理性认识国家法律现象,建构了一套独特的、革命性的政法理论,使独立了的法学获得了前所未有的发展,进而推动着西方法理学进入了一个全新的发展阶段。但是,我们须提醒的是,代替神学法律观的近代法学世界观仍旧是一种唯心史观,它区别于马克思主义的唯物史观。

古典自然法学是西方自然法思潮发展的顶峰,具有巨大的历史进步作

---

[1]《马克思恩格斯全集》第21卷,人民出版社1965年版,第546页。

用和重要的影响。在自然法的帮助下,历史教导人类走出中世纪,跨入近代新天地。古典自然法学无论从理论形态还是历史作用、实际意义来看都是无与伦比的,是它曾在自然和上帝的帮助下走向人类,而后又进入近代,但是人类又依靠它推翻了神的时代,建立了一个人的时代,法的时代,一个民主、自由和平等的时代,确立了一个以法取代神的地位的时代,即法的统治的时代。也即以一种全新的社会制度代替了不合理的旧有的社会制度,在其理论基础上,形成且确立了近现代资产阶级法律体系和法学世界观。19世纪初,随着英国工业革命的完成和法国大革命的结束,古典自然法学渐渐失去其原有的对意识形态的统治地位。

■思考练习

一、关键术语

资产阶级革命;启蒙思想运动;古典自然法学;理性主义;天赋人权;自然法;社会契约;三权分立;人民主权;法治。

二、思考题

1. 分析古典自然法学产生和存在的原因背景及条件。
2. 评述古典自然法学的理论体系。
3. 论古典自然法学的主要特点。

■参考与阅读文献

1. [英]罗素:《西方哲学史》上、下卷,何兆武、李约瑟译,商务印书馆1963年版。
2. [美]博登海默:《法理学:法律哲学与法律方法》,邓正来译,中国政法大学出版社2001年版。
3. [美]哈罗德·J.伯尔曼:《法律与革命——西方法律传统的形成》,贺卫方、高鸿君等译,中国大百科全书出版社1996年版。
4. [美]列奥·斯特劳斯:《自然权利与历史》,彭刚译,三联书店2003年版。
5. [美]萨拜因:《政治学说史》下卷,盛葵阳等译,商务印书馆1986年版。
6. [英]韦恩·莫里森:《法理学:从古希腊到后现代》,李桂林等译,武汉大学出版社2004年版。

第六章 荷兰法律思想

> **■ 本章学习目的和要求**
>
> 近代启蒙运动最早的制度性尝试是16世纪下半叶进行的荷兰资产阶级革命和建立的欧洲第一个资产阶级国家,格老秀斯和斯宾诺莎便诞生于这场革命运动中。他们基于人性,从近代国家和法律出发,以自然法为武器,详细论证了近代主权国家和法律产生的合理性以及人的自由和平等的必要性,提出近代国际法的基本原则。格老秀斯和斯宾诺莎的理论贡献不仅在于他们开始将法学从神学中分离出来,而且,他们使用的"自然"、"理性"、"契约"、"自由"等概念初步接触到了近代理性主义法学的实质,为后来启蒙运动在欧洲其他国家的蓬勃发展起到了先锋指路的作用。
>
> **本章重点掌握**:格老秀斯的自然法思想;格老秀斯的国际法思想;斯宾诺莎关于法律的分类学说;斯宾诺莎关于天赋人权与思想言论自由的主张。

第一节 格老秀斯的法律思想

一、生平与著述

格老秀斯(Hugo Grotius,1583年~1645年),近代荷兰著名的思想家、法学家、政治家、外交家和历史学家,古典自然法学派的奠基人及主要代表,近代国际法的鼻祖。格老秀斯出生于富裕家庭,受过良好的教育。他一生担任过多种重要官职,曾任荷兰律师协会主席,驻英国、法国和瑞典等国的大使。1618年荷兰政界发生两党冲突和内讧,格老秀斯因此被捕且以扰乱国教罪被判处终身监禁。后在其妻玛利亚的帮助下越狱,先后流亡法国、瑞典和德国,1645年在德国去世。格老秀斯在临死之前为自己写了墓志铭:"荷兰的囚徒兼亡命者,瑞典王国的公使,格老秀斯长眠于此。"格老秀斯的代表作有:《捕获法》(1604)、《论海上自由》(1609)和《战争与和平法》(1625)等。其中,《战争与和平等法》最为著名,是近代国际法的奠基之作,是国际法学作为一门独立学科的真正开端。据不完全统计,该书以拉丁文发表过55版,且被译成多种文字。

二、自然法论

近代自然法学的一个主要特征是以人性为其理论的基本出发点,以人类的理性与基督教神学相抗衡。格老秀斯正是第一个高举"理性"的大旗,向着旧秩序冲击的先驱。在近代,是格老秀斯首次论述了自然法的含义、属性及原则。

1. 自然法是人类理性或本性的体现,是永远不变的正当理性法则,是人们必须遵守的道德准则,是国家和法的基础。格老秀斯说:"自然法是正当的理性准则,它指示任何与我们的理性和社会性相一致的行为就是道义上公正的行为;反之,就是道义上罪恶的行为。由此可知,这种行为如果不是创造人类理性的上帝所赞许的,就必然是它所禁止的。行为的是非一经理性断定,如果不是合法的就必然是非法的,因而我们必须把它看作是上帝所准许的或禁止的。由于这种性质的自然法不仅与人类法而且与成文的神法也不相同,因为后两种法本身及其性质不能禁止或支配人们去做必须履行的或者非法的行为;但是,自然法能禁止人们去做非法的行为,支配人们去做必须履行的行为。自然法不但尊重那些由自然本身产生的东西,而且也尊重那些由人类的行为产生的东西。"[1]自然法是真正理性的命令,是一切行为善恶的标准。

2. 自然法之母是人性。由于格老秀斯基于人性对国家法律现象进行研究,所以对自然法的认识更加深化,明确了自然法是以人的理性为基础的。为了强调人的理性对自然法的决定性作用,他说:"自然法是如此的不可变易,就连上帝也不能加以变更。因为上帝的权力虽然无限,但是有一些事情即使有无限权力也是不能动摇的。例如上帝本身不能使二乘二不等于四,他也不能颠倒是非,把本质是恶的说成是善的。"[2]进而表明,格老秀斯自然法思想已经突破了中世纪神学自然法的束缚,他已经开始用人的眼光、以人的理性解释自然法,显然,这些思想对当时流行的传统"君权神授"、"王权至上"观念是强烈的冲击。故,其学说是近代理性自然法思想的先导。在其逻辑中,人的社会性决定了人类社会交往的需求,这种需求的满足是在理性的指导下进行的,是自觉地选择,是对自然法自觉地服从。的确,不得不承认,由于受中世纪神学自然法思想的影响,格老秀斯仍然承认"上帝的自由

---

[1] 西方法律思想史编写组编:《西方法律思想史资料选编》,北京大学出版社1983年版,第143页。

[2] 西方法律思想史编写组编:《西方法律思想史资料选编》,北京大学出版社1983年版,第143页。

意志也是产生自然法的渊源",[1]但他更强调在上帝指导下的人的正当理性就是自然法本身。

3. 自然法的基本原则是各有其所有,各偿其所负。具体为不得触犯他人财产;把不属于自己的东西及收益归还原主;损害赔偿;违法犯罪者应当受到惩罚;有约必践。自然法确保现存的秩序,现存的财产及财产制度不可侵犯。自然法不仅尊重那些自然产生的东西,而且也尊重那些由人类的行为所产生的东西。人的本性要求一种井然有序的社会,就必须加以实现某些最低限度的原则或条件、价值。自然法的这些基本原则表述的是近现代资产阶级公法和私法原则。这些正当原则决定了人为法的正当性,如财产安全、真诚无欺、公平待人、赏罚分明和平等交往。

4. 自然法的特点。格老秀斯为了进一步解释自然法,还对法进行了一般分类。他将法分为自然法和意志法,又将自然法分为纯粹自然法(自然状态下的)与有限自然法(是政治社会状态下的);将意志法分为神命法与人为法。神为法即教会法。将人为法分成国内法、国际法和地方法,还将国内法分为成文法与不成文法,其中,有民法和刑法。他认为,自然法的特征是人类的理性,意志法的特征是人的意志。一切法都是以自然法为基础的,否则是无效的。由此可概括出自然法的基本特点:①自然法的至上性,具有最高法律效力。自然法凌驾于神法和人定法之上,是最基本的、起决定性作用的法。②自然法的永恒不变性。源于人性、合乎自然规律的自然法体现的是公正和正义的原则,是普遍适用的,是永恒不变的。"上帝不存在,自然法仍将存在"。③自然法是人的正当理性。所有自然法的原则和要求都是基于人的理性而产生的,每一个人都有义务尊重自然法,上帝也得遵守自然法。进而,每一个人更有义务遵守基于自然法而制定的人定法。

格老秀斯是近代第一个较为系统地论述自然法理论的思想家。他汲取了古希腊和古罗马思想家自然主义自然法理论的精华,摆脱了中世纪神学主义自然法的桎梏,开创了近代理性自然法(古典自然法)的先河。他以人的眼光来分析国家法律的本原或基础,来确定国家和法律所应该保护的合理的、人的自然权利。其自然法理论是近代理性主义的,不仅将古代自然法世俗化,而且将国家法律置于人的正确理性之上。他适应时代要求强调财产权,即强调新兴资产阶级的财产权利益的实现及其资产阶级主权国家秩序的必要性和可能性,论证了资产阶级国家和法律的合理性和至高无上性都是符合人性的。

---

[1] 西方法律思想史编写组编:《西方法律思想史资料选编》,北京大学出版社1983年版,第138页。

三、国际法论

将国际法作为一门独立学科予以较完整系统的理论论述始于格老秀斯。格老秀斯将自然法学运用于国际法领域,将罗马的万民法改造为具有近代意义的国际法,创立了近代国际法理论。

1. 国际法定义。格老秀斯认为,国际法是"支配国与国相互交际的法律",是维护各个国家的共同利益的法律,它的目的在于保障国际社会的集体安全,正如"一国的法律,目的在于谋求一国的利益,所以国与国之间,也必然有其法律,其所谋取的非任何国家的利益,而是各国共同的利益。这种法,我们称之为国际法"。[1] 国际法是立于自然法基础上、支配国与国交往、处理国家之间争端的法律,是各国在国际社会中必须遵行的法律规范。国际法存在的前提是国家主权。

2. 战时国内法律秩序。格老秀斯批判了"战争时期无法律"的流行观点。他认为,国际法不仅存在于和平时期,而且存在于战争期间。退一步说,即使战争期间各种法律包括民法等都已经失效,各国也应该遵守国际法和国际惯例。

3. 战争法。格老秀斯在《战争与和平法》一书中,侧重从战争的角度研究了国际法的相关问题。①他将战争分为正义战争和非正义战争。他认为,凡是为了防护身体和财产而进行的战争,包括基于自卫的目的、恢复被掠夺财产的目的、对侵略者惩罚的目的而进行的战争,都是正义的战争,除此之外,所有的战争都是非正义的战争。②国际法原则。战争期间必须遵循的国际法原则包括:坚持宣战的原则,反对不宣而战的狡猾行为;坚持战争中的人道主义原则,反对杀害妇女、儿童等非参战人员,反对杀害放下武器的战斗人员;坚持公海自由通行的原则,任何国家和个人阻止非武装船只在公海上自由通过都是国际法准则所不允许的。此外,还要坚持遵循保护交战双方外交代表安全的原则。这些原则对国家关系的调整起到了积极的作用,尤其是对后来国际法理论的发展产生了深刻影响。

四、国家论

格老秀斯的国家学说是以自然法理论为基础的。其主要内容是社会契约论与君主主权论。

1. 人类始于自然状态。人类最初原本处于自然状态,在自然法的支配下,没有私有财产,享有自由和平等,这是一种天赋的自然权利,其核心是财产权。

2. 国家法律起源于社会契约。自然状态之后,随着社会的发展,为了求

---

[1] 西方法律思想史编写组编:《西方法律思想史资料选编》,北京大学出版社1983年版,第139页。

得安全的社会环境,享有天赋权利的人们在理性和经验的启示下通过社会契约建立国家和法律,将所有的天赋权利转让出来,不作任何保留。

3. 国家的定义。他将国家定义为:国家是一群自由人在理性的指导下为了享受权利和共同利益而联合起来的共同体。国家是自由人为了享有法律的保护和求得共同利益而联合起来的一个完善的结合。这一国家定义的意义在于它冲破了中世纪长期存在的君权神授论,创立了君权人授的理论。

4. 国家主权论。他认为,所谓国家主权是指国家的最高统治权,即主权者行为不受别人意志或法律支配的权力就是主权。主权是一个国家的统一的道德能力,它的最初来源是人们的天赋权利,是基于社会契约获得的,但当人们订立社会契约以后就应该绝对地服从主权者。在格老秀斯看来,国家主权属于一个人为好,主张君主主权。认为君主主权即国家最高统治权由一个人掌握,人民无权收回已交出的权利,也没有反抗权,必须服从君主。但是,君主若滥用权力侵害人民利益,人民便有权以违反社会契约为由而行使反抗权。其理由是君主也得服从自然法和万民法。在格老秀斯那里,主权是国家存在的基础,也是国家作为国际法主体的条件,其国家主义的倾向反映了古典自然法学的初期特色。

作为近代自然法理论和国际法的首创者,格老秀斯作出了重要的历史贡献。他在汲取了西方古代、中世纪的自然法精神内核的基础上,以人的理性为基础系统地探讨了自然法及国家和法律的有关问题,为资产阶级革命和近代法治提供了必要的理论根据。同时,格老秀斯还原创性地、系统地研究和界定了近代国际法中一系列重要的概念和原则,为国际法成为一门独立的学科作出了不朽的理论贡献。

第二节 斯宾诺莎的法律思想

一、生平与著述

斯宾诺莎(Benedict De Spinoza,1632 年~1677 年)是 17 世纪荷兰著名的启蒙思想家、哲学家、无神论者及古典自然法学的代表。斯宾诺莎生于荷兰阿姆斯特丹一个较为富裕的商人家庭,祖先为犹太人,原居葡萄牙。斯宾诺莎早年在犹太学校接受初等教育,熟悉犹太典籍和圣经。毕业后接替父兄到商界工作,因对经商不感兴趣,进入拉丁学校学习拉丁语。与此同时,他接触到了当时欧洲进步思想家如笛卡尔、培根、霍布斯、格老秀斯等人的书籍,其思想发生很大变化,曾因为怀疑上帝和天使的存在而被革除犹太教籍,且流放外地。此后,斯宾诺莎一生颠沛流离,1677 年于海牙去世。斯宾诺莎的主要著作有:《略论神、人和人的幸福》(1658)、《知性改进论》(1661)、《伦理学》(1662~1675)、《笛卡儿哲学的原理》(1663)、《神学政治论》(1670)和《政治论》(1676)。其中,《伦理学》和《神学政治论》是其代表作。斯宾诺莎的主要思想是自然法理论和自由理论。他的学说也是建立在人性论和自然法理论基础上,认为国家和法律源于人性,人的趋利避害的本性使人类从自然状态过渡到政治社会状态。主张天赋人权和社会契约。其思想代表了早期资产阶级民主派的思想。反对封建制度和教会及经院哲学,否认神是自然界的创造物,认为自然本身就是神。主张政教分离、哲学与神学分离。主张充分尊重思想自由和言论自由这一天赋人权,为近代自由主义奠定了基础,且其理论促进了近代法治的确立与完善。

二、自然法论

斯宾诺莎以唯物主义和无神论思想批判地研究了《圣经》,提出了较为系统的理性自然法理论。

1. 人类社会始于自然状态。他以人性为基础探讨国家与法律的起源。在《神学政治论》一书中,斯宾诺莎首先从批判地研究《圣经》入手来研究自然法、国家和法律起源问题。他在批判《圣经》的基础上,提出人类曾长期生存于无人定法、无宗教的自然状态中,拥有天赋人权的人类只受自然法的支配。斯宾诺莎认为,在市民社会和国家产生以前,人类曾经长期生存在自然状态下,也就是他所说的人类在"天然状态"之下受自然法的支配。他说:"天然状态,在性质和时间两方面,都先于宗教……(在天然状态)没人为神圣的律法与权利所束缚……我们必须把天然的状态看成是既无宗教也无律法,因此也就没有罪恶与过失……我们认为自然的状态是先于且缺乏神圣启示的律法及其权利,并不只是因为无知,也是因为人生来就赋有自由。"[1]在自然状态下,没有人定法律,没有宗教,人类与动物一样享受着天赋的自然权利,那时人们惟一服从的是自我保存的规律:"所谓天然的权利与法令,我只是指一些自然律……自然当然有极大之权为其所能为,自然之权是与自然之力一样广大的……个体之权达于他的所规定的力量的最大限度,那么,每个个体应竭力以保存其自身,不顾一切,只有自己,这是自然的最高的律法与权利。"[2]

2. 国家和法律起源于社会契约。按照其逻辑,上述所描述的自然状态应该是很理想的。但是,他认为,"个人的天然之权不是为理智所决定,而是为欲望和力量所决定。这就造成自然状态下,人们为了享有天然的自然权利,就必然进行争斗,甚至造成一切人反对一切人的混乱状态。因此,人们在自然状态下越来越缺乏安全感,为了获得安全与幸福,人们在理性(自然法)的帮助下订立契约,进入社会生活,并且依据自然法的指导,制定法律以

---

[1] [荷]斯宾诺沙:《神学政治论》,温锡增译,商务印书馆1963年版,第82~83页。
[2] [荷]斯宾诺沙:《神学政治论》,温锡增译,商务印书馆1963年版,第83页。

自我保存。"[1]

3. 功利主义的人性观是其国家与法律起源论的基础,也是其探讨政治法律现象的逻辑前提。斯宾诺莎关于国家和法律的起源论充满了功利主义色彩。在斯宾诺莎看来,人类之所以要建立国家和法律,完全是出于人性趋利避害的要求。他说:"人性的一条普遍规律是,凡人断为有利的,他必不会等闲视之,除非是希望获得更大的好处,或是出于害怕更大的祸患;人也不会忍受祸患,除非是为避免更大的祸患,或获得更大的好处。也就是说,人人都会两利相权取其大,两害相权取其轻……这条规律深入人心,应该列为永恒的真理和公理之一。"[2] 斯宾诺莎从人性功利的角度即以一种世俗的崭新的法律世界观论证了自然法以及国家和法律的起源问题。这种论证既是对封建神权法思想束缚的突破,也为资产阶级政治法律制度的建立提供了理论基础。因为,从人性来看,人类从自然状态下过渡到社会状态,完全是出于趋利避害才订立契约,过社会生活;那么,同样道理,人们在社会状态下,如果违背原始契约利多害少的话,就完全没有必要遵守原始契约,其结论便是:如果封建统治者不为人们谋福利,人们毁约能够带来更大的利益,那么,人们就有理由废除原订契约而重新订立新约,因此,推翻封建统治、建立资产阶级国家和法制则是基于人性要求的必然结果。

三、自由论

斯宾诺莎是近代第一个从学理上充分论证思想自由的必要性和必然性的资产阶级思想家。

1. 认为思想言论自由是一种天赋人权,是人的本性的一部分,自由地思考、自由地判断是天赋人权。"每个人的理解力是他自己的……人的心不可能完全由别人处治安排,因为没有人会愿意和被迫将他的天赋的自由思考和判断之权转让与人的。因为这个道理,想法子控制人心的政府,可以说是暴虐的政府,而且规定什么是真的要接受,什么是不真的不要接受,或者规定什么信仰以激发人们崇拜上帝,这可算是误用治权与篡夺人民之权。所有这些问题都属于一个人的天赋之权。此天赋之权,即使由于自愿,也是不能割弃的。"[3]

2. 自由意味着独立和自主,自由的基地是理性。每个人都是他自己的思想的主人。具体有两种自由:自然自由和法律自由。前者是一种受本能支配的自由,是自然状态下的自由;后者是一种为理智所引导下的自由,是一种法律自由。

---

[1] [荷]斯宾诺沙:《神学政治论》,温锡增译,商务印书馆1963年版,第54~82页。
[2] [荷]斯宾诺沙:《神学政治论》,温锡增译,商务印书馆1963年版,第272页。
[3] [荷]斯宾诺沙:《神学政治论》,温锡增译,商务印书馆1963年版,第270页。

3. 他从人类进化的历史论证了法律与自由的关系。认为自然状态下的自由是放任的,人们的生命安全无保障,自由是难以实现的。在国家状态下的法律自由将人从自然状态下解放出来,获得了真正自由。故,服从法律才是自由。法律是取得自由的必要手段和可靠保障。因此,他强调的是法律自由,法律是一种基于理性的人的命令,其实质是自由,特别是法律自由下的思想、言论自由,这种自由是一种天赋权利,既不可剥夺也不能转让和放弃,政府控制也做不到。法律与自由是相辅相成的。法律只限制人们的行为而不限制思想自由。个人运用思想自由要以无害国家的安全、公众的安宁和对国家的忠诚为限度。也就是说,思想和言论因其天赋性而具有绝对的自由,只是在政治社会状态下以不损害国家利益为原则,而人们的行动自由必须在法律允许的范围内。

4. 他主张,政治的真正目的是自由(自由是政府首先要实现的目标),其本质在于保护和发展自由。

5. 实现自由的条件是:①实行民主共和国,这是确保自由的理想政治制度。因为民主共和国家是公民在平等的基础上通过社会契约建立的,其最高的原则是全民利益,它最能保护个人自由。②实行法治。斯宾诺莎是一个法治主义者,他从法治主义出发极力主张服从法律。在他看来,"服从法律所得的后果只是一个独立国家的长久幸福和产生的别的一些福利……法律有约束一切的力量,只有如此,一个国家才能存在。若是一个国家的所有分子忽视法律,就足以使国家解体和毁灭"。[1] 服从法律不仅是国家存在的前提,而且是法律存在本身的要求:"若是人生来只听清醒的理智的指挥,社会显然就用不着法律了,教导真正的道德信条就够了。但是人类的天性不是这样。每个人都谋求个人的利益,其所以如此并不是凭清醒的理智。因为大多数人关于欲求和效用的观念是为肉体的本能和情绪所支配,只顾眼前。因此之故,若无政府、武力、法律以压抑人的欲望与无节制的冲动,社会是站不住的。"[2] 斯宾诺莎的结论就是:法律是人的理性的产物,也是节制人的欲望所必须的,服从法律是使人们过理性社会生活的必然要求。同时,他强调立法权只能由国家行使且属于全体或大多数人民,立法程序须合法化,以立法实现法的统一性。执法和守法是实现自由的关键。平等执法、严格执法和守法不仅是政治统治的需要,而且是人的天性使然。法律面前人人平等是实现自由的前提。立法、执法和守法是在平等和自由基础上的统一。

6. 思想自由的好处和限制思想自由的危害。认为思想自由有利于政府

---

[1] [荷]斯宾诺沙:《神学政治论》,温锡增译,商务印书馆1963年版,第54~55页。
[2] [荷]斯宾诺沙:《神学政治论》,温锡增译,商务印书馆1963年版,第82页。

稳定、有秩序，有利于人民自觉守法，免于人民攻击和反抗，人民能团结一致与政府合作。思想自由还有助于文化和人类的进步。限制思想自由的危害：不自由的法律带来的危害会更大；易败坏风俗、背信弃义；阻碍社会进步、扼杀文化和艺术；会导致政治不稳定、无法无天。政府无权控制人们的思想。

斯宾诺莎的政治法律思想以鲜明的战斗性著称，他以近代理性自然法为武器，从人性和功利角度探讨了法律的起源和分类，其矛头直指中世纪神法和《圣经》，特别重要的是，斯宾诺莎关于思想自由和言论自由的主张，对近代资产阶级法治的建立和完善产生了极为重要的影响。其自由主义法律思想的进步性反映了当时荷兰资产阶级要求摆脱封建专制主义和宗教的束缚、自由地发展资本主义的强烈愿望。同时，又体现了维护新兴资产阶级政治经济利益的要求。在其具有唯物论和辩证法的系统的哲学观的影响下，他将人类社会作为一个整体来认识，从整体内个体的相互联系，从个体的本能与理智的相互关联，从自然本性支配下的自由欲求与法律约束下的理智自由的相互关系，推导出法律与自由的必要性及其辩证关系。从人性和功利出发探讨了国家和法律的起源，揭示了法律的本质即自由，论述了自由与政治制度的密切关系。他是一位思想自由论者，其结论是：自由是人类本性所求之目标，只有在思想自由的条件下，国家才能正常运转，政治社会应当充分尊重思想言论自由。这对后世极具启发。他从自由的基地是理性以及宇宙是不受制约的一个整体出发，论述了个体可以通过与整体的协调而获得相应的、最大限度的自由。

■ 思考练习

一、关键术语

《战争与和平法》；《神学政治论》；理性自然法；国际法；天赋人权；思想自由；言论自由；格老秀斯；斯宾诺沙。

二、思考题

1. 论格老秀斯的自然法思想。
2. 论格老秀斯的国际法思想。
3. 阐述斯宾诺莎的国家和法律起源论。
4. 阐述斯宾诺莎关于天赋人权与思想言论自由的主张。

■ 参考与阅读文献

1. [英]罗素：《西方哲学史》上、下卷，何兆武、李约瑟译，商务印书馆1963年版。
2. [美]博登海默：《法理学：法律哲学与法律方法》，邓正来译，中国政法大学出版社2001年版。

3. [美]哈罗德·J. 伯尔曼:《法律与革命——西方法律传统的形成》,贺卫方、高鸿君等译,中国大百科全书出版社 1996 年版。
4. 西方法律思想史编写组编:《西方法律思想史资料选编》,北京大学出版社 1983 年版。
5. [美]萨拜因:《政治学说史》下卷,盛葵阳等译,商务印书馆 1986 年版。
6. [荷]斯宾诺沙:《神学政治论》,温锡增译,商务印书馆 1963 年版。

第七章 英国法律思想

■ **本章学习目的和要求**

在17世纪英国资产阶级革命中诞生的极具世界性影响力的启蒙思想家霍布斯和洛克,是古典自然法学的主要代表,是理性自由主义政治法律秩序的代言人。思想倾向较为保守的霍布斯以其独特的自然法理论、国家主权理论和法制理论成为保守自由主义思想的倡导者。作为"1688年的阶级妥协的产儿"的洛克是古典自由主义的"始祖",他的自然法理论、法律与自由论、分权理论以及法治理论,特别是他的天赋人权和主权在民理论,都成为经典之说,不仅为英国革命后建立的君主立宪政体提供了理论上的辩护,更为重要的是,其自由、民主、人权和法治理念成为人类社会的价值导向。

本章重点掌握:霍布斯的自然法论;霍布斯的国家、政体及君主主权论;霍布斯的实在法的概念及特征;霍布斯的犯罪与刑罚论;洛克的天赋人权和社会契约理论;洛克的分权和法治理论;洛克的人民民主及自由主义理论。

第一节 霍布斯的法律思想

一、生平与著述

托马斯·霍布斯(Thomas Hobbos,1588年~1679年),英国著名哲学家、政治思想家,近代古典自然法学重要代表。牛津大学毕业,曾做过家庭教师、培根的秘书、查理二世的数学老师。他出生在英国南部威尔特郡维斯堡镇一个贫寒的乡村牧师家庭,主要靠伯父抚育。15岁入牛津大学学习,取得学士学位后,在威廉·卡文狄什伯爵的家里做家庭教师。曾任培根秘书,深受培根经验主义哲学的影响,被认为是将"培根唯物主义系统化了"的学者。在周游欧洲大陆时结识了伽利略和笛卡尔。在英国资产阶级革命期间,他逃往法国,担任流亡在法的英国威尔士亲王(即后来的查理二世)的数学教师。1651年年底,霍布斯返回英国,受到执政克伦威尔的欢迎,但他拒绝了出任行政大臣的邀请。其最具代表性的著作《利维坦》和《论公民》都是在流亡时期写出的。斯图亚特王朝复辟后,正值伦敦发生鼠疫和火灾,霍布斯因其学说被认为是一种邪恶学说和自由思想而受到王党和教会的迫害,其《利维坦》被禁止出售和讲授。1679 年 12 月 4 日霍布斯病逝。《利维坦》被视为近代政治法律科学的奠基之作,该书将逻辑性与经验性相统一,视国家和法律为人类自我保存欲望的结果,人类利用国家这一类似于《圣经》中的万能怪兽确保个人天赋的自然权利。《利维坦》完整、深刻地表达了霍布斯以几近专制的国家和法律为手段确保个人权利的保守的自由主义思想。

二、自然法理论

霍布斯的自然法理论是基于人性本恶的主张。作为机械唯物主义者,霍布斯认为,一切物体都在按照一种必然的因果规律运动着,通过人的理性和经验观察,人性原则就是国家和法律运动的必然原因。人性原则表明,人的本性都是自私自利的,趋利避害的自我保存是支配人类行为的根本原则。在霍布斯看来,人除了体力、智力、生理、教育和经验之外,在一切方面都是自然平等的。每个人都希望自己的无限欲望得到满足,不过,社会总不会允许个体欲望的差别大到使个别人得到充分满足,而另一些人却无生活着落,缺乏基本的生活条件。因为即使体力最差的人,他们一旦联合起来也能杀死体力最强的人。这种利己主义是霍布斯政治法律思想的基础。

1. 自然状态。霍布斯将国家和法律理解为人类自然欲望的结果,他从人本性恶、目的和动机出发来描述自然状态,以此论证国家和法律这一政治社会状态的产生和存在是必然的和必要的。他认为,在国家成立以前,人类生活在一种自然状态中。在自然状态下,人人按其本性平等自由地生活,无私有财产,无公共权力和规则。由于人的自我保全的欲望的满足需要某些外部条件,而自然资源又是有限的,所以,人人为了"自我保存"而运用自己的权力,尽一切努力、不惜采取一切手段去占有一切,力图最大化自己的自由。每个人都企图用伤害他人的手段无休止地满足个人利益和个人权力,牺牲他人,达到保全自我的目的,因此,纷争不已,不安和恐惧伴随着人生。具体说,这种纷争的基本原因是竞争、猜疑和荣誉,也就是说,利益的竞争、对他人可能危害自身安全的猜疑和人们因追求荣耀而进行的相互侵犯。因此,其结论是:自然状态是"一切人反对一切人的战争"状态,人与人的关系是"狼与狼的关系"。在这种状态下,善良与邪恶不分,是非与曲直不辨,欺诈盛行,争斗不断,人人都处在死亡的恐惧中,人的生命是"孤独、贫穷、龌龊、凶残和短促的"。一切都陷入极度混乱与无序之中。由于自然状态是一个恶性的状态,无法满足人人自由平等的自然本性,不适合人类的繁衍和生存,强大的国家和严格的法律这一"人造物体"的产生和存在是必然的。当然,自然状态的提出只是出于理论上的需要而并非实际存在。

2. 自然权利。在霍布斯那里,自然权利是人人不受外在的限制、依自己力量保全自己的生命和安全的自由,这种自由就是人的自然权利。在《利维坦》中,霍布斯明确地说,自然权利就是"每一个人按照自己所愿意的方式运用自己的力量保全自己的天性——也就是保全自己的生命——的自由。因此,这种自由就是用他自己的判断和理性认为最适合的手段去做任何事情的自由"[1]。按照霍布斯的说法,"自由"乃是外部强制不存在的状态。也就是,自由须遵循社会道德法则。按照霍布斯关于自然权利定义的分析,自然权利的主要内容应是人具有天赋的平等权、自由权、财产权和生命保存权。这些天赋的权利是国家不得侵犯、不得剥夺的人的基本权利。如果主权者侵犯了个人基本权利,个人便具有拒绝服从主权者命令的自由,以至抵抗的权利。为了自己的正当利益而反抗主权者是正当的行为,但抵抗的条件是人们不能以组织形式或用暴力革命推翻统治的方式进行。

3. 自然法。①自然法的定义。霍布斯在论述国家和法律的问题时谈到了自然法的含义,他说:"自然律是理性所发现的戒条或一般法则。这种戒条或一般法则禁止人们去做损毁自己生命和剥夺保全生命的手段的事情,并禁止人们不去做最有利于生命保全的事情。"[2]自然法是人类理性的体现,是人类行为的最高道德准则。人类按其本性是自我保存,受理性迫使去遵守共同的生活准则即自然法。自然法讲的是一种义务,即决定或约束人们做还是不去做某种行为的义务。②自然法的基本内容。霍布斯罗列的自然法的内容相当广泛,如寻求和平或信守和平;保存自我;对等地放弃自己的权利;履行契约;得恩知报;和顺谦让;宽恕他人;秉公办事;惩罚罪犯;改恶从善;尊重他人;等等。其中,主要强调第一、第二条自然法即所谓基本的自然法。一是"寻求和平,信守和平";二是可以概括为利用一切可能的办法来保卫自己;三是人人要实践他的契约,为契约努力;四是对施恩的人要感谢;五是人要和顺、互相谦让、善于社交,不能顽固偏执怪僻,"每个人都应当力图使自己适应其余的人";六是对悔罪的人要赦免,当悔过的人保证将来不再重犯并要求宽恕时,就应当恕宥他们过去的罪恶,因为宽恕就是取和;七是在以怨报怨的过程中,人们所应当看到的不是过去的恶大,而是将来的益处多;八是禁止以行为、语言、姿态、表情表现仇恨或蔑视他人;九是每一个人都应当承认他人与自己生而平等,违反这一准则就是自傲;十是进入和平状态时任何人都不应要求为自己保留任何他不赞成其余每一个人要为自己保留的权利,即不具有为所欲为的自由;此外,还有一个人如受人信托在人与人之间进行裁断时,自然法要求他秉公处理,讲公道不偏袒;不能分割

---

[1] [英]霍布斯:《利维坦》,黎思复等译,商务印书馆1985年版,第94页。
[2] [英]霍布斯:《利维坦》,黎思复等译,商务印书馆1985年版,第97页。

之物如能共享就应共享,数量允许时不加限制;否则就应当根据有权分享的人按比例分享;有些东西既不能分割又不能共享,规定公道之理的自然法便要求全部权利以抽签方式决定;自然法,凡斡旋和平的人都应当给予安全通行的保证。总之,自然法的总则就是:"己所不欲,勿施于人。"③自然法的特征。一是自然法无论对人的内心还是行为都具有约束力,是人类社会必须遵循的最高道德原则。二是自然法是永恒不变的。不义、忘恩、骄纵、自傲、不公道、偏袒等等都决不可能合乎自然法;只有正义、报恩、节制、谦虚、公道、秉公处理等才是合乎自然法的,这些是永恒不变的。三是自然法是和平法,是平等法,是确保人类社会和平与秩序的基本行为准则,它规定了国家和法律的目的,政治社会只要努力履行这些自然法准则就是实现了正义。

三、国家论

(一)国家和法律起源于社会契约

霍布斯是17、18世纪占主流地位的社会契约理论的创始人之一。他从抽象化的、一般化的人性规律出发,基于人的经验和理性分析解释国家法律产生、产生的方式及其本质。他证明将人们从这种无休止的恐惧中解脱出来的是他们的理性。他认为,由于自然状态下的人们自由运用自己的权力保全自我,其结果却导致战争状态,破坏了自我保存。人们最终意识到,单靠自我的力量是不可能实现人们的自我保全的,而且这也是不符合自然法的理性精神的。因为自然法是以禁令禁止人们做伤害自己生命的事情,和平是第一位的。因此,自然法的理性精神为人们指出了一条和平之路,即人们为了逃避"恐怖",保全自我,在理性的启示下,依据自然法联合起来,相互订约,把自己所有的自然权利授予某个权威或一个集体即一个公共机构,以摆脱自然状态,以社会的权威来治理国家,由此产生的公共机构就是国家,即"利维坦"。国家是一个产生于契约、大于一切人的权力的公共权力机构。霍布斯对契约作了明确界定:"权利的互相转让就是人们所谓的契约。"[1]一个人转让或放弃权利是由于考虑对方的回让或得到什么好处,所以契约都是自己缔结的。如果权利的转让不是相互的,而是一方转让,则不是契约。契约所以有约束力,不是由于契约本身,而是由于人们畏惧毁约后会产生的不利后果。人们转让、放弃权利都是为了得到好处,否则就不会这样做。而且,人们转让权利时是把权利范围内享受权利的手段转让了。霍布斯进一步指出,国家是人们权利相互转让、订立契约的结果。他说:如果要建立一种能抵御外来侵略和制止相互侵害的共同权力,以便保障大家能通过自己的辛劳和土地的丰产为生并生活得很满意,那就只有一条道路:把大家所有的权力和力量托付给某一个人或一个通过多数的意见把大家的意志

---

[1] [英]霍布斯:《利维坦》,黎思复等译,商务印书馆1985年版,第100页。

化为一个意志的多人组成的集体。"像这样统一在一个人格之中的一群人就称为国家,在拉丁文中称城邦,这就是伟大的利维坦(Leviathan)的诞生。"[1]他将《圣经》中一种巨大的海兽"利维坦"比作国家,以此表明他要求国家用强力来制止内乱,实现和平。可见,国家是在人们放弃权利、转让权利、订立契约的基础上产生的。目的是对外相互帮助抗御外敌,对内谋求和平。

霍布斯的契约论的特点是:①契约的订立者只是人民而不包括主权者,因而主权者不受契约内容的约束;②人民交出其全部权利和权力;③人们放弃或转让其权利的目的是出于自我保存,这是人们立约的宗旨。在霍布斯的论述中,人们交出的实际上是其运用一切手段惩罚、伤害他人的权力,以实现自我保存。正是这一契约的宗旨对主权者有所限制。进而,他对国家的本质作了明确界定,认为国家的本质就是主权。他说国家就是一大群人相互订立契约,每人都对它的行为授权,以便使它能按其认为有利于大家的和平与共同防卫的方式运用全体的力量和手段的一个人格,承当这一人格的人就称为主权者,主权是赋予国家"整个机体以生命和运动的灵魂"。以人们相互达成协议的方式建立国家,自愿服从一个人或一个集体,此种方式获得的主权即按契约建立国家,也叫政治国家。[2]霍布斯在前人的基础上将国家法律的起源和本质归结于人的欲望,第一次明确地将个人不可转让、不可剥夺的权利视为国家权力的基础,而且,国家是一种抽象的公共权力这种观念已经是一种具有现代意义的国家观。

(二)君主主权

1.君主主权。由于霍布斯担忧对国家权威的任何损害都有可能导致人们重归那种可怕的自然状态,所以他的国家是一个专制的君主国家。他论证,国家是以社会契约为基础建立起来的,人们将自然权利毫无保留地让予主权者即君主,君主在这个国家中代表着全体个人进行统治而不受契约内容的约束,受契约制约的只是被统治者,同时,统治者受主权者颁布的法律的保护。依据契约公民必须服从统治者而不得反抗。但是,主权者也有义务:①主权者不得将主权授予或转让他人;②要维护好人民的私有财产权;③要依据良好的法律和平等的原则进行统治。国家的目的是对外抗御外敌、对内谋求和平,实现公民的自我保全和财产安全。

2.主权的内容。主要有:立法、决定和平与战争、统帅军队、任免官吏、征税、审判、授勋等各项权力。此外,还拥有铸币权、处理未成年继承人财产与人身权、市场上的先购权以及其他足以维护统治的权力。

---

[1] [英]霍布斯:《利维坦》,黎思复等译,商务印书馆1985年版,第131~132页。
[2] [英]霍布斯:《利维坦》,黎思复等译,商务印书馆1985年版,第132页。

3. 主权的特点。霍布斯认为,主权具有至高无上、不可分割、不可转让的性质。不过,霍布斯的理论中,专制君主国无论掌握多大的权力,它都只不过是保护个人权利的一种工具。

(三)政体论

霍布斯根据主权的归属来划分政体。他说:"国家的区别在于主权者的不同,也就是在于代表全体群众和其中每一个人的人有差别","当代表者只是一个人的时候,国家就是君主国,如果是集在一起的全部人的会议时便是民主国家或平民国家,如果只是一部分人组成的会议便称为贵族国家。此外就不可能有其他的国家了"。[1] 在君主政体、贵族政体和民主政体三种政体形式中,霍布斯推崇君主制,君主制的好处在于:①君主的私利与国家公利是一致的,君主即国家,国家即君主,国家的富强即君主的富强;②国家的政策是一贯的,不会出现经常的变更。一个人思想矛盾所产生的弊病比许多人思想矛盾产生的弊病要少;③权力和财产在君主制下同属一人,比其他政体要公平;④最为重要的是,因为君主政体最能够避免"内乱"。

四、法制论

霍布斯的实在法理论较为系统完整,如法的定义、分类、良法、法律的公平实施、如何选用优秀的法官以及犯罪与刑罚,等等。

1. 法的定义。霍布斯对法的概念有明确的界定:"法律,普遍说来都不是建议,而是命令。它不是任何一个人对任何另一个人的命令,而是专对原先有义务服从的人民发布的那种人的命令;至于国法则只是加上了发布命令的人的名称。"[2] "约法对每一个臣民说来,就是国家以语言、文字或其他充分的意志表示命令他用来区别是非的法规,也就是用来区别哪些事情与法规相合,哪些事情与法规相违的法规。"[3] 据此,可以推断出法有如下特点:①法律是主权者的命令。法律是主权者制定的,习惯必须得到主权者的默许才能成为法律。主权者是惟一的立法者。成文法和不成文法的权威和效力都是来自国家的意志和主权代表者的意志。②法律是一种命令而不是一种建议,它是根据社会契约由有权统治的人向应该服从他的人下达的命令。③法律用明显的方式表现。法律作为一种普遍性命令则须通过语言、文字及其他方式来表达和宣布。④法律具有规范性,法律是一种标准或规则。⑤法律对象具有普遍性。霍布斯的法的概念对19世纪实证分析法学的创始人奥斯丁的法律命令说产生了直接影响。⑥自然法和民约法(制定法)互相包容而范围相同。强调实在法与理性是一致的。此外,霍布斯还讨

---

[1] [英]霍布斯:《利维坦》,黎思复等译,商务印书馆1985年版,第142页。
[2] [英]霍布斯:《利维坦》,黎思复等译,商务印书馆1985年版,第206页。
[3] [英]霍布斯:《利维坦》,黎思复等译,商务印书馆1985年版,第143页。

论了法律与自由的关系。他认为,自由并非是免除法律的自由,而是在法律未加规定的一切行为中去做自己的理性认为最有利于自己的事情的自由。没经法律限制的行为和事件,个人享有一切行为的自由。

2.法的分类。霍布斯将法律分为自然法和制定法(民约法);又将制定法分为人为法和神法;将人为法分为分配法和惩戒法、基本法和非基本法。制定法是人和神的意志的体现,是以书面或其他方式颁布的法律。分配法指的是民法,是最为重要的人为法。惩戒法主要指刑法和审判法。基本法实指宪法,而非基本法是宪法以外的实体法和程序法。在此,霍布斯特别区分了自然法与法的异同。他认为,自然法与民约法具有同样的约束力,都是一种行为规则,二者的原则、目的是一样的,都是出于维护和平和秩序以使人类自我保全。其不同主要在于:①来源不同。自然法来源于人类的理性,民约法来源于主权者的意志。②表现形式不同。自然法是道德规则,是无形的,存在于人们内心之中,而民约法由书面文字表达且加以公布。③实施方式不同。自然法凭人类的理智保证执行,而民约法基于国家权力保证实施,法官对民约法的实施有特殊意义和作用。事实上,自然法与民约法的内容还是相互联系、相互渗透的,二者都要求公道、正义、道德,履行信约的法律义务,民约法就是以主权者的命令表达的自然法。

五、刑法论

霍布斯刑法理论较为细致,如区分了罪恶与罪行、剖析了犯罪原因、区分了公罪与私罪以及讨论了刑罚哲理。①关于罪恶与罪行的概念。他认为,罪恶不仅是指违反法律,也指违反社会其他规范如道德,不仅指客观行为也指主观内心。而"罪行是一种罪恶,在于以言行犯法之所禁,或不为法律之所令",罪行仅仅是指"可以在法官面前明确指控的罪恶"[1]。②犯罪原因。霍布斯认为一切罪行都源于认知,是理解上的缺陷和推理上的错误或是感情冲击导致的,也就是犯罪源于无知和谬见。③公罪和私罪。霍布斯把犯罪分为公罪和私罪:以国家名义起诉的犯罪,控告者为主权者,这就是公罪;私罪是以私人名义起诉的犯罪。相应提出的诉讼称为公诉和自诉。④刑罚。霍布斯说:"惩(刑)罚即公共当局认为某人做或不做某事是违法的行为,并为了使人们的意志更好地服从而施加的痛苦。"[2]刑罚的主要特征是:惩罚权来自公共当局,私人报复和侵害不是刑罚;"量"由法律明文规定;刑罚针对的不是禁令制定前所犯行为。刑罚分为身体刑、财产刑、名誉刑、监禁、放逐等。

---

[1] [英]霍布斯:《利维坦》,黎思复等译,商务印书馆1985年版,第226~227页。
[2] [英]霍布斯:《利维坦》,黎思复等译,商务印书馆1985年版,第241页。

第二节 洛克的法律思想

一、生平与著述

约翰·洛克(John Locke,1632年~1704年),17世纪英国哲学家、思想家,古典自由主义思想的奠基人,资产阶级启蒙运动的先驱,古典自然法学派的主要代表。洛克出生于默赛特郡格林顿一个律师之家,其父是具有清教徒色彩的国教会教徒,在英国资产阶级革命期间属于议会派且参加克伦威尔军队。洛克中学在威斯特敏斯特学习,后进入牛津大学基督教会学院,学习哲学、物理、化学和医学,与著名科学家波义耳和牛顿相交甚深。1656年获文学学士学位,2年后获文学硕士学位。曾在牛津大学教授希腊修辞学和道德哲学。1668年当选为英国皇家学会会员。1666年结识了曾任财政大臣和大法官的辉格党领袖安东尼·艾利希,担任其医学顾问和家庭教师。1677年艾利希出任英国大法官,洛克担任宗教事务秘书,后改任贸易和殖民地委员会秘书。在斯图亚特王朝复辟期间,他随艾利希逃往荷兰,成为被要求引渡的24名罪犯之一。1688年"光荣革命"后返回英国,出任上诉法院院长、贸易殖民部部长等职。后因身体原因辞职归乡,1704年10月28日因病去世。洛克为自己写的墓志铭是:"这里躺着的是约翰·洛克。如果你好奇于他是一个什么样的人,那么答案就是:他是一个满足于谦虚的人,一个总是致力于寻求真理的训练有素的学者。"洛克的重要著作有:《论宗教宽容》(1689)、《人类理解力论》(1690)和《政府论》上下篇(1689~1690)。其中,《论宗教宽容》较系统地讨论了政教分离和信仰自由的原则,提倡仁爱和宽容的处世精神。《政府论》成书于英国两次资产阶级革命期间,是洛克对英国政治经验的理性思考和总结,为革命之后英国近代政治法律制度的确立提供了理论基础,也是古典自由主义思想最早的系统表述。《政府论》上篇集中批判罗伯特·费尔麦(Sir Robert Filmer,?~1653年)的《论父权制和国王的自然权利》一文中的"君权神授"观点。而《政府论》下篇是经典传世之作,它在霍布斯思想的基础上进一步阐述了政府是保护个人自由和权利的工具。因此,洛克政治法律思想的最大特点是基于理性经验认识论的自由主义。

二、自然法论

作为古典自然法学的重要代表,洛克也是通过自然法理论解释政治法律现象的。其自然法理论主要有:

1. 自然状态。与霍布斯不同的是,在洛克看来,所有人天生都是"平等和独立的",他们最初生存于先于政治社会的自然状态中,由于人们在自然状态下仍然受到自然法理性精神的约束,这便是一个和平的、自由的、平等的、有秩序的自然状态,是一种"完备无缺的自由状态"。洛克在《政府论》下篇中说:"那是一种完备无缺的自由状态,他们在自然法的范围内,按照他们认为的合适的办法,决定他们的行动和处理他们的财产和人身,而无需得到任何人的许可或听命于任何人的意志。"[1]"在这种状态中,人们根据自己的愿望行动且受理智的约束。一切权力和管辖权都是相互的,没有一个人享有多于别人的权力。极为明显,同种和同等的人们既然毫无差别的生来就应该享有自然的一切同样的有利条件;能够运用相同的身心能力,就应该人人平等,不存在从属或受制关系。"[2]"自然状态有一种为人人所应遵守的自然法对它起着支配作用;而理性,也就是自然法,教导着有意遵从理性的全人类:人们既然都是平等和独立的,任何人就不得侵害他人的生命、健康、自由或财产。"[3]不过,这样一种完备的自由状态是暂时的,其原因是自然法由每个人行使,人人都可以用自己认为合适的方法决定自己的行动,都有惩罚违反自然法、作为自己案件裁判者的权力。这就使得自然状态有三个缺陷:①这种状态下没有一种明文规定的、确定的、众所周知的行为标准作为裁判是非的统一规则;②缺少一个有权依照共同的法律来裁判一切纠纷的公共的裁判者;③缺少一个公共权力来支持正确的裁决且保证其得以执行。因此,在自然状态下,由于不稳定和不安全因素的存在,人们与生俱来的生命、自由、财产权实际上是得不到保障的。故,人类社会必然从自然状态过渡到政治社会状态,国家和法律由此而产生。

2. 自然权利。洛克在分析自然状态的基础上,较系统地提出了自然权利理论。在自然状态中,自然法即人类的理性教导着全人类:任何人都不得侵犯他人的生命、自由和财产。洛克认为生命、自由、财产是自然法为人类规定的基本权利,是不可让与、不可剥夺的天赋权利。

(1)生命权。洛克强调了生命权和生存权。他说:"人类一出生即享有生存权利,因而可以享用肉食和饮料以及自然所供应的以维持他们的生存的其他物品"。[4] 实际上,生存权与生命权不能简单地等同,生存权即社会确认和保障人们生命延续的条件、资格和能力,包括的范围大于生命权,生命权是生存权中一个很重要的内容。

(2)自由权。洛克所说的自由权是指自然状态下除受自然法的约束外不受其他因素约束的人的自由,政治社会中除受立法权的约束外而不受其他约束的人的自由。也即,洛克将自由分为人的自然自由和社会中人的自

---

[1] [英]洛克:《政府论》下篇,叶启芳等译,商务印书馆1964年版,第5页。
[2] [英]洛克:《政府论》下篇,叶启芳等译,商务印书馆1964年版,第5页。
[3] [英]洛克:《政府论》下篇,叶启芳等译,商务印书馆1964年版,第6页。
[4] [英]洛克:《政府论》下篇,叶启芳等译,商务印书馆1964年版,第18页。

由。他说:"人的自然自由,就是不受人间任何上级权力的约束,不处在人们的意志或立法权之下,只以自然法作为他的准绳。处在社会中的人的自由,就是除经人们同意在国家内所建立的立法权以外,不受其他任何立法权的支配;除了立法机关根据对它的委托所制定的法律以外,不受任何意志的统辖或任何法律的约束。"[1]所以,洛克所说的"自由"实际就是"在法律的许可范围内享有依照他自己的意志来处置他的行动和财产的自由。"

(3)财产权。财产权是洛克认为的最基本权利,是所有权利的基础。他认为,生命权也不过是保障个人财产不受侵犯的权利,自由权不过是每个人都有任意处置自己全部财产之权。而且,每个人的劳动是财产权利原始取得的方式。私有财产已掺进了人的劳动,所以不可侵犯。政治社会的目的就是保护所有成员的财产,"最高权力,未经本人的同意,不能取去任何人的财产的任何部分。"[2]

3.自然法。在洛克的理论中,自然法就是人类的理性,是上帝意志的一种宣告,"自然状态有一种为人人所应遵守的自然法对它起着支配作用;而理性,也就是自然法,教导着有意遵从理性的全人类:人们既然都是平等和独立的,任何人就不得侵害他人的生命、健康、自由或财产。"[3]他强调,自然法的本质是理性。洛克基于其经验唯物主义,第一次提出并论证了理性是人自身的产物,是以经验为基础的理智的认识。自然法是人类必须遵守的道德规范,是永恒的、普遍的、最高的,自然法的存在决定了社会平等是绝对的,人的自由是至高无上的。自然法是不成文的,除在人们的意识之外无处可找。[4] 他认为,自然法不仅存在并且人人都可理解。自然法的基本内容和要求可以归结为:人应当尽量地保护自己和保护人类,"凡是与它相违背的人类的制裁都不会是正确或有效的。"[5]在社会状态下,依照人类法规定的刑罚来保障人类自由。自然法是永恒的最高行为规范,任何人都要受自然法约束。这是一种理性主义的自然法理论。

三、国家论

(一)国家和法律起源于社会契约

犹如其他古典自然法学家,洛克为了说明政治权力的基础,也是以社会契约阐释国家和法律的起源及目的的。他认为,政府之所以被人们通过社会契约创造出来,只不过是为了使生活变得更加方便。人类通过社会契约,

---

[1] [英]洛克:《政府论》下篇,叶启芳等译,商务印书馆1964年版,第19页。
[2] [英]洛克:《政府论》下篇,叶启芳等译,商务印书馆1964年版,第86页。
[3] [英]洛克:《政府论》下篇,叶启芳等译,商务印书馆1964年版,第4页。
[4] [英]洛克:《政府论》下篇,叶启芳等译,商务印书馆1964年版,第84页。
[5] [英]洛克:《政府论》下篇,叶启芳等译,商务印书馆1964年版,第84页。

脱离了不确定的自然状态而形成一个由确定的法律统治的公民社会。社会契约是国家和法律产生的一种方式。他认为，由于自然状态有缺陷，使人们所享有的自然权利得不到保障。于是，人们订立契约，成立国家，制定法律。人们放弃部分自然权利交由整个社会，政治社会利用社会的力量保护公民的生命自由和财产权。他说:"任何人放弃其自然自由并受制于公民社会的种种限制的惟一的方法，是同其他人协议联合成为一个共同体，以谋他们彼此间的舒适、安全和和平的生活，以便安稳地享受他们的财产并且有更大的保障来防止共同体以外任何人的侵犯。"[1]这里所说的"共同体"即国家起源于人们的同意或自由意志。人们协议建立政治法律共同体的目的是保障生命、健康、自由、财产的天赋权利，防止受到侵犯，抵抗本社会内或本社会外对自由的侵犯和危害。基于此种目的，人们在自愿的基础上放弃了政治权利，以协议建立法律国家。"他们的政治社会都起源于自愿结合和人们自由地选择他们的统治者和政府形式的相互协议。"[2]

洛克以社会契约的方式说明国家和法律起源及其存在的真正目的。他强调人们协议放弃的只是部分自然权利，即将自身执行政治法律的权利让渡给政府，而其他自然权利，尤其是自由权、生命权、健康权和财产权是不能放弃的。洛克的权利转让是给整个社会的，不是转让给一个人或一部分人。洛克认为君主、国王也是社会契约的参加者，也应受契约的约束。如果国王违反自然法和契约，不能为人们提供良好的服务，甚至会侵犯公民的天赋权利特别是财产权，人们完全有权利以武力将其推翻且重新进行选择。洛克认为订立契约组成政治共同体是个历史事实而非虚构，更非推论。

(二)人民主权

在洛克的理论中，他最为担忧的是政府对人们自由权和财产权的剥夺和压制。为了防止政府滥用权力，确保个人的自由和权利，洛克设计了一系列制度保障机制，如民主、法治和分权。上述社会契约方式产生的国家的目的就不是一个谁统治谁的问题，而应当是主权在民的问题。洛克是以立法权的隶属关系来确立国家形式的。他说:"制定法律的权力归谁，这一点就决定国家是什么形式。"[3]根据立法权隶属，他把国家形式划分为四种:①民主制，立法权归全民，人民有权立法，委任官吏执行法律。②寡头制，人民在订立契约时约定把立法权交给少数精选的人以及他们的嗣子和继承人行使。③君主制，人民把立法权赋予一个人，君主制又分世袭君主制和选举君主制。④混合制，洛克认为，英国"光荣革命"后建立的立宪君主制即为此种

---

[1] [英]洛克:《政府论》下篇，叶启芳等译，商务印书馆1964年版，第9页。
[2] [英]洛克:《政府论》下篇，叶启芳等译，商务印书馆1964年版，第63页。
[3] [英]洛克:《政府论》下篇，叶启芳等译，商务印书馆1964年版，第81页。

政体,他倾向于这种政体即君主立宪制。在这种政体下,主权属于人民,政府只是个契约问题,政府只是人民天赋权利的保护者;政府如果不履行社会契约,违反人民自由意志,人民有权废除原社会契约,确立新的社会契约和建立新的政府。

(三)分权理论

为了确保人们的天赋权利,为了确保社会契约得以履行,防止国家滥用权力和专制,洛克在继承前人分权思想的基础上,首次对资产阶级分权学说和法治原则等问题进行了充分的论述,成为资产阶级三权分立理论的奠基人和资产阶级法治理论的创言人。他认为由于权力的过度集中往往导致其被滥用,因此,必须将制定法律与执行法律的权力分散在不同人的手里,即将国家权力分为立法权、执行权和外交权,三权必须由不同的国家机关分别掌握,且在人事和程序上都要相区别。"立法权指享有权利指导如何运用国家的力量以保障这个社会及其成员的权力,也就是制定法的权力。"[1]执行权是指"负责执行被制定和继续有效的法律"。对外权是指"包括战争与和平、联合与联盟以及同国外的一切人士和社会进行一切事务的权力",也即处理对外关系的权力。洛克认为,担任立法的人和执行立法的人不一样,前者可在短期内完成其工作,而后者的工作是长期的,这两种权力要分开,由不同的机关行使。如果立法者也是法律的执行者,就会产生弊端,可以自己不服从法律,立法时使法律服从私意,这样就会使个人与社会对立,违背建国的目的。执行权与对外权是不同的,应由不同机关不同人行使,但他也不得不承认实际的情况是这两者往往不易分开。洛克权力分立虽在逻辑上有缺陷,但为其后法国孟德斯鸠完善的三权分立理论的创立提供了基础。三权分立理论已成为现代西方国家宪法的基本原则,且成就了宪政制度。

四、法治论

洛克根据英国的国情,主张法治,认为只有实行法治政府的权力才会受到限制,人民的生命、自由和财产等天赋人权才能得到有效的保障。其法治思想较为丰富,主要有:

1. 政府必须以正式公布和被接受的法律进行统治。洛克主张良法,故注重立法权。他断言国家必须以正式公布的和经常有效的法律进行统治。法律不是一时的命令和未定的决议。他反对以临时的命令和未定的决议来统治,强调立法权最高。主张法律至高无上,法律是社会的惟一权威。

2. 他强调法律的执行,有法律而得不到执行等于无法律。法律一经制定,任何人都不能凭他自己的权威逃避法律的制裁,也不能以位置优越为借口,放任自己或任何下属胡作非为而要求免受法律的制裁。任何人都是不

---

[1] [英]洛克:《政府论》下篇,叶启芳等译,商务印书馆1964年版,第89页。

能免受它的法律的制裁的。[1] 法律是政府的基础,政府必须依法办事,必须以谋求人们幸福为惟一宗旨,不得有任何其他目的。

3.法律面前人人平等。洛克还强调人人平等地享有法律规定的权利,平等地履行法律规定的义务,"不论权贵和庄稼人都一视同仁,并不因特殊情况而有出入"。

4.法律与自由。洛克认为,"人类天生是自由的",[2]"我们是生而自由的,也生而有理性的","人的自然自由,就是不受人间任何上级权力的约束,不处在人们的意志或权力之下,只以自然法作为他的准绳。处在社会中的人的自由,就是除经人们在国家内所建立的立法权以外,不受其他任何立法权的支配;除了立法机关对它的委任以外,不受任何意志的统辖或任何法律的约束"。在洛克那里,自由"意味着不受他人束缚和强暴","是在人所受约束的法律的许可范围内,随其所欲地处置或安排他的人身、行动、财富和他的全部财产的那种自由,在这个范围内他不受另一个人的自由意志的支配,而是可以自由地遵循他自己的意志。"[3]就是说,自由是在法律许可范围内随意处置或安排人身、行动和全部财产。一个人只有受理性指导,只有遵守法律才可能获得自由。洛克还进一步指出法律是自由的保障而非限制自由。法律是包括每个人自由意志在内的共同意志,是包括每个人利益在内的公益。"法律按其真正的含义而言,与其说是限制还不如说是指一个自由而有智慧的人去追求他的正当利益,它并不在受这法律约束的人们的一般福利范围之外作出规定。假如没有法律他们会更快乐的话,那么法律作为一无用之物自己就会消灭;而单单为了使我们不致堕下泥坑和悬崖而作的防范,不应称为限制,所以不管会引起人们怎样的误解,法律的目的不是废除或限制自由,而是保护和扩大自由。这是因为在一切能够接受法律支配的人类的状态,哪里没有法律,哪里就没有自由。"[4]

■思考练习

一、关键术语

霍布斯;《利维坦》;狼与狼的关系;战争状态;君主主权;洛克;《政府论》;自由主义;天赋人权;三权分立。

二、思考题

1.简述霍布斯对自然状态和自然权利的论述。

---

[1] [英]洛克:《政府论》下篇,叶启芳等译,商务印书馆1964年版,第59页。
[2] [英]洛克:《政府论》下篇,叶启芳等译,商务印书馆1964年版,第64~88页。
[3] [英]洛克:《政府论》下篇,叶启芳等译,商务印书馆1964年版,第26~38页。
[4] [英]洛克:《政府论》下篇,叶启芳等译,商务印书馆1964年版,第35~36页。

2. 简述霍布斯的自然法概念及内容。
3. 简述霍布斯的实在法的概念。
4. 简述霍布斯对犯罪与刑罚的讨论。
5. 阐明洛克有关国家和法律的起源及其目的的思想。
6. 简述洛克的分权说及其局限性。
7. 简述洛克的法治理论及其有关自由和法律的关系。

■ 参考与阅读文献

1. [英]罗素:《西方哲学史》上、下卷,何兆武、李约瑟译,商务印书馆1963年版。
2. [美]博登海默:《法理学:法律哲学与法律方法》,邓正来译,中国政法大学出版社2001年版。
3. [美]哈罗德·J.伯尔曼:《法律与革命——西方法律传统的形成》,贺卫方、高鸿钧等译,中国大百科全书出版社1996年版。
4. [英]洛克:《政府论》,叶启芳等译,商务印书馆1964年版。
5. [美]萨拜因:《政治学说史》上、下卷,盛葵阳等译,商务印书馆1986年版。
6. [英]霍布斯:《利维坦》,黎思复等译,商务印书馆1985年版。
7. [英]罗伯斯庇尔:《革命法制和审判》,赵涵舆译,商务印书馆1965年版。
8. [美]列奥·施特劳斯:《自然权利与历史》,彭刚译,三联书店2003年版。
9. [美]列奥·施特劳斯:《霍布斯的政治哲学》,申彤译,译林出版社2004年版。
10. [英]彼德·拉斯莱特:《洛克〈政府论〉导论》,冯克利译,三联书店2007年版。

第八章 美国法律思想

■ **本章学习目的和要求**

美国独立战争是继英国资产阶级革命后又一个伟大的历史事件,它既是一次争取民族独立和解放的斗争,又是一次资产阶级的革命。美国独立战争开辟了人类宪政史上具有里程碑意义的先河,标志是1787年美国宪法的制定与实施。而1776年《独立宣言》和1777年《邦联条例》是美国立宪的先声,为人类法治、人权与宪政发展的历程注入了诸多新的元素,但这一切的思想基础应归于潘恩、杰弗逊、汉密尔顿等人的思想组合。潘恩的人权思想、杰弗逊的人民主权思想、汉密尔顿的分权制衡思想都对美国建立近代宪政国家起了决定性的影响,帮助美国探索出一条最为完美的体现古典自然法学思想的法治之路。

本章重点掌握:潘恩天赋权利理论;杰弗逊的人民主权思想;汉密尔顿的分权制衡理论。

第一节 潘恩的法律思想

一、生平与著述

托马斯·潘恩(Thomas Paine,1737年~1809年),出生于英格兰诺福克郡一个贫困的裁缝工人家庭。他只读过几年书,13岁那年因家境贫困而辍学,在他父亲的作坊里当学徒工。16岁时,潘恩当上了水手。1763年他当上了英国收税官,1774年,潘恩组织了一次下级税吏要求增加工资的请愿。在伦敦向议会请愿时期,他与北美殖民地驻伦敦代表富兰克林相识。经富兰克林写信介绍,他于同年12月来到了北美大陆,起初在费城担任家庭教师。他反抗一切压迫的性格和精神促使他很快投入到北美的独立斗争运动之中。作为《宾夕法尼亚》杂志编辑的潘恩,发表了一系列文章,反对君主制度,主张废除封建等级制度,阐述了自己激进的民主政治主张。

1776年1月10日,潘恩发表了一本五十页的小册子,即《常识》,书中对他的论点作了详细解释。《常识》是潘恩对北美独立事业最大的贡献之一。[1]《常识》出版之后立即引起轰动,第一年就重版了 25 次,三个月内售出十多万册。在一个人口仅二百五十多万的北美殖民地,据说总共售出了五十万册,被称为"全世界第一本真正的畅销书"。《常识》的主题是:国王都是一些独夫民贼,而君主制度本身就是罪恶的源泉,英国政府在北美的统治完全是从私利出发,如果北美人民想要从英王方面取得什么让步,那是虚幻的梦想。此后,潘恩参加了为宾夕法尼亚州起草一部具有自由派倾向的宪法的工作,并加入了由华盛顿领导的革命军队。他一面打仗,一面以《美国危机》为总标题,针对出现的各种问题,先后发表了 13 个小册子,借以鼓舞士气。1777 年,潘恩被大陆会议任命为外交事务委员会秘书,他的主要任务是争取法国对北美殖民地独立战争的贷款和物质帮助。1780 年,在潘恩的积极推动下,宾夕法尼亚州议会颁布了逐步解放黑奴的法条。潘恩是最早主张解放黑奴的思想家之一。[2]

1781 年,潘恩回到欧洲,并很快加入了英国和法国的政治活动。1791 年,当伯克在《法国革命论》一书中展开对他的激进派朋友的攻击时,他于 1792 年完成了《权利论》一书。在书中,他抨击了世袭君主制,坚持主张个人权利和人民主权,给伯克的观点以毁灭性的打击。法国大革命爆发后,他多次去巴黎,为法国大革命摇旗呐喊,1792 年 8 月,法国国民公会授予潘恩法国荣誉公民的称号,后来国民公会又选他为制宪委员会九个委员之一。尽管潘恩也积极主张共和,但他直言不讳地反对雅各宾派处死国王的要求,又因同情吉伦特派而被捕,一直到 1794 年 11 月雅各宾派垮台他才恢复自由。1802 年,他重返阔别 15 年的美国。美国一些头面人物曾对潘恩许诺"我们不会忘记你的价值"。但因他反对大私有制,宣传无神论,受到了联邦主义者的舆论攻击,于 1809 年在孤独与贫困中死去。思想家罗素对他的一生进行了总结:"潘恩是两次革命的风云人物,而且还因为试图发动第三次革命几乎上了绞刑架","永远受在野党的敬重,又永远被执政党憎恨,这就是潘恩的命运"。[3]

潘恩的主要著作有 1776 年出版的《常识》,该书是潘恩对北美独立事业最大的贡献之一。1791 年至 1792 年间撰写并出版了《人权论》,是为驳斥伯克对法国大革命的攻击、阐明法国大革命的原则而写的一本论著。1794 年出版了《理性时代》,是阐述自己宗教思想的著作。1796 年出版了他最激进的政治小册子《土地公平》。此外还有大量发表在报刊上的文章,最为著名

---

[1] [美]潘恩:《常识》,何实译,华夏出版社 2004 年版,第 97 页。
[2] 朱学勤:《风声·雨声·读书声》,三联书店 1994 年版,第 136 页。
[3] [英]罗素:《为什么我不是基督教徒》,沈海康译,商务印书馆 1982 年版,第 101 页。

的有《林中居民的信札》、以《美国危机》为总标题的十三部小册子。潘恩最主要的著作译成中文出版的有《潘恩选集》。潘恩并没有接受过专门的法律教育和法律职业训练,他的法律思想与其政治思想是紧密联系在一起的。

二、天赋权利论

从思想属性上划分,潘恩无疑属于古典自然法学派,潘恩法律思想的理论基础是天赋权利理论,这与他深受法国启蒙思想家卢梭的影响不无关系。因此,潘恩以天赋权利论为哲学基础的人权思想与洛克相差较远,更接近于卢梭,属于激进主义的权利理论。其内容主要体现在《常识》和《人权论》两部书中。

1789年爆发的法国大革命,是世界历史上划时代的大事,几乎迫使当时的每一个知识分子都要站在它面前表明自己的态度。1790年英国思想家伯克的《法国革命论》问世,猛烈地攻击了法国大革命的原则。"它所侵犯的不仅是法国社会赖以存在的权利,也是所有社会赖以存在的权利。它不是政体上的革命,它不是党派对党派的胜利,它是对整个社会的摧毁和瓦解。这种摧毁和瓦解,不管政治上的党派多么强大,都无法赋予它正当性,也无法使它不给周边的一切带来可怕的后果,即在行动本身和在示范作用上都不可能不带来可怕的后果"。[1] 为了驳斥伯克对法国大革命的攻击,潘恩写了《人权论》一书,热情赞颂法国革命,系统地阐述了天赋权利的理论。

潘恩首先指出了权利的起源问题,反驳伯克认为《人权宣言》是一纸既无价值又含糊其词的具文。"任何一部创世史,不管它们对于某些特定事物的见解或信仰如何不同,但在确认人类的一致性这一点上则是一致的;我的意思是说,所有的人都处于同一地位,因此,所有的人生来就是平等的,并具有平等的天赋权利,恰像后代始终是造物主创造出来而不是当代生殖出来。世界对他就像对第一个人一样新奇,他在世界上的天赋权利也是完全一样的"。[2] 潘恩进一步区分了天赋权利和公民权利。天赋权利就是人在生存方面所具有的权利。其中包括所有智能上的权利,或是思想上的权利,还包括所有那些不妨碍别人的天赋权利而为个人自己谋求安乐的权利。公民权利就是人作为社会的一分子所具有的权利。在谈到二者的关系时,潘恩指出:"每一种公民权利都以个人原有的天赋权利为基础,但要享受这种权利光靠个人的能力无论如何是不够的"。[3]

天赋权利是与生俱来的,因而是不可分割的,也是不能放弃的,在此他吸收了卢梭在《社会契约论》中所论述的自然权利不可分割与让渡的思想。

---

[1] [英]伯克:《自由与传统》,蒋庆等译,商务印书馆2001年版,第178~179页。
[2] [美]潘恩:《潘恩选集》,马清槐等译,商务印书馆1981年版,第141页。
[3] [美]潘恩:《潘恩选集》,马清槐等译,商务印书馆1981年版,第142页。

"人所保留的天赋权利就是所有那些权利,个人既充分具有这种权利,又有充分行使这种权利的能力。就思想上的权利而言,他决不会放弃这个权利","由种种天赋权利集合而成的权力不能用以侵犯由个人保留的那些天赋权利,个人既充分具有这些天赋权利,又有充分行使这种权利的权力"。天赋权利理论也是政府产生的基础,"许多个个人以他自己的自主权利互相订立一种契约以产生政府;这是政府有权利由此产生的惟一方式,也是政府有权利赖以存在的惟一原则"。[1]

潘恩从天赋权利的理论出发,极力论证古典自然权利思想最看重的自由权和平等权。认为社会不平等的根源和基础是私有财产制度,正因为有了私有财产,社会才划分为穷人和富人,人们原来具有的平等关系就会遭受到破坏,而被不平等的关系所代替了。因此,要消除穷人对富人的仇恨,最好的办法就是限制大私有制,在这一点上,他的思想与联邦党人的思想完全对立。在《土地公平》一书中,潘恩为税收的再分配和福利国家的概念提供了一种更原则化的辩护,其最终目的是为了平等权的实现。

三、宪政论

宪政简言之为民主政治,是以宪法为外在形式,通过对公共权力的限制和规范行使以达到实现人权的目的。宪政是美国独立战争在政治上的最高追求。潘恩的宪政思想是非常丰富的,无论对宪法的论述还是关于政体的阐述在当时都具有巨大的现实意义。

潘恩认为他给宪法下了一个标准的定义。"宪法不仅是一种名义上的东西,而且是实际上的东西。它的存在不是理想的而是现实的;如果不能以具体的方式产生宪法,就无宪法可言"。[2] 他揭示了宪法必须以社会为基础,如果是纸上的宪法而没有得到具体的实施,则宪法就形同虚设。此外,潘恩赞扬法国的成文宪法而不赞同英国的不成文宪法。"我一眼就看穿伯克先生为什么不愿把英法两国宪法作比较,因为当他从事这项工作时,他不能不发现他那方面来说并没有宪法这样一种东西存在","英国议会通过授权自己任期七年,此举表明英国没有宪法"。[3]

潘恩宪政思想中最具穿透力的理论是宪法是政府权力的基础,政府权力如果不以宪法为基础,依宪法而行使,则必然对民主共和国造成破坏。"宪法是一样先于政府的东西,而政府只是宪法的产物。一国的宪法不是其政府的决议,而是建立其政府的人民的决议。宪法对政府的关系犹如政府后来所制定的各项法律对法院的关系。法院并不制定法律,也不能更改法

---

[1] [美]潘恩:《潘恩选集》,马清槐等译,商务印书馆1981年版,第143~145页。
[2] [美]潘恩:《潘恩选集》,马清槐等译,商务印书馆1981年版,第146页。
[3] [美]潘恩:《潘恩选集》,马清槐等译,商务印书馆1981年版,第147页。

律,它只能按已制定的法律办事;政府也以同样方式受宪法的约束"。[1] 为什么政府必受制于宪法? 因为政府是按照社会契约的原则建立的。许多个个人以他自己的自主权利互相订立的一种契约以产生政府;这是政府有权利由此产生的惟一方式,也是政府有权利赖以存在的惟一原则。

在《常识》一书中,潘恩就为未来独立的美国的宪政制度进行了设计,虽然并未实现,但为 1787 年制定宪法提供了借鉴。他认为各殖民地的议会应每年召开,只应该有一个议长。每一个殖民地应分成六个、八个或十个大小适当的区域,每区都要推出若干代表参加大陆会议。委员会包括由大陆会议推出的委员二十六人,即每一殖民地二人。每一州议会下院或州的制宪会议产生委员二人。议员集会的时候,应该让他们草拟出大陆宪章或联合殖民地宪章;以法律的形式确定选举大陆会议议员、州议会下院议员的人数和方式。对于宪政制度的实施,潘恩明确地区分了宪政建设的两个阶段,即立宪阶段和宪政实施阶段。

关于立宪的宗旨,潘恩非常明确地指出是为人民谋幸福,政府的存在也是为实现宪法所规定的权利而存在。"主权作为一种权利只能属于国民,而不属于任何个人;一国的国民任何时候都具有一种不可剥夺的固有权利去废除任何一种他认为不合适的政府,并建立一个符合他的利益、意愿和幸福的政府"。[2] 他对法国《人权宣言》高度赞扬,对法国宪政之路热烈向往。认为由于美国和法国的革命,我们看到现在世界上事物的自然秩序焕然一新,一系列原则就像真理和人类的存在一样普遍,并将道德同政治上的完美以及国家的繁荣结合在一起。"在权利方面,人生来是而且始终是自由平等的。因此,公民的荣誉只能建立在公共事业的基础上。一切政治结合的目的都在于保护人的天赋的和不可侵犯的权利;这些权利是:自由、财产、安全以及反抗压迫。国民是一切主权之源;'任何个人'或'任何集团'都不具有任何不是明确地从国民方面取得的权力"。[3]

四、法治论

前文所述,潘恩不是职业的法学家,也没有接受过系统的法律职业训练,但在其著作中,无处不闪耀着古典自然法学思想的光辉与精华。

潘恩属于古典自然法学派,天赋人权、社会契约、法治论等古典自然法学的基本范畴在他的著作中处处体现。他首先论述了美国独立与法律的关系。认为美国的法治是同独立斗争、独立进程和独立状态联系在一起的。他从立法入手,指出当北美大陆的统治权还掌握在英王手里,他就会否决这

---

[1] [美]潘恩:《潘恩选集》,马清槐等译,商务印书馆 1981 年版,第 146 页。
[2] [美]潘恩:《潘恩选集》,马清槐等译,商务印书馆 1981 年版,第 213 页。
[3] [美]潘恩:《潘恩选集》,马清槐等译,商务印书馆 1981 年版,第 214 页。

个大陆的全部立法。按照现行的政体规定,除经英王批准,北美大陆不能制定任何法律;除了能迎合国王意图的法律,他不会让北美大陆制定任何法律。"北美没有法律,或顺从英国为我们制定的法律,实际上都可以奴役我们"。北美没有法律是因为受英王统治,英王就是北美的法律。"让我们为宪章加冕,从而使世人知道我们是否赞成君主政体,知道北美的法律就是国王。因为,在专制政府中国王便是法律,同样地,在自由国家中法律便应该成为国王,而且不应该有其他的情况。"[1] 在专制统治的国度里,国王就是法律,相反在独立的法治国家,法律就是国王,这是多么深刻而又精辟的思想。

潘恩还从国际法的角度,论证了北美大陆必须宣布独立的理由,进一步揭示了法律与独立的关系。他指出,按国际惯例,当任何两国交战时,只有不参加争端的其他一些国家才能出面调解,提出缔结和约的预备条款。但是,只要北美大陆的人民还被称为英国的臣民,只要北美大陆的人民还自己承认是英国的臣民,那么在外国人的心目中就必然被认为是"反叛者"。反之,如果北美大陆发表一个独立宣言,向国际上公开宣布同英国割断一切联系,并保证对其他各国抱有和平的意愿,希望同它们进行贸易。潘恩深刻指出,如果一个国家处于从属外国的地位,不但商业受到限制,而且最为重要的是立法权力受到束缚,它是永远不能取得重要的国际地位的。他反复强调,脱离英国独立,是符合北美大陆的利益的。一旦北美大陆掌握了立法权,就可以同外国自由地通商。因此独立对于北美大陆的法治发展至关重要。没有独立的国家就没有独立的法治,就不可能实现真正的法治。

五、对潘恩法律思想的评析

纵观潘恩的一生,是与压迫、奴役状态进行战斗的一生,他没有非常深刻的思想,但他以行动和檄文鼓舞着北美独立战争和法国大革命。他同时也是一个被误解的思想家,不仅为当时所误解,而且后世也没有正视他应有的历史地位。他不仅为他的祖国所驱逐,而且也被他为之奋斗的北美和法国所冷漠,甚至是敌视。在中国,潘恩的思想一直被肯定,但随着晚近对伯克思想的逐渐肯定,潘恩作为激进主义思想的代表,其理论价值也日益式微。潘恩是近代史上最有争议的思想家之一。

1. 他是一个激进主义者,古典自然法学多有此倾向。古典自然法学的主旨是对不正义法、不公平社会的一种反抗。对于不满现存政治法律制度或要求变革现存法律秩序的人,"自然法"是最好的武器之一。"时代越黑暗,则诉诸'自然法律和状态'便越加频繁"[2] 古典自然法对于推翻不合

---

[1] [美]潘恩:《潘恩选集》,马清槐等译,商务印书馆1981年版,第36页。
[2] [英]梅因:《古代法》,沈景一译,商务印书馆1959年版,第53页。

理的社会制度和专制体制具有巨大的作用,但对于业已建立宪政和走向宪政的国家是不合适的。潘恩为英国政府所不容,是因为英国已经完成了资产阶级革命,正在走向秩序和法治,潘恩的激进革命思想无疑不利于英国的宪政建设。这也是潘恩与伯克思想上产生巨大分歧的原因。当美国独立战争取得胜利之后,潘恩的思想也不适合走向建设中的美国。于是他到了法国,积极投身于法国大革命。他被称为世界公民,他是两个世界的英雄。潘恩与近代三大革命都有间接或直接的联系,但这三个国家同时抛弃了他。《常识》被誉为改变美国的20本书之一,但在独立后的美国,潘恩很快成为不受欢迎的人。潘恩的《人权论》积极地为法国大革命进行辩护,但他的思想很快地与雅各宾派发生矛盾,他赞扬法国革命,但又公开投票反对处死国王,随即他被投入他所鼓吹并为之奋斗的这个革命圣地的牢狱。"美国曾授予他国籍,但拒绝证明;英国取消了他的国籍,却巴不得他被认为是个英国人而被处死;法国仅授予他荣誉国籍,却正好借此罗织罪名。他参加过或鼓励过三个国家的革命,三个国家却同时抛弃了他"。[1]

2. 潘恩的思想更接近于卢梭而疏远于洛克。潘恩在独立战争取得胜利后的美国遭冷遇,反映了美国宪政制度价值取向的独特性。从美国宪政架构来看,其理论基础是英国洛克思想与法国孟德斯鸠思想的结合。洛克与孟德斯鸠是自然权利思想的核心人物,但同时也是古典自由主义的阐述者,而卢梭是民主主义者,即洛克与孟德斯鸠以自由为终极价值,而卢梭更倾向于追求平等为终级价值。美国1787年宪法所确立的分权制衡的宪政体制是洛克与孟德斯鸠分权思想的实践体现。"洛克的《政府论两篇》在美国广为人知,在独立战争时期,它与除《圣经》外的其他文献相比,被提到的次数更为频繁"。[2] "制宪者的分权观念主要文献来源是洛克的《政府论两篇》和孟德斯鸠在《论法的精神》中对英国宪法的描述"。[3] 潘恩的思想对鼓动北美人民投身到独立运动中有巨大的价值,但对美国未来的宪政体制的确立基本上没有产生什么影响。表面上看是美国人民忘恩负义,实际上不是美国人民抛弃了潘恩,是时代抛弃了潘恩,当潘恩的理想遭遇到现实时,理想要服从于现实。罗素指出:潘恩在历史上的重要性,在于他把对民主的宣传民主化了,所以他不受欢迎。他遭到三位并非同一战线的人的极端仇视,他们是英国的皮特、法国的罗伯斯庇尔和美国的华盛顿。皮特和华盛顿仇

---

[1] 朱学勤:《风声·雨声·读书声》,三联书店1994年版,第154页。
[2] [美]戈登:《控制国家——西方宪政的历史》,应奇等译,江苏人民出版社2001年版,第294页。
[3] [美]戈登:《控制国家——西方宪政的历史》,应奇等译,江苏人民出版社2001年版,第298页。

视他,是因为他是一个民主主义者;罗伯斯庇尔仇视他,则是因为他反对处死国王,反对恐怖政治。永远受到在野党的拥护又永远被执政党仇视,这就是潘恩的命运。

如今,潘恩的著作只剩下史学价值了,他的形象在我们今天变得有点暗淡了,但他的人格魅力和理想主义精神仍有意义。在其后的几个世纪里,不断被人复制,19世纪的巴枯宁,20世纪的切·格瓦拉都是彼时代的潘恩。"这都不是空话。从第一次投身于公众事物的时候开始——1775年对奴隶制度的抗议——直到死的一天为止,他始终不渝地反对任何形式的残忍,不管残忍来自他自己的政党还是来自他的敌对者"。[1]

第二节 杰弗逊的法律思想

一、生平与著述

托马斯·杰弗逊(Thomas Jefferson,1743年~1826年),美国著名的政治家和启蒙思想家,美国民主传统的缔造者。一生多次参与美国政治生活中的重大事件,从1801年到1809年,杰弗逊连任两届美国总统。杰弗逊于1743年出生于弗吉尼亚州的阿尔伯马尔郡,其父亲是一位富裕的种植园主。他继承了一片大种植园,另外还继承了地产的投资。他的政治生涯开始于1769年,这一年他当选为弗吉尼亚州议院的议员。1775年代表该州参加第二届大陆会议,被推选为《独立宣言》5人起草委员会成员之一。1776年北美殖民地宣布独立后,杰弗逊回到弗吉尼亚州任州参议员,1779~1781年出任州长。1785~1789年,任美国驻法国公使。在任公使期间他没有参与制定1787年宪法,这使得1787年宪法在人权保障方面存在巨大的缺陷。1790~1793年,担任华盛顿总统任内的首任国务卿。1797年,任美国哲学学会会长。两届总统任期满后回到家乡,从事哲学、语言、自然科学的研究并亲手创办了弗吉尼亚大学。

杰弗逊的法律思想散见于他各个时期的通信、札记之中,系统性的著作不多。从早期的《英属美洲权利概述》到《弗吉尼亚札记》,再到《独立宣言》的发表,这些名篇标志着杰弗逊民主法治思想的不断成熟。尤其是1789年通过的1787年宪法10条修正案,是他坚持不懈、持续努力的结果,使美国的宪政制度更趋于完善,假如没有他极力倡导通过的"权利法案",则美国的宪政制度应当改写。《独立宣言》是杰弗逊为美国人民反抗英国统治、争取独立斗争写下的最光辉的文献,被马克思称为"人类第一个人权宣言"。杰弗逊以资产阶级自然权利的理论为依据,揭露鞭挞了以英王为首的殖民统治

---

[1] [英]罗素:《为什么我不是基督教徒》,沈海康译,商务印书馆1982年版,第109页。

者,表达了美国人民争取民族独立的坚强决心,《独立宣言》对北美人民反英斗争起到了重要的推动作用,并奠定了1787年美国宪法的思想基础。

杰弗逊的思想是复杂的,他的人民主权思想与卢梭、潘恩很接近,他相信人性、追求平等、热爱民主,以火一样的热情为美国民主宪政事业奋斗了六十年,无疑他是一个民主主义者。然而他曾劝法国人采取英国式的君主立宪制,对洛克的尊敬以及同汉密尔顿后期的和解都给人以保守主义倾向,他比潘恩更接近于现实、服务于现实。杰弗逊的思想来源是复杂的,他受过系统的法学教育,有过具体的从政经历。杰弗逊自幼受到良好的教育,他思想中那种深厚的传统因素来源于古希腊和古罗马。就其思想的现代因素来看,英国革命和法国革命前期的思想对他也产生过影响。他深受洛克、孟德斯鸠与卢梭的影响。"他钟爱的不是政治,而是那种赋予希腊人以民主主义、赋予罗马人以共和主义、赋予中世纪以不朽城、赋予充斥暴君的文艺复兴时代以科学乌托邦、赋予18世纪的美国和法国以现代代议民主的精神自由和安宁的概念——这过去一直是、现在依然是人最珍爱的理想。"[1]

杰弗逊没有出版过系统的理论著作,但作为那个时代学识渊博的美国人,他留下大量的理论文献,美国曾出版过二十卷本的《杰弗逊文选》。其著作译成中文的主要有商务印书馆出版的《杰弗逊文选》、《杰弗逊选集》和三联书店出版的《杰弗逊集》。此外,还有数部关于他的传记。杰弗逊在自己的墓碑上写下了这样的墓志铭:"这里安葬的是托马斯·杰弗逊,他是美国《独立宣言》和弗吉尼亚州宗教自由法案的起草人,弗吉尼亚大学的创建者"。

二、古典自然法思想的法治观

杰弗逊生长的时代正是古典自然法思想蓬勃发展的时代,英国的洛克、霍布斯,法国的孟德斯鸠、卢梭以及荷兰的斯宾诺莎的政治法律思想都对杰弗逊产生了巨大的影响。杰弗逊的自然法思想在《独立宣言》中体现得最为明显,《独立宣言》几乎包括了古典自然法学的基本范畴。"如果说'开国诸父'在1776年以前受到了特定的某些作家的影响的话,那也是些英国作家,其中尤以洛克最为显著。绝大多数美洲人都如饥似渴地从洛克那儿汲取养分,视之为一种政治福音。《独立宣言》在形式上和文句上与洛克的第二篇《政府论》极为相似"。[2] 可以说杰弗逊的自然权利思想直接来源于洛克,"杰弗逊正是在洛克的著作中发现了表述得很完善的思想,把这些思想纳入了《独立宣言》中"。[3]

---

[1] [美]杰弗逊:《杰弗逊选集》,朱曾汶译,商务印书馆1999年版,第28页。
[2] [美]贝克尔:《18世纪哲学家的天城》,何兆武译,三联书店2001年版,第184页。
[3] [美]贝克尔:《18世纪哲学家的天城》,何兆武译,三联书店2001年版,第206页。

在人类宪政史和现代的历史教科书上，人们通常认为《独立宣言》是独一无二的，杰弗逊就是其起草者之一。《独立宣言》在资产阶级革命中是一部重要的法律文献，是美国争取独立和解放的纲领性文件和行动指南，其影响是深远的。马克思对此有过高度评价，称美国是"一百年前最先产生了伟大的民主共和国思想的地方"，并说宣言是"第一个人权宣言和最先推动了十八世纪的欧洲革命"。《独立宣言》不仅对美国独立战争起到了巨大的推动作用，而且对世界民主进程也产生了深远的影响。"在《宣言》中，美利坚合众国赖以稳固地联合在一起的立国的根本，乃是这么一套政治理论和关于人权的哲学，它如果能够成立的话，就不仅适用于美国人，而且适用于所有人。这一联合使得《宣言》有了意义"。[1]

《独立宣言》开宗明义地阐明了争取独立与平等地位的指导原则，这些原则是由自然法和自然权利所规定的。"我们认为这些真理是不言而喻的，他们都从他们的'造物主'那边被赋予了某些不可转让的权利，其中包括生命权、自由权和追求幸福的权利。为了保障这些权利，所以才在人们中间成立政府。而政府的正当权力，则系得自被统治者的同意。如果遇有任何一种形式的政府变成损害这些目的，那么，人民就有权利来改变它或废除它，以建立新的政府。"从开篇来看，其中蕴涵着天赋人权、社会契约等古典自然法的基本内容。之后，《独立宣言》列举了英国殖民统治者在北美的二十七条罪行，主要包括：拒绝批准那些对于公共福利最有用和最必要的法律；屡次解散各州的议会；长时期不让人民另行选举；抑制各州人口的增加；割断我们与世界各地的贸易；不得到我们的允许就向我们强迫征税等。最后，《宣言》庄严宣告脱离英国殖民统治，建立"自由独立的合众国"。杰弗逊以自然法理论为根据，阐明了宣言的目的性。《独立宣言》开篇就写到：在人类历史事件的进程中，当一个民族必须解除其与另一个民族之间迄今所存在着的政治联系，而在世界列国之中取得那"自然法则"和"自然神明"所规定给他们的独立与平等的地位时，就有一种真诚的尊重人类公意的心理，要求他们一定要把那些迫使他们不得已而独立的原因宣布出来。杰弗逊和潘恩都倡导人民主权论，但二者的区别在于：潘恩的思想是从卢梭继承而来，而杰弗逊则深受洛克影响。洛克被称为英国1688年"光荣革命"的产儿，而"光荣革命"是以不流血的渐进、妥协式革命而著称于世。因此，杰弗逊组织起草的《独立宣言》同样是从法理上证明美国独立的正当性。从表面上看，宣言的目的是向世界宣布北美殖民地被迫脱离英国殖民统治的原因。从实质上看，其力图从法律上证明脱离英国殖民统治的合法性，并非叛乱行为，是不得已而为之的行为，这符合古典自然法的反抗权理论，而英王及其殖民

---

[1] [美]贝克尔：《18世纪哲学家的天城》，何兆武译，三联书店2001年版，第311页。

者的行为则违背了自然法思想。

三、人权思想

杰弗逊一生是为争取人权、实现人权的一生，从早期的《英属美洲权利概述》到《弗吉尼亚札记》，从《独立宣言》到1789年极力争取1787年宪法需要增加权利法案条款，都说明了他的一生是为人权实现的一生。

在美国建国之初，分别存在着以杰弗逊和汉密尔顿为代表的两种不同建国方案，这分别反映在经济建设和宪政制度等方面。以汉密尔顿为首的一些人被称为联邦党人，主张"工商立国"的思想，他认为美国是一个新兴国家，但可惜生来是个农业国，而不是一个制造业国。这种状况对未来美国发展十分不利。联邦政府的政策是尽可能引进制造业并大力促进工商业发展。汉密尔顿之所以极力主张美国在独立后大力发展制造业，基于他对欧洲近代工商业资本主义兴起，特别是英国工业革命开始以后工商业加速发展趋势的认识。因此，为了发展工商业和制造业，他主张建立一个强有力的联邦政府，建立政府的诉求急于对人权实现的要求。因此，在汉密尔顿等人参与制定的1787年宪法忽略了人权诉求，1787年宪法正文7条内容均无涉及到具体的人权内容。

与汉密尔顿相比，杰弗逊是一个深深地扎根于北美土地之上的种植园奴隶主出身的政治家，他主张美国应以农业立国，在建国后大力发展农业，尽可能保持农业国地位，避免走西欧各国发展工商业和建立大城市的道路，建立一个以自由小农为主体的民主共和国。独立后的美国在1787年制定联邦宪法时，适逢杰弗逊任美国驻法大使，但他始终关注着宪法制定的进程。在美国宪法颁布时，他在肯定宪法的同时，也指出了宪法的不足与缺憾："正如制宪会议没有一个代表，联邦没有一个公民会赞成它的所有部分，我也发现有些条款是要不得的。缺乏保证宗教自由、言论自由、人身保护法连续不断保护下的人身自由以及刑事案件和民事案件一律实行陪审团审判的明确规定，引起了我的注意，而总统可以终身连选连任，我也极不赞成"[1]。杰弗逊十分合乎逻辑地赞成宪法，但他坚决主张在宪法里加进"人权法案"。他在1788年2月给友人信中写到："关于新宪法，到本月底为止，大概会有九个或十个州表示同意。其余各州可能要反对。我想，弗吉尼亚州将属于反对者之列。除了其他一些次要的反对意见外，它将坚持在新宪法里附上一项人权法案，也就是说，在这一法案里，政府必须宣布：①信仰自由，②出版自由，③一切案件均由陪审团审判，④取缔商业垄断组织，⑤废除常备军。在这个人权法案被接受的时候，弗吉尼亚多半会放弃其他的反对意见。这个法案对各州都有莫大的关系，我认为它们都会把它提出来，这样

---

[1] [美]杰弗逊：《杰弗逊选集》，朱曾汶译，商务印书馆1999年版，第98页。

我们的宪法就能得到修正。"[1]这样,美国宪法第 1 条至第 10 条修正案在杰弗逊为首的广大民众的压力之下于 1791 年获得了通过,使美国联邦宪法从结构到内容都得以完善。

美国宪法是刚性宪法,不易获得修改,从 1787 年以来的二百多年里,关于修改宪法的提案有 4000 多条,但只有 27 条获得通过,因此很多学者认为 1791 年 10 条宪法修正案所形成的"权利法案"本来就应当同 1787 年宪法一起通过。1791 年"权利法案"是杰弗逊极力主张通过的,从其内容来看,也充分体现了杰弗逊一以贯之的自然权利思想。此思想深受洛克及《政府论》的影响,但也能看到英国 1688 年《权利法案》和卢梭在《社会契约论》中所阐明的天赋人权思想的影响。1791 年宪法修正案基本上是关于权利及其保障的条款。第 1 条是关于言论自由的规定:国会不得制定关于下列事项的法律:确立宗教或禁止信仰自由;剥夺人民言论或出版的自由;剥夺人民和平集会及向政府请愿的权利;第 2 条是关于公民抵抗权的规定,公民抵抗权在《独立宣言》和卢梭的《社会契约论》中都有体现。纪律严明的民团,为保障自由国家的治安所必需,帮人民备带武器的权利,不得侵害之。第 3 条规定:未经所有者的许可,平时不得驻扎军队于民房。除依法律所规定之手续外,战时亦不得在民房驻扎军队。第 4 条规定:人民有保护其身体、住所、文件与财产的权利,不受无理拘捕、搜索与扣押,此为不可侵犯的权利。第 5 条为保障权利的程序条款:受同一犯罪处分者,不得令其遭受两次有关生命或身体上的危险;在任何刑事案件中不得强迫任何人证明自己的犯罪;未经正当法律手续不得剥夺任何人的生命、自由或财产;凡私有财产,非有适当赔偿,不得收为公用。第 6 条规定了被告的权利。第 7 条和第 8 条也是关于被告的权利保护,第 8 条实际是对禁止酷刑的规定。第 9 条规定:不得因本宪法列举某种权利,而认为人民所保留之其他权利可以被取消或抹煞。此规定是关于权利推定的思想。第 10 条规定:本宪法所未授予中央或未禁止各州行使的权力,皆由各州或人民保存之。

从《独立宣言》到 1791 年的"权利法案",杰弗逊的天赋人权思想都充分地得到了体现。从思想渊源上来看,杰弗逊深受洛克之影响,但又不局限于洛克的理论范围,而是结合北美的实际情况适当地加以修改与完善。如果把洛克《政府论》、美国《独立宣言》、1791 年宪法修正案以及杰弗逊关于天赋人权理论一系列论述加以综合分析,他关于人权的论述主要内容集中在以下几个方面:

1. 言论自由与宗教信仰自由。杰弗逊在弗吉尼亚州长任内制定了《建立宗教自由法案》,其中规定,公民对宗教信仰与否是公民的选择自由;教会

---

[1] [美]方纳编:《杰弗逊文选》,王华译,商务印书馆 1963 年版,第 55 页。

和非教会的立法者和统治者不应对别人的信仰握有决定大权;公民不能因信仰这种或那种宗教而被剥夺公民权或担任公职的权利,这等于剥夺他生而具有的权利和利益;不得强迫任何人举行任何宗教仪式,也不得由于其宗教见解或信仰而对其人身或财产实行折磨和限制,也决不可因公民的宗教见解扩大或影响其公民权利。为什么杰弗逊特别重视和强调公民的宗教信仰自由呢?因为最初来到北美的自由民在1620年签订的《五月花号公约》就已明示:为了上帝的荣耀和为了推进基督教信仰的事业以及为了我们国王和国家的荣誉,进行了这次旨在前往弗吉尼亚北部地区开垦第一个殖民地的航行。[1] 参加签订《五月花号公约》的大多人是些在英国受迫害的清教徒,可见为了宗教信仰自由他们来到北美大陆,因此宗教信仰自由是公民最为重要的一项权利。

杰弗逊在1802年致浸礼会信徒们的信中宣布的意见更是对美国宪政实践产生了深远影响。他说:"我怀着崇高的敬意来思考全体美国人民所颁布的那个法令,该法令宣布他们的立法机构不得制定有关确立国教或禁止自由信仰宗教的法律,这就在教会与国家之间建立起了一道隔离墙。由于坚决维护全国的最高意志就信仰权利的利益所作出的这一表示,我将以真诚的满意的心情看到那些有助于恢复人的全部自然权利的思想感情的发展,深信他没有与他的社会责任相矛盾的自然权利。"[2]这被美国宪法学界公认为美国实行政教分离的解释,并历来为美国最高法院及司法实践所接受。美国宪法修正案第1条明确保护宗教信仰自由,既保障宗教信仰自由,又使政体不受宗教影响,保持政教分离,杰弗逊可谓殚精竭虑。杰弗逊在1824年致亨利·李的信中再次重申思想自由对民主体制的重要性:"在每一个让人们享有思想自由、言论自由和著作自由的国家里,这两类人都会表明自己的态度。因此,不管你称他们为自由党和蓄奴党、雅各宾党和过激党、民权党和保王党、共和党和联邦党、贵族党和民主党,或其他什么名字,他们还是同样的两类人,而且都在追求同样的目标。"[3]

2.平等权与自治权。从英国殖民者手里争得自治权是《独立宣言》的基本宗旨,自治权也是独立统一民族与生俱来的一种权利,在此后的岁月里,杰弗逊多次谈到自治权对美国人民的重要性。"我们新建立起来的政府形式,使人们重新获得充分的权利来不受丝毫限制地运用理智和言论自由。

---

[1] [美]布莱福特:《"五月花号"签订始末》,王军伟译,华东师范大学出版社2006年版,第116页。
[2] [美]彼得森编:《杰弗逊集》,刘祚昌等译,三联书店1993年版,第545页。
[3] 西方法律思想史编写组编:《西方法律思想史资料选编》,北京大学出版社1983年版,第355页。

人们都已经睁开眼睛或正在睁开眼睛来注意人权。科学之光的全面传播已经使每一个人都能清楚地认识到这样一个明显的真理,即:广大人类并不是生来在背上就有一对鞍子的,而少数的幸运儿也不是生来就穿着马靴和装上马刺,蒙上帝的恩惠可以随时理所当然地骑在他们身上的。至于我们自己,让每年的这一天(7月4日)永远使我们重温这些权利,重新体会我们对这些权利的迄今未稍衰的热忱。"[1]1807年,他在信中说:"我们最近看到的显示我们政府的内在力量的明证,是历史记载过的最辉煌的例证之一,而且说明了我们是一个能够进行自治和应该享有自治权的民族。"

平等权贯穿在杰弗逊所有关于权利的阐述之中,其内容是非常丰富的,主要包括:经济上的平等权,要求取缔商业垄断组织;保护少数人的权利,指出大家都会记牢这个神圣的原则,虽然多数人的意志在任何情况下必然要占上风,这种意志必须合理才能正确;少数人享有同等的权利,这种权利必须用同等的法律加以保护,如果侵犯就构成压迫。

3. 财产与教育权利。杰弗逊非常重视财产权利,认为它是民主制度的基石,关于财产权的内容,主要是以土地表现出来的。"无论什么时候,只要在一个国家里有未开垦的土地和失业的穷人,那就显而易见:关于财产权的法律已经大加扩充,达到侵犯天赋人权的地步。土地本来就是人类赖以劳动和生活的公共资料。如果为了鼓励劳动,我们允许人们把土地据为私有,那我们就一定要想法向那些未能享受土地私有权的人提供其他的工作。假如我们不这样做,基本的劳动权就要求把土地交还给失业者"[2] 美国宪法修正案第5条对私有财产神圣不可侵犯进行了规定:未经正当法律手续不得剥夺任何人的生命、自由和财产;凡私有财产,非有适当赔偿,不得收为公用。杰弗逊关于财产权神圣不可侵犯的思想也是得自于洛克关于财产权的思想。试看洛克在《政府论》中关于财产权的主要观点:"土地和一切低等动物为一切人所共有,但是每人对他自己的人身享有一种所有权,除他以外任何人都没有这种权利;政治权力就是为了规定和保护财产而制定法律的权利。"

杰弗逊本人接受过良好的教育,认为美国的民主制度需要以教育作为支撑,他亲自投身于教育,并在晚年一手创办了弗吉尼亚大学。认为教育是民主政治的最可靠的基础。他在《弗吉尼亚笔记》中指出:"世界上每一个政府都表现出人类缺点的某种痕迹,即腐化和堕落的某种萌芽,狡黠的人会发现这种萌芽,坏人则会慢慢地扩大、培养和利用这种萌芽。任何一个政府如

---

[1] 西方法律思想史编写组编:《西方法律思想史资料选编》,北京大学出版社1983年版,第352页。

[2] [美]方纳编:《杰弗逊文选》,王华译,商务印书馆1963年版,第56页。

果单纯委托给人民的统治者,它就一定要退化。因此,人民本身是政府的惟一可靠的保护者。为了使他们可靠,就必须在某种程序上增进他们的智慧。这固然不是惟一必要的办法,但基本上是必要的办法。我们的宪法必须增加一项补充条款在这方面来帮助学校教育"。[1] 如果没有教育,任何一个共和国都不能以巨大的力量来维持自己的生存。他在《进一步普及知识法案》的前言中进一步论证了公民教育权对民主政体的重要性。"不管某些政体在保障个人自由行使天赋人权方面似乎比其他政体来得怎样优越,也不管这些政体能够怎样更好地防止退化,但经验已经指出,即使在最好的政体下,掌握大权的人也会慢慢地运用手腕,待时机一到,便把手中的权力变成虐政。因此,为了促进公共幸福,最好是使那些得天独厚具有天资和美德的人通过高等普通教育,培养成为值得接受并能尊重他们同胞的权利和自由的神圣贮藏所的人物,并且最好是不计财富、出身或其他偶然的条件和境遇而使他们担负这种责任;可是,大多数人的贫困处境使他们无力出资让自己的那些在天赋和性情上宜于成为公众的有用的工具的子女受到这样的教育,所以,必须寻求这样的穷苦子弟,由所有的人共同出资使他们受到教育,而不应让一切人的幸福仅由弱者和坏人所独享。"[2]

四、杰弗逊的立法思想

杰弗逊一生参与了众多重要法律的制定,因此立法思想也是其法律思想的重要组成部分。青年时代,在任弗吉尼亚州州议会议员时,他就表现出对立法工作的兴趣,并提出过很多独到的见解。

1. 立法权应属于全体人民。杰弗逊在《独立宣言》中列举英国殖民者的种种恶行时指出:"他(指英王)剥夺了我们的宪章。他停止关闭我们自己的立法机关,反而说他们有权得在任何一切场合之下为我们制定法律。"美国独立首先应是立法权不能受英王控制,结合其人民主权思想,立法权应属于全体人民。"宪法是由人民的智慧制定的,并且是以人民的意志为基础的","这个多数就有权选派代表去参加代表大会,有权使宪法成为他们认为对自己最有好处的宪法"。[3]

2. 在杰弗逊的立法思想中,体现了深厚的人道主义原则。其人道主义原则与他的天赋人权思想是紧密联系的。1791年美国宪法修正案第8条是世界上最早明确禁止酷刑的条款,而第5条修正案所确立的正当程序原则保证了公民权利不被侵犯。即便对于罪犯,其法律上不被剥夺之权利也应被尊重。作为弗吉尼亚州的一个革命立法者的杰弗逊,对于州刑法的修改

---

[1] [美]方纳编:《杰弗逊文选》,王华译,商务印书馆1963年版,第78页。
[2] [美]方纳编:《杰弗逊文选》,王华译,商务印书馆1963年版,第79~80页。
[3] [美]方纳编:《杰弗逊文选》,王华译,商务印书馆1963年版,第58~60页。

特别重视,他是努力修改州刑法的一个中心人物。由于刑法方面的重大修改,使整个刑罚制度体现了人道主义的宽大精神,这是杰弗逊人道主义立法思想的产物。

3.法律要根据形势的变化而及时进行修改。法律的修改与立法目标重要,不能一成不变。他指出:"让我们在宪法里规定定期加以修正。至于期限应该多长,要看以后的情况而定。根据欧洲的死亡率来看,在目前还活着的成年人中,大多数人大约在十九年内就要死去。所以,为了人类的和平与幸福,必须在宪法里规定每隔十九年或二十年进行修改宪法这一庄严机会,使宪法在定期订正的情况下一代代地传流下去,直到世界的最后一天。"他还指出:"法律和制度必须和人类思想的进步齐头并进。"

第三节 汉密尔顿的法律思想

一、生平与著述

亚历山大·汉密尔顿(Alexander Hamilton,1757年~1804年),出生于西印度群岛的乃威斯岛。美国建国初期的政治家、宪法学家,联邦党人的重要人物,为美国立宪政体的设计以及独立后的经济发展作出过卓越贡献。父亲为苏格兰商人,1772年进入纽约的皇家学院读书,学习法律,三十岁前在纽约州以律师为业。美国独立战争期间,曾担任华盛顿总司令的军事秘书和革命军团长,参加过被称为制宪会议前驱的安那波利斯会议,是制宪会议成员。1782年作为纽约州的代表参加大陆会议,1787年参加在美国费城举行的"制宪会议",在这次关乎美国未来发展道路的制宪会议上,主张建立强大的中央政府,他既是美国宪法的主要起草人,又是这部宪法实施的主要宣传者。1789年出任华盛顿政府的财政部长,为确立美国以工业立国的发展道路在立法、政策制定上倾其全力。1796年,约翰·亚当斯任总统时,因意见不合,辞去财政部长职务。1804年7月在同政敌、美国的叛徒阿伦·伯尔(1756年~1834年)决斗时死去。

汉密尔顿为美国宪政体制的确立无论在思想上还是在实践中都贡献巨大,但汉密尔顿是一个饱受争议的人物。其一生中最主要的论敌是杰弗逊。汉密尔顿与杰弗逊都为美国独立战争和实现宪政国家作出了巨大的贡献,但二者在立国基础、政治体制等方面都存在巨大分歧,领导这场革命的资产阶级有两个对立的派别:以杰弗逊为代表的强调州权的民主派和以汉密尔顿为主要代表的强调中央权力的联邦派。在我国曾有人认为汉密尔顿是代表工商阶级和大种植园主利益的反民主派,这是不正确的,纵观汉密尔顿一生都在为美国民主而奋斗,只不过他同杰弗逊在实现民主的道路与方法上有对立、有分歧,但不能因此认定汉密尔顿是反民主派。事实上,美国日后的民主道路和政治体制恰是汉密尔顿的道路,而在人权保障方面杰弗逊的贡献更多一些。在1800年和1804年两次大选中,汉密尔顿均能为维护国家利益带头支持其政治夙敌杰弗逊当选总统,从而有效制止了野心家伯尔当选总统的可能,有效地捍卫了美国民主共和制。但此举也给其本人招来了杀身之祸,1804年1月11日,汉密尔顿死于由伯尔挑起的决斗之中。杰弗逊这样评价汉密尔顿:"汉密尔顿的确是个非凡的人物。他悟性强,公正无私,在一切私人事务中光明磊落,待人接物和蔼可亲,私生活中注重道德,然而被英国的榜样迷住了心窍,走上了邪路,竟然完全相信腐败是一个国家的政府绝对不可缺少的。"可见杰弗逊与汉密尔顿的分歧只是政见不同,但绝无私人恩怨。

作为美国建国时期的风云人物,汉密尔顿不但是制宪会议的发起人之一,而且宪法制定完成后,为了促使新宪法早日批准施行,他还对新宪法极力鼓吹。为了争取各州早日批准新宪法,汉密尔顿便同麦迪逊、杰伊结合起来,自称"联邦党人",共同以"普布利乌斯"的笔名,从1787年10月起在纽约报刊上发表了一系列论文,其后由汉密尔顿编为《联邦党人文集》,在美国出版,在世界上也影响巨大。《联邦党人文集》,共计由85篇论文组成,其中汉密尔顿独立执笔51篇,汉密尔顿与麦迪逊共同执笔15篇,麦迪逊独立执笔14篇,杰伊独立执笔5篇,总体上《联邦党人文集》是汉密尔顿思想的集中体现,《联邦党人文集》问世后一直被认为是宪法基本原理方面的经典著作。

二、分权与制衡理论

独立战争的胜利使美国人分裂为两个不可调和的阵营,即联邦党人和反联邦党人,其代表人物分别为汉密尔顿和杰弗逊。"至于和汉密尔顿先生合作,如果那是指一方对另一方放弃他的总的思想体系,那是不可能的。我们两人的结论无疑都是经过深思熟虑的,而且凡是真心实意采纳的原则,任何一方都是不可能轻易放弃的。"[1]杰弗逊主张建立人民主权制的共和国,汉密尔顿主张建立分权制衡的民主政体。近代分权理论是由英国思想家洛克首创,并由法国思想家孟德斯鸠系统完成的,法国之花在美国结果,孟德斯鸠在《论法的精神》中提出的三权分立理论还没有在法国实施,却在美国率先实施,极力主张者就是汉密尔顿,但汉密尔顿不是简单照搬,而是结合美国的实际情况,在其基础上进行改造,形成了标准的美国式的分权制衡的宪政体制。

汉密尔顿坚持孟德斯鸠的观点:没有分权就没有自由。孟德斯鸠只是提出了分权,但权力之间怎样制衡?孟德斯鸠并没有明确,汉密尔顿发展了

───────────────
[1] [美]杰弗逊:《杰弗逊选集》,朱曾汶译,商务印书馆1999年版,第138页。

孟德斯鸠三权分立思想，又提出了制衡理论，简言之，汉密尔顿的分权制衡理论是由三部分构成的：分权、制约与平衡。

1. 分权。为什么分权？分权的目的是什么？分权的法理基础何在？汉密尔顿秉承了古典自然法学派人性预设为恶的前提，指出立法、行政和司法权力掌握在同一个机关手里，不论是一人、少数人、多数人，不论是世袭、任命或选举产生都是"虐政"，都是对自由宪法基本原则的破坏。要保障自由和人的权利就要实行分权，即严格划分立法、行政、司法三个部门的权力界限，把权力均匀地分配到不同部门，使各个部门独立地行使自己的权力。"防止把某些权力逐渐集中于同一部门的最可靠办法，就是给予各部门的主管人抵制其他部门侵犯的必要法定手段和个人的主动。野心必须用野心来对抗。人的利益必然是与当地的法定权利相联系。用这种方法来控制政府的弊病，可能是对人性的一种耻辱。但是政府本身若不是对人性的最大耻辱，又是什么呢？如果人都是天使，就不需要任何政府了。如果是天使统治人，就不需要对政府有任何外来的或内在的控制了。在组织一个人统治人的政府时，最大困难在于必须首先使政府能管理被统治者，然后再使政府管理自身。毫无疑问，依靠人民是对政府的主要控制，但是经验教导人们，必须有辅助性的预防措施"[1]。可见汉密尔顿认为分权的目的是因为掌握权力的人都有野心，都可能导致暴政。

如何分权？他认为立法、行政、司法不是三种权力绝对的隔离分治，而应当存在着三种权力的相互联系，正是为了相互制约，才存在着权力间的局部混合。"只要各个权力部门在主要方面保持分离，就并不排除为了特定目的予以局部的混合。此种局部混合，在某些情况下，不但并非不当，而且对于各权力部门之间的互相制约甚至还是必要的。行政部门对于立法部门的法案，能够断然或有条件地予以否决，最有资格的政治学权威都承认，乃是对后者侵犯前者权力的不可缺少的屏障"[2]。

2. 制约。汉密尔顿认为，杰弗逊主张的共和政体的缺点就在于人民群众的代表控制了国会，而国会的权力过重，从而容易产生腐败，为防止出现多数人的暴政，就必须使立法、行政与司法三种权力互相制约，从而起到防止集权与暴政的作用。他指出："把权力均匀地分配到不同部门；采用立法上的平衡和约束；设立由法官组成的法院，法官在踏实履行职责的条件下才能任职；人民自己选举代表参加议会……这些都是手段，而且是有力的手段。通过这些手段，共和政体的优点可以保留，缺点可以减少或避免。"[3]

---

[1] [美]汉密尔顿等：《联邦党人文集》，程逢如等译，商务印书馆1980年版，第264页。

[2] [美]汉密尔顿等：《联邦党人文集》，程逢如等译，商务印书馆1980年版，第337页。

[3] [美]汉密尔顿等：《联邦党人文集》，程逢如等译，商务印书馆1980年版，第41页。

同样地,立法部门有权弹劾行政部门,又是前者防止后者侵权的重要制约手段。

汉密尔顿认为,在共和政体下,侵犯个人自由与安全的主要危险既然来自立法机关,那么应尽量提高和加强行政机关与司法机关的权力和地位,建立强有力的中央集权的政权。制约的目的是为了防止专断权力的出现,但如果进行分权,也出现了相互制约,但制约出现不平衡时,即有的权力过大,有的权力过小,也会破坏共和政体,就需要平衡权力。

3.平衡。汉密尔顿对孟德斯鸠分权理论的发展之一在于权力之间的平衡,在美国的政体三权划分中,立法权明显过大,司法权过小。为了削弱立法机关的权力和地位,汉密尔顿主张实行两院制,即设立参议院(上议院)与众议院(下议院)。"如果全部立法权力尽皆委托给单一的代表机构,比之要求一切公众立法均需分别由不同之机构所认可,其危险显然是更大的。"[1]汉密尔顿认为一院制有很多危害:一院制使议员易为感情冲动所左右、帮派所操纵、野心所驱使、贿赂所腐蚀,众议员任期短,不便研究法律和国家全面利害,导致轻率、错误的立法。两院制则可纠正上述危害。汉密尔顿还主张两院产生的途径不同,众议员按人口比例由选民直接选举,参议院则对议员的财产资格作出严格限制,以此来对抗由民选产生的众议院,造成国会内部的自我约束。

从美国宪法的内容和宪政实践来看,汉密尔顿的很多主张都得到了实现。观其大略,汉密尔顿对任何一种强大的权力如果对其限制不当可能造成的侵权危害都保持高度警惕。为了平衡权力,不仅要削弱国会权力,与之相适应的则要加强行政权力和司法部门的权力。在立法、行政、司法三种权力划分中,司法权力传统上被认为是最弱的,孟德斯鸠也认为上述三权中,司法几乎没有什么权力。针对于此,汉密尔顿指出:"司法机关为分立的三权中最弱的一个,与其他二者不可比拟。司法部门绝对无从成功地反对其他两个部门;故应要求使它能以自保,免受其他两方面的侵犯。同样可以说明:尽管法院有时有压制个别人的情况发生,但人民的普遍自由权利却不会受到出自司法部门的损害。因司法部门的软弱必然招致其他两方的侵犯、威胁与影响;是故除使司法人员任职固定以外,别无他法以增强其坚定性与独立性;故可将此项规定视为宪法的不可或缺的条款,在很大程度上并可视为人民维护公正与安全的支柱"[2]。为了提高司法权以保持同立法权和行政权的平衡,汉密尔顿提出了两项具体措施。①法官职位固定化,实行终身任职制,法官的薪俸由法律规定,保证法官任职的固定。②法院有解释法

---

[1] [美]汉密尔顿等:《联邦党人文集》,程逢如等译,商务印书馆1980年版,第322页。
[2] [美]汉密尔顿等:《联邦党人文集》,程逢如等译,商务印书馆1980年版,第391~392页。

律、宣布国会制定的法律是否违反联邦宪法的权力。法官的独立是保卫社会不受偶发的不良倾向影响的重要因素,并不仅是从其可能对宪法的侵权方面考虑。有时此种不良倾向的危害仅涉及某一不公正或带偏见的法案对个别阶层人民权利的伤害。在此种情况下,法官的坚定不阿在消除与限制不良法案的危害方面也有极为重要的作用。它不仅可以减少已经通过的此类法案的危害,并可牵制立法机关的通过。

由是观之,汉密尔顿关于提高司法权力的主张对美国日后民主宪政之路贡献巨大,他不仅是为了平衡而提高司法权,而是站在更高的角度来认识此问题。"法官之独立对保卫宪法与人权亦具同样重要意义","坚定、一贯尊重宪法所授之权与人权,乃司法所必具的品质,绝非临时任命的司法人员所能具备。短期任职的法官,不论如何任命或由谁认命,均将在一些方面使其独立精神受到影响"。[1]

汉密尔顿认为行政权必须强而有力,使行政部门能够强而有力,所需要的因素是:统一、稳定、充分的法律支持、足够的权力。行政首脑必须强而有力,最宜集权力于一人,集权力于一人最有利于明智审慎,最足以取信于人民,最足以保障人民的权益。一人行事,在决断、灵活、保密、及时等方面无不较之多人行事优越得多;而人数越多,这些好处就越少。[2]

4.纵向分权。汉密尔顿发展了近代始自洛克、孟德斯鸠的分权理论,如上文所述,他不仅提出了制约与平衡理论,还提出了中央与地方的分权。立法、行政、司法三权分立是横向分权,中央与地方分权是纵向分权。"《联邦党人文集》对宪政理论作了详尽的阐释,与此同时它始终十分关注控制政治权力的问题。联邦体制使公民必须服从两个独立的政治权威而不是传统上的单一权威,因此,它本质上有助于控制政治权力。"[3]"在美国复合共和国里,人民交出的权力首先分给两个不同的政府,然后把各政府分得的那部分权力再分给几个分立的部门。因此,人民的权利就有了双重保障。两种政府将互相控制,同时各政府又自己控制自己"。[4]

纵向分权对宪政理论最大的贡献在于他创造了一种新型的国家结构形式——联邦制,此前,人类社会数千年存在的国家结构形式多是单一制,而对于多种族、多民族、地域与人口不均衡的国家,实行单一制是极其不稳定的,而联邦制则很好地弥补了单一制的缺点,使中央与地方权限明确,使国

---

〔1〕 [美]汉密尔顿等:《联邦党人文集》,程逢如等译,商务印书馆1980年版,第395页。
〔2〕 [美]汉密尔顿等:《联邦党人文集》,程逢如等译,商务印书馆1980年版,第356~357页。
〔3〕 [美]戈登:《控制国家——西方宪政的历史》,应奇等译,江苏人民出版社2001年版,第308页。
〔4〕 [美]汉密尔顿等:《联邦党人文集》,程逢如等译,商务印书馆1980年版,第256页。

家结构更趋于稳定。洛克与孟德斯鸠的分权理论都是横向的分权,是平面的分权,而汉密尔顿则创造了立体式分权,不仅有平面的,也有中央与地方的纵向分权。

三、联邦主义

恩格斯指出:"资产阶级的长期统治,只有在美国那样一个从来没有过封建制度而且社会一开始就建立在资产阶级基础之上的国家中。"因此,美国资产阶级革命不同于英国、法国等国的资产阶级革命,它的革命对象主要是英国殖民主义者,由于殖民地的北美大陆是相对分散的,所以美国资产阶级革命的两大任务是独立与统一。独立后的美国最主要的任务就是统一,联合各种力量,确立全国性的统一政权,以协调各州之间、各州与联邦之间以及联邦与人民之间的关系。当时北美殖民地有 13 个,但建立类型各异:有直接来自英国国王特许的殖民地,例如马萨诸塞、弗吉尼亚;有自治殖民地,也称契约殖民地,是自由移民根据他们之间的契约建立起来的殖民地,例如罗德岛、康涅狄格;有领主殖民地,是英国国王封给某个或某些领主的,例如马里兰、宾夕法尼亚。这些殖民地最大的特点就是彼此之间保持松散的联系,崇尚自由与自治,对专制权力和统一的中央政府多有顾虑和排斥。当时英国殖民者由于对殖民地的自由构成了威胁,才迫使美国独立战争爆发,最后美国成为一个独立主权国家,但殖民地时期的自由与自治精神仍是美国人民挥之不去的情结。这就是汉密尔顿与杰弗逊理论分歧的背景,汉密尔顿主张建立联邦制国家,杰弗逊主张建立以保留州权为主的邦联制国家。

1787 年宪法制定之后,围绕国家结构问题是采取分散、各自独立的邦联制度还是采取仍保留相对州权的联邦制度,以汉密尔顿、麦迪逊、杰伊等人为首的联邦党人与反对派展开了理论上的论战。汉密尔顿认为:"目前邦联政府结构上的主要弊病,在于立法原则是以各州或各州政府的共同的或集体的权能为单位,而不是以它们包含的各个个人为单位。虽然这一原则并没有贯穿到授予联邦的全部权力之中,然而它却渗透到并且支配着那些决定其他权力的效率的权力之中了。"[1]在汉密尔顿看来,不以个人为原则,而以各州为单位,就不可避免各州之间为了本州的利益而舍本逐末,且使全局利益受到危害。尤其是独立战争胜利后,美国面临诸多的困境,例如,无力偿还战争期间对内对外所欠的债务,难以组建有效的军队以抵御外来入侵,各州争端无力解决等,因为他们都是主权州,这些困境使汉密尔顿认识到邦联政府是无力解决的。即使是美国独立了,但如果不能解决上述问题,美国仍有解体的危险。

---

[1] [美]汉密尔顿等:《联邦党人文集》,程逢如等译,商务印书馆 1980 年版,第 73 页。

汉密尔顿又指出:"目前邦联政府第二个最明显的缺点,就是它的法律完全缺乏支持。现在组成的合众国没有权力通过罚金、停止或剥夺权利或以任何其他合法方式来强制人民服从决议或惩罚违反决议的人。没有明确授予他们对不尽职责的成员使用武力。"[1]各州政府缺乏相互保证,是联邦计划中另一重大缺点,在组成联邦的条款中,并未申明这类保证。如果制定的法律不能实施,成员国之间缺乏相互信任,那么独立战争的成果将不能巩固,这正是联邦党人在宪法制定之后在舆论上为新宪法辩护的原因。因为邦联的缺点最终将可能葬送《独立宣言》所承诺的权利。"如果没有保证,来自联邦的、能抵制那些有时威胁州宪法存在的内部危险的帮助,也一定不存在了。篡夺权力的情形会在每个州里抬头,摧残人民的自由,而全国政府除了悔恨交集地眼看其侵害以外,在法律上什么事也不能做。"[2]

汉密尔顿在指出邦联的缺点与存在问题的同时,强调建立联邦主义和国家主义相结合的这样一种联邦共和制(亦称复合共和制)的必要性和优越性。说明了联邦政府应有的权力、联邦政府机构的设置、联邦与成员国的关系以及联邦各机构首脑的职责、权限与任务。总之,汉密尔顿认为联邦优于邦联,建立中央相对集权的强大的联邦政府是保证政治上统一,实现国内安定,促进经济繁荣和个人权利的最可靠的保障。汉密尔顿认为联邦制的必要性和优越性主要表现在以下几个方面:

1. 只有联邦才能保证美国的和平与安全,一个统一、强有力的政府才能有效地抵御外来入侵。这一点是十三个分散的小国或三、四个邦联所无法比拟的。联邦还可以防止内乱,如果美国十三个有主权的州各自保持强大的州权,则美国有内乱发生的可能性,因为各小国都要为自己的利益而同他国抵触,甚至在欧洲列强中各自找自己的后台,于是美国将会成为欧洲各国列强分治和各种阴谋诡计的牺牲品。

2. 联邦制能实现《独立宣言》、《联邦宪法》所设定的目标,能保障全体人民的自由和独立。独立的美国不是由分散和彼此远隔的领土组成,而是一个连成一片、辽阔、肥沃的国家。这里的人民和谐如一,在一次长期的流血战争中光荣地建立了全体的自由和独立,这份非常合适和方便的遗产,决不应当分裂为许多互不交往、互相嫉妒、互不相容的独立国家。

3. 只有联邦才能形成一个健康、强有力的政治局面,能够集中联邦内最优秀人物的才能和经验,充分利用全国的资源和力量。联邦有助于防止国内"党争","很清楚,共和政体在控制党争影响方面优于民主政体之处,同样

---

[1] [美]汉密尔顿等:《联邦党人文集》,程逢如等译,商务印书馆1980年版,第101页。
[2] [美]汉密尔顿等:《联邦党人文集》,程逢如等译,商务印书馆1980年版,第102页。

也是大共和国胜于小共和国之处,也就是联邦优于组成联邦的各州之处"。[1]

4. 只有联邦才能减少军队数量,避免军事专制主义。联邦制国家可以减少内部侵略摩擦并且提高军事素质,所以联邦军队比各成员国设置的军队总和要少很多。

5. 联邦有助于促进种植园经营、工业、贸易、税收、航海、渔业等社会经济的发展。不统一,权力分散,无法同欧洲列强进行正常、平等的贸易往来,自然资源的优势也无法发挥出来,在对外贸易过程中必然会遭到欧洲列强的压制和掠夺。《联邦党人文集》第十四篇是由麦迪逊执笔的,他对联邦的必要性进行了系统的总结:"因为它是防御外来危险的堡垒,是我们的和平保卫者,是我们的商业和其他公益的保护者;只有联邦才能代替破坏旧世界自由的军事机构,才能适当地医治党争的弊病,这种弊病证明对其他民主政府是致命的,而且在我们自己的政府中也已显出严重症候。"[2]

四、法律的一般理论

汉密尔顿的法律思想可以归属为古典自然法学派,他认为政府必须采取法治原则,制定法律并使法律得到普遍的遵守,法律必须以国家强制力作为后盾,这也是他主张加强联邦中央权力的重要原因,因为分散的邦联不能成为法治政府的有力保障。"政府意味着有权制定法律。对法律观念来说,主要是必须附有制裁手段;换言之,不守法要处以刑罚或惩罚。如果不守法而不受处罚,貌似法律的决议或命令事实上只不过是劝告或建议而已"。[3]

汉密尔顿认为法律必须保持相对稳定,这样才能保证法律的遵守和执行。"政策多变,在国内造成的后果,其灾难性更大。享有自由的好处本身也受到荼毒。法律之多连篇累牍,谁能卒读?加之矛盾百出,读亦何益?而且朝令夕改,隔夜即不知何所适从;如此法律,虽由民选代表所定,予民何益?法律原是行为的准则,如果人皆不知,又复动辄更订,怎样遵之以为准则呢?"[4]

汉密尔顿与杰弗逊在立国与建国道路的分歧反映在政治上是建立联邦制还是保持强大州权的邦联制?反映在经济上是走工业道路还是农业道路?那么反映在法律上,汉密尔顿的经济立法思想是为其工业建国道路服务的。汉密尔顿主张对工商业资产阶级与大种植园主私有财产应及时地立法加以保护。①作为第一任财政部长的汉密尔顿主张把当时美国西部大量

---

[1] [美]汉密尔顿等:《联邦党人文集》,程逢如等译,商务印书馆1980年版,第50页。
[2] [美]汉密尔顿等:《联邦党人文集》,程逢如等译,商务印书馆1980年版,第65页。
[3] [美]汉密尔顿等:《联邦党人文集》,程逢如等译,商务印书馆1980年版,第75页。
[4] [美]汉密尔顿等:《联邦党人文集》,程逢如等译,商务印书馆1980年版,第317页。

未开垦的国有土地按大面积高价出售,以保证土地落入工商业资产阶级和大种植园主的手里。②加强经济立法。在 1790 年,汉密尔顿向议会提出了《第一次国家信用报告书》,其中主张美国的国外公债,应按所订契约,如数偿还;国内公债应按票面价额,如数还清。1790 年在《关于增加税收的报告》中,主张制定"国产税法",对美国资本原始积累是十分必要的。此外在《关于建立国家银行的报告》和《关于制造业的报告》中,认为制定"银行法"和发展制造业与美国富强、独立和安全是紧密相连的。

纵观汉密尔顿的宪政与法治思想,他无愧于美国"宪法之父"称号,《联邦党人文集》对宪政理论作为详尽的阐释,可以说是近代以来最早、最系统、最深刻的宪法学理论著作。

■ 思考练习

一、关键术语

《独立宣言》;《联邦党人文集》;分权制衡;联邦与邦联;人民主权;"权利法案"。

二、思考题

1. 简述潘恩天赋权利理论的主要内容。
2. 简述杰弗逊人民主权思想的主要内容。
3. 简述汉密尔顿分权制衡思想的主要内容。
4. 汉密尔顿与杰弗逊在国家结构问题上的分歧何在?
5. 近代美国独立时期法思想的基本倾向表现在哪些方面?
6. 近代以来美国对宪政理论发展的贡献有哪些?

■ 参考与阅读文献

1. 高建主编:《西方政治思想史》第 3 卷,天津人民出版社 2006 年版。
2. [美]潘恩:《潘恩选集》,马清槐等译,商务印书馆 1981 年版。
3. [美]杰弗逊:《杰弗逊选集》,朱曾汶译,商务印书馆 1999 年版。
4. [美]方纳编:《杰弗逊文选》,王华译,商务印书馆 1963 年版。
5. [美]彼得森编:《杰弗逊集》,刘祚昌、邓红风译,三联书店 1993 年版。
6. [美]汉密尔顿等:《联邦党人文集》,程逢如等译,商务印书馆 1980 年版。
7. [美]戈登:《控制国家——西方宪政的历史》,应奇等译,江苏人民出版社 2001 年版。
8. 何宁生、支振锋:《联邦党人文集导读》,四川教育出版社 2002 年版。
9. 李龙主编:《西方宪法思想史》,高等教育出版社 2004 年版。

第九章　法国法律思想

> **■ 本章学习目的和要求**
>
> 18世纪的法国处于大革命来临前最黑暗的时刻,但法国启蒙运动是继文艺复兴之后又一次伟大的思想解放运动。孟德斯鸠和卢梭是法国启蒙运动的重要核心人物,是近代古典自然法学最杰出的代表。通过本章学习,了解孟德斯鸠关于法的精神和分权理论,理解卢梭的人民主权思想和社会契约理论,并深刻反思卢梭的人民主权思想。
>
> **本章重点掌握：**法国自然法思想的主要特征；孟德斯鸠"法的精神"的内涵；孟德斯鸠的三权分立思想；卢梭的人民主权思想；卢梭的社会契约理论。

第一节　孟德斯鸠的法律思想

一、生平与著述

夏尔·路易·德·色贡达·孟德斯鸠(Charles Louis de Secoudat Montesquieu,1689年~1755年),是18世纪法国著名的启蒙思想家、法学家、社会学家和哲学家,是法国大革命的思想先驱,欧美各国特别是美国政治体制的奠基者,近代古典自然法学的主要代表之一。孟德斯鸠出生于法国西南部波尔多的一个庄园,贵族世家,父亲担任过军职。自幼对古希腊、古罗马的政治、历史和文学感兴趣,1706年在波尔多大学攻读法律,1708年先后获得法学学士学位和硕士学位,同年进入波尔多高等法院当律师。1714年任波尔多高等法院推事,开始法官生涯。1715年,孟德斯鸠结婚,妻子给带来了10万利弗尔的嫁资。1716年,孟德斯鸠当选为波尔多科学院院士。同年,其身为波尔多法院院长的伯父逝世,他继承了伯父的财产和爵位,并担任波尔多法院庭长。1718年,孟德斯鸠当选为波尔多科学院院长。像当时许多启蒙学者一样,孟德斯鸠博览群书,尤其喜欢读笛卡尔和培根的书。他也研究自然科学,对解剖学、植物学和物理学有兴趣,并且写有这方面的文章。孟德斯鸠有优美的文笔,这得益于他对文学的喜爱,他熟悉蒙田、高乃依、拉辛、莫里哀的作品。1726年,由于不满法国专制制度,他把法院院长职位以60万镑卖掉,这使得孟德斯鸠有充足的金钱游历欧洲各国,仔细考察欧洲各国政治、法律制度。在此期间,孟德斯鸠认真研究了柏拉图、亚里士多德、洛克等人的思想,形成了独特的开一代风气并对现实政治产生深刻影响的政治法律思想。1728年,孟德斯鸠进入法国科学院,当选为法兰西科学院院士。此后从事的活动都与《论法的精神》有关,1755年2月,孟德斯鸠在巴黎逝世。

孟德斯鸠一生著述很多,对后世影响较大的有《波斯人信札》(1721)、《罗马盛衰原因论》(1734)和《论法的精神》(1748)。1721年孟德斯鸠匿名发表了《波斯人信札》,这是孟德斯鸠的早期作品,这部作品对法国腐朽反动的封建社会、专制制度和宗教进行了猛烈的攻击和无情的揭露,奠定了孟德斯鸠法律思想的基本倾向。1734年,他发表了《罗马盛衰原因论》,反响一般,但文学价值很高。此书通过对罗马史料的研究来阐发孟德斯鸠的法律思想,孟德斯鸠把它看作是《论法的精神》提前发表的一部分。1748年,他发表了给他带来巨大声誉的《论法的精神》,这是孟德斯鸠终其一生辛苦研究的最终成果,是孟德斯鸠政治与法律思想的最高成就。这部气势恢弘的百科全书式的著作是继亚里士多德《政治学》之后,对人类政治哲学和法律文化产生深远历史影响的一部惊世之作。作为法国古典自然法学理论的创始人和奠基者的孟德斯鸠,在毕生的活动中,几乎把全部精力都用在编写《论法的精神》这部名著上面。《论法的精神》可以看作是人类有史以来最专业、最系统、最具有现实性的法学巨著。爱尔维修评价它是世界上最杰出的著作。全书约60万字,除序言外,分六卷三十一章,内容遍涉政治、经济、历史、地理、人口、宗教等各个领域,尤其是以独特的方式,研究了法理学、宪法学、刑法学、民法学、国际法学等一系列基本法律问题,成为古典自然法学的代表作,被伏尔泰誉为"理性和自由的法典"。

二、法学方法论

孟德斯鸠在《论法的精神》一书中开创了对后世影响至深的法学研究和认识法律的方法论。可以说在近代自然法学之后出现的历史法学、社会法学都深受孟德斯鸠法学方法论的影响。在孟德斯鸠以前,人们对法、法律、法律思想乃至法学的一些问题进行了无数次考察和研究,然而,人们并没有研究这门学问应该如何进行研究的方法。例如,古希腊研究法学是作为哲学的附属或放在政治学中来研究,很难突出法学这一重要而独特社会现象的特有品格,孟德斯鸠作为一个思想大家和法学巨匠,开辟了独立地进行法学研究的先河,并首先使用、创造了法学自身的方法论。

1. 实证分析的方法。一般把1844年法国人迪尔凯姆发表的《论实证精神》看作是社会学的诞生,实证分析的方法就成为社会学最重要的方法。实际上孟德斯鸠在《论法的精神》一书中已经采用了这一方法。孟德斯鸠抛弃了中世纪从概念、原则出发的演绎方法,开实证分析之先河。一切从客观事物产生、发展的历史,从事物所处的外部环境,依据人类经验,用理性分析认识事物。孟德斯鸠是法国人,但他的方法更像是一个英国人。读他的著作感到视野宽阔、妙趣横生,同时可以感受到孟德斯鸠知识的丰富、认识的深刻和自然。他改变了柏拉图《理想国》所开创的风格。《论法的精神》就是在对欧洲乃至世界各国的法制、风土人情、自然历史、社会状况等进行了长达三年的综合考察之后,汲取第一手资料进行实证分析而成。

2.比较的方法。法学的比较方法是指对不同国家的法的体系、法的思想、法的制度进行对比研究的方法论。孟德斯鸠《论法的精神》是第一部运用完整的法学比较方法进行法学研究的巨著。这部著作的每一章都把世界上各主要国家的法从历史上、现实中进行反复的、交错的比较研究。孟德斯鸠比较系统地阐发了他关于比较法学的理论。他认为,在进行法学的比较研究时,"要判断这些法律中哪些最合乎理性,就不应当逐条地进行比较;而应当把它们作为一个整体来看,进行整体的比较"。整体的研究,是指要结合各国情况,结合各国的整个法体系和部门法体系,从法的精神上进行比较。只有完整地从法的精神上进行的比较才能看出:相似的法律未必就有相同的效果(29章第6节);相似的法律不一定出自相同的动机(29章第8节)。正是运用这些法学的比较方法,孟德斯鸠在广泛研究了古希腊、古罗马、英、法等欧美各国和远东中国等各主要国家的法律体系之后,得出了"法的精神"。

3.历史的方法。孟德斯鸠力求从法律演变的历史中去寻找法的精神,为每一时代的法律寻找历史基础。他认为:"我们应当用法律去阐明历史,用历史去阐明法律。"[1]他不但主张研究法学应当注重运用历史的方法,而且在他的著述中大量采用了这一方法。《罗马盛衰原因论》就是运用历史的方法进行法学研究的代表作。该书的中心思想不仅是描述罗马国家盛衰的历史,而且历史地考察罗马国家政治与法律制度盛衰的原因及其教训。在《论法的精神》一书中,孟德斯鸠又进一步对具体法律制度,包括各个部门法制度及其思想成因历史进行了研究,他在著者序言中提出运用法学的历史方法的原则是:"当我回顾古代,我便追寻它的精神所在,以免把实际不同的情况当作相同,或是看不出外貌相似的情况间的差别","我建立了一些原则。我看见了:个别的情况是服从这些原则的,仿佛是由原则引申而出的;所以各国的历史都不过是由这些原则而来的结果;每一个个别的法律都和

---

[1] [法]孟德斯鸠:《论法的精神》(上册),张雁深译,商务印书馆1961年版,第36页。

另一个法律联系着,或是依赖于一个更具有一般性的法律"[1]。

三、法的精神

孟德斯鸠在《论法的精神》一书中开宗明义就讲:"从广泛的意义上来说,法是由事物的性质产生出来的必然关系,在这个意义上,一切存在物都有它们的法。上帝有他的法;物质世界有它的法;高于人类的'智灵们'有他们的法;兽类有它们的法;人类有他们的法","由此可见,是有一个根本理性存在着的。法就是这个根本理性和各种存在物之间的关系,同时也是存在物彼此之间的关系"[2]。

孟德斯鸠从广义上给法下的这个定义,大体上相当于人们现在所说的"规律",严格说来,它不是一个实证意义上的法的概念,表现在它把意识形态范畴的法同客观规律混为一谈了。但是,孟德斯鸠的一般法概念至少表明,法的内容和作用都取决于它所调整的社会关系,法不是随心所欲的产物,而是一定社会关系的产物。从这个意义上讲,有物必有法,若没有存在物,则"根本理性"无从体现,也就没有法。

关于什么是自然法,孟德斯鸠认为:"在所有这些规律之先存在着的,就是自然法。所以称为自然法,是因为它们是单纯渊源于我们生命的本质。如果要很好地认识自然法,就应该考察社会建立以前的人类。自然法就是人类在这样一种状态下所接受的规律",[3]并提出了自然法的内容:"和平应当是自然法的第1条,因需要而去寻找食物是自然法的第2条,人们相互存在着自然的爱慕是自然法的第3条,互相结合与愿意过社会生活是自然法的第4条。"

孟德斯鸠按照法所调整的对象和作用不同,把人为法又分成国际法、政治法和民法。

1. 国际法。孟德斯鸠认为,一切国家都有它们自己的国际法:"作为这个大行星上的居民,人类在不同人民之间的关系上是有法律的,这就是国际法"[4]。按照孟德斯鸠的理解,国际法的原则是:"各国在和平的时候应当尽量谋求彼此福利的增进;在战争的时候应在不损害自己真正利益的范围内,尽量减少破坏。"所以,孟德斯鸠有时又将国际法称为"万民法"和"民族法"。

2. 政治法。孟德斯鸠认为:"社会是应该加以维持的;作为社会的生活

---

[1] [法]孟德斯鸠:《论法的精神》(上册),张雁深译,商务印书馆1961年版,第37页。
[2] [法]孟德斯鸠:《论法的精神》(上册),张雁深译,商务印书馆1961年版,第1页。
[3] [法]孟德斯鸠:《论法的精神》(上册),张雁深译,商务印书馆1961年版,第4页。
[4] [法]孟德斯鸠:《论法的精神》(上册),张雁深译,商务印书馆1961年版,第5页。

者,人类在治者和被治者的关系上是有法律的,这就是政治法。"[1]

3. 民法。孟德斯鸠认为:"人类在一切公民间的关系上也有法律,这就是民法。"值得注意的是,孟德斯鸠在这里所说的民法与我们今天所说的民法是有所区别的。

孟德斯鸠对法进行研究的重心是人为法,而对人为法研究的核心是研究法的精神。那么,究竟什么是法的精神?按照孟德斯鸠的说法,法的精神实际上是指下列几种关系的总和。法律应该同已经建立或将要建立的政体的性质和原则有关系;不论这些法律是组成政体的政治法规,还是维持政体的民事法规。法律应该同国家的自然状态有关系;同寒、热、温的气候有关系;同土地的质量、地势与面积有关系;和农、猎、牧等各种人们的生活方式有关系。法律应该和政制所容忍的自由程度有关系;和居民的宗教、性癖、财富、人口、贸易、风俗、习惯相适应。最后,法律和法律之间也应该有关系,法律和它们的渊源,和立法者的目的以及和作为法律建立基础的事物的秩序也有关系。总之,以上"这些关系综合起来就构成所谓法的精神"[2]。《论法的精神》就是按照上述法的精神进行论述的。

四、自由与法律

孟德斯鸠认为没有一个词比自由有更多的涵义,而且对自由一词进行了认真的探讨。关于什么是自由,孟德斯鸠说:"没有一个词比自由有更多的含义并在人们意识中留下不同印象了。"按照他的看法,自由有两种:①哲学上的自由,②政治上的自由。所谓"哲学上的自由,是要能够行使自己的意志,或者,至少(如果应从所有的体系来说的话)自己相信是在行使自己的意志。政治的自由是要有安全,或者至少自己相信有安全"[3]。政治上的自由又可以分为两类,①同政制相联系的自由,②同公民相联系的自由。孟德斯鸠重点探讨了这两类自由与法律的关系。

1. 孟德斯鸠探讨了同公民相关的法律与自由的关系问题。孟德斯鸠有一句名言:"在民主国家里,人民仿佛愿意做什么就做什么,这是真的;然而,政治自由并不是愿意做什么就做什么。在一个国家里,也就是说,在一个有法律的社会里,自由仅仅是:一个人能够做他应该做的事情,而不被强迫去做他不应该做的事情。"[4]孟德斯鸠进一步解释说,这里包括两层含义:①"自由是做法律所许可的一切事情的权利;如果一个公民能够做法律所禁止的事情,他就不再有自由了,因为其他的人也同样会有这个权利";②任何人

---

[1] [法]孟德斯鸠:《论法的精神》(上册),张雁深译,商务印书馆1961年版,第5页。
[2] [法]孟德斯鸠:《论法的精神》(上册),张雁深译,商务印书馆1961年版,第7页。
[3] [法]孟德斯鸠:《论法的精神》(上册),张雁深译,商务印书馆1961年版,第188页。
[4] [法]孟德斯鸠:《论法的精神》(上册),张雁深译,商务印书馆1961年版,第154页。

都不应该被任何人或势力"强迫去做他不应该做的事情"。这两者是相辅相成的,只强调哪一点都不能完整地说明与公民相联系的法律与自由的关系。

2. 孟德斯鸠探讨了与政制相联系的法律与自由的关系问题。孟德斯鸠强调,理解法律与自由的关系,既要把自由与公民相联系,更要把自由同国家政制相联系。在他看来,要想来保障自由,从国家政治制度角度必须限制政府权力,防止权力滥用和权力腐败。他说:"政治自由只在宽和的政府里存在,不过,它并不是经常存在于政治宽和的国家里,它只在那样的国家的权力不被滥用的时候存在。但是,一切有权力的人都容易滥用权力,这是万古不易的一条经验。有权力的人们使用权力一直到遇到有界限的地方才休止,从事物的性质来说,要防止滥用权力,就必须以权力约束权力。我们可以有一种政制,不强迫任何人去做法律所不强制他做的事,也不禁止任何人去做法律所许可的事。"〔1〕只有从政制上防止权力滥用和权力腐败,才能实现政治自由。

他主张通过健全法制以保障公民的自由,认为"公民的自由主要依靠良好的刑法"。为此他从立法、司法等方面提出一系列进步的主张。

五、三权分立思想

分权制衡原则一般认为是由洛克首创,并由孟德斯鸠等人完善的,但作为指导国家权力之间分配与行使的宪法原则在古希腊时期的政体理论中已经萌发,并在当时的民主制度中开始运用,近代的分权理论是其继续发展并且通过宪法使之确定。萨拜因对此评价道:"这项原则就是若干世纪以后孟德斯鸠重新发现的那著名的三权分立原则的原型。"〔2〕孟德斯鸠说柏拉图是自己最尊敬的先驱。孟德斯鸠对各种政体的基本原则的理解,以及对这些政体更替的解释,都明显地受到柏拉图的影响。柏拉图虽没有明确提出三权分立思想,但他的混合政体具有优越性的思想,也出现于孟德斯鸠的三权分立学说,特别是要求各项权力平衡的论证之中。

近代分权学说的发源地在英国,它的目的只是用来限制国王的权力,而只有在彻底的资产阶级革命推翻王权的政治实践中,才能提出典型的三权分立与制衡思想,这是由孟德斯鸠完成的。孟德斯鸠所处的时代正是英国实行宪政而法国最为专制的时代,而以洛克为代表的英国资产阶级革命理论在法国的传播,对孟德斯鸠影响显著。他在《论法的精神》里,明确提出行政、立法和司法三者的分权与互相制衡,这是公民自由的保障。他认为:"一切有权力的人都容易滥用权力,这是万古不易的一条经验","从事物的性质来说,要防止滥用权力,就必须以权力约束权力"。他进一步论证立法、行

---

〔1〕 [法]孟德斯鸠:《论法的精神》(上册),张雁深译,商务印书馆1961年版,第154页。
〔2〕 [英]萨拜因:《政治学说史》(下册),刘山等译,商务印书馆1986年版,第106页。

政、司法必须三权分立和相互制约的必要性,因为"当立法权和行政权集中在同一个人或同一个机关之手,自由便不复存在了;因为人们将要害怕这个国王或议会制定暴虐的法律,并暴虐地执行这些法律","如果司法权不同立法权和行政权分立,自由也就不存在了","如果同一个人或是由重要人物、贵族或平民组成的同一个机关行使这三种权力,即制定法律权、执行公共决议权和裁判私人犯罪或争讼权,则一切便都完了"。[1] 权力分立的思想是政治学说中最为古老的观念之一,孟德斯鸠对此修正的是,把权力分立的思想转变为政治结构各部分在法律上相互制约与平衡的机制,标志着分权制衡原则在理论上的完成。

孟德斯鸠三权分立理论是其自由理论在政治体制上的继续和发展。作为18世纪最伟大的启蒙思想家,孟德斯鸠的理想是实行资产阶级君主立宪、分权和法治的王国。在孟德斯鸠看来,君主立宪政体之所以是最好的政体,就是因为它的直接目的是政治自由,而实现政治自由就必须实行三权分立。为此,他汲取了自古希腊罗马以来的分权思想,特别是洛克提出的立法、行政和对外三权划分的学说,创立了完整的立法、行政、司法三权分立与制衡的理论。

三权分立是为了保障自由,而为了保障三权分立的实现,又必须做到三权制衡。具体说,立法权即制定法律的权力,应该由人民集体享有,由人民自己选出的议会机关来行使。孟德斯鸠认为,立法机关最好仿效英国,由上、下两院组成,其中,下院即平民院享有法律创议权,上院即贵族享有法律否决权,这样制定的法律就能保障基本公正。行政权主要是决定媾和或宣战、派遣或接受使节、维护公共安全、防御侵略以及其他法律的执行权。行政只能按照法律办事而不能违背法律。司法权是依照法律惩罚犯罪和裁判私人争讼的权力,具有独立性,司法权应该由法院和陪审官行使。总之,立法权、司法权、行政权必须由不同的机关分别行使,三权彼此独立,同时要互相制约。

孟德斯鸠三权分立理论,作为典型的资产阶级宪政理论,对西方政治体制,特别是美国政治体制产生了重要影响。美国开国时期的一些法律思想家如汉密尔顿、麦迪逊等人,正是吸收了孟德斯鸠的权力分立和制衡的思想,才创立了美国的宪政制度。

六、立法理论

孟德斯鸠法律思想中涉及到许多法理学的问题,如对立法、司法、守法、法的渊源、法的本质、法的作用等都有比较全面的阐述,尤其是他从立法学的角度对立法技术与立法原则问题予以特别关注。

---

[1] [法]孟德斯鸠:《论法的精神》(上册),张雁深译,商务印书馆1961年版,第156页。

孟德斯鸠认为，立法技术，也就是立法方式或者叫立法原则，它实际上就是制定法律时应当注意的事情，他认为："那些有足够的才能，可以为自己的国家或他人的国家制定法律的人，应当对制定法律的方式予以一定的注意。"为此，他在《论法的精神》第29章详细探讨了立法应当注意如下技术和原则：

1．"法律的体裁要精洁简约。"他举例说："十二铜表法是精简谨严的典型，小孩子们都能把它背诵出来。"

2．"法律的体裁要质朴平易，直接的说法总是要比深沉迂远的辞句容易懂些，当法律的体裁臃肿的时候，人民就把它当作一部浮夸的著作看待。"

3．"法律的用语，对每一个人要能够唤起同样的观念。"

4．"法律要有所规定时，应该尽量避免用银钱作规定。"

5．"在法律已经把各种观念很明确地加以规定之后，就不应该回头使用含糊笼统的措辞。"

6．"法律的推理应当从真实到真实，而不应当从真实到象征或是从象征到真实。"

7．"法律不要精微玄奥，它是为了具有一般理解力的人们制定的。它不是一种逻辑学的艺术，而是像一个家庭父亲的简单容易的推理。"

8．"当法律不需要例外、限制条件、制约语句的时候，还是不放进这些东西为妙。"

9．"如果没有充足的理由，就不要更改法律。"

10．"当立法者喜欢用一项法律说明立法的理由的时候，他所提出的理由就应当和法律的尊严配得上。"

11．"从推定的方面说，法律的推定要比人的推定好得多。"

12．"每条法律都应当发生效力，也不应当容许它因为特别的条款而被违背。"

13．"要特别注意法律应如何构想，以免法律和事物的性质相违背。"

14．"法律应该有一定的坦率性。"

总之，立法必须完全遵循上述技术原则，才能制定好的法律，而应避免制定恶劣的法律。在立法方面，孟德斯鸠强调应当保持法律的严肃性和稳定性。他说："法律是立法者创立的特殊的和精密的制度"，[1]它不同于一般的风俗习惯，在内容和形式上都有自己的特点，凡是在性质上无关紧要的东西不属于法律范围，"法律不是一种纯粹的权力作用"，而是"法律作用"。立法者应当把法律同风俗和礼仪区别开来，保持立法应有的严肃性。

法律已经制定，要保持其相对稳定性，不能朝令夕改，轻易变更法度。

---

[1] ［法］孟德斯鸠：《论法的精神》（下册），张雁深译，商务印书馆1961年版，第310页。

他说:"如果没有充足的理由,就不要更改法律"。[1] 当立法者一旦要提出某些法律废立的理由,要考虑到"应当和法律的尊严配得上"。孟德斯鸠认为,法律是为具有一般理解力的人们制定的,它不是一种逻辑学的艺术,而是一种平易的推理。立法者在立法时不能忽视法律形式和表述方法。制定法律的目的是为了惩罚人们的凶恶悖谬,所以法律本身必须最为纯洁无垢,不可染上立法者的感情和成见的色彩。

第二节 卢梭的法律思想

一、生平与著述

让·雅克·卢梭(Jean Jacques Rousseau,1712年~1778年),是18世纪法国伟大的思想家,法国大革命的思想先驱,法国古典自然法学派的杰出代表。卢梭出生于瑞士日内瓦,是一个钟表匠的儿子。他自幼丧母,1728年离开故乡,开始流浪。在他的一生中,当过学徒、仆人、伙计、随从、乞丐,进过收容所。一生从未受过正规学校教育,自学成材。1749年他应达兰贝尔之约,撰写《百科全书》中的音乐条目。1750年以《论科学和艺术》一举成名,开始成为职业作家。卢梭独特的个人经历,使得他即使与同一营垒的思想家如孟德斯鸠、伏尔泰、狄德罗等也有所不同。当时的学术界公认卢梭思想的重要特色在于其彻底的民主性和革命性。拿破仑曾说,没有卢梭,就没有法国革命;马克思也说过,卢梭不断避免向现存政权作任何即使是表面上的妥协。但是对卢梭思想的争议最大,德国思想家卡西尔认为卢梭不属于启蒙阵营,因为他移动了启蒙重心。罗素甚至认为卢梭是希特勒的思想来源,希特勒是卢梭的一个结果。[2]

卢梭一生著作很多,涉及诸多领域:政治学、哲学、法学、文学、教育学、艺术等。主要著作有:《政治经济学》(1755)、《爱弥尔》(1762)、《论科学和艺术》(1750)、《论人类不平等的起源和基础》(1755)、《社会契约论》(1762)。其中,《论人类不平等的起源和基础》和《社会契约论》是卢梭在政治和法律思想方面的代表作品。

二、人类不平等的起源

卢梭的政治法律思想是以自然法学说为基础的,强调法律是与人性有关的一种观念,探讨政治与法律的问题,只有从人性出发,才能寻找到其根本的原理。卢梭与其他古典自然法学思想家的观点一样,认为在人类未进入政治社会以前,存在一种绝对孤立的"自然状态"。在这种状态中,没有工

---

[1] [法]孟德斯鸠:《论法的精神》(下册),张雁深译,商务印书馆1961年版,第298页。
[2] [英]罗素:《西方哲学史》下卷,马元德译,商务印书馆1976年版,第225页。

农业、没有语言、没有住所、没有战争、人们相互之间没有任何联系,也不存在什么道德的关系和权利与义务的关系。人类的生活是自由而又平等的,人与人之间的差别只是自然秉性的差别,而不存在财产上和政治上的不平等,人类的良心是善良和纯洁的,他们只有自我保存的自爱心和对他人的怜悯心,没有害人的欲望和邪恶。人类的这种天然的本性制约着人的行为,起着所谓法律、道德的作用。卢梭认为自然状态体现了人的本性和自然法则,人们生活在这种状态中是自由、平等和幸福的,这是人类社会的"黄金时代"。这是他与其他古典自然法学家的不同之处,霍布斯、洛克等人对自然状态持贬义,认为人类要走出这一状态。卢梭却无比留恋这一人类状态。

卢梭从人类历史发展的角度分析,认为人类不可能永远保持自然状态,人们必然要从"自然状态"过渡到政治社会。由于人类的自然繁衍、贫困的压迫,人们不断发明了各种工具,尤其是冶金术和农业的发展,促进了人类的进步与发展,在农业文明的进展过程中,土地的分配和私有制的出现产生了所有权,即私有制的出现。在卢梭看来,私有制的出现,使人类在自然状态中的的自由与平等从此消失,产生了人类的不平等的关系,人的不平等的产生是政治社会出现的标志。私有制是导致人类不平等的根本原因。卢梭指出:"由于人类能力的发展和人类智慧的进步,不平等才获得了它的力量并成长起来;由于私有制和法律的建立,不平等终于变得根深蒂固而成为合法的了"。[1]

卢梭把人类不平等的发展过程归纳为三个阶段:

1. 私有制的产生。私有制的产生首先产生经济上的不平等,社会出现贫富对立,富人用各种手段掠夺穷人的财产,而穷人则不得不夺取富人的生活资料以维持生命。

2. 国家的建立。私有制的产生不仅产生了经济上的不平等而且导致了政治上的不平等。这种不平等"给弱者以新的桎梏,给富者以新的力量;它永远消灭了天赋的自由并使自由再也不能恢复;它使巧取豪夺变成不可取消的权利"。[2] 从而形成富人对穷人的统治。

3. 政府权力的腐化。人类进入政治社会以后,政府逐渐沦为专制,专制暴政把主人和奴隶对立起来,社会的一切都会成为君主的财产,所有人都成为君主的奴隶。

三、自然法思想

卢梭首先批判了孟德斯鸠和霍布斯的法律概念,认为孟德斯鸠关于"法是由事物的性质所产生的必然关系"这一说法是形而上学的。因为它把自

―――――――――
[1] [法]卢梭:《论人类不平等的起源和基础》,李常山译,商务印书馆1962年版,第149页。
[2] [法]卢梭:《论人类不平等的起源和基础》,李常山译,商务印书馆1962年版,第129页。

然法同国家制定法(人为法)混为一谈了。在卢梭看来,由事物的性质所产生的必然关系至多是自然法。卢梭认为,霍布斯关于"法是主权者的命令"的说法,是更加片面的。因为,霍布斯这一法概念根本没有揭示出立法的目的所在。卢梭认为:"法律是全体人民对全体人民作出的规定","当全体人民对全体人民作出规定时……这时人们所规定的事情就是公共的,正如作出规定的意志是公意一样,正是这种行为,我就称之为法律","法律乃是公意的行为"。[1]

卢梭认为,法律具有如下两个本质属性:①对象普遍性。这是指法律只能调整一般的、抽象的具有普遍意义的行为。"我说法律的对象永远是普遍性的,我的意思是指法律只考虑臣民的共同体及抽象的行为,而绝不考虑个别的人以及个别的行为。因此,法律很可能规定有各种特权,但是它却绝不能把特权赋予某一个人;法律可以把公民划分为若干等级,甚至于规定取得各该等级的权利的种种资格,但是,它却不能指名把某某人列入某个等级之中。总之,一切有关个别对象的职能都丝毫不属于立法权力"。[2] ②意志普遍性。这是指制定法律必须反映全体人民的意志,法律是全体人民或称立法者或称主权者公意的体现,这也就意味着"我们无须再问应该由谁来制定法律,因为法律乃是公意的行为;我们既无须再问君主是否超乎法律之上,因为君主也是国家的成员;也无须再问法律是否会不公正,因为没有人会对自己本人不公正;更无须再问人们既是自由的而又要服从法律,因为法律只不过是我们意志的记录"。[3] 在卢梭看来,既然法律是公意的体现,那么人们服从法律,只不过是在服从自己而已。

同其他启蒙思想家一样,卢梭也将法律分为自然法和人定法。其中,人定法包括:政治法(根本法)、民法、刑法以及风俗、习惯和舆论。

四、社会契约理论

近代启蒙思想家的自然法理论,都是从论述自然状态开始的,但是,每个人对自然状态的理解却是不一样的。卢梭认为,在自然状态下,人与人之间都是自由平等的,每个人除了在年龄、体力、生理上存在差别外,不存在奴役与被奴役、服从与被服从等任何不平等关系。自然状态并不是像霍布斯所说的"人与人是狼的关系"的战争状态,而是人类自由平等的黄金时代。但是,这种自然状态下的自由平等是一种低级的无差别的自由平等,随着私有制的产生,人类必然向文明进化。在卢梭看来,"谁第一个把一块土地圈起来并且想到说:这是我的,而且找到一些头脑十分简单的人居然相信了他

---

[1] [法]卢梭:《社会契约论》,何兆武译,商务印书馆1980年版,第51页。
[2] [法]卢梭:《社会契约论》,何兆武译,商务印书馆1980年版,第50页。
[3] [法]卢梭:《社会契约论》,何兆武译,商务印书馆1980年版,第50页。

的话,谁就是文明社会的真正奠基者"。文明社会产生以后,我们便会发现不平等达到了极点,而且尽管"人是生而自由的,但却无往不在枷锁之中"[1]。

为了否定人类的不平等而达到一种新的平等,完成平等——不平等——新的基础上的平等的否定之否定的过程,就"要寻找一种结合的形式,使它能以全部共同的力量去维护和保障每个结合者的人身和财富,并且由于这一结合而使每一个和全体相联合的个人又只不过是在服从自己本人,并且仍然像以往一样的自由,这就是社会契约所要解决的根本问题"[2]。

卢梭承认,社会契约从来没有被人们明确宣布过,但是,普天之下所有进入文明社会的人们却是默认的和公认的。其实,人们订立社会契约的所有条款"可以全部归结为一句话,那就是:每个结合者及其自身的一切权利全部都转让给整个的集体"。之所以要全部转让,是因为:①只有全部转让,才能使每个人在新的基础上达到平等;②只有转让是毫无保留的,每个参加社会契约的人才不会再有什么要求,否则,如果有人保留权利,必然形成暴政;③每个人既然全部奉献出自己,也就意味着没有向任何人奉献出自己,这也就达到了订立契约的目的,每个人全部交出权利,但在交出权利以后,又只不过是在服从自己本人。总之,"人类由于社会契约而丧失的,乃是他的天然的自由以及对于他所企图和所能得到的一切东西的无限的权利;而他所获得的,乃是社会的自由以及对于他所享有的一切东西的所有权"[3]。

五、人民主权理论

为了达到使每一个人既完全服从社会,又仅仅是完全服从自己的双重目的,卢梭主张每一个人都有参加决定社会一切事务的权利。社会就应该是一个完全的人民主权的社会,即最高权力属于人民的社会。

卢梭认为:"主权不外是公意的运用"[4]。"主权的行为又是什么呢?它并不是上级和下级之间的一种约定,而是共同体和它的各个成员之间的一种约定。它是合法的约定,因为它是以社会契约为基础的;它是公平的约定,因为它对一切人都是共同的;它是有益的约定,因为它除了公共的幸福而外没有任何别的目的;它是稳固的约定,因为它有着公共的力量和最高权力作为保障"[5]。既然主权是公意的体现和运用,主权行为是以整个共同

---

[1] [法]卢梭:《社会契约论》,何兆武译,商务印书馆1980年版,第8页。
[2] [法]卢梭:《社会契约论》,何兆武译,商务印书馆1980年版,第23页。
[3] [法]卢梭:《社会契约论》,何兆武译,商务印书馆1980年版,第30页。
[4] [法]卢梭:《社会契约论》,何兆武译,商务印书馆1980年版,第35页。
[5] [法]卢梭:《社会契约论》,何兆武译,商务印书馆1980年版,第44页。

体合法、公平、稳固的社会契约为基础的,那么,国家的主权就不可能属于君主,而只能属于人民。具体说,人民主权包括下面四个属性:

1. 主权是不可转让的。主权者既然只不过是一个以全体人民公意表现出来的集体生命,那么,就只能由它自己来代表自己。退一步说,即使权力可以转让,意志也是不能转让的,因为如果转让意志,就意味着出卖生命和自由,"因此我要说,主权既然不外是公意的运用,那么,就永远不能转让"。

2. 主权是不可分割的。卢梭认为:"由于主权是不可转让的,同样理由,主权也是不可分割的。因为意志要么是公意,要么不是;它要么是人民共同的意志,要么就只是一部分人的。在前一种情形下,这种意志一经宣示就成为一种主权行为,至多也不过是一道命令而已"。基于主权不可分割的思想,卢梭坚决反对各种形式的分权论,他认为分权理论的根本"错误出自没有能形成主权权威的正确概念,出自把仅仅是主权权威所派生的东西误以为是主权权威的构成部分"。

3. 主权是不能被代表的。"主权在本质上是由公意所构成的,而意志又是绝不可以代表的;它只能是同一个意志,或者是另一个意志,而绝不能有什么中间的东西"。[1]

4. 主权是绝对的、神圣的、至高无上的。对它不能加以限制,任何限制和改动主权的意图,也就是摧毁主权的意图。

六、卢梭人民主权思想评析

卢梭人民主权思想的历史意义是确定无疑的,但也是争议最多的。尤其是中国思想界对法国大革命的反思以及伯克思想的逐渐肯定,使正确认识卢梭的人民主权成为可能,如果对人民主权不进行道德限定和制度调整,其对自由与民主的破坏也是毋庸置疑的。

1. 人民主权思想是针对主权在君、主权在上帝而提出的,因此标志着政治哲学由中世纪的神学政治递嬗为近代的民主政治。它既是革命的旗帜与动力,又是宪政的理想与指南。美国学者贝克尔指出,为什么18世纪的那些最有才智的人,那么容易受洛克的《政府论》和卢梭的《社会契约论》的影响? 使得不同国度的那么多人的政治思想沿着同一轨道进行的那些基本观念是什么? 洛克进行了精确的回答,持之以恒地使自己的思想朝着一个既定的方向,就是摆脱君权神授的观念,而确认一个常识:人民的声音就是上帝的声音,人民永远不会让渡他们的主权,主权最终在于被统治者。在中世纪末期,马基雅维里和布丹试图通过国家主权来使民族国家摆脱宗教的控制,但直到17世纪,也尚未提出一个明确的人民主权理论。在英国,菲尔麦从《圣经》中探讨主权的源头,霍布斯仍认为主权在君。君权神授理论主张

---

[1] [法]卢梭:《社会契约论》,何兆武译,商务印书馆1980年版,第125页。

国王的权力不是来自人民而是来自上帝……他们只应对上帝负责。"[1] 主权在民原则从根本上否定了权力来源于上帝或君主,认为政府的权力也是来源于人民,统治者的合法性只能来源于国民的同意。近代的主权在民原则不同于古雅典的城邦民主制,因为当时的民主虽然是多数人的民主,但仍将未有公民权的大多数人排除在政治参与者之外,而近代的主权在民原则是从根本上取消一切基于身份、阶级的不平等。虽然在初期具有不彻底性,但历史已经验证了人民主权原则巨大的威力,体现在改变身份、阶级不平等方面的力量尤显重要。

2.主权在民原则所内生的对不平等和权利剥夺的反抗,使其更具革命性,因此它是将抽象的原则还原为实践的利刃。如果对主权在民原则进一步挖掘,就得出了卢梭抵抗权的合理性理论,即主权在民,当对人民的主权进行剥夺或强制时,人民就有权进行反抗,甚至可以采取革命或暴力的手段而重新取得主权。因此《独立宣言》指出:"如果遇有任何一种形式的政府损害这些目的,那么,人民就有权利来改变它或废除它,以建立新的政府。"法国《人权宣言》第2条明确了反抗压迫是自然的不可消灭的人权。卢梭更是在《社会契约论》中指出,"当人民被迫服从而服从时,他们做得对;但是,一旦人民可以打破自己身上的桎梏而打破它时,他们就做得更对"。[2] 在神权与个人专制面前、在暴力与压迫面前、在奴役与独裁面前,主权在民理论巨大的动员力量和对民主革命的推动力使之成为近代以来最有影响的理论之一。罗伯斯庇尔直接用卢梭的政治语言去付诸政治实践。在美国,潘恩和杰弗逊的激进政治理论成为独立战争时期最亮丽的风景。巴黎公社起义、十月革命和中国现代民主革命也对主权在民原则进行了不同方式的实践。

3.主权在民原则既是近代宪法的逻辑起点,又指导着宪法具体制度的建立。宪政是对民主事实的确认,其理论前提就是国家一切权力的归属问题。如果没有主权在民原则,何来民主?在对民主的众多诠释中,民主是建立在平等基础上的多数原则无疑是首要的,人民主权在实践中虽然不能完全实现卢梭所论的全体公意,但至少也应是多数人的权利。政体的基本划分方式就是以统治者的个别、少数与多数为基础,近代宪政革命是以根本法的形式确认了权力属于多数人,因此主权在民原则是宪政的灵魂,是其他具体宪政制度展开的逻辑起点。选举制度、议会制度等民主制度的真正实现只能是在主权在民原则下的展开。

4.从古希腊的直接民主制实践开始到目前为止,对人民主权理论的局

---

[1] [美]贝克尔:《18世纪哲学家的天城》,何兆武译,三联书店2001年版,第185~187页。
[2] [法]卢梭:《社会契约论》,何兆武译,商务印书馆1980年版,第8页。

限性的认识和实践偏差的纠谬就一直存在。时下中国坊间流行的绝大多数教科书都将布丹与卢梭看作主权在民原则发展史上的两个关键人物,实际上,布丹在提出主权概念和卢梭在确认主权在民原则的激进性方面贡献巨大,而宪政实现同其理论有巨大的反差。罗素指出卢梭是浪漫主义运动之父,从卢梭时代以来,自认为是改革家的人向来分成两派,即追随他的人和追随洛克的人。"希特勒是卢梭的一个结果;罗斯福和丘吉尔是洛克的结果",[1]罗素的评价不完全正确,但他的观点有其合理性。抽象的主权在民原则和不确定任何限制的主权在民理论,在实践中容易变形,甚至成为暴力和恐怖者手中的工具。从人民主权出发导致专制的结果,其理论和实践中体现出惊人反差,运思方式的正确何以谬误千里?戈登指出,"除了马西利以外,人民主权的早期倡导者中没有一个人致力于澄清其意义"。①古希腊的直接民主制,也不是全民民主,而是把众多的奴隶和不具有公民权的人排除在外。近代以降,真正的全民民主也从没有实现过,只有政治乌托邦的理论设计。卢梭认为,每个结合者将其自身的一切权利全部都转让给整个的集体,[2]虽然激进,却是极其危险的,因为全部权利交给集体,如果集体被一人控制,或者集体的意志错误,其后果是自明的。放弃个人独立意志,交给公意,实质上是放弃了主权。这也是卢梭之所以被认为是使个人为国家全部吞并的集权主义学说的鼻祖的原因。托克维尔在评论法国大革命时认为,法国革命是以宗教革命的方式、带着宗教革命的外表进行的一场政治革命。[3] 究其原因在于以"公意"代替了个人的天赋权利,将人民主权等同于集体主义,最后又以个人的绝对权威代替人民的思考。卢梭指出:主权在本质上是由公意所构成的,它只能是同一个意志,或者是另一个意志,而绝不能有什么中间的东西。当把全部政治理想都寄托于一个公意之上时,容易导致极权民主,这同绝对君主制如出一辙。因为主权者的总意志是被奉为永远正确的,以集体的名义行使主权是最为正当的,因此法国大革命出现血腥暴政与卢梭的人民主权并不矛盾。②不能抽象地理解人民主权理论,人民主权理论不是绝对的,在道德上应界定合理的边界,即人民主权思想不是浪漫主义的政治乌托邦,不是绝对的,而是有限制的。

5.应当将人民主权理论放在具体历史境遇中来解释。人民主权理论在18世纪的启蒙运动中被推到了极致,长期以来,人们将卢梭同法国启蒙运动联系在一起。启蒙运动的核心思想由理性至上、个人主义、进步观念、天赋人权等内容构成,启蒙运动的本质在于个人主义的理性摆脱种种束缚人类

---

[1] [英]罗素:《西方哲学史》下卷,马元德译,商务印书馆1976年版,第225页。
[2] [法]卢梭:《社会契约论》,何兆武译,商务印书馆1980年版,第23页。
[3] [法]托克维尔:《旧制度与大革命》,冯棠译,商务印书馆1992年版,第51页。

进步的神权理念和终极信仰思想。晚近的研究表明,卢梭在本质上同启蒙运动存在深层的断裂。卡西尔指出,"卢梭并没有推翻启蒙运动,他只不过是移动了一下启蒙运动的重心",[1] 卢梭攻击启蒙运动,同伏尔泰等人决裂,因为卢梭的思想中重要的"公意"思想抹杀了启蒙运动所确定的个人主义原则。当个人自由和权利受到侵犯时,妄谈"公意"和人民主权已失去了主权在民自身的价值。此外卢梭的整个思想体系含有深厚的宗教情结,卢梭的人民主权之所以激进,就在于他已经将自己的理想意识形态化了,成为一种不容置疑的信仰体系。罗伯斯庇尔就是以宗教般的救赎热忱来践履人民主权思想的。以公意和集体意志抹杀弥足珍贵的个人自由,以信仰体系代替个人的自由思考,这都与启蒙运动的原则相背离,因此应当厘清卢梭的主权在民原则,他在当时的历史时期具有绝对性,是真理,是推动民主政治和反抗压迫的战斗武器,但在长时段的历史中又具有相对性,不是真理。

■思考练习

一、关键术语

法的精神;三权分立;人民主权;社会契约;公意;卢梭;孟德斯鸠。

二、思考题

1. 简述孟德斯鸠"法的精神"的含义。
2. 简述孟德斯鸠三权分立思想的主要内容。
3. 孟德斯鸠怎样论述法与自由的关系?
4. 简述卢梭自然法思想的主要内容。
5. 简述卢梭人民主权思想的主要内容。
6. 简述卢梭人民主权思想。

■参考与阅读文献

1. [法]孟德斯鸠:《论法的精神》,张雁深译,商务印书馆1961年版。
2. [英]萨拜因:《政治学说史》,刘山等译,商务印书馆1986年版。
3. [法]卢梭:《社会契约论》,何兆武译,商务印书馆1980年版。
4. [法]卢梭:《论人类不平等的起源和基础》,李常山译,商务印书馆1962年版。
5. [法]戴格拉夫:《孟德斯鸠传》,许明龙等译,商务印书馆1997年版。
6. [比]特鲁松:《卢梭传》,李平沤等译,商务印书馆1998年版。
7. 鄂振辉:《自然法学》,法律出版社2005年版。
8. 谷春德主编:《西方法律思想史》,中国人民大学出版社2000年版。
9. [英]罗素:《西方哲学史》,马元德译,商务印书馆1976年版。

---

[1] [德]卡西尔:《启蒙哲学》,顾伟铭等译,山东人民出版社1988年版,第268页。

第十章　德国法律思想

■ **本章学习目的和要求**

德国近代法律思想是由古典自然法学思想和古典哲理法学思想共同构成的。17世纪的德国处于分裂之中，普芬道夫的自然法思想反映了当时德国的现状，一方面英国、荷兰等国已经进行了资产阶级革命，另一方面德国仍处于分裂之中，因此，普芬道夫的自然法思想吸收了格老秀斯、霍布斯的法学思想，成为具有过渡性质的自然法学。康德、黑格尔的法学思想以体系化的形式弘扬启蒙思想中的自由主义精神，既吸收了古典自然法学思想中的因素，又认识到古典自然法学思想的弊端。通过本章学习使我们能够从整体上把握德国近代法学思想的发展脉络。

本章重点掌握：普芬道夫的自然法思想；康德的权利论理论；黑格尔"法的概念"；黑格尔法体系；黑格尔法的基本范畴。

第一节　普芬道夫的法律思想

一、生平与著述

赛缪尔·普芬道夫（Samuel Pufendorf,1632年~1694年）是17世纪德国最杰出的自然法学思想家，被认为是"自格老秀斯所开始的近代自然法传统的构建者与系统化者"。生于萨克森的路特兰，父亲是路德教会的牧师。普芬道夫在格里马受过启蒙教育后，曾先后就读于莱比锡大学和耶拿大学，先是学习神学，由于神学教义枯燥乏味，迫害异教徒之风盛行，他转而学习哲学、历史学和法学。毕业后于1660年~1667年曾在海德堡大学和路德大学任教，讲授自然法和国际法，第一次创设自然法和国家法作为单独学科成为法学院学习的课程。1668年到瑞典任职。此后，他是大选侯帝普鲁士腓特烈·威廉治下布兰登堡宫廷历史学家，直到去世为止。

近代古典自然法，上承中世纪神学自然法，近代开端于荷兰格老秀斯，因此，普芬道夫的自然法思想深受格老秀斯的影响。1656年普芬道夫经朋友介绍结识了哲学家笛卡尔，开始接触到笛卡尔的独特论证方法。他的主要自然法学著作是1660年出版的《法理学基础》，是将几何学推广运用到政治哲学和道德哲学的一个尝试。

普芬道夫一生兴趣广泛,研究涉猎众多领域,他对哲学、伦理学、社会学、经济学和政治学等方面均有兴趣,兴趣广泛虽然分散了他进行法学研究的精力,但如果不了解反映人类缤纷生活的各个分支学科,一个单纯的法学家确实很难拥有进行法学研究所必需的敏锐的观察力、穿透力和臻于完善的技巧,但因此他也为后世所诟病:缺乏原创性以及拼凑格老秀斯和霍布斯的思想。普芬道夫对法学的贡献主要表现在他对自然法的捍卫上,作为古典自然法学派在德国的主要代表,其著作中处处充斥着自然法思想,尤其是契约论思想更是影响深远。他写了多种关于政治、法律和历史的著作,特别值得注意的著作是于1672年出版的八卷本的《论自然法和万民法》,以及1673年出版的这本书的概要《根据自然法论人类和公民的义务》,这两部著作是曾被欧洲各大学当作法律和哲学专业基础教材达一百多年之久的不朽著作。《论自然法和万民法》是普芬道夫的一部巨著,本书在自然法概念的基础上,描述了整个法学体系,包括私法、公法和国际法。为了反驳许多人对他的自然法理论所作的亚里士多德式的和经院哲学式的批评,他写了一系列文章为之进行辩护,于1686年收集在一起出版了《斯堪的纳维亚辩论》。此外,他还写了一本分析分裂着的德国并引起极大争论的书《论德意志帝国的宪法》(1667),以及为了捍卫自己观点而写的《学术论文选》(1675)。他在后期主要从事历史和宗教方面的著述,包括演讲集《欧洲当代伟大帝国和国家的历史之导言》(1682~1685),一部关于当代瑞典的史书,一部作为对《南特赦令》的废除所导致的宗教改革的新教徒式思考的书《论基督徒生活和世俗生活的关系》以及一部死后出版的关于腓特烈三世的史书,这部书为英国1688年的光荣革命进行了辩护。

普芬道夫的著作具有深刻的法哲学价值,是德国古典自然法学派的先驱和杰出代表。他在法哲学、国际法、宪法、私法方面都有较为深刻的论述。他对德国近代私法的法典化和体系化也作出了贡献,例如,在普芬道夫作品的影响下,当时德国各邦国编纂的法典都设置了"总则篇"。在《论自然法和万民法》一书中,普芬道夫对契约的理论作了比较充分的论述,这些观点对当时各邦以及后来的法、德两国的债法理论均产生了巨大的影响。[1]

二、自然法思想

近代自然法思想是在重构中世纪神学自然法的基础上展开的。中世纪的自然法思想是以神性为预设前提的,自然法被认作是带有神性的、一种不以人的意志为转移的、放之四海而皆准、垂诸百世而不易的道德规范。[2]

---

[1] 何勤华主编:《德国法律发达史》,法律出版社2000年版,第80页。
[2] 高建主编:《西方政治思想史》第3卷,天津人民出版社2006年版,第268页。

在文艺复兴、宗教改革之后,以人性代替神性解构中世纪神学自然法思想成为可能。以格老秀斯、霍布斯、斯宾诺莎、普芬道夫等人为代表的思想家对传统的以亚里士多德主义、经院主义为哲学基础的自然法思想展开攻击与清算。不少思想家试图为自然法提供新的基础和新的证成方式,而普芬道夫的思想正是为自然法提供合理基础所做的新的努力。与近代自然法思想家一样,普芬道夫认为即使上帝不存在,自然法仍然存在,人性上进行前提预设是自然法的论证前提,是一切法律的基础,他的观点深受格老秀斯的影响,但又超越了格老秀斯。黑格尔总结道:"为了在国家本身内确立一个公正的关系,并奠定一个合法的制度的斗争中,反思的作用显得重要,而且反思也对此最为关切和感到兴趣。并且像在胡果·格老秀斯那里所作的那样,也同样在普芬道夫这里发生,即把人的艺术冲动、本能、社交冲动等当作原则。在这里,他虽说仍然承认国王的神圣权利,根据这种权力只有国王才对上帝负责,不过也有义务听取教会的意见。但是现在他也考虑到人类所具有的冲动和需要。人的冲动和需要被看成私法和公法的基础,并且又从其中派生出对于政府和统治者的义务,从而人的自由也随之得到保证。"[1] 从黑格尔的分析可以看出,普芬道夫的自然法思想继承了格老秀斯的自然法思想,但又有所不同,17世纪自然法思想是在推翻神学自然法思想的基础上重建的,普芬道夫的自然法思想反映了这样的时代特征。

普芬道夫首先从人的本性出发来论证自然法的现实性。认为自然法理论是建立在人的本性基础之上,人具有自私、自爱的本性和恶意、伤害他人的倾向。此外,人类同时具有寻求自我保护的本能和由此产生的与同类联合过安宁生活的强烈愿望。"人类是一种自我保护欲望非常强烈的动物,这是人类的需求,但没有其他同类的帮助,任何个人都保护不了自身,这种情形要求人类相互协助以保全自己"[2]。自然法正是人类这种双重性格的表现,与人性这两个方面一致,自然法有两个基本原则:让每个人尽其所能去保护自己的生命和财产;任何人都不能扰乱社会。普芬道夫把这两个自然法的原则结合起来,形成一条自然法的基本格言:"每个人都应当专致于保存自己,人类社会就不受骚扰"。普芬道夫还从自然法的第2条原则推导出了下列重要法律和伦理要求:"不让任何人去挤压别人,以致别人不可以正当地抱怨他的权利的平等受到了侵犯"。这条原则表述了为普芬道夫所强调的法律平等原则。自然法的这一原则后来被分解为许多具体的规则。关键之处在于,每个人都应当遵循他为别人建立的法律。维持和培养社会生活能力的义务,对所有的人都具有平等的约束力,而且任何人也都不能违反

---

[1] [德]黑格尔:《哲学史讲演录》第4卷,贺麟等译,商务印书馆1978年版,第161页。
[2] 何勤华主编:《西方法学家列传》,中国政法大学出版社2002年版,第82页。

自然法的命令。

普芬道夫的人性论法思想更倾向于霍布斯的人性之恶为前提的观点，但对自然法的定义方面却接近于格老秀斯。认为自然法是正确的理性的命令，正确理性的命令指的是人的知性有一种能力使他从对人类状况的思考中，看清楚应该按照这一法律的规范来生活，同时也能使他发现这一法律的戒条，可以确定无疑且明白地显示出来的原则。这些原则可以从风俗与日常生活过程当中，通过正确地观察与考究与事物的本质相一致的真实原理，然后进行逻辑推演之后即可得出。可见普芬道夫将人的本性倾向置于"自然状态"之中，反过来从中发现自然法。

普芬道夫的自然法思想在格老秀斯与霍布斯之间摇摆，对霍布斯的人性恶、功利主义方面倾向更多。在承认人本性的脆弱、个人无力改变世界这一点上，他倾向于霍布斯；同时又承认自然法规定了人的社会性，这一点又倾向于格老秀斯，认为根本的自然法是"任何人必须，因为他能，对他人培养与维持和平的社会性，这种和平的社会性与人类的本性及人类整体的目的相一致。我们此处所指的社会性，不仅仅是一种形成特定社会的倾向……而是一种与其他人通过慈爱、和平、仁爱，以及因此而生的相互的义务而联合在一起的一种倾向"。在关于自然法的有效性和法律的本质等问题上，普芬道夫也显现出反对格老秀斯而倾向于霍布斯。[1]

普芬道夫对自然法的重构，一方面坚持了自然法作为普遍的、永恒的规范的传统，另一方面又将近代自然法传统当中存在的一些张力，主要是格老秀斯与霍布斯的自然法思想中存在的一些张力进行了调和与消解，减少了近代自然法传统内部的矛盾。由神学的自然法向理性的自然法转变是启蒙运动的主要动力，但也有当时的时代背景的推动，否则无法解释与普芬道夫同时代的格老秀斯、阿尔图乌斯、苏阿雷茨等人为何却将理性自然法进行系统化，那就是"三十年战争"（1618～1848年）导致的战争纷乱、残暴、恐怖使欧洲动摇不定，以及对人文主义的道德和政治信条所造成的破坏，迫使当时的理论家建立一种新的自然法思想，既能拯救斯民于水火，又能符合启蒙运动的精神，那就是以理性自然法代替神性自然法。普芬道夫很好地完成了这个任务。普芬道夫将自然法发展成为能够理性证明的教育体系。他认为，自然法就是社会义务的体系，它的实施需要国家的统治权力。因此，启蒙的自然法依附于这个时期的宪法理论也即绝对主义，并为其合法性提供证明。

三、契约论思想

17世纪上半叶发生的30年战争，使欧洲大部分地区生灵涂炭，社会动荡不安，其中既包括宗教战争，也有法国与哈布斯堡家族之间战争的延续。

---

[1] 高建主编：《西方政治思想史》第3卷，天津人民出版社2006年版，第270页。

战争的起因在德国,一方面由于天主教徒与新教徒彼此敌对,另一方面由于德国王公们反对皇权,战争最后成为强国争夺欧洲的霸权的普遍冲突。国家交往的基础、人民和社会的安全都遭到了破坏,欧洲需要新的国家理论来重建和支持欧洲秩序,普芬道夫的契约理论应运而生。黑格尔总结了普芬道夫建立契约论的目标:"国家的基础是社会交往的本能;国家的最高目的在于通过把内在的良心义务转化为外在的强制义务来保证社会生活的和平和安全"。[1]

普芬道夫与其同时代的斯宾诺莎、洛克等人的契约论思想不同,由于他生长在德国,而德国不同于荷兰和英国,在17世纪,荷兰、英国的资本主义发展得很快,初步建立起近代民主、民族国家。当时的德国却深受分裂、动荡与战争之苦。宗教改革主要在德国,三十年战争也由德国挑起,加之落后、封闭的经济,使普芬道夫的契约理论明显带有过渡性质,他的契约理论也是从自然状态开始进行阐述,是其自然法思想的自然展开。

普芬道夫认为,仅仅通过暴力和恐惧的力量很难将如此众多的人团结在一起,此外,如何阻止臣民随意推翻服从并破坏国家也是当务之急。战争似的自然状态并不是人类的最初状态,他同意英国菲尔麦的观点,即人类刚开始的时候都服从于亚当的父权。后来他们及其后裔都"离开了父权的家",并且"几乎每一个男性都成立了自己的家"。这种由家长统治的家庭构成的集合就是自然状态,它存在各种各样的弊端需要公民政府来补救。普芬道夫比霍布斯更加明确地指出,建立国家是家长们的工作,他们已经对各自的家庭行使了权威,并有权要求他们的家属接受政治权威。[2] 政治权威就是社会契约,在这种政治权威的形成方式上,普芬道夫认为,建立一个国家需要两种约定:①人们同意进入一个由"伙伴公民"组成的"永恒的共同体",也就是说,他们相互保证接受政治权威。在第一个约定中,政治共同体必须就将由谁以及如何统治他们作出一个决定。②统治者和政治共同体中的其他人之间的约定:前者"有义务确保公共安全和防卫,其他人则对他们表示服从"。普芬道夫的社会契约论把臣民放到了一个相对于其统治者而言更为有利的道德立场上:因为后者既要受到他们与人民之间的契约的约束,又要受到自然法的约束。尽管从理论上说,最高政治权威要受到契约和自然法的双重约束,但普芬道夫并不打算为反抗做任何辩护,认为最高权威仍然是不对任何人负责的,易言之,它不必向任何世俗之人承担责任。因为,如果它被认为失职的话,它将因此而受到人类的惩罚或强制,这样一来,他就不是最高权威了。"不仅反抗主权者的合法命令是错误的,而且,公民

---

[1] [德]黑格尔:《哲学史讲演录》第4卷,贺麟等译,商务印书馆1978年版,第161页。
[2] [英]莱斯诺夫等:《社会契约论》,刘训练等译,江苏人民出版社2005年版,第104页。

必须耐心地忍受它的苛严。"[1]普芬道夫在社会契约论方面不如洛克、霍布斯更具有革命性和深刻性,也是囿于当时德国专制的现实的结果。

普芬道夫为从自然状态向国家过渡提出了一个更合乎逻辑并更富于历史复杂性的说明,即欧洲绝对王权的存在是由于人作为个人向君主让渡(而不是委托)了自我保存的权利。作为过渡人权的普芬道夫的社会契约思想对自然状态的描述介于洛克与霍布斯之间,认为自然状态的基本特征是和平而不是无休止的战争。但这种自然状态并不美好,最后终于不能忍受了,于是人们寻求摆脱困境的方法,就是通过契约建立社会与国家。但在他的后期著作中,又认为君主成了国家的真正敌人并使国家面临实际危险的非常情形下,个人或人民才拥有权利为保卫自己和国家的安全而反抗君主。[2]可见他对最高政治权威的服从与反抗也是相互矛盾的,这反映了其社会契约思想的两面性与妥协性。

法国思想家伏尔泰对普芬道夫社会契约思想的过渡性评价说:"普芬道夫说要去研究什么是最好的政府形式;他向你们说:有许多人为君主制辩护,另一些人则相反,激烈地放肆攻击国王;而详细考察后者的理由是不在他的主题范围之内的。如果有一个狡猾的读者在这里期待我们说出比普芬道夫更多的话,那他就大错特错了。"[3]总体上讲,普芬道夫的社会契约思想是为开明专制政体服务的。"虽然他否定专制主义,并敦促统治者将人民的福利放在首位,但与此同时,他也反复灌输被动服从的义务。"[4]这种开明盛行于17世纪的德国和其他一些地方,同时他本人在其极为辉煌的一生中的不同时期先后效力于三位君主。

四、法的一般理论

近代法哲学以古典自然法学思想为其主流,普芬道夫的自然法思想具有那个时代共有的论证方式和鲜明的时代特征,他早期受经院哲学之熏陶,但在社会情势大变革之中,思维内容也发生了改变。1668年,普芬道夫受聘于瑞典隆德大学讲授自然法,在其后捍卫自然法的过程中,他对法的基本原理和部门法学都有过研究和论述。

在自然法学说方面,普芬道夫连结着格老秀斯和霍布斯。[5] 普芬道夫

---

〔1〕 [英]莱斯诺夫等:《社会契约论》,刘训练等译,江苏人民出版社2005年版,第105页。
〔2〕 [美]博登海默:《法理学:法律哲学与法律方法》,邓正来译,中国政法大学出版社1999年版,第45页。
〔3〕 北京大学哲学系外国哲学史教研室编译:《十八世纪法国哲学》,商务印书馆1963年版,第93页。
〔4〕 [英]莱斯诺夫等:《社会契约论》,刘训练等译,江苏人民出版社2005年版,第106页。
〔5〕 [德]考夫曼等主编:《当代法哲学和法律理论导论》,郑永流译,法律出版社2002年版,第83页。

创立了自然的义务体系。中世纪时期的托马斯·阿奎那等人的永恒法、自然法和人定法划分深得其喜爱,普芬道夫在此基础上结合其自然法思想将自然法与上帝法彻底分离。对上帝的义务仅与宗教有关,对人自身的义务只属于道德。法律义务是惟一的对共同体的义务,这种义务完全独立于宗教和道德,且仅来源于理性。普芬道夫将法律义务划分为三种基本类型:①不损害他人(还包括尊重财产权和履行契约);②平等地对待他人(各得其所;尊重人的尊严);③尽可能帮助他人(关怀)。

普芬道夫认为自然法是永恒存在的,即使上帝不存在,自然法仍然存在,因为制裁是法律的一个本质特征。普芬道夫还提出了一个对后来产生巨大影响的观点:任何权利都必然与义务相联系,人的义务是由一种有关社会性的自然动机规定的。像格老秀斯一样,普芬道夫将他的法哲学建立在最低限度的自我保存的自然法基础之上,在这一基础之上,自我保护和财产保护的自然义务和自然权利等都可以必然地推导出来,而这些反过来又可以用来作为任何行为或社会关系之是非曲直的道德标准。这个最低限度的观念被认为可以避免来自道德怀疑论的攻击,又可以为欧洲所有相互敌对的基督教派别所接受。保存义务为现代国际法理论奠定了基础。

作为17世纪德国著名的法学家、国际法专家、德国古典自然法学派的代表人物,普芬道夫的思想和著作对德国和世界法学产生了巨大影响,其著作被多次再版,并被译成多国文字。普芬道夫的思想在18世纪产生了巨大的影响,并通过这些书籍使他对自然法传统的深入研究被传播到了启蒙运动的思想家那里。普芬道夫曾因其思想的折中主义、缺乏原创性而被看作是二流的政治思想家,不过,也许正因其糅合各家思想的折中主义,普芬道夫的思想引起了18世纪政治家、法律思想家的关注。洛克、休谟、卢梭以及亚当·斯密等人均受其一定程度的影响。

第二节 康德的法律思想

一、生平与著述

伊曼努尔·康德(Immanuel Kant,1724年~1804年),18世纪杰出的思想巨匠,是德国古典哲学的创始人。康德的先验批判哲学揭开了德国资产阶级哲学革命的序幕,他发动了哲学领域的"哥白尼革命",他的思想被马克思称之为"法国革命的德国理论"。康德1724年4月24日出生于东普鲁士行政和文化中学哥尼斯堡,父亲是个做马鞍的工匠。他8岁时进入哥尼斯堡的一个虔敬派学校读书,学习神学与拉丁文典籍,康德16岁时进入哥尼斯堡大学学习,1746年因父亲去世而被迫中断学业,直到1755年在朋友的帮助下才恢复了学业,并获得博士学位。作为没有正式薪俸的讲师开始了在哥尼斯堡大学里的教学生涯。1770年，康德成为逻辑与形而上学的教授，并以此教职终其一生，先后教授逻辑学、哲学、数学、物理学、人类学、教育学等学科。

康德的父母都是虔诚的信徒，在他的家庭中充满了浑厚的宗教气氛，尤其是他母亲的信仰生活，对康德产生了深刻影响。康德一生爱好平静与秩序，他除了到90公里外的但泽旅行过一次，从未离开过家乡，数十年如一日地过着极有规律和单调刻板式的书斋生活。他每天下午都要在一条街道上散步，他准时到这种程度，以至当地居民按照他出来的时间校正自家的钟表。康德的一生就是哲学的一生，一生的标志就是他的那些著作，他生活中最激动人心的事件就是他的思想。教书、著作就是他的一生，他全靠读书来补充他那狭隘的经验境界，似乎书籍就成了他的全世界。这个古怪的哲学家以一种异常宁静的外表生活经历着内心生活的惊涛骇浪，终于掀起哲学上的"哥白尼革命"。作为一个孜孜探索和追求真理的思想家，他并未脱离生活和时代，在法国大革命的影响下，他更加注意研究社会政治和法律问题。他虽然向往自由和平等，却又认为这只是一种观念和理想，在现实世界中不可能充分实现，只好寄希望于"彼岸世界"，人们的现实追求只是一个纯粹的善良意志，重要的问题在于不断改善人的道德，而不是采用革命手段。康德的法学思想带有浓厚的伦理色彩，奠基于其道德哲学基础之上，属于实践理性范畴，矛盾、调和是他的政治与法律思想的基本特征。康德建立起了一个宏伟的哲学体系，包含着众多的细致分析、严谨的概念、复杂的论辩和宏大的话语。罗素认为康德是近代哲学中最伟大的。雅斯贝尔斯认为康德是思辨哲学的集大成者，"康德是无法回避的。没有他，人们在哲学中还毫无批判性"。[1] 马克思指出："在法国发生政治革命的同时，德国发生了哲学革命，这个革命是由康德开始的，他推翻了前世纪欧洲各大学所采用的陈旧的莱布尼茨的形而上学体系。"康德哲学是革命的，是对启蒙运动的系统阐述，并从精神上肯定了法国革命。康德反对哲学形而上学的"独断论"，在唯理论和经验论之间开辟了先验哲学的新路径。康德墓地柱廊刻着一句名言："有两种东西，我们对它们的思考越是深沉和持久，它们所唤起的那种越来越大的惊奇和敬畏就会充溢我们的心灵，这就是繁星密布的苍穹和我心中的道德律。"

康德一生著述丰富，重点在哲学方面，其著作可分为"前批判时期"与"批判时期"。在"前批判时期"，他起先主要从事自然科学方面的研究，22岁时就撰写了他的第一部著作《关于对活跃的力量的真实评价的思考》，尤以在《自然通史和天体理论》中提出的太阳系演化学说最为著名。此外1763

---

[1] [德]雅斯贝尔斯：《大哲学家》，李雪涛主译，社会科学文献出版社2005年版，第548页。

年撰写的《论优美感和崇高感》也是早期重要著作。在18世纪70年代进入"批判时期"之后,他写下了著名的"三大批判":《纯粹理性批判》(1781)、《实践理性批判》(1788)和《判断力批判》(1790)。康德哲学充分地展示了时代精神和民族精神,表达了在政治思想和法律思想方面的真知灼见,主要法学著作有:《什么是启蒙?》(1784)、《论永久和平》(1795)、《道德形而上学基础》(1785)和《法的形而上学原理》(1797)等。法学思想著作中文版主要有《法的形而上学原理》和《历史理性批判文集》等著作。

二、康德法哲学的基本特征

康德的哲理法学体系,是以先验唯心主义哲学为基础的。在哲学上他是一个二元论者,即不可知论和主观唯心论,康德承认在人们的意识之外,存在着"自在之物"(本体)的客观实在世界,它不信赖于人的意识而独立自存,是人们感觉的源泉,在这一点上是唯物主义的。但是他又断言,人们对这个"自在之物"是不能认识的,因为人们只能认识事物的现象,而不能认识它的本质,事物的本质存在于"彼岸世界",对它的认识已超过了人们的经验的界限,这样一来,康德在认识论上又导致不可知论。平静生活之下对法国革命的向往以及结合当时德国的现实状况,使得康德的法律思想具有如下基本特征:

1. 以自由和权利为基本范畴。严格意义而言,德国的哲理法学是由康德开创的,但哲理法学家一般主要是哲学家,其次才是法学家。康德思想所受到的巨大影响,在科学上是牛顿,在人文领域则是卢梭,他称卢梭为"第二牛顿"。牛顿和卢梭都是在各自领域中的革命性的人物,纵观康德一生都是在满怀信心实现其早年的夙愿,即"替一切人恢复其为人的共有的权利"。在康德的有限生涯中,他经历了七年战争、法国大革命和拿破仑生涯的初期,他对法国大革命的精神无比向往,因为他体现了自由的原则,是人性的真正解放。"人为自然立法"是康德哲学人生的使命,自由是其前提。英国思想家休谟把他从独断的睡梦中惊醒,休谟的自由思想第一次影响了康德,但康德不久又发现了对他影响更深的思想家卢梭。康德是一个生活习惯十分有规律的人,一生只中断过两次的散步,其中一次是阅读卢梭的著作。"虽然康德素来受的教养是虔诚者的教养,但他在政治和神学双方面都是自由主义者;直到恐怖时代为止,他对法国大革命向来是同情的,而且他是一个民主主义的信仰者。"[1]康德法学理论最重要之点,是为自由主义法学思想提出一套哲学的论证。

2. 康德法哲学的折中性。列宁说:"康德哲学的基本特征是调和唯物主义和唯心主义,使二者妥协,使各种相互对立的哲学派别结合在一个体系

---

[1] [英]罗素:《西方哲学史》(下卷),马元德译,商务印书馆1976年版,第247页。

中。当康德认识在我们之外有某种东西、某种自在之物同我们的表象相符合的时候,他是唯物主义者;当康德宣称这个自在之物是不可认识的、超验的、彼岸的时候,他是唯心主义者。"康德在哲学上的这种的态度,正是德国资产阶级的两面性和妥协性的明显表现。他的法律思想自始至终都贯穿二元论的折中主义哲学。一方面是对法国大革命的热情讴歌,一方面却对德国专制制度并无彻底批判。强大的封建专制统治与缓慢的资本主义发展是康德思想表现出两重性的根本原因。思想决定行动,行动反映思想,康德虽然热衷于政治,但却始终没有担任过任何政治职务,并一向是政府的顺民。例如在自由这一问题上亦如此,"人有自由;以及相反地:没有任何自由,在人那里一切都是自然必然性"。[1]

3. 康德的法哲学是奠基于其道德哲学基础之上的。康德对法学最完整、最系统的阐述集中于1797年出版的《法的形而上学原理》一书中,其书是他的《道德形而上学》一书的上册。《道德形而上学》是一个完整的康德伦理学体系,包括德行论和法权论,都隶属于实践理性,隶属于意志,服从实践理性的规律。《法的形而上学原理》所讨论的是关于法的基本形而上学根据,由两大部分构成:私法和公法。《道德形而上学》下册是德行论,所讨论的是德行的基本形而上学根据,主要讲各种种类的责任。为人确立了道德的最高原则,加强理性的力量,提高人格的尊严。法权论是以德行论为基础的自然展开,意志是自由的,但责任和义务不可逃避,这就是康德法思想的核心追求,也是《道德形而上学》一书的主旨。

康德的法律思想是以其伦理学为基础的,而其伦理思想的中心就是普遍的道德法则。康德认为人们唯有遵循"道德法则"行动才是合乎道德的,真正的道德乃是"善良意志"本身,就是说人只要有善良意志,就会有道德。道德法则必须以意志自由为前提,一个人愈按道德法则去行动,道德愈发展,个人也就愈加自由。意志自由是道德法则的基础,同时它又受道德法则支配,没有人的道德本性,也就没有自由的道德,道德愈发展愈能抑制冲动和情欲,人们也就更加自由。道德法则是普遍的、必然的、先验的,是理性所固有的和永恒不变的。

在法和道德的关系上,康德认为这两者既有联系又有区别。他认为道德是法的灵魂和基础,调整人的内心感受。道德法则是先验和必然的,是人天生就有的,人人相同。道德行为不问效果如何,只动动机。好的意志本身就是好的,即使它不能实现,仍能保存自身所具有的全部价值。总之,道德以人的自由意识为基础,它是内在的自觉的单方面起作用,不具有任何国家强制力。康德认为法是道德的外壳,是它的特殊表现形式。法只涉及人们

---

[1] [德]康德:《康德书信百封》,李秋零译,上海人民出版社1992年版,第224页。

之间的"外在和实践的关系",它不考虑一个人行为对另一个人的愿望,只问彼此自由行为关系是否协调,免得引起冲突。

三、权利、社会契约与法

权利是康德法哲学的核心范畴,康德认为权利的概念很难确定,但必须确定。"问一位法学家什么是权利就像问一位逻辑学家一个众所周知的问题'什么是真理?'一样使他感到为难。"[1]康德侧重从权利角度来探求永远不可改变的一切实在法的原则。在他看来,法学的任务不单是研究"实在的权利和法律的实在知识",应当探求"纯粹权利",即"自然权利原则",并从中推演出所有实在法不可改变的原则。他把权利分成自然的权利和实在法规定的权利,天赋的权利和获得的权利。

自然的权利就是天赋的权利,是每个人根据自然而享有的权利,他不依赖于经验中的一切法律条例。获得的权利是以上述法律条例为根据的权利。[2]人的天赋权利就是生来就有的自由权,它是由人性决定的。"只有一种天赋的权利,即与生俱来的自由。"[3]人性有两种,一是社会性;二是反社会性。这样两种天性,使人人都觉得,他既不能和旁人和平相处,又不能缺少别人帮助,如果缺少别人帮助就不能生存,因此在国家出现以前就存在个人对全体搏战的野蛮状态。

所谓实在的或法律的权利,是由立法的意志规定的,以法律条例为根据而"后得的权利"。人们在理性的驱使下,逐渐懂得竞争必须限制在一定范围内,要受规则、习惯和法律的约束,于是人类就突破了自然状态进入文明社会,通过缔结契约建立了国家,用法律来调整人们相互间的关系,依照法律规定的秩序去生活。人类设立公民社会是根据"最初的契约",放弃自己的自然自由,为的是获得作为国家成员的自由,为了求得和谐,为了使自由权利并行不悖,便把个人意志联合成共同的和公众的意志。"由一个民族全部合法的立法所必须依据的原始契约的观念而得出的惟一体制就是共和制"。[4]"大自然迫使人类去加以解决的最大问题,就是建立起一个普遍法治的公民社会"。[5]有无法律就是自然状态和文明状态的区别所在,自然状态是属于"个人权利"阶段,而文明状态则属于"公共权利"阶段。康德说:"人民根据一项法规,把自己组成一个国家,这项法规叫做原始契约。这么称呼它之所以合适,仅仅是因为它能提出一种观念,通过此观念可以使组

---

[1] [德]康德:《法的形而上学原理》,沈叔平译,商务印书馆1991年版,第39页。
[2] [德]康德:《法的形而上学原理》,沈叔平译,商务印书馆1991年版,第49页。
[3] [德]康德:《法的形而上学原理》,沈叔平译,商务印书馆1991年版,第50页。
[4] [德]康德:《历史理性批判文集》,何兆武译,商务印书馆1990年版,第105页。
[5] [德]康德:《历史理性批判文集》,何兆武译,商务印书馆1990年版,第8页。

织这个国家的程序合法化,可以易为人们所理解。根据这种解释,人民中所有人和每个人都放弃他们的外在自由,为的是立刻又获得作为一个共和国成员的自由。从人民联合成为一个国家的角度看,这个共和国就是人民,但不能说在这个国家中的个人为了一个特殊的目标,已经牺牲了他与生俱来的一部分——外在的自由。他只是完全抛弃了那种粗野的无法律状态的自由,以此来再次获得他并未减少的全部恰当的自由;只是在形式上是一种彼此相依的、受控制的社会秩序,也就是由权利的法律所调整的一种文明状态"。[1] 国家和法就是人们有组织的共同意志的体现,它的目的在于保障公民权利,实现社会上的普遍正义。

康德把法看成是"绝对命令"的体现,是一种强制权利。所谓"绝对命令",就是人们应当无条件地遵循普通道德法律来行动,它是人们道德行为的最高准则。实现道德法则是人们的义务,人们应当绝对地、无条件地遵循它来行动。法律和政治都受"道德法则"的指示,要符合它的要求。法是促使"一个人的任意行动按普遍自由法则而同另一个人的任意行动相协调的各种条件的总和"。质言之,所谓法律就是一人的自由与他人的自由,依照一般规则而互不分割的意思;它是借助客观存在的普遍自由法则,限制一个人对另一些人的专横,这个原则的强制基础就是绝对命令,所以说法律则是个人自由与他人自由共存的条件和制度,它既是"绝对命令"的体现,又是为实现绝对命令的。

康德把法和强制性的权利看成是一回事,而权利的核心便是意志和行为的自由。法律既限制了自然状态下的那种自由,又保证了文明社会中人人所拥有不受人侵犯的自由。康德在德国的具体历史条件下,运用了法国启蒙学者卢梭等人的天赋人权观点,并对此作了各取所需的解释。

四、法的分类

在康德的法哲学理论体系中,法与权利具有相同的内涵,权利的划分就是法的分类。康德从其权利的一般定义出发,首先将法分成自然法和实在法两大类。实在法又分为私法(私人权利)和公法(公共权利)。

1. 自然法。所谓自然法是指即使没有外在立法,其强制性也可为先验理性所承认,亦可称为道德法、本原的法或纯粹的法。一切实在法都来源于自然法。"它不依赖于经验中的一切法律条例。"

2. 实在法。所谓实在法是指由立法机关公布的成文法。康德认为,若无外在立法便无强制性的法律,这种外在立法即实在法。自然法和实在法通常称为"外在的法律",即"使外在立法成为可能的强制性法律"。它们之间的区别就在于:自然法的渊源是先验的原则,而实在法的渊源是立法者的

---

[1] [德]康德:《法的形而上学原理》,沈叔平译,商务印书馆1991年版,第143页。

意志。

3.私法。私法调整私有者的个人关系,自然法是私法的基础,事实上的占有是私法的主要制度,保护私有财产是私法的主要任务。康德特别重视所有权和占有,并提供了获得外在物的方式。指出物权是一种反对占有者占有它的权利,这在古罗马法中是正确的。但是,物权的真正定义应该是这样:在一物中的权利就是私人使用一物的权利,该物为我和所有其他的人共同占有——原始的或派生的。因为只有依照这惟一的条件,我才可能排除其他占有者私人使用该物。[1] 康德还提出了物权的原则和人权的原则,认为作为私法的客体不仅有物,还有人的行为以及人的本身。

4.公法。公法是指包括全部需要普遍公布的、为了形成一个法律的社会状态的全部法律。[2] 公法是规定国家事务的法,它规定国家生存及公民间权利和义务的关系。宪法、民族法、国际法和世界法构成整个公法体系。它们彼此之间关系极为密切,如果其中任何一种公法不能体现出法的基本原则,那么整个法律体系便会遭到破坏,对于一个民族或处理各民族彼此关系来说,这些法律体系是必不可少的。人民和各民族由于彼此之间互相影响,就需要有一个法律机构组织,把大家联合起来服从一个意志,这样人们才能分享到公正。现代公法只能产生在按照社会契约结成的现代国家之中,"在一个法律的社会状态能够公开建立之前,单独的个人、民族和国家绝不可能是安全的、不受他人暴力侵犯的"。[3]

康德指出了公法与私法在文明社会的相互关系。在前现代社会,公法与私法处在张力之中,这是自然社会的基本特征。"虽然个人根据这样的权利的观念可以由于占领或契约而获得外在物,但是,在自然状态中,这样的获得只是暂时的,只要这种获得尚未经公共法律的认可。因为在没有得到这种认可之前,占有的条件不决定于公共分配的公正,也没有为任何执行公共权利的权力所保证"。[4]

五、刑法思想

康德认为犯罪就是破坏正义。他认为:"在我们实践理性的观念中,当道德法则一旦被破坏之后,就有一种东西相伴而来,那就是这种违法行为的罪过。"又认为:"每种名实相符的刑罚自身首先必须含有正义,这种正义是刑罚的本质所在。"犯罪就是破坏正义的行为,对犯罪者的惩罚是为了恢复正义,如果对犯罪者不给予应有的惩罚,社会就失去了正义,那么这个世界

---

[1] [德]康德:《法的形而上学原理》,沈叔平译,商务印书馆1991年版,第75页。
[2] [德]康德:《法的形而上学原理》,沈叔平译,商务印书馆1991年版,第136页。
[3] [德]康德:《法的形而上学原理》,沈叔平译,商务印书馆1991年版,第137页。
[4] [德]康德:《法的形而上学原理》,沈叔平译,商务印书馆1991年版,第138页。

上人类的生命就没有任何的价值了。他反对滥用刑罚,认为:"法院的惩罚绝对不能仅仅作为促进另一种善的手段,不论对犯罪者本人或者公民社会都如此。惩罚在任何情况下,必须只是由于一个人已经犯了一种罪行,才加刑于他。因为一个人绝对不应该只作为一种手段去达到另一个目的,也不能与真正权利的主体混淆。"[1]

在康德看来,刑法是绝对命令,它的要求是绝对的。惩罚犯罪的方式和尺度应当以公共的政府作为原则和标准,这就是刑罚平等原则,根据这个原则,在正义天平上的指针就不会偏向一边。因此刑罚的原则应当是惩罚方式和手段同罪行相等,依据同态复仇法"以眼还眼,以牙还牙",杀人犯理应处死刑。"在这种情况下,没有什么法律的替换品或代替物能够用它们的增或减来满足正义的原则。没有类似生命的东西,也不能在生命之间进行比较,不管如何痛苦,只有死;因此,在谋杀罪与谋杀的报复之间没有平等问题,只有依法对犯人执行死刑。"[2]

从这一思想出发,康德反对废止死刑。意大利刑法学家、古典刑法学派创始人贝卡里亚(1738年~1794年)基于契约论,主张废除死刑,认为死刑既是不必要的,也是非正义的。对此,康德针锋相对地反驳说,罪人不能自处立法者的地位,他不能以罪人身份参加立法,指望让他们自己同意处死,那是不可能的。认为死刑的存在就等于人人同意自杀,甚为荒谬。但是康德却主张在执行刑罚时,应当维护人的尊严,实行人道主义,不能把犯人当作工具对待。他更反对从功利主义出发,对犯人进行某种试验,似乎犯人只要在试验中没有丧生,便免除死刑,这种做法根本不符合刑法原则。

此外康德还谈到了罪犯赦免的权利以及紧急避难权。虽然在法律上规定某些行为可以免于刑罚,但对此行为不能完全不受谴责。"赦免的权利,从它对犯人的关系来看,是一种减刑或完全免除对他的惩罚的权利。从统治者一方来看,它是所有权利中微妙的权利。因为,由于行使这种权利,可以为他的尊严添加光彩,但也会因为这样做而犯大错。这种权利的行使,不能用在臣民彼此间侵犯的罪行上,因为这样一来,被免除惩罚的罪行,可能是对臣民做了一件非常不公正的事情。只有对偶然发生的某种有损于统治者本人的叛逆罪,他才应该行使这种权利。如果免除一种惩罚,人民的安全将会受到危害,那么,在这样的情况下,就不应该行使赦免权。这种权利是

---

[1] 西方法律思想史编写组:《西方法律思想史资料选编》,北京大学出版社1983年版,第424页。

[2] 西方法律思想史编写组:《西方法律思想史资料选编》,北京大学出版社1983年版,第425页。

惟一值得称之为'君主的权利'的。"[1]

康德的刑法思想具有双面性,一方面他接受了近代启蒙学者关于天赋人权和自由平等思想的影响,在刑罚思想方面主张尊重人格和实行人道主义,反映了德国资产阶级进步思想的要求;另一方面他在强调刑罚平等原则的同时,却又导致同态复仇的结论,与他的进步主张相矛盾,这就表明康德的刑法思想同他的整个法律思想一样,表现了当时德国资产阶级整体上的不成熟。

六、永久和平论的国际法思想

康德继承了格老秀斯在《战争与和平法》中的思想,从战争法引申出国际法。认为人类从野蛮的战争状态走向公民社会是一种进步,同时在国际关系中亦如此,"国家公共安全的世界公民状态"是人类永久和平的前提。康德将社会契约理论也应用于国家间的联合当中,认为国际法应当以一切自由国家的联合为基础,对各国人民应以普遍善待为限度,无论任何国家对来自异域之外的人均不应报敌视态度,各国间要保持友好往来,不应劫掠或虐待。

康德认为国际法的产生与国内法的形式出现有相同之处。国内法是人类摆脱自然状态进入法律状态的产物。国际法乃是各民族、各国家之间从无法律的自然状态而组成一个由法律规定的和平的国际社会的产物。在未有国际法之前,各民族、各国家之间最初也都处于无法律、互相争斗的自然状态,在战争状态下,强者权力占优势,各民族国家之间都缺乏安全感,从战争中获得的财富只能暂时占有。为了克服混乱状态,使各国都能服从不使战争存在的原则,于是相邻的民族或国家便通过订立契约,结成联盟,组成一个由法律来维持和平的国际社会。由相邻的民族或国家彼此之间所订立的那些条约或法律,称之为"万国公法"或"国际法"。凡是从全球范围出发制定的法律,所有国家都应遵守,这些法律称之为"世界法"。

在《论永久和平》一文中,康德提出了消除战争、保障各国人民走向永久和平的规划。提出了国与国之间永久和平的先决条款:①凡缔结和平条约而其中秘密保留有导致未来战争的,均不得视为真正有效。②没有一个自身独立的国家(无论大小,在这里都一样)可以由于继承、交换、购买或赠送而被另一个国家所取得。③常备军应该逐渐地全部加以废除。④任何国债均不得着眼于国家的对外争端加以制订。⑤任何国家均不得以武力干涉其他国家的体制和政权。⑥任何国家在与其他国家作战时,均不得容许在未来和平中将使双方的互相信任成为不可能的那类敌对行动。[2] 康德认为

---

[1] [德]康德:《法的形而上学原理》,沈叔平译,商务印书馆1991年版,第171页。
[2] [德]康德:《历史理性批判文集》,何兆武译,商务印书馆1990年版,第98页。

按照道德法则的要求,人类的目的是永久和平,在各国间确立永久和平乃是历史发展的必然趋势。为了求得人类的文明进步,在一个国家内,不可不保持一种安宁,而这种安宁在国与国之间也需要加以维持。为了实现人类的理想境界,康德认为缔结国家联盟协定,则是保持永久和平的必要条件。永久和平第二项正式条款是"国际权利应该以自由国家的联盟制度为基础"。[1] 他竭力反对侵略性的掠夺战争,认为战争的结果虽然有时能刺激人类推进文明,但是就战争本身来说,实在是一切罪恶的根源,对文明民族是最大的灾难,我们应设法使之消灭。在康德看来,只有防卫战争才是正当的,因为在这种战争中,人民是为了维护自己的独立。如果人民认为没有进行战争的必要,它有权处于和平状态。由这种和平法引申出中立法、保障法和同盟法。国家在战争状态,应当尊重信义、诚实,交战国亦应信守条约(如休战条约等)。这些主张在原则上均被近代国际法学者所采用。康德自信永久和平不是人类的空想,由于战争所带来的国民负担的增加和民主主义的日渐发达,一定会使人们努力促进永久和平的实现,但是他又不得不承认,真正要建立起一个庞大的国家联合体,包括如此辽阔地域内所有的政府是不可能的,所以"永久和平"计划,作为人类的理想只是一种不可能实现的应有的东西,但康德还是论述了永久和平的保证问题。

第三节　黑格尔的法律思想

一、生平与著述

乔治·威廉·弗里德里希·黑格尔(Georg Wilhelm Friedrich Hegel, 1770 年~1831 年)是继康德之后德国又一著名哲学家,是德国古典唯心主义哲学的集大成者。18 世纪末和 19 世纪初,"德国的国家哲学和法哲学在黑格尔的著作中得到了最系统、最丰富和最完整的阐述"。黑格尔将古典哲学推向了顶峰。"哲学在黑格尔那里完成了,一方面,因为他在自己的体系中以最宏伟的方式概括了哲学的全部发展;另一方面,因为他(虽然是不自觉地)给我们指出了一条走出这些体系的迷宫而达到真正地切实地认识世界的道路"。[2] 美国学者阿金指出:"在黑格尔的博大体系中,以往哲学的全部雏鸡都终于到家栖息了。"[3]

黑格尔出生在德国南部城市斯图加特的一个税务书记官家庭。他从小

---

[1] [德]康德:《历史理性批判文集》,何兆武译,商务印书馆 1990 年版,第 110 页。

[2] [德]恩格斯:《路德维希·费尔巴哈和德国古典哲学的终结》,中共中央编译局译,人民出版社 1997 年版,第 11 页。

[3] [美]H. D. 阿金:《思想体系的时代》,王国良等译,光明日报出版社 1989 年版,第 64 页。

就喜欢读书,把读书视为一桩很大的兴趣。许多黑格尔传记的作者都认为,"黑格尔的生平是死板枯燥的,几乎没有什么能引起人们兴趣的外部故事","与历史上其他著名哲学家比起来,黑格尔的生活可以说是最平凡的"。早年就读于拉丁学校和文科中学,1793 年毕业于图宾根神学院。在学习神学期间,他对培养未来牧师的训练科目并不感兴趣,把时间都用在读书上,此时正处在法国资产阶级革命高涨时期,他深受法国资产阶级革命的影响,对法国大革命有较大的热情,并表示了某种同情和赞许,曾和谢林一起在城外草地上栽了一棵"自由树",对卢梭的著作尤其感兴趣,深受卢梭思想所吸引。黑格尔早期的法律思想基本是法国式的自然法观念,是对法国资产阶级自然法学说所产生的自觉共鸣。大学毕业后,黑格尔曾担任几年家庭教师。在此期间他埋头读书,为他从事著书立说提供了有利的条件。1801 年秋季,他到耶拿大学任教,1805 年在歌德的过问下,成为哲学副教授,黑格尔讲课认真,内容深邃,但口头表达一般,甚至有些木讷。1807 年正式出版第一部名著《精神现象学》。1808~1816 年在纽伦堡担任中学校长,1812 年写成《逻辑学》一书,标志着黑格尔哲学体系的初步完成。1818 年任海德堡大学哲学教授,出版了《哲学全书》,因此使他名声大振。1818 年应普鲁士政府聘请,担任柏林大学教授。1821 年出版了《法哲学原理》,这是一部最集中、最系统地表述他政治思想和法律思想的代表作,从此黑格尔就成了普鲁士政府的官方哲学家。1821~1830 年他担任柏林大学校长,1831 年因病去世。他死后由学生整理出版的《哲学史讲演录》(1833~1836)、《历史哲学》(1837)和《美学讲演录》(1836~1838)等。黑格尔中文版本的政治哲学与法律哲学著作还有《黑格尔政治著作选》。

　　黑格尔学识渊博,兴趣广泛。他几乎研究了一切科学部门,从自然科学到社会科学,从哲学、逻辑学、历史学、美学、宗教学到政治法律,都取得了丰硕成果。"他不仅是一个富于创造性的天才,而且是一个学识渊博的人物,所以他在每一领域中都起了划时代的作用。"黑格尔哲学体系庞大,内容晦涩,循规蹈矩的生活之下是对现实的强烈关注,1807 年他在通信中说:我一向对政治有一种偏爱。事实上,黑格尔一生都关心当时的政治形势,仅仅追踪政治领域中的变化,精心研究已有的政治理论,并以此提出了自己的政治观点和法学观点,创立了自己的法哲学体系。黑格尔的《法哲学原理》一书是世界上以"法哲学"为主题的第一本著作。

二、法哲学体系

　　黑格尔的法哲学是以客观唯心主义哲学为其理论基础,法学是他整个哲学体系的有机组成部分。黑格尔在《法哲学原理》一书中开宗明义地指出"法学是哲学的一个部门","法哲学这一门科学以法的理念,即法的概念及其现实化为对象"。[1] 以研究理性法为其崇高的目的,它是哲学的一个分支,法哲学体系是其全部哲学体系的重要组成部分。黑格尔的法哲学体系以恢弘的形式表达了现实的要求,他在《法哲学原理序言》中写道:"哲学也是这样,它是被把握在思想中的它的时代。妄想一种哲学可以超出它那个时代,跳出罗陀斯岛,是同样愚蠢的。"[2]

"绝对精神"是黑格尔哲学体系赖以确立的出发点和基石。他认为在自然界和人类出现之前就有一种精神和观念存在着,即所谓主宰万事万物的"绝对精神",它是整个世界的基础,是世间所有事物存在的根源,万事万物无一例外都是由它派生出来的。黑格尔认为,"绝对精神"在不断运动和发展中,经历了三个辩证发展阶段:①第一阶段,称之为逻辑阶段。在这个阶段,自然界和人类尚未出现,"绝对精神"是作为一种纯粹思想和纯粹概念而存在的。②第二阶段,称之为自然阶段。在这个阶段,绝对精神突破逻辑阶段而转化为自然界,思想和概念在这时已向外转化到与它自身相异的反对方面去,"绝对精神"的表现形式,已由过去那种纯粹概念变为感性事物。③第三阶段,称之为精神阶段。在这个阶段出现了人类社会,"绝对精神"否定了自然界,并还原为自己本身,发展重新在思维中进行,不过这时的思维已经是人类的思维。总之,"绝对精神"是按照"正"、"反"、"合"的自身发展规律进行圆圈式的无限运动,这种辩证式的发展运动,首先是从抽象的精神开始,然后发展到具体的物质,最后是精神与物质的统一,又回复到精神。

在精神阶段中,"绝对精神"又通过"主观精神"、"客观精神"和"绝对精神"三个阶段而发展。所谓"主观精神"是指个人的意识而言。"客观精神"是指社会意识而言。"绝对精神"乃是通过哲学思维而最终地认识自己。

与"绝对精神"发展的三个阶段相适应,黑格尔的哲学体系是由逻辑学、自然哲学和精神哲学三部分组成的。其中精神哲学又包括主观精神学、客观精神学和绝对精神学。精神哲学体现为人的精神,即自由意志。这种自由意志在"客观精神"中体现为人在社会中的活动。人类社会制度、权利或法律(包括财产、契约和惩罚)、道德、良心及风俗习惯、家庭、市民社会和国家都是客观精神的表现。他把法和国家等有关社会意识、民族精神等,都纳入到客观精神范畴。

黑格尔的法哲学就是关于客观精神的哲学,它包括抽象法、道德和伦理,同时又涉及到社会和国家问题。恩格斯说:"黑格尔的伦理学或关于伦理的学说就是法哲学,其中包括:①抽象的法,②道德,③伦理,其中又包括家庭市民社会、国家。在这里,形式是唯心的,内容是现实的。法律、经济、

---

[1] [德]黑格尔:《法哲学原理》,范扬等译,商务印书馆1961年版,第1页。
[2] [德]黑格尔:《法哲学原理》,范扬等译,商务印书馆1961年版,序言第12页。

政治的全部领域连同道德都包括在这里。"法哲学作为客观精神哲学,只是他整个哲学体系的一个环节;"整个法哲学只不过是对逻辑学的补充"。尽管黑格尔法哲学体系以特殊的形式表达了温和的政治,其革命性不强,这也是黑格尔出版《法哲学原理》一书后引起人们非议的原因,有人据此说黑格尔是普鲁士的"官方哲学家"。虽然理论有不足之处,但其中也含有进步的"合理内核",关于辩证发展的思想即是他哲学中最积极的东西。他对法的论述,虽然形式上是唯心的,但方法却是辩证的,内容也是现实的,其法思想的主流方面基本上是进步的。

三、法哲学的基本命题

马克思曾经把康德的哲学称作法国革命的德国理论。海涅认为,就其破坏能力和严峻后果而言,罗伯斯庇尔可以和康德相匹敌;说到意志的狂放和抱负的远大,拿破仑则可和费希特比肩。但是,找不到一个可以和黑格尔同日而语的人,确乎如此,因为法国的政治生活还没有造就出一个人物,像黑格尔那样坚定地继承了前辈的事业。[1] 法学思想属于黑格尔庞杂哲学体系的一部分,在黑格尔卷帙浩繁的著作中,关于法学的论著比例很小,但他由于"对政治有一种偏爱",因而提出了一些颇有洞见的法学思想。

(一)"法是理念的自由"

意志自由是黑格尔关于法律本质论的理论核心。对法的本质看法,黑格尔与康德和费希特的见解不同。康德和费希特认为,法以自由为根据,是以他人任意行动来限制一个人任意选择强制手段。黑格尔则否定法律基本特征是强制性的说法,他认为法纯属于精神的东西,自由意志便是法的实质。他说:"法的基础一般说来是精神的东西,它的确定的地位和出发点是意志。意志是自由的,所以自由就构成法的实体和规定性。"[2] 黑格尔以此为法进行定义:"任何定在,只要是自由的意志定在,就叫法,所以一般说来,法就是作为理念的自由。"[3] 法的内容是意志,而意志又是自由的,所以法律又是自由意志的实现。黑格尔认为,意志和自由不可分离,凡是自由的东西就是意志,意志没有自由不成其为意志,那只是一句空话,自由只有作为意志才是现实的。但是他反对把自由仅仅理解为任性或个人为所欲为,认为只有那些缺乏思想教养和对于什么是绝对自由意志、什么是法和伦理等一无所知的人,才会对自由持有这种偏见。

黑格尔所说的"法的理念",是一个包罗万象广义法的概念,它包含法的概念及其现实化两方面。按照黑格尔的说法,这两者关系犹如灵魂和肉体,

---

[1] [前苏联]古留加:《黑格尔传》,刘半九等译,商务印书馆1978年版,第3页。
[2] [德]黑格尔:《法哲学原理》,范扬等译,商务印书馆1961年版,第10页。
[3] [德]黑格尔:《法哲学原理》,范扬等译,商务印书馆1961年版,第36页。

既有区别,又有联系。在黑格尔看来,法的发展经历了三个阶段:①第一阶段叫抽象法,属于狭义法,主要调整人们的财产关系,它本身包含着所有权、契约等民事法律关系和不法与犯罪等刑法理论基础。②第二个阶段叫道德,它是由扬弃抽象形式的法发展而来的成果,是法的真理,是自由体现在人的主观内心里、具有特殊规定的内心法,亦即"主观意志的法"。③第三阶段叫伦理。它是客观精神的真实体现。法和道德都必须以伦理为基础,并作为伦理体现者而存在。伦理进一步发展就是国家。国家是法发展的一个阶段,它属于特种法,比其他法都高一级。从法的发展过程来看,抽象法、道德和伦理都是特种法或权利,它们都在不同形式和不同阶段上体现了自由,其中国家法高于各个阶段法。

(二)"法的客观现实性"与"法一般来说是实定的"

黑格尔认为,作为法律的法,必须表现为实定法,这是由"法的客观现实性"所决定的。他反对自然法学派关于划分自然法和人定法的理论,不承认在自然状态中存在固有的自然法。黑格尔说:"法一般说来是实定的"[1]"法的东西要成为法律,不仅首先必须获得它的普遍性的形式,而且必须获得它的真实的规定性"。认为"法的客观现实性,一方面对意识而存在,总之是被知道的,另一方面具有现实性所拥有的力量,并且有效力,从而也是被知道为普遍有效的东西"[2] 所谓法的"实定性",也就是它必须获得真实的规定性,具体说来有两层含意,①就形式而言,任何法律在某个国家都必须通过有效的形式表现出来;②从内容上说,任何法律必须包含一些"实定要素",即"实际裁判所需要的各种最后规定"。

从这个理论出发,黑格尔强调要把习惯和法律区别开来,不应用习惯代替法律,主张公布成文法。他针对德国历史法学派企图用习惯法代替制定全德统一法典的保守主张,针锋相对地驳斥道:"习惯法所不同于法律的仅仅在于,它们是主观地和偶然地被知道的,因而它们本身是比较不确定的,思想的普遍性也比较模糊。"[3]基于这种观点,黑格尔对英国普通法是持否定态度的。他指出:"不论在英国的司法或在它的立法事业中,都存在着惊人的混乱,这一点已由行家们加以描述。"[4]这种情况不仅造成司法混乱和繁杂,而且为法官专横武断提供了方便条件。为此他极力主张公布成文法典,因为"法律是自在地是法的东西而被设定在它的客观定在中,这就是说,为了提供于意识,思想把他明确规定,并作为法的东西和有效的东西予以公

----

[1] [德]黑格尔:《法哲学原理》,范扬等译,商务印书馆1961年版,第4页。
[2] [德]黑格尔:《法哲学原理》,范扬等译,商务印书馆1961年版,第218页。
[3] [德]黑格尔:《法哲学原理》,范扬等译,商务印书馆1961年版,第219页。
[4] [德]黑格尔:《法哲学原理》,范扬等译,商务印书馆1961年版,第219页。

布。通过这种规定,法就成为一般的实定法"。针对德国历史法学派代表人物萨维尼关于否定全德立法必要性的主张,黑格尔认为制定全德统一的法律,乃是"无限的需要",是"现代的不断要求"。在他看来,一个文明的民族应当有自己的法典,建立起自己的法律体系,如果执政者们都能像查士丁尼皇帝那样,给本国人民制定一部哪怕是不定型的法律大全,总比没有强。黑格尔反对把法律高高挂起,或者把法律埋藏在精深渊博的册籍中,使人无法知晓。他认为法典应不断求得完备,不能借口不完备而迟迟不公布法律。对于公开的法典,一方面要具备"一个完备而系统的整体";另一方面也允许不断修订补充,不能设想有一部绝对完备和毋须作进一步修订的法典。黑格尔对历史法学派的批判在马克思的著作《黑格尔法哲学批判导言》中得到了肯定。

(三)"议会必须由民众选举"

1797年,黑格尔来到法兰克福后,重新燃起了昔日的政治热情,对时事政治的关注又一如既往地成为他和朋友们交往时的主要话题。1798年,不甘寂寞的黑格尔参与了故乡维腾堡公国立宪的讨论。维腾堡自1514年以来就制定了一部宪法,其中明确规定了王室与各等级的关系。从字面上看双方应既相互合作又相互牵制,但实际上两种政治力量从未势均力敌过。整个18世纪的大部分时间,国家完全由政府官员治理,基本上是一种专制统治。1770年议会还开过一次会,后来就被无限期地休会,直到1796年为了分摊战争费用,王室才准备召开议会。代表市民阶层的议员们马上意识到这是他们分享政治权力的好机会,并想借此机会对宪法和行政结构进行改革,增加自己的力量。

黑格尔虽然身在异乡,但以他的激情和对政治的偏爱,注定他不会在家乡这场政治波动中保持沉默。他也写了一份传单,传单的原标题是"维腾堡议会必须由民众选举",后来他把民众改做市民,最后他显然听从了朋友的劝告,如不要太激进、要顾及当局的反应等,又把标题修改为"论维腾堡新近的内在关系,特别是市参议会法的缺陷"。在这份传单的残存部分我们看到,黑格尔首先描述了时代的状况:人们从安静地满足于现实,一无所望,忍受顺从一种过于巨大和支配一切的命运,已转而抱有追求另外某种东西的希望、期待和勇气。更美好、更公正时代的图景已跃然活现在人们灵魂内心,对更纯洁、更自由状态的渴望、迷恋,正激励着所有心灵,并与现实分裂为二。[1] 接着,他阐述了改革的必要性。国家大厦行将崩溃,在其倒塌时每个人都身受其害。制度、法制与人们的伦理、需求和意见不再相合,精神已从中悄然离去,如果还相信它会长久存在,那就是盲目。

---

[1] [德]黑格尔:《黑格尔政治著作选》,薛华译,商务印书馆1981年版,第12页。

在选举问题上,黑格尔最初赞成一种直接的民主,即由人民直接选举公民大会的代表,但他又看到民众文化水平低下,缺乏政治经历,让他们直接参与恐怕会招致宪法和社会的全面崩溃,于是提出把选举权交给那些独立于宫廷、开明正直的人士来掌握。黑格尔在这里暴露了自己政治观上的理想主义,即一个正义的社会只能由与特殊利益无关的、有理性的人来领导,但是这种脱离利益的理想状态在现实政治中是不可能的。

四、黑格尔的刑法理论

黑格尔认为,从法的建立过渡到不法和犯罪,直到最后适用刑罚,使法和正义得到恢复,这个过程就是"作为自由之定在的法的自我辩证运动"。在论述这个问题时,他运用辩证方法分析犯罪与刑罚,提出了一系列刑法理论。

1. 黑格尔从特殊意志与普遍意志的关系,区分了不法和犯罪的界限。黑格尔认为,犯罪意味着不法,但是不法并不等于犯罪,从不法到犯罪,有一个发展过程。所谓不法,是指特殊意志"表现为任意而偶然的见解和希求,与法本身背道而驰——这就是不法"。[1] 不法有两种情况:①"无犯意的不法",是有承认法、希求法、盼望得到法的基础上而作出的不法行为,即"我以不法为法"。②诈欺,在假借法的名义下,做了不法的事。在这里特殊意志虽被重视,但普遍的法却遭到破坏。也就是说诈欺者知道法,但他却把法当作一种假象来欺骗他人,而诈欺者在行为上装作守法,或形式上承认法,被诈欺者还以为诈欺者的所为是合法的。由于遭到诈欺者的破坏,所以对诈欺行为应给予处罚。所谓犯罪,就是公开丢掉了法的名义或假象,从根本上否定法。诈欺和犯罪的区别就在于前者在其行为的形式中还承认有法,而犯罪则连这一点也没有。犯罪是一种暴力的强制,是对法的根本否定。

2. 黑格尔运用辩证方法分析刑罚。认为"犯罪行为不是最初的东西、肯定的东西,刑罚是作为否定加于它的,相反地,它是否定的东西,所以刑罚不过是否定的否定"。[2] 现实法就是对侵害行为的扬弃,正是通过这一扬弃,法才显示出有效性。刑罚是自在自为的正义,施用刑罚不是哪个人的主观行动,而是按照犯人自己的行为逻辑,或他自己法的观念,他就应该得到惩罚。

3. 黑格尔对报复与复仇进行了区别。黑格尔认为,刑罚实质是一种报复。他说:"犯罪的扬弃是报复。因为从概念说,报复是对侵害的侵害。"但是,这种报复"不是侵害行为特种性状的等同,而是侵害行为自在地存在的

---

[1] [德]黑格尔:《法哲学原理》,范扬等译,商务印书馆1961年版,第90页。
[2] [德]黑格尔:《法哲学原理》,范扬等译,商务印书馆1961年版,第100页。

性状的等同,即价值的等同"[1]。从刑罚报复说出发,黑格尔反对废除死刑。他说报复虽然不能讲究种的等同,但在杀人的场合则不同,必然要处死刑,因为生命是无价之宝,必须剥夺杀人者的生命,但是"死刑变得愈来愈少了;作为极刑,它应该如此"。

黑格尔在肯定刑罚是一种报复的同时,又郑重指出报复不等于复仇。复仇只是和个人有关的事情,是一种特殊意志的体现;报复则是犯罪本身不可避免的后果,它是公共意志的表现。总之,复仇不是表现法和正义的真正形式,只有报复,才是刑罚所表现的正义,是犯罪行为自身的辩证法,是真正的法,亦即代表普遍意志的公正或正义的体现。黑格尔认为,通过刑罚使法得到恢复,所以刑罚本身也是一种目的,因此他反对费尔巴哈以威慑作为惩罚的原则。

4. 黑格尔还论述了刑法中的因果关系和犯罪构成理论。黑格尔从法和道德的关系上,论证个人行为的意图、目的和动机在刑法中的意义。他认为,只有主观道德意志表现,才算是真正的行为。道德构成了一切行动的主观内容;首先意志只承认对出于他的意向或故意行为负责。照此推论,只有当个人的犯罪是在故意的条件下,才能引起刑事责任。黑格尔主张动机与效果、主观意志与客观行为统一论。主观动机促使自己实施某一种行为,但这种后果可能或多或少地会受各种情况的冲击,不一定达到预想的结果。尽管如此,可是你的意志仍在其中,所以你同样要负法律责任。同时黑格尔也指出,我的意志仅以我知道自己所做的事为限度,只有在这种情况下,他才对自己的行为负责。因此在立法和司法中要特别注意主观动机和"归罪"的问题。人们只能以我所知道的情况归责于我,有一些后果虽然很难预见,由于一种行为必然产生相应的后果,对于这种后果,尽管你没认识到,也应该负责任。

五、司法、主权与国际法

在司法方面,黑格尔主张实行审判公开原则。他认为:"根据正直的常识可以看出,审判公开是正当的、正确的。反对这一点的重大理由无非在于,法官大人们的身份是高贵的;他们不愿意公开露面,并把自身看作法的宝藏,非局外人所得问津。但是,公民对法的信任应属于法的一部分,正是这一方面才要求审判必须公开,公开的权利的根据在于:①法院的目的是法,作为一种普遍性,它就应当让普遍的人闻悉其事;②通过审判公开,公民才能信服法院的判决确实表达了法"[2]。但是法院为了制作判决而在自身之间进行审议,按其本性来讲是不能公开的,因为那时各人所发表的只是特

---

[1] [德]黑格尔:《法哲学原理》,范扬等译,商务印书馆1961年版,第104页。
[2] [德]黑格尔:《法哲学原理》,范扬等译,商务印书馆1961年版,第232页。

殊的意见和看法。在审判活动中，法院具有一种独特的资格，它"具有排他的自在权利"，这就是资产阶级所主张的司法独立原则。黑格尔认为，法律能否得到公平的适用，关键在于专职法官，既要肯定法官在适用法律时应有的理智地位，但又不能任凭法官的主观信念随意决定。

黑格尔把国家的独立和主权看成是一个个体国家的根本东西，也就是国家之为国家的一个本质规定。他认为，王权、行政权、立法权是一个国家的"对内主权"，属于"内部国家制度本身"。与国家对内主权相对应的叫做"对外主权"。国家对外时，以"独立自主"的个体姿态出现；国与国之间的关系是独立主体间的关系，具有"排他性的自为存在"。"国家在历史上最初出现的权力就是这种独立本身"，因此"独立自主是一个民族最基本的自由和最高的荣誉"。[1] 维护保存国家的独立、自由和荣誉，是每一个国家成员的根本义务，甚至牺牲自己的生命也在所不辞。黑格尔这些思想言论，充分地反映了德国资产阶级要求实现德意志统一的愿望。

从主权论出发，黑格尔认为，国际法是调整各个享有主权国家之间关系的法。它"是从独立国家间的关系中产生出来的，因此国际法中自在自为的东西保存着应然的形式，因为它的现实性是以享有主权的各个不同意志为依据的"。"国与国之间的关系是独立主体间的关系，它们彼此订约，但同时凌驾于这些约定之上"。但是在国际交往和各国人民相互关系中，黑格尔却用战争理论和种族主义与康德的永久和平主张相对抗。他断言在地球上不可能有永久和平，企图制定永久和平计划是徒劳无益的。如果特殊意志之间不可能达成协议，国际争端只有通过战争来解决，战争是最高的裁判者。他把战争视为一项永久的、光荣的、伦理的权利，认为战争能使各民族的伦理健康得到保存，使他们免得在持续永久和平中腐化没落。

黑格尔极力推崇日耳曼民族，蔑视斯拉夫民族，鼓吹民族和种族不平等。他宣称，德国人是世界精神的绝对权利的负荷者，而其他民族（首先是斯拉夫民族）都是"没有历史的"民族，他们没有权利，只有服从德国民族的义务。黑格尔说，在每一个历史时代里，"世界精神"、"世界理性"只选择一个民族来实现自己的目的，这个民族是"世界精神"、"世界理性"在那一时代中的承担者。德意志民族就是担负这种使命的民族。黑格尔就是这样在神秘化和歪曲历史实际的过程中来论证他的民族主义、沙文主义和普鲁士军国主义的观点。正是这些观点后来为德国法西斯主义思想家所利用，成为他们推行侵略、扩张和种族主义政策的反动思想武器。

---

〔1〕 [德]黑格尔：《法哲学原理》，范扬等译，商务印书馆1961年版，第339页。

■思考练习

一、关键术语

普芬道夫;黑格尔;《法哲学原理》;自由意志;康德;《法的形而上学原理》;永久和平。

二、思考题

1. 简述普芬道夫自然法思想的主要内容。
2. 简述普芬道夫契约论的主要内容。
3. 简述康德关于法律的定义和分类。
4. 康德是如何论述永久和平思想的?
5. 简述黑格尔法哲学体系的主要内容。
6. 试述黑格尔法哲学基本命题的内容。

■参考与阅读文献

1. 高建主编:《西方政治思想史》第3卷,天津人民出版社2006年版。
2. [英]莱斯诺夫等:《社会契约论》,刘训练等译,江苏人民出版社2005年版。
3. 何勤华主编:《西方法学家列传》,中国政法大学出版社2002年版。
4. [德]康德:《法的形而上学原理》,沈叔平译,商务印书馆1991年版。
5. [德]康德:《历史理性批判文集》,何兆武译,商务印书馆1990年版。
6. [德]康德:《道德形而上学原理》,苗力田译,上海人民出版社2002年版。
7. [德]康德:《纯粹理性批判》,蓝公武译,商务印书馆1960年版。
8. [德]黑格尔:《法哲学原理》,范扬等译,商务印书馆1961年版。
9. [前苏联]古留加:《康德传》,贾泽林等译,商务印书馆1981年版。
10. [前苏联]古留加:《黑格尔传》,刘半九等译,商务印书馆1978年版。
11. 曹磊:《德国古典哲理法学》,法律出版社2006年版。

第四编　19 世纪西方法律思想

第十一章　功利主义法学

> ■ 本章学习目的和要求
>
> 　　边沁继承了前人的功利主义思想并大加改造与发挥,创立了完整的功利主义学说并把这一原理贯穿于立法、执法和司法以及守法的各个方面。密尔将原来的功利主义化简为繁,由粗到细加以精密的修正。他的本意在于弥补原始学说的缺陷,解决遗留的疑难,但结果却使原始学说失去了本来面目。
>
> 　　**本章重点掌握**:功利主义;边沁的立法理论和法律改革主张;密尔对边沁功利主义的修正;密尔的自由主义思想。

第一节　边沁的法律思想

一、生平与著述

杰里米·边沁(Jeremy Bentham 1748 年～1832 年),英国哲学家、法学家、社会改革家,现代功利主义之父。边沁生于伦敦,12 岁进入牛津大学学习法律。1763 年大学毕业后,边沁进入林肯律师学院继续学习。经历了短暂的律师生涯之后,边沁对法律职业的非职业化和英国司法制度的腐败感到震惊,他决定放弃律师职业,这让望子成龙的父亲非常失望,他伤心地说,这孩子只能是"一名无名律师的无名儿子"。边沁一生的精力集中于学术著述与推进英国的法律制度改革。边沁的著述很多,其中主要的有《政府片论》(1770)、《道德与立法原理导论》(1789)、《司法证据原理》(1827)、《宪法法典》(1830)。

二、最大多数人的最大幸福

从哲学上说,功利主义是一种以理性为依据的规范性学说,主张从行为的效用和有用结果上来判断人的行为。从广义上看,功利主义思想早在古希腊时期就有人提出了,如德谟克里特和伊壁鸠鲁学派都宣扬过快乐主义。近代以来的培根、斯宾诺莎都曾经论述过功利主义原则。贝卡里亚在其《论犯罪与刑罚》中提出,制定法律的人"只考虑一个目的,即最大多数人的最大幸福"。惩罚只是预防性的,而且只有当它引起的害处大于从犯罪中可能得到的好处时才能够生效,惩罚制度的设立要使罪犯所感悟到的痛苦最小,而使其他人受到的影响最大。为达到这一目的,就要求处理好"罪"与"罚"的关系。

边沁继承了前人特别是贝卡里亚的功利主义思想并大加改造与发挥,创立了完整的功利主义学说,并将这一学说运用于法学之中。边沁反对体现理性的自然法和鼓吹习惯法的历史法学,他把自己的法律思想奠定在功利主义的基础之上。边沁认为,避苦求乐是人的本性。他在《道德与立法原理导论》第一章开门见山地说:"自然把人类置于两位主公——快乐和痛苦——的主宰之下。只有它们才指示我们应当干什么,决定我们将要干什么。是非标准,因果联系,俱由其定夺。凡我们所行、所言、所思,无不由其支配。我们所能做的力图挣脱被支配地位的每项努力,都昭示和肯定这一点。一个人在口头上可以声称决不受其主宰,但实际上他将照旧每时每刻对其俯首称臣。"[1]正是由于避苦求乐的本能支配着人类的一切行为,成为人生的目的。边沁认为,应当根据行为本身所引起的苦与乐的大小程度来衡量该行为的善与恶。从人性出发,凡是能够减轻痛苦、增加快乐者,在道德上就是善良,在政治上就是优越,在法律上就是权利。在这里,边沁所说的功利就是客观事物给人们带来幸福或痛苦的那种特性。功利原理,是指某一个行为是增多还是减少当事人的痛苦,这种行为不仅包括个人的所作所为,而且还包括政府的每一条措施。1822 年《道德与立法原理导论》再版时,边沁还为"功利主义原理"加了注解,认为"功利"的含义不够明确,不如用"幸福"、"福利"等词更能清楚地表达"苦"与"乐"的内涵,于是他主张用"最大多数人的最大幸福"一词来取代"功利",并将"最大多数人的最大幸福"当做功利主义学说最基本的原理。

在边沁看来,苦乐是可以通过数量来计算的,而计算的结果正是选择与评价行为的标准。为了进行恰当的计算,首先,他把苦乐划分为简单的苦乐与复杂的苦乐,复杂的苦乐是由简单的苦乐汇合而成的。一切苦与乐不管其来源如何,其性质都是共同的,只有分量大小的区别,没有质的区别。对于乐的判断,必须根据功利的逻辑来决断,也就是要根据痛苦和快乐的数学计算原理来判断,以增进最大多数人的最大幸福,把苦减少到最小限度。他说,"一切行动的共同目标……就是幸福。任何行动中导向幸福的趋向性我们称之为功利;而其中的背离倾向则称之为祸害……因此,我们便把功利视

---

[1] [英]边沁:《道德与立法原理导论》,时殷弘译,商务印书馆2000年版,第57页。

为一种原则"。[1]

边沁把功利原理应用于法学研究,并且认为,应把这一原理贯穿于立法、执法和司法以及守法的各个方面,由此创立了功利主义法学。

三、立法理论

边沁认为,法律的制定和形成都是人们有意识活动的结果。法学家应为社会大多数人的最大幸福着想,去分析法律的内容,使法律不断改进、不断进步,以求得人类的福利。立法的根本目的也就在于"增进最大多数人的最大幸福"。边沁指出,立法时必须以国民全体的快乐为基准。为此,他将快乐分为四项目标:生存、平等、富裕和安全。法律的目的在于促进这四项目标的实现,也就是法律要"保存生命、达到富裕、促进平等、维护安全"。当然,这四项目标的实现需要法律的程度是不同的。"生存"和"富裕"的实现不太需要法律。因为凡是人都知道尽力去保养生命,满足自己生活上的需要。法律可以间接地促进和保障"生存"和"富裕"。而"安全"和"平等"则不然,"安全"和"平等"是四项目标中最重要的,它特别需要法律的保障。"虽然没有直接关于安全的法律,但可以想象的是没有人会忽视它……没有安全的法律,有关生存的法律是无用的。"[2]边沁所说的"安全"范围很广,包括身体、名誉、财产、职业不受"内乱外患"的侵扰。法律的最大功用就在于保障这些方面的安全。在个人安全的范围内,个人财产安全是最基本的,没有财产安全,人们的积极性就会受到挫折,就会妨碍社会的进步。"安全乃生命的基础",是人类幸福的首要条件,而人的自然感情对此无能为力,只有由法律保护才能达到。就法律规定而言,法律包括授权性的规定和禁止性的规定,前者是人们积极的权利;后者是消极的权利。自由与权利密切相关,自由分为自然的自由和法定的自由。前者是不受约束的自由,是强者对弱者的压迫,表现为粗野和浅薄对安全的威胁;后者是法律下的自由,是人们履行了法定义务之后取得的安全保障,其中包括防止个人伤害的自由和防止政府不公正侵犯的自由。

在不违反安全的原则下,立法者应尽量提倡平等。即法律面前人人平等,没有贵贱和轻重之分。第一种平等是伦理和法律下的平等,因为人们感受苦与乐的感觉是平等的,苦与乐没有高下之分。这种平等在法律上就表现为公正不偏和同罪同罚;第二种平等是经济和财产上的平等。边沁认为,这种平等是不存在的,因为财产上的不平等乃是社会发展的前提,平均财产只会侵犯安全,结果是破坏财产。安全同平等相比,安全是第一位的,平等是第二位的。如果两者发生矛盾,平等要服从安全。

---

[1] [英]边沁:《政府片论》,沈叔平等译,商务印书馆1995年版,第115~116页。
[2] [英]边沁:《立法理论》,李贵方译,中国人民公安大学出版社2004年版,第98页。

法律不关心生存的问题,法律所做的是通过奖赏和惩罚来启动动机,使人们寻求生存的机会。不过,每当人们陷入困顿的时候,政府就有必要提供公共的救济。法律也不直接促进富裕,同样也是通过苦与乐的机制使人们追求财富。在适当的时候,如人们的贫困威胁到安全的时候,政府必要的干涉行为就不可缺少。

边沁认为,衡量法律好坏的标准是可以通过数学的计算方法来加以判断的。具体而言,他指出要从五个方面来衡量法律是否符合功利原则:①看法律草案规定的条文对于每个人究竟是痛苦大于快乐还是快乐大于痛苦;②看法律草案所假定的内容是否依次遍及所有关系人;③法律草案的内容依利害关系人数的比例而定;④法律草案的规定是否符合赏罚原则,尤其是要以对破坏人们幸福的行为惩罚是否有力来权衡;⑤最重要的是要看立法的效果,要以是否能促进"最大多数人的最大幸福"来衡量法律的好坏善恶。

除了上述方法外,边沁还得出了立法技术方面的要求:①完整性。法律必须是完整的,不需要通过判例和注释的形式加以解释和补充。②普遍性。法律规定的内容和提出的要求必须是大多数人都可以做到的。③逻辑性。法律的内容必须以严密的逻辑语言表达出来,法律必须首尾一致,结构合理。④准确性。法律的用语必须字句确切,不能模棱两可或相互矛盾。

边沁认为,根据上述立法原则和技术要求来考察英国的法律体系,英国的法律就显得既古老又不完善,既费解又专横,既不安全又不平等,相当混乱,确有改革的必要。

四、法律改革

边沁用功利原则来考察英国的法律,认为不管英国的法律过去成就如何,都要拿来批判,都要改革,都要重新改写。改革法律,不仅立法的原则要改革,而且法律形式也要改革。边沁的法律改革主张主要表现为以下几个方面:

1. 选举制度方面的改革。边沁认为,政府的目标应是帮助达成最大多数人的最大幸福,只要当权者只代表一个阶层或小集团的利益,他们的自我利益与政府的目的就会发生冲突,克服这种冲突的方式是把统治者和被统治者结合起来,或者把政府交给人民。边沁希望通过选举和议会的改革来实现自己的目标,并为全面的改革铺平道路。

2. 行政制度改革。边沁认为,改革行政制度的目的在于既能减少行政支出,又能保障政府官员具备较强的能力,从而实现行政管理的高效率。

3. 司法制度改革。边沁对英国当时的司法组织和司法程序给了尖锐的批评,他批评了诉讼程序的保守形式妨碍了英国司法机关职能的发挥。为此,他提出了"自然诉讼程序"方案,包括简化诉讼手续、降低诉讼费用、国家帮助穷人上法庭以及组织舆论界监督司法工作。他还提出了司法民主原则,并提出建立诉讼程序观察制度。边沁的司法改革思想为英国19世纪的司法改革奠定了坚实的理论基础。

4. 刑法方面的改革。边沁在刑法领域的改革成效卓著,他出于功利主义和人道主义的考虑,坚决反对滥用刑罚,要求立即废除死刑。受边沁的影响,英国进行了刑罚制度改革,他的全部刑法改革方案除废除死刑以外全部得到了实现。

5. 监狱改革计划。边沁认为,犯罪是环境的产物,如果某种环境使他变坏,就有其他的条件使他变好。因此,只要发明好的类型的监狱,就可以自然而然地将罪犯改造成为诚实的人。边沁设计了一种"圆形监狱",他的圆形监狱的思想和理念对许多国家的监狱制度的改革和完善产生了重大的影响。

6. 社会立法改革。"最大多数人的最大幸福"的功利主义原则使边沁非常注重法律的社会功能。他积极投身于当时最激进的社会改良运动,曾经出资帮助空想社会主义者欧文创立空想社会主义新村。边沁还十分重视救济穷人、保护妇女儿童、发展教育和卫生环境事业。1834年英国政府通过了新的《济贫法》,1848年公布了《公共环境卫生法》,1859年制定了《义务教育法》。这些新的法律的出台与边沁及其弟子的努力是分不开的。边沁开创了西方福利国家和社会立法的先河。

7. 法典编纂。边沁认为,法律不以法典的形式表达出来,就不是完整的。因此,他鼓吹要编纂法典。他认为,一部法典必须满足以下四种条件:①它必须是完整的。即:必须以充分的方式提出整个法律,以至无须用注释与判例的形式加以补充。②它必须是普遍的。在叙述其中所包含的法规时,在每一点上都必须是有可能做到最大的普遍性。③这些法则必须用严格的逻辑顺序叙述出来。④在叙述这些法则的时候,必须使用严格一致的术语。它要求简洁准确,也就是要以简短的条文表述全部法律的内容,法律术语内涵要统一、要准确,不能相互矛盾和模棱两可。

边沁法典编纂的理论可以说是当时历史条件下的产物。在他那个时代,颁布一部法典是国家统一的标志。普鲁士腓特烈二世、奥地利的特雷西亚、俄罗斯的叶卡捷琳娜,乃至于法国的拿破仑,都将他们所编纂的法典作为自己王朝的荣耀。边沁提倡法典编纂使他成为法典派的理论代表,也使他成为英国法律改革的倡导人。同时,我们也应该看到,他的呼吁没有使英国成为一个以法典见长的国家,而且,从理论上讲,他所想象的完美法典也只是空想,因为正像现代法律和学说所解释的那样,一个法官和一个律师并不能希望从一个完备的法典中推演出法律的结论。

边沁对法典编纂充满了热情。1811年,他给美国总统写信,表示愿意为美国编纂一部法典;1815年,他给俄国沙皇写信,表示愿意帮俄国编纂法典;1815年,他向世界一切崇尚自由的国家呼吁编纂法典。

五、法律是什么

法律是什么？法律的组成部分是什么？在边沁看来，这是一个逻辑的、观念的、理性的问题，而不是对有形的法规文本的描述。当然，"法律在未定义的情况下，是个抽象的集合名词，若有所含义，只能是指一项一项法律聚集起来的总和"。其所涉范围主要包括：有关法律的支配范围；它们负责控制其行为的那些人的政治性质；它们的有效时间；它们得以表述的方式；它们涉及的惩罚种类。[1] 然而对于法律的探讨，不仅仅限于对现状的描述，更必须及于法律的本质，正是源于对法律这一属性的反思，边沁指出："被承认有权制定法律的个人或群体为法律而制定出来的任何东西，俱系法律。"[2] 边沁认为，"法律是国家行使权力处罚犯罪的威胁性命令"。也就是说，法律是以命令形式体现出来的权力者的意志，它是强加于公民身上的义务，如果公民违反这一命令就要受到制裁，这一命令是针对一系列的行为而非单一性行为的。他说："法律是国家的主权者提出或采纳的意志表示的总和，涉及在一定情况下，受主权者权力管辖的人或集团必须遵循的行为规范；这种意志表示旨在说明某种情况下，人的行为将产生的结果，这种期望将给那些实施某行为的人以一定的刺激。"[3] 在《道德与立法原理导论》中，边沁表达过一些有关法的定义的命题：立法者意志的表达是一种命令或禁令或是一种否定；明确或实质的命令，连同违反它时附带的惩罚，构成一个法律义务；任何法律，当它完整时，要么具有"强制"的性质，要么具有"非强制"的性质。强制的法律是命令，一个非强制或没有强制的法律，全部或部分地撤销强制法律；每个强制的法律都产生一个"侵犯行为"，即将这种或那种行为变成一种侵犯行为。只有这样，它才能"强加一个义务"，即它能产生强制；每一个法律是一个命令或其对立物。在《法律概要》中，边沁说："法律可以定义为一个国家、主权者认知或采用的意志符号的集合；每一个法律命令设定一个责任；命令或禁止的法律产生义务或责任；在所有的词语中，最适合表达'法律'一词必要条件的、符合所有广度和变化形式的、广泛和令人理解的概念，是'命令'；法律的性质和真正的本质可以说就是命令，法律的语言应该说就是命令的语言；所有的法律必须以强制的形式，或痛苦或愉悦，加诸当事人；法律有惩罚或其他强制作后盾。"[4] 从边沁对法律的定义可以看出，他认为法律是国家行使权力时的一种命令，这是他法律思想最核心的观点。边沁的法律定义把主权者、命令、制裁等因素结合了起来，他认

---

[1] [英]边沁：《道德与立法原理导论》，时殷弘译，商务印书馆2000年版，第361页。
[2] [英]边沁：《道德与立法原理导论》，时殷弘译，商务印书馆2000年版，第369页。
[3] Bentham, *of Law in General*, London, the Athlone Press, 1970, p.1.
[4] 转引自谷春德主编：《西方法律思想史》，中国人民大学出版社2000年版，第188页。

为,法律有以下基本特征:①命令性。法是主权者的意志和命令,但不是意志本身,而是体现这种意志的人性、心理、功利;②普遍性。这种命令针对人们的普遍行为而非针对人们的单一行为而发;③规范性。法这种命令不是原则性的,而是作为人们的行为准则,规定人们可以做什么,不可以做什么;④法调整的是人们之间的权利和义务;⑤强制力,法律规定了刑罚和其他处罚,这是权利的后盾。

从边沁的法律定义可以看出,边沁的着眼点在于实证法。早在《政府片论》里,边沁把对法律问题发表意见的人分为两种,一是解释者,二是评论者。在《道德和立法原理导论》中,边沁提出了区分"立法学"和"法理学",即批评性的法学和阐释性的法学,这被视为分析法学的一个重要标志,即区分"法律应该是什么"和"法律实际上是什么",这个思想为奥斯丁所继承,成为分析法学最为重要的研究方法。

第二节 密尔的法律思想

一、生平与著述

约翰·斯图尔特·密尔(John Stuart Mill,1806年~1873年),又译穆勒,19世纪英国杰出的思想家和政治改革家,是继边沁之后英国另一著名的自由主义法律哲学家。密尔生在伦敦,是著名思想家詹姆斯·密尔的长子。密尔从小即在父亲的指导下接受严格的家庭教育。由于父亲和当时英国知识界的著名人物边沁、李嘉图、休谟等人交往密切,约翰·密尔在童年时就结识了这些人,其中边沁对他的影响最大。因为"父亲一直教我运用'最大幸福'的准则来观察事物",[1]并且根据父亲的指示,他在16岁时阅读了边沁《立法论》(法文版),立刻入迷,成为一个边沁理论的崇拜者。《立法论》为他展示了人生最美妙的图景,使他看到了改善人类的灿烂远景,从此立志成为一个社会改革者。密尔的功利主义同边沁及其父辈的功利主义已有很大的差别。他将原来的功利主义化简为繁,由粗到细加以精密的修正。他的本意在于弥补原始学说的缺陷,解决遗留的疑难,但结果却使原始学说失去了本来面目。[2]

密尔著述颇丰,主要有:《逻辑学体系》(1843)、《政治经济学》(1848)、《功利主义》(1863)、《论自由》(1859)、《代议制政府》(1861)、《妇女的服从》(1869)等。

---

[1] [英]穆勒:《穆勒自传》,吴良健等译,商务印书馆1987年版,第3页。
[2] 参见吕世伦主编:《西方法律思潮源流论》,中国人民公安大学出版社1993年版,第78页。

二、功利主义

密尔父子和边沁交往甚密,詹姆斯·密尔于1808年结识边沁并成为边沁的得意门生和密友。约翰·密尔的思想受到詹姆斯·密尔和边沁的功利主义和早期自由主义的直接影响。他们之间有许多相似之处,他们都力主革新,都比较激进,成为当时英国政界和学界引人注目的人物。在哲学观念上,密尔是边沁功利主义的继承者和修正者。在密尔看来,边沁超出以往所有的伦理学家,他的理论是思想上新时代的开始:"他分析各种行为结果的不同种类和等级,科学地把幸福原则应用在行为的道德性上,这更增加了我对他的钦佩。"[1]密尔在自己的著述中,同样强调功利主义道德的重要性:"在一切道德问题上,我最后总是诉诸功利的。"[2]密尔根据19世纪英国社会发展的新情况,对边沁的功利主义做了进一步的修正和发展,并正式使用"功利主义"一词来概括他的学说的性质。他的《功利主义》一书比边沁更系统、更完整地论述了功利主义学说,标志着功利主义思想发展的最高点。密尔对功利主义有过一段经典的论述:"承认功利为道德基础的信条,换言之,最大幸福主义,主张行为的是与它增进幸福的倾向为比例;行为的非与它产生不幸福的倾向为比例。幸福是指快乐与免除痛苦;不幸福是指痛苦和丧失掉快乐。"[3]和边沁一样,密尔认为避苦求乐是人之本性。功利或幸福是指导人类行为的规律,是否有利于增进幸福、避免痛苦是衡量是非功过的根本道德标准。然而密尔的功利主义并非是重复边沁的学说,他在功利主义的考虑上有两个重要思想转折:①不再将快乐当作生活的目标,而把快乐以外的目的作为生活的目标。简单地说,快乐并不是利己主义的,真正快乐的人是那些为他人谋幸福,为人类谋进步的人;②把个人的内心修养当作人类幸福的首要条件之一,而不是把外部条件的安排和对人的思想与行为的训练看作惟一重要的因素。他对边沁功利主义所作的修正主要表现在:

1. 快乐不仅是量的问题,更是一个质的问题。按照边沁的理论,快乐只有量上的差别,没有质的不同。与边沁不同,密尔认为,人不仅有着肉体感官上的快乐,而且还有精神上的追求,这正是人与动物的区别所在,因为人有着动物所不具有的比嗜欲更为高尚的"心能"。较高等的快乐主要是理智的、情感的和想象的快乐以及道德情操的快乐。有高尚心智的人追求精神快乐,而低等心智的人追求肉体快乐。做一个不满足的人总比做一个满足的猪要好些,做一个不满足的苏格拉底,总比做一个满足的傻子要好些[4]。

---

[1] [英]穆勒:《穆勒自传》,吴良健等译,商务印书馆1987年版,第45页。
[2] [英]穆勒:《穆勒自传》,吴良健等译,商务印书馆1987年版,第11页。
[3] [英]约翰·密尔:《功利主义》,唐钺译,商务印书馆1957年版,第7页。
[4] [英]约翰·密尔:《功利主义》,唐钺译,商务印书馆1957年版,第10页。

2.幸福不仅是一个涉己的概念,更是一个涉他的概念。也就是说,幸福是行为人的幸福、他人的幸福和社会幸福的有机统一。真正的幸福就在于把个人利益与社会利益加以平衡。密尔指出:"法律与社会组织应该处置个人的幸福或(可以从实际方面讲)利益,使它尽可能地与全体利益相协调。"[1]

3.内部制裁是保障功利实现的主要手段。边沁认为,人类避苦求乐要依靠四种制裁方法,即身体制裁、政治制裁、道德制裁和宗教制裁。密尔认为,这些都是外部制裁,而要真正保障功利的实现则要依靠内部制裁,内部制裁就是"人类的良心和社会感情",就是人们内心的一种情感,一种伴随义务而生的一种情感。这标志着密尔开始由外向内做理论的探讨,对功利主义进行必要的修正。

4.与功利主义相协调的人类应当是"自我完善的人"。在边沁的理论中,功利,或曰快乐或痛苦是针对社会上一切普遍的人而言的。但是密尔认为,快乐之所以存在质的差别,就在于其所感受的人类存在着质的差别。要使功利原则真正做到人不仅爱自己,也要爱他人、爱社会,就必须具备相对完善的心智和理性,因而,人的自我完善就成为公民教育的重要任务。这也是在其名著《论自由》中密尔特别推崇"个性自由"的原因。英国政治哲学家奥克肖特明确指出,"自我完善"的人的定位,是密尔与边沁的主要区别之一。[2]

密尔生活的时代正处于由自由竞争资本主义向垄断资本主义的过渡时期,在这样的时代背景下,密尔的功利主义将边沁的功利主义化简为繁,由粗到细加以精密的修正,把边沁的功利主义推向了一个新的发展阶段。密尔的理论减少了功利主义原有的享乐主义和利己主义色彩,在协调个人和社会的关系问题上又上了一个新的台阶。如果说边沁的思想是自由的功利主义的话,密尔的则是功利的自由主义。[3]

三、论自由

密尔的自由主义在西方政治法律思想史上具有重要的地位。他的《论自由》与弥尔顿的《雅典最高法院法官》成为捍卫自由的经典著作。在《论自由》一书的引论中,密尔指出,他所探讨的自由是公民的政治自由或曰社会自由,而不是哲学家探讨的那种与必然性相对立的意志自由。"公民自由或社会自由,也就是要探讨社会所能合法施用于个人权力的性质和限度",自由就是"为社会而强制个人的标准"。[4] 这是从反面对自由所下的定义,

---

[1] [英]约翰·密尔:《功利主义》,唐钺译,商务印书馆1957年版,第34页。
[2] 参见何勤华:《西方法律思想史》,复旦大学出版社2005年版,第200页。
[3] 王哲:《西方政治法律学说史》,北京大学出版社1988年版,第397页。
[4] [英]密尔:《论自由》,程崇华译,商务印书馆1982年版,第3页。

意味着权力限制、禁止之外即为自由,也就是人们通常所言的"法不禁止即自由"。对于自由,密尔还有一个正面的定义,"惟一实称其名的自由,乃是按照我们自己的道路去追求我们自己的好处的自由"。[1] 从密尔对自由的定义我们可以看出,密尔的自由概念包含了这样几个基本理念:

1. 自由是与权力相对的一种个人对于国家的防御。密尔认为,国家的权力与个人的自由是对立的两极,从社会意义上来说,社会自由就是"自由与权威的斗争",社会自由"是指对于政治统治者的暴虐的防御"。[2]

2. 自由与"权力的性质和限度"相关联。"性质"主要是指权力的强制性,也就是权力通过何种方式、手段介入人们的行为。密尔指出"强制的方法……都只有以保障他人安全为理由才能算是正当的了。"[3]"限度"则主要指权力与自由的交接点。换言之,国家权力不能涉足的领域,也就是人们自由的范围。

3. 自由从内容上来说意味着个人的自治。为了防止"多数人的暴虐",密尔提出了处理个人和社会关系的基本原则,明确社会对个人干涉的正当限度和个人自治的范围。他把人的行为分为"涉己行为"和"涉他行为"。"任何人的行为,只有涉及他人的部分才须对社会负责。在仅涉及本人的那部分,他的独立性在原则上则是绝对的。对于本人自己,对于他自己的身和心,个人乃是最高主权者。"密尔主张,在不涉及他人利益的场合,个人有绝对的自由和权利,有"按照自己的道路去追求自己好处的自由"。只有当个人行为可能对他人造成损害,社会对个人行为的干预甚至强迫才具有正当性和合法性。

4. 自由的价值则是可以为人们带来"好处",密尔也提出了自由主义的一条重要原则:"自由原则不能要求一个人有不要自由的自由,一个人被允许割让他的自由,这不叫自由。"[4]

从密尔对自由的定义我们可以看出,密尔对法律和自由的基本观点是:个人的行为只要不危害他人,他就有完全的自由,他人和社会就无权干涉;只有当个人的行为侵害了他人的利益时,社会才有权对其进行阻止和惩罚。因此,法律的价值不是限制个人自由,而是维护个人自由,只有当个人行动超出了自由的边界,法律才对其加以干涉。

密尔指出,为了预防"多数人的暴虐",政府和社会应当保障每个公民享有以下自由:①良心的自由,也就是思想和感想的自由,是思想意识的内在

---

[1] [英]密尔:《论自由》,程崇华译,商务印书馆1982年版,第13页。
[2] [英]密尔:《论自由》,程崇华译,商务印书馆1982年版,第1页。
[3] [英]密尔:《论自由》,程崇华译,商务印书馆1982年版,第11页。
[4] [英]密尔:《论自由》,程崇华译,商务印书馆1982年版,第112页。

领域自由。体现为"在不论是实践的或是思考的、科学的、道德的或神学的等一切题目上的意见和情操的绝对自由"。[1] ②追求个人志趣和趣味的自由。具体而言,"要求有自由订定自己的生活计划以顺应自己的性格;要求有自由照自己所喜欢的去做,当然也不规避随之而来的后果"。[2] 他认为,这种自由,只要我们所作所为并无害于我们的同胞,就不应遭到他们的妨碍,即使他们认为我们的行为是愚蠢、悖谬或错误的。密尔认为,这类自由包括个性自由和选择自由两类,选择自由是依附于个性自由的。而其中的个性自由是密尔着力弘扬的价值。③个人之间互相交往和联合的自由。"人们有自由为着任何无害于他人的目的而彼此联合,只要参加联合的人是成年人,又不是出于被迫或受骗。"[3] 密尔认为,任何一个社会如果上述自由在那里整个说来得不到尊重,那就不是一个真正拥有自由的社会。

密尔的社会自由概念与古典自然法学家的自由概念已有很大的不同。洛克、卢梭、孟德斯鸠等人的自由是可以与法律的、道德的强制相一致的,是允许国家和社会干涉的。密尔的社会自由概念是与国家的、法律的和道德的干预和强制相抗衡的,他要明晰国家权威和个人自治的关系,为国家权力的行使划出一定的界限,以保证个人的自由。

四、民主代议制

在密尔看来,政治制度的根源在于人的意志,政治制度"在它们存在的每一个阶段,它们的存在都是人的意志力作用的结果"。[4] 既然政治制度是人的意志的选择和制作,要运用人的判断和技能,它和人所做成的其他东西一样是或好或坏的;政治制度的存在和发挥作用要有人去操作,要人们积极参与而不是单纯服从。因此,政治制度的选择不仅仅是最佳选择的问题,还必须使它适合人们现有的特点和能力,正如选择工具要适合使用者的目的和能力。选择政治制度时应考虑的三个条件就是:①人民必须愿意接受;②人民必须愿意并能够从事为保存它所必要的事情;③他们必须愿意并能够从事为使它能够实现其目而需要他们做的事情。根据这三个条件去研究一国的状况,并把最好的"政治制度"引入到这个国家,是理论家们可做的一个有意义的工作。"理想中最好的政府形式,并不是指一切文明状态都是实际可行的或适当的政府形式,而是指这样一种政府形式,在它实际可行和适当的情况下,伴随着直接的和将来的最大数量的有益后果。完全的平民

---

[1] [英]密尔:《论自由》,程崇华译,商务印书馆1982年版,第12~13页。
[2] [英]密尔:《论自由》,程崇华译,商务印书馆1982年版,第13页。
[3] [英]密尔:《论自由》,程崇华译,商务印书馆1982年版,第13页。
[4] [英]密尔:《代议制政府》,汪宣译,商务印书馆1982年版,第7页。

政府是能够主张具有这种性质的惟一政体。"[1]

密尔认为,政体取决于民族的习惯和爱好,任何一个民族都有选择其政体的自由,政体没有好坏之分。但作为自由主义的代表,他还是认为不干涉个人自由的政府就是好的政体形式。政府虽无绝对的优劣,但他认为比较优越的政体是间接民主制,也就是代议制度。代议制度之所以优越,是因为全体多数人选出的代表行使着国家的最高权力。但他也指出了英国代议制度的弊端,主要表现在:①议会团体以及控制该团体的民意在智力上"偏低"的危险;②所谓"阶级立法"的危险。这两大弊端归纳起来就是执政者的平庸和阶级的专制。因此,英国的代议制度必须改革,如此才符合功利主义的要求。密尔也对英国的议会改革提出了一系列的建议方案。

密尔认为,在代议制下,个人与政府的关系应该坚持:①只有出于自卫目的,人们才有理由集体或个别地干涉他人行动的自由;②政府能够正当地对文明社会中任何一个人行使权力;③任何个人在行为上应对社会负责的只限于与别人有关的那部分,在只关系他个人的行为上他是独立的。就权利而言是绝对的,对他自己,对他的身心,他就是无上的权力。

■思考练习

一、关键术语

避苦求乐;功利主义;最大多数人的最大幸福;自由主义;民主代议制。

二、思考题

1. 如何理解边沁的"最大多数人的最大幸福"?
2. 简述边沁的立法理论。
3. 功利主义法学与自然法学的不同是什么?
4. 密尔对功利主义进行了哪些改造?这对于功利主义法学的发展有何意义?
5. 密尔是如何论述法律与自由的关系的?

■参考与阅读文献

1. [美]萨拜因:《政治学说史》(下卷),刘山等译,商务印书馆1986年版。
2. [英]密尔:《代议制政府》,汪宣译,商务印书馆1982年版。
3. 王哲:《西方政治法律学说史》,北京大学出版社1988年版。
4. [英]穆勒:《穆勒自传》,吴良健等译,商务印书馆1987年版。
5. [英]边沁:《道德与立法原理导论》,时殷弘译,商务印书馆2000年版。
6. [英]边沁:《政府片论》,沈叔平等译,商务印书馆1987年版。
7. 吕世伦:《西方法律思潮源流论》,中国人民公安大学出版社1993年版。

---

[1] [英]密尔:《代议制政府》,汪宣译,商务印书馆1982年版,第43页。

第十二章 奥斯丁的分析法学

> ■ 本章学习目的和要求
>
> 约翰·奥斯丁是分析法学的创立者,是系统阐述法律命令说的第一人,被称为"现代英国理学之父"。他把法律视为主权者的一种命令;他严格地区分了法律和道德,认为两者属于不同的学科;他划定了法理学的范围,创立了一般法理学。
>
> **本章重点掌握**:奥斯丁分析法学的思想渊源;奥斯丁法律命令说的主要内容;奥斯丁对法律的分类;奥斯丁的"一般法理学"。

一、生平与著述

约翰·奥斯丁(John Ausitin,1790年~1859年),分析法学的创立者,是系统阐述法律命令说的第一人,被称为"现代英国法理学之父"。出生于一个磨坊主家庭,16岁时入伍服役五年,退役后学习法律并于1818年获得律师资格并开始从业,1825年放弃律师职业。1826年,奥斯丁经边沁等人推荐,任伦敦大学教授而主讲法理学。随着听课学生的逐渐减少,奥斯丁不得不中断了法理学的授课,辞去法理学教授的职务。此后,奥斯丁又从事过刑法委员会的工作,还担任过英国驻马耳他大使。奥斯丁一生都是在病痛和自我不信任中度过的,生前一直默默无闻。其生前的默默无闻与死后的显赫名声形成巨大的反差。1832年,奥斯丁出版了《法理学的范围》(the Province of Jurisprudence Determined),收录了他在伦敦大学法理学教学的大纲和在大学的授课内容,这是奥斯丁生前出版的惟一著作。奥斯丁死后,奥斯丁夫人整理出版了奥斯丁生前准备的大量法理学讲稿,于1861年出版了名为《法理学讲义》(Lectures on Jurisprudence)的著作,其中包括1832年出版的《法理学的范围》中的6讲和未出版、也未在大学讲授的16讲的内容。1861年版的《法理学讲义》被后人视为奥斯丁著作的权威版本,以后多次再版并以其他形式编辑出版。《法理学讲义》所开创的新的法学研究方法和在此方法下确立的法理学研究对象,使奥斯丁成为了分析法学之父。

二、奥斯丁的思想渊源与方法

奥斯丁的分析实证主义法学理论是把边沁的功利主义和孔德的实证主

义相结合的产物。奥斯丁追随边沁的功利主义方法,他认为人们的一切行为都受功利原则的支配,理性而开明的政府应该遵照功利原则,以符合功利原则的法律来调整人们的行为,因而功利原则也就成为立法的根本指导原则。实证主义哲学是19世纪30年代出现于法国,40年代出现于英国,后来在西方国家流传开来的一种新的哲学思潮。这是资产阶级在取得了政权,建立了新秩序,并在新秩序得到巩固,并转向保守的精神状态的产物和体现。孔德是实证主义哲学的鼻祖,其基本观点有两个方面:①实证主义是超越唯物主义并和唯心主义对立的哲学。他认为一切本质属性都概括在实证这个词中,而实证又被解释为具有"实在"、"有用"、"确定"、"精确"、"有机"、"相对"等含义。他认为这些是人类智慧的最高属性,实证主义正好包含这些属性。它排斥一切虚妄、无用、不确定、不精确或绝对的东西,摒弃一切神学和形而上学的东西。他声称实证主义超出了一切神学和形而上学的界限,主张哲学应只研究实在有用的东西和知识,摈弃关于事物的本质、宇宙的本源等虚妄的形而上学。所谓实在有用的知识指的是关于现象范围内的知识,至于这些现象背后的原因是什么,现象后面的本质是什么,以及事物的规律性和因果关系,都不属于实证知识的范围。科学以及一切合乎实证哲学精神的认识都只是叙述事实,而不说明事实,只问是什么,不问为什么,如万有引力。②为了把实证主义哲学说成是"最高级"和"最科学的",孔德宣称发现了一条重大规律,即"我们的每一种主要观点,每一个知识部门,都先后经过三个不同的理论阶段:神学阶段,又名虚构阶段;形而上学阶段,又名抽象阶段;科学阶段,又名实证阶段"。在神学阶段,人们自由幻想,企图探索万物的内在本性、现象的根源、最后原因,要求获得绝对知识,但又做不到,于是人们只好求助于神——超自然的力量——来解释一切。宗教就在各种思想中占据统治地位。形而上学阶段是神学阶段的变种形式,人们以抽象代替了超自然的神来解释一切,要求获得关于事物本质的绝对知识和绝对真理,各种自认为是客观真理的革命理论、独断论哲学,就是此类知识的代表。在实证阶段,一切知识、科学、哲学、都以实证的事实为基础,把一切知识都看成是关于现象的知识、相对的知识,不再去探索宇宙的起源和目的,不再寻求各种现象的内在原因。而对个人来说,其童年时期相应于神学阶段,青年时期是形而上学阶段,成熟的壮年时期是实证阶段,如物理学家。

　　奥斯丁致力于把实在法确定为法理学的研究对象,提倡抛开法律的价值观念,把具体的政治法律制度加以比较分析,揭示法律的结构和构成,也就是要找出法律共同的元素如原则、概念、特征等,法理学就是实证主义哲学方法的运用。

三、法律是由主权者发布的以制裁为后盾的命令

奥斯丁认为，每一个法律或规则都是命令，法律是由主权者发布的以制裁为后盾的命令。如果主权者发布一个命令并以制裁来保障它的执行，那么这个命令就是法律。从奥斯丁对法律所做的定义来看，有两点是明确的：①"命令"是奥斯丁法律定义的核心，奥斯丁的法律学说也就被称为"法律命令说"；②奥斯丁法律定义的基本因素包括：命令、主权，即政治上的优势者和劣势者的关系；主权命令而生的责任；对不服从者以刑罚方式出现的法律责任与法律制裁。要理解奥斯丁的法律命令说，首先就要明确这几个概念的含义：

1. 主权者。主权者是一个人或一个确定的个人团体，社会的多数成员对他具有一种服从习惯，但他本身却并不习惯性地服从任何人。在一个社会中，如果一个确定的优势者受到该社会大多数成员的习惯性服从，同时却没有服从于类似优势者的习惯，那么，该确定的优势者就是该社会的主权者，该社会（包括该优势者）就是一个独立的政治社会。[1] 从对主权者的定义中，主权者有以下几个要素：①优势者必须是"确定的"。②该社会必须有"服从的习惯"，如果服从是罕见的或暂时性的而不是习惯性的或永久性的，在这一社会中就没有形成主权者与臣服者之间的关系，就不存在主权者。③习惯性服从必须是一个社会的一般成员或大部分成员对某个且同一个确定的个人或个人团体的服从。④一个给定的社会要形成一个政治社会，其成员和多数必须习惯性地服从一个确定且共同的上级。⑤受到社会成员习惯性服从的共同且确定的优势者本身不能习惯性地服从某个确定的人类优势者，否则该优势者就不具有至上性，也就不能被称为主权者。一个政治社会的主权者可以偶尔服从某个确定团体的命令，但这种服从不能是"习惯性地"。如果该优势者习惯性地服从一个特定的个人或团体的命令，那么该社会就不是独立的。⑥主权者的权力不受法律限制。[2]

2. 命令。奥斯丁认为："每一法律或规则……都是一条命令。或者说，恰当称谓的法律或规则是命令的一种。一个社会的法律是主权者——最高政治机关——用以统治社会成员行为的一般命令……每个实在法，或者每个简单或严格称谓的法律，都是由某个主权者个人或某个由个人组成的主权者团体向该个人或团体在其中是主权者或至上者的独立政治社会的一个或多个成员设定的。"[3] 由此可见，奥斯丁所认为的法理学中的关键词是"命令"（command），只有主权者的命令才是严格称谓的法。具体地讲，①命

---

[1] J. Austin, *Lecture on Jurisprudence* (4th ed. Campbell), p. 226.

[2] 参见何勤华：《西方法律思想史》，复旦大学出版社 2005 年版，第 228 页。

[3] J. Austin, *Lecture on Jurisprudence* (4th ed. Campbell), p. 225.

令包含了一种希望或一种恶。"如果你表达一个希望,即希望我去做或不去做某个行为,而且如果你在我不顺从你的希望的情况下你以一种邪恶莅临我处,那么,你的希望的表达或宣布就是一个命令。"[1] ②命令包含了责任、制裁和义务的含义。有责任存在的地方,就存在一种命令,存在命令的地方,就产生一种责任,二者是相关的术语。命令是以制裁为后盾的。命令区别于其他愿望的显著特征不是愿望的表达方式,而是发出愿望的人的权力和目的,因为他在其愿望被忽视的情况下可以把恶和痛苦强加于忽视者。正是所威胁的恶或不利(制裁)使愿望的表达不仅构成了命令,而且还构成了义务或责任,要求命令所针对的人以规定的方式从事某种行为。因之,命令可表述为:①一个理性的人怀有的希望或愿望,而另一个理性的人应该由此去做某件事或被禁止去做某件事;②如果后者不服从前者的希望,前者将会对后者实施一种恶;③该希望通过语言或其他标记表达或宣告出来。

奥斯丁认为,法律是一种命令也存在一些例外,其中包括:①立法机关对实在法的"解释";②废除法律之法和免除现存责任之法;③非完善的法律,或非完善义务的法律。这个术语源于罗马法学家,它指这种法律要求一项制裁,但是没有约束力。另外,也存在表面上不具有但实际上是命令性的法律,它们是:①仅仅规定权利的法律。但是,每一个真正包含权利的法律都明确或暗示一个相关的责任,或者一个责任有一个相应下达的权利。②习惯法是"法律是一种命令"的例外。奥斯丁声称,从来源上看,习惯是一种行为规则,它似乎由被统治者自然地服从,或者说不是由政治优势者设立法律实施的。但是当习惯法由法庭采用时,当司法判决由国家强制力实施时,该习惯就变成了实在法。

3. 责任与制裁。"命令"与"制裁"是相关的术语,从一个术语的存在就可以推知另一个术语的存在,存在责任,就必然存在一条命令;存在命令,就必然产生责任。具体地说,如果一个愿望在被藐视时他可以施加某种不利或恶,那么这个人所表达或宣布的愿望就构成一个命令;如果一个人在藐视这个愿望时他将会招致某种恶,这个人就要受到这个命令的束缚或约束。

四、法律的分类

奥斯丁对法律做了非常复杂的分类,大体来说,他认为法律主要有以下四类:

1. 上帝之法。上帝之法是上帝以明示或暗示的方法传谕给人类的法律,有时称为自然法。但是,奥斯丁尽力避免使用"自然法"(natural law, the law of nature),因为他觉得自然法这个词模糊不清,会引人误解。在奥斯丁的实在法理论中,上帝之法的惟一功能就是用来反映功利主义信念,即边沁

---

[1] J. Austin, *Lecture on Jurisprudence*(4th ed. Campbell), p. 89.

所谓的"避苦求乐"。在所有的法律中,它处于最高的地位。但是,作为一个实证主义者和一个分析法学家,他不可能充分地展开论述上帝之法。

2. 实在法。实在法是一个主权国家制定出来的法律制度,这是一种严格意义上的法,是科学法理学,或者称为一般法理学研究的对象。其具体内容就是他著名的法律命令说。他认为,每一实在法(或每一个简单或严格的法律)是由一个主权者个人或集体,对独立政治社会的一个成员或若干成员直接或间接地设立的。换言之,它是一个君主或主权体,对处于其征服状态下的一个人或若干人直接或间接设立的。

3. 实在道德。实在道德,或称实在道德规则,是指非由政治优势者建立,但具有法律的能力和特点的法。这种法律不是严格意义上的法律,它仅仅是由观念建立或实施的。这种法律应用的例子包括"荣誉法"、"风尚之法"、"国际法"规则。实在道德之所以是"实在的",是因为它们是人设定的,之所以称为"道德",是因为它不是由国家而是由其他压力集团来执行的。在实在道德规则中,有些是严格意义上的法律,有些则不是严格意义上的法律。有些具有"命令性"法律或规则具有的本质,有些则缺少这些本质。后者被称为"法律"或"规则"是在该术语类比意义上的使用。

严格意义上的实在道德有三种:①生活在自然状态下的人们所设立的规则,如生活在自然状态下的人可以发布一项命令性的法律。②主权设立的规则,但这里主权者不是政治上的优势者,如一个主权对另一个主权设立的命令性法律,或一个最高政府对另一个最高政府设立的法律。③私人设立的规则,但不是实施法律权利的私人设立。比如,父母对子女设定的命令性法律,主人对仆人设定的命令性法律,出借人对借入人设立的命令性法律,监护人对被监护人设立的命令性法律,等等。

非严格意义上的实在道德,是由一般观念设立或设定的法律,也就是说,它是由任何阶层或任何人类社会的一般观念所设定的法律。例如,某个职业团体、某些成员的一般观念,一个民族或独立政治社会的一般观念,由诸个民族形成的较大社会的一般观念。一些由观念设定的法律已经有了恰当的名称,如绅士们之间流行的观念设定的法律规则,被称为"荣誉规则"或"荣誉法规"。比如,存在涉及独立政治社会之间相互关系行为的法律,或者说涉及主权或最高政府之间关系行为的法律。这种由流行于民族之间的观念设立并加诸民族或主权之上的法律,通常被称为"民族法"或"国际法"。

4. 比喻性的法律。奥斯丁说,还存在另外一种非严格意义上的法律,它们通过微弱的或松散的类比关系与严格意义上的法律相关联。因为它们已经从它们与严格意义上的法律之微弱或松散类比关系而获得"法律"的名称,奥斯丁称它们是隐喻性的法律,或仅仅是隐喻性的法律。比如说无生命体的运动所遵循的一定"法则";再如,涉及艺术的"规则",即指导艺术的参与者的一种指示或样式,这些指示或样式可以指导参与者的行为。奥斯丁说,从表面上看,这种隐喻之法与严格意义上的法的区分是明显的,但在法学家那里,两者的互用和混淆经常发生,最为突出的是乌尔比安和孟德斯鸠。乌尔比安将"自然法"适用于所有的动物,"自然法是自然教给一切动物的法律。因为这种法律不是人类所特有,而是一切动物都具有的,不问是天空、地上或海里的动物。"[1]孟德斯鸠的《论法的精神》的第一句话:"从最广泛的意义上来说,法是由事物的性质所产生的必然关系。在这个意义上,一切存在物都有它们的法。上帝有他的法;物质世界有它的法;高于人类的'智灵们'有他们的法;兽类有它们的法;人类有他们的法。"[2]奥斯丁说,虽然具有相同的名称,但决然不同的对象被混淆了和混乱了。将这些比喻性的法律和命令性严格意义上的法律混在一起,是模糊了后者的性质或本质。[3]

五、一般法理学

在《政府片论》中,边沁把对法律问题发表意见的人分为两种,一是解释者,二是评论者。解释者的任务是揭示法律"是"什么,评论者的任务是揭示法律"应当"是什么。在《道德和立法原理导论》中,边沁提出了区分"立法学"和"法理学",即批判性的法学和阐述性的法学。这被视为分析法学的一个标志,即区分"法律应该是什么"和"法律实际上是什么"。奥斯丁继承了边沁的这一分析方法,他的《法理学的范围》一书的目的就是要将法理学从其他学科中分离出来,确立法理学研究的范围,以使法理学成为一门真正的科学。

奥斯丁在讨论法学的研究对象和范围时,涉及了法律和道德的关系问题。他强调:"法理学的科学(直接而简单地称法理学)是关注实在法的,或严格意义的法律,而不考虑这些法律的好或者坏。"[4]奥斯丁认为,法律之所以是法律,具有法律上的效力,是因为它是主权者的命令,与法律所反映的道德价值没有关系。这就是分析法学所主张的"法律与道德分离"的基本立场。后世学者则把它概括为"恶法亦法"。他在法律和道德的关系上持相对主义立场,他指出:"正义与非正义,其相对而言的性质,就是这样的……同样一个法令,根据不同的标准来衡量,既可以是公正的,也可以是不公正的。或者,换一种表述方式来说,一个法令可以由于符合一个特定的法而成为公正的,即使其本身,即使作为标准的法,对比一个另外的规则而言都是

---

[1] 查士丁尼:《法学总论》,张企泰译,商务印书馆1989年版,第6页。
[2] 孟德斯鸠:《论法的精神》,张雁深译,商务印书馆1987年版,第1页。
[3] 参见吕世伦:《现代西方法学流派》上卷,中国大百科全书出版社1999年版,第163页。
[4] John Austin, *Lectures on Jurisprudence*, John Murray, 1911, p. 172.

不公正的。例如,假定实际存在的由人制定的法,与实际存在的社会实际道德相互冲突,如果以前者作为衡量标准,这个对象便可以被视为不公正的。"[1]他断定尽管从道德上看是十分邪恶的法律,只要以适当的方式颁布就仍然有效。因为"法的存在是一回事,它的优劣是另一项不同的研究。一个实际存在的法律就是法律,尽管我们碰巧不喜欢,或者我们确定我们的认可或反对的表达文本会不同。这一真理,当我们将其作为一个抽象陈述正式宣布的时候,是简单而明确的,似乎坚持它是多余的;但就是如此简单而明确,在抽象地阐明问题时,仍然经常被遗忘"[2]。"当我们说一个法律是好或坏的或者是值得赞扬或抨击或者是应当或不应当的时候,我们是指(除非我们表明了直接的喜恶),该法与我们心照不宣地引用作为尺度或标准的某种东西一致或不同"[3]。法的好或者坏是相对的且意义多样,一个法律对一个人是好的,而对另一个人则是不好的,只是他们心照不宣地参照了不同而相反的标准。对一个无神论者来说,他认为一项法律是好的,是因为它总体上有用;而由于总体上有害,则认为它是坏的。

奥斯丁坚持法律实证主义立场,他认为法律的价值评价与法律的存在分属两个不同的领域,前者属于立法学领域,后者属于法理学研究的问题,但这并不表明他不重视前者。他的立场是,这一工作不属于他所说的科学法理学的研究范围。他认为研究实在道德的学科与法理学相似,也不关注实在道德的好或坏,应该称为道德科学。而伦理学可以分为两部分,一部分就是道德科学,一部分涉及实在法,即通常所说的立法科学或立法学。伦理学涉及实在法的检验标准,或者涉及决定制定实在法次序的原则。他认同边沁区分的批判性法理学和阐述性法理学,前者涉及有关价值判断,是伦理学;后者才可以成为科学的法理学。奥斯丁认为,法理学的适当研究对象是实在法,这种对成熟体系各种共同原则或它们之间获得的各种相似性的研究构成了"一般法理学"(general jurisprudence)或"比较法理学"(comparative jurisprudence),或者"实在法哲学"(或一般原则)。在奥斯丁看来,法理学只能是一般法理学,目的就是要将法理学从其他学科中分离出来,确立法理学研究的范围,以使法理学成为一门真正的科学。法律可以从道德中分离出来,成文法可以从不成文法中分离出来,法理学可以从立法科学中分离出来。法理学的任务就是通过对实在法的分析,找出基本的概念及其要素、共同原则和特征。他认为法理学的范围或内容可以包括如下六方面:①义务、权利、自由、伤害、惩罚、赔偿的概念以及它们的相互关系,它们与法律、

---

[1] [英]奥斯丁:《法理学的范围》,刘星译,中国法制出版社 2002 年版,第 285 页。
[2] John Austin, *Lectures on Jurisprudence*, John Murray, 1911, p. 214.
[3] John Austin, *Lectures on Jurisprudence*, John Murray, 1911, pp. 173~174.

主权和政治社会间的各种关系;②成文法和不成文法之间在司法实践中或由于理解不当而作出相反解释的情况;③权利的特征,权利与最大权利之间的对立及其关系,如财产权与最高主权;④权利的特征,进入到所有权领域或主权领域分别对其他权利的限制问题;⑤责任的特征,责任由契约或损害而来,否则就是类推责任;⑥损害与不法行为的特征,即公民的损害进入到犯罪和不法行为的特征。[1]

奥斯丁创立了"一般法理学",将法理学的范围限定在实在法中,成为分析法学的源头。奥斯丁去世后,他的法理学成为英国法学中法理学教育的基础,并流行了近一个世纪,直到哈特和他的《法律的概念》取代奥斯丁在英国分析法学中的地位为止。

■思考练习

一、关键术语
实证主义;命令;主权者;习惯性服从;一般法理学。

二、思考题
1. 简述奥斯丁法律命令说的理论基础。
2. 简述奥斯丁法律命令说的主要内容。
3. 奥斯丁的主权者概念包含哪些要素?
4. 奥斯丁认为法理学研究的范围包括哪些内容?
5. 如何理解奥斯丁的"恶法亦法"?

■参考与阅读文献

1. 吕世伦:《现代西方法学流派》,中国大百科全书出版社1999年版。
2. [英]奥斯丁:《法理学的范围》,刘星译,中国法制出版社2002年版。
3. 王哲:《西方政治法律学说史》,北京大学出版社1988年版。
4. [英]韦恩·莫里斯:《法理学》,李桂林等译,武汉大学出版社2003年版。

---

[1] 王哲:《西方政治法律学说史》,北京大学出版社1988年版,第407页。

第十三章　历史法学

■ **本章学习目的和要求**

历史法学派是一种坚持历史实证主义立场、反对理性自然法的一个法学派别。萨维尼反对制定德国统一的法典，认为法律是"民族精神"的表现，法律是由内部力量推动的，而不能通过立法的理性手段来创建。梅因第一次运用历史唯物主义和进化论观点开展对法律的研究，无论是在方法论还是在研究内容上都推动了历史法学的发展。

本章重点掌握：德国历史法学派兴起的背景；萨维尼与蒂堡关于法典编纂的论争及其影响；萨维尼关于法与"民族精神"的主要论述；萨维尼关于法律发展阶段的论述；梅因的法律历史发展论；梅因对"从身份到契约"历史过程的论述。

第一节　历史法学概述

从一般意义上讲，历史法学泛指以历史的观点和历史学的方法来研究法律现象和法律问题的一种法学思潮。这种研究在亚里士多德、波利比、布丹、孟德斯鸠等不同时代的著作中都可以见到，但真正形成一个流派、一种有影响力的方法则是在19世纪。这种坚持历史实证主义立场、反对理性自然法的历史法学派正是19世纪初在德国兴起的。到了20世纪，历史法学的研究方法基本上融入其他的法学流派之中。

在思想史上，19世纪的历史主义是对以法国大革命为发展高潮的理性主义的一种批判与回应。17、18世纪的理性自然法学在冲破神学束缚、推动启蒙运动的发展、帮助资产阶级夺取政权中发挥了巨大作用。但是17、18世纪的自然法思想家过于强调理性，把它看做是最完美的法律形式的向导。法国大革命的过激举动使人们对革命者顶礼膜拜的理性主义产生了怀疑，人们开始对昨日的疯狂进行冷静地反思，这种反思涉及到许多方面，当然主要是对人类非理性、潜意识和无意识因素的价值加以重新审视。这种现象反映在法律思想领域就表现为人们在大革命后，经历了失落和冲动，反思现实，怀念过去，法律改革的热情冷却，转而强调法律的历史和传统。

历史主义在欧洲的兴起还与这一时期各民族国家的兴起紧密相连。从文艺复兴到19世纪末，欧洲历史的发展就是一个民族国家不断建立的过程。与此相适应，思想史上也出现了反映这种社会现实的思潮。在文艺复兴时期就开始抬头的民族主义在经历了拿破仑横扫欧洲的战争之后进一步得到了激发，人们不再像以前那样强调人的共同性，开始强调各民族自己的特点和精神，而要挖掘这些资源就要探索各个民族自己的历史，于是历史主义就应运而生了。[1]

历史法学派首先产生于德国，是当时德意志民族解放运动的结果，与德意志民族国家统一的历史进程密切相关。整个中世纪德国都处于"神圣罗马帝国"的统治之下，这个只是名义上存在的帝国不仅没有使德国统一，反而使之陷入了一种长期的分裂。经过拿破仑战争之后，德意志的民族情绪得以激发，整个德国都在期待着一个统一国家的出现，这在法律界的一个表现就是1818年海德堡大学法学教授蒂堡(Anton Thibaut, 1772年~1840年)提出了编纂德国民法典的建议。在《论制定全德法典的必要性》一文中，他主张德国应利用拿破仑战败的时机，制定出一部全德适用的法典，以实现德国的统一。蒂堡的建议遭到时任柏林大学校长的萨维尼的反对，他发表了《论立法与法学的当代使命》(1814)一书，与蒂堡展开了激烈论战，这本小册子被认为是历史法学的宣言书。在书中，萨维尼坚决反对理性主义，谴责他们无视法律的主要特点和发展阶段，并系统阐述了其历史法学的观点。在萨维尼的倡导下，19世纪的德国法学界掀起了对法律史的研究热潮，从而形成了以萨维尼为首的认为法律是民族精神的体现、从而注重从历史的角度对法进行研究的历史法学派。

第二节 萨维尼的法律思想

一、生平与著述

弗里德里希·卡尔·冯·萨维尼(Friedrich Carl von Savigny, 1779年~1861年)，德国著名法学家，历史法学派的主要代表人物。他于1814年发表的《论立法与法学的当代使命》被公认为是历史法学派的宣言书。萨维尼生于法兰克福的一个富裕家庭，先后在马堡大学、耶拿大学、莱比锡大学及柏林大学研究法学。1800年开始在马堡大学教授罗马法。1808年，成为兰茨胡特大学的罗马法教授，两年后又被任命为柏林大学教授和校长，在这里，萨维尼从事了三十多年的法学教学和研究工作。1842年至1848年，萨维尼担任普鲁士立法修订大臣。卸任后专门著书立说，直到去世。萨维尼的主

---

[1] 参见何勤华：《西方法律思想史》，复旦大学出版社2005年版，第154页。

要学术著作有:《论立法与法学的当代使命》(1814)、《中世纪罗马法史》(1815~1831)和《当代罗马法体系》(八卷本,1840~1849)等。

二、有关德国民法典编纂的争论

蒂堡的《论制定全德法典的必要性》倡言仿照法国民法典,为德国制定一部综合性的法典,由法制的统一最终达成德国的统一。在启蒙精神的影响下,蒂堡认为基于理性的法律会成功地适用于一切地区。这是一种典型的自然法观点,即认为人们能够凭借自身的理性努力,规划出人类行为的完美法则,以探究出法律的基本原则和基点,最终为人类生活制定出一部合适的法典。蒂堡的法典编纂主张受到了萨维尼的坚决反对,萨维尼于同年发表了他的《论立法与法学的当代使命》,对蒂堡的观点进行反驳。

萨维尼从三个方面对法典编纂派的观点进行了抨击。①关于实在法起源的概念。萨维尼认为,法律起源于民族的生活,其最早的形式比较简单,但后来却变成了一种双重生活:一方面它仍然是社会生活的表现,另一方面却又成为了法学家手中的一种科学。这就形成了这样的一种危险:本来是从风俗与舆论中形成的一种不知不觉的力量,现在却可能为统治者或法学家的意志所左右。②关于制定法典的实际困难。首先是资料的问题,针对有人提出要以罗马法的原则为主要来源的观点,萨维尼指出,罗马法的伟大在于它所具有的主要原则,但当罗马国家生气勃勃并在发展的时候却并没有编纂法典,相反,法典是罗马衰落时期的产物,它是与国家的衰亡同时发生的。这就提出了另外的一个问题,即法律原则的总结在什么情况下是必要的?将这个问题再推进一步就是,我们如何能够预见到每一个具体的案件从而在它发生以前就拟出一项决定呢?对于法律的发展而言,理性和经验哪一项更为重要或各自应该占据什么地位、发挥什么效用?另外,编纂法典的任务过于艰巨,非一人之力所能胜任,而由一个委员会编纂的法典又不可避免地会缺乏统一性。③萨维尼认为,法典即使可行,也将是有害无益的。因为它将破坏对过去的研究,限制法学研究的范围,使法学思维陷于瘫痪,并且不能鼓励人们尊重法律。"历史是一个崇高的女教师;只有通过她,才能够与民族的原始生活维持活生生的联系。如果这项联系丧失了,则民族的精神生活中最优秀的部分将被剥夺。"值得注意的是,萨维尼并不决然反对编纂德国民法典,只是认为当时的条件尚不成熟。他认为只有理解了本民族法律制度的来龙去脉后,才可能制定出符合民族精神的法律制度。

关于德国是否应该制定一部统一的民法典的争论以历史法学派的胜利而告结束,因为德国民法典的编纂计划被搁置,而德国展开了对罗马法和日耳曼法的深入研究,这些研究为后来民法典的编纂做了充分的准备,这也是使德国民法典能够扬名后世的重要原因。

三、法律与民族精神

在萨维尼看来，每个民族都有自己的个性、自己的精神，这一精神体现在包括法律在内的所有民族制度中，这一精神后来被他的学生宣称为"民族精神"（Volkgeist）。"在人类信史展开的最为远古的时代，可以看出，法律已然秉有自身确定的特性，其为一定民族所特有，如同其语言、行为方式和基本的社会组织体制（constitution）。不仅如此，凡此现象并非各自孤立存在，它们实际乃为一个独特的民族所特有的根本不可分割的禀赋和取向，而向我们展现出一幅特立独行的景貌。将其联结一体的，乃是排除了一切偶然与任意其所由来的意图的这个民族的共同信念，对其内在必然性的共同意识。"[1] 法律是和民族精神紧密相连的，法律绝不是立法者任意地、故意地制定的东西，法律是一个民族"内在的、默默地起作用的力量"的产物，它深深地扎根于这个民族的历史之中，而其真正的起源正是普遍的信念、习惯和"民族的共同意识"。就像民族的语言、建筑及风俗一样，法律首先是由民族特性、"民族精神"决定的。他指出，在每个民族的发展过程中，都逐渐形成了一些传统和习惯，而通过不断地运用这些传统和习惯使它们逐渐变成了法律规则，只要对这些传统和习惯进行认真研究，我们就能发现法律的真正内容，因此，法律是发现的而非制定的。

萨维尼反对纯理性的推理，主张应从历史的初期，从实在法的起源来证明法律精神的存在。他认为这种精神如同民族的性格和情感一样，蕴含于历史之中。"诸民族的这些使得自己个别化的独特秉性，是如何产生、形成的——这是一个无法历史地回答的问题。晚近以来，为人们所信受的流行的观点是，一切生命首先均为一种动物的生活，逐渐进化至一种较好的状态，最终臻达其现在所达到的水准。我们姑将这一理论弃置不论，而将精力仅仅局限于历史上可信的最早期的法律状况这一事实问题。我们应当尽力揭示此一阶段确切有据的一般特征，在此阶段，法律以及语言存在于民族意识（consciousness of the people）之中。"[2] 萨维尼接着指出，法律与民族的存在及其性格的有机联系，同样表现于时代的发展过程中。"这里，再一次地，法律堪与语言相比。对于法律来说，一如语言，并无决然断裂的时刻；如同民族之存在和性格中的其他的一般性取向一般，法律亦同样受制于此运动和发展。此种发展，如同其最为始初的情形，遵循同一内在必然性规律。法律随着民族的成长而成长，随着民族的壮大而壮大，最后，随着民族对于其

---

[1] [德]萨维尼：《论立法和法学的当代使命》，许章润译，中国法制出版社2001年版，第7页。

[2] [德]萨维尼：《论立法和法学的当代使命》，许章润译，中国法制出版社2001年版，第7页。

民族性(nationality)的丧失而消亡。"[1]

四、法律的起源和发展

关于法的起源,萨维尼指出,"一切法律均缘起于行为方式,在行为方式中……习惯法渐次形成;就是说,法律首先产生于习俗和人们的信仰(popular faith),其次乃假手于法学——职是之故,法律完全是由沉潜于内、默无言声而孜孜不倦的伟力,而非法律制定者(a law-giver)的专断意志所孕就的"。[2] 也就是说,法律只是由内部力量推动,并非可由立法者专断的意志予以推动;法律只能是土生土长的产物,而不能通过立法的理性手段来创建。

关于法的发展,萨维尼把法看作是一个逐渐发展演化的连续不断的过程。他提出了法律分阶段发展变化的观点。他认为法的发生、发展和演变的过程分为三个阶段:①第一阶段为自然法或习惯法阶段。这里他所指的自然法是在一个民族的历史中自然发生的,以口头或文字世代相传而沿袭的各种规范的总和。他认为这种规范存在于该民族的共同意识之中,其具体表现形式是习惯法。②第二阶段为学术法。在这个阶段中,法体现在法学家的意识之中,法律在这一时期变得科学化起来,产生了学术法。他认为在这个阶段上法开始具有双重性质:一方面法是民族生活中不可分割的一部分;另一方面它又是法学家们所掌握的一门特殊科学。在此阶段上法律既有政治性成分,也有技术性成分;③第三个阶段是编纂法典的阶段,这时应使习惯法与学术法达到统一。由此可以看出,习惯法是人类初期的法律,法典法是人类发展到高级阶段的法律形式,而学术法则是习惯法和法典法的中介。

萨维尼认为,法典法虽然是我们的理想,但它并不能脱离习惯法孤立地进行编纂,这就需要我们在编纂法典法之前先要对习惯法进行彻底地研究,而这一任务正是由法学家来完成的。萨维尼指出,当时德国还没有能力制定出一部好的法典来,缺少的正是那种具有敏锐眼光和渊博知识且能促使学术法发展的法学家。

对于萨维尼的历史法学,人们评价不一。就其反对立法和法典编纂和对于德国法学家的不信任,黑格尔说,"否认一个民族和它的法学界具有编纂法典的能力,这是对这一民族和它的法学界莫大的侮辱","最近有人否认各民族具有立法的使命,这不仅是侮辱,而且含有荒谬的想法……其实,体

---

[1] [德]萨维尼:《论立法和法学的当代使命》,许章润译,中国法制出版社2001年版,第9页。

[2] [德]萨维尼:《论立法和法学的当代使命》,许章润译,中国法制出版社2001年版,第11页。

系化,即提高到普遍物,正是我们时代无限迫切的要求"。[1] 马克思则从政治上对萨维尼的保守和反动进行了批判。到19世纪末,耶林和施塔姆勒都批评了历史法学的复古倾向,而霍姆斯则指出,萨维尼没有找到法律发展中的社会利益。[2] 庞德把萨维尼的历史法学归纳成三个特征:①历史法学认为,法律是被发现的,而不是被创造出来的。这实际上是对于18世纪以来西欧广泛立法运动的一种反叛。②萨维尼用一种唯心主义的方法来解释历史,其中既有17世纪到18世纪的自然法学的影子,也有19世纪黑格尔的历史哲学的痕迹。③历史法学强调法律规则背后起作用的社会压力,从而为社会法学的出现开辟了道路。[3]

萨维尼将法作为一个历史过程考察,重视法中包含的历史必然性因素,其"历史的方法"影响深远。后来,著名的英国法律史学家梅因,恰是扬弃了萨维尼的历史法学,继承发展了其合理内核,从而取得了中外法学界公认的学术成果,发展了历史法学。

第三节 梅因的法律思想

一、生平与著述

梅因(Henry James Samner Maine,1822年~1888年),英国杰出的法学家,历史法学派在英国的代表,晚期历史法学派的集大成者。梅因毕业于剑桥大学,1847~1854年在剑桥大学任民法钦定教授,后来还担任过一段时间的王室法官。从1862~1869年梅因出任英国驻印度总督的法律顾问并协助编纂印度法典,这使他对印度的古代法进行了深入的研究。1869年回国后,梅因被任命为牛津大学法理学讲座教授。梅因将自己的一生贡献给了对古代法律的研究,而且取得了辉煌的成就,其主要著作有:《古代法》、《古代法制史》、《古代的法律与习惯》和《东西方的村社共同体》等。

二、梅因与历史法学

当历史法学由德国扩展,进而影响到欧洲其他国家之后,这股思潮便逐渐排除某些缺陷,摆脱其政治上的保守性。绝大多数历史法学家已经开始用实实在在的研究来代替神秘的"民族精神"之类的侈谈。而到了梅因闻名于世的时候,历史法学已不再像它在德国那样只注重经验和古代资料,在学术方法和政治态度上偏于主观主义、非理性主义,而转为具有建议性和客观性的倾向了。

---

[1] 黑格尔:《法哲学原理》,范杨、张企泰译,商务印书馆1982年版,第220~221页。
[2] 参见庞德:《法律史解释》,曹玉堂等译,华夏出版社1989年版,第9~10页。
[3] 参见庞德:《法律史解释》,曹玉堂等译,华夏出版社1989年版,第15~17页。

梅因既反对自然法学派的政治学说和法律学说,也不同意以边沁及奥斯丁为代表的功利主义思想和分析实证主义理论。他认为要真正了解法律及法学,必须用历史的方法对罗马法、日耳曼法、英国法及斯拉夫法,甚至东方的法律作深入的比较研究。梅因在《古代法》一书中第一次运用历史唯物主义和进化论观点开展对法律的研究,无论是在方法论还是研究内容上都推动了历史法学派的发展。

尽管梅因的主张和研究并不与德国的历史法学派完全相同,但梅因从萨维尼等人的主张中,至少受到两个方面的启发:①把法律当作一个发展过程的思想;②法律与一定社会历史相联系的观点。正是基于此,人们才把梅因列为历史法学派的代表人物之一。然而,这里要强调指出的是,梅因对德国历史法学派固然有承袭的关系,但更多的却是新的贡献与发展。萨维尼时代历史法学的研究尚处于其初期,那时只能是注重本民族的历史法律文化的特点及其与民族法律文化之差异,而梅因时代的研究,则已经到了历史法学发展的成熟期了。

三、对自然法的评价与态度

虽然同样对自然法学进行了批判,但与萨维尼相比,梅因对于自然法的态度更为客观也更为理性,这体现在他不仅看到了自然法学的局限性,也分析了它的合理性和它所起到的作用,当然这一切都是建立在他对自然法发展的历史分析基础之上的。

梅因认为,在罗马法时期,自然法对于法律的影响其实更侧重于一种衡平的效果,即它能使人在想象中出现一个完美的法律典型,并能鼓舞起一种要无限接近它的希望。同时在罗马法学家眼中,自然法应该是一种逐渐吸收各种实在法律的理想制度,在实在法律(如市民法)未被废弃以前,自然法不能取而代之。自然法是现存法律的基础,但只有通过后者才能找到它,它只能是补救性的,而非革命性或无政府状态的。

相反,近代意义上的自然法完全是一种幻想的产物,而其产生的背景带有更多的政治色彩,如反对教会和封建割据等。此时自然法的假说已不再是指导实际的一种理论,而慢慢成为了纯理论信仰的一种信条。后来,孟德斯鸠的著作使自然法的思想更为广泛和深入地传播。对此,梅因批评说,这一思想导致的结果之一便是不追求精确,另外它还妨碍了"历史研究方法"的运用。

尽管自然法思想有许多应该受到批评的地方,但梅因并没有抹杀它在历史上起到的作用。梅因说,从实际的效果来讲,自然法是属于现代的产物,这是一种不问过去只向将来寻求完善典型的倾向。梅因评论说,这个理论在哲学上虽然有其缺陷,但是我们不能因此而忽视其对于人类的重要性。"如果自然法没有成为古代世界中一种普遍的信念,这就很难说思想的历史、因此也就是人类的历史,究竟会朝哪一个方向发展了。"[1]梅因认为,假设不是自然法的理论提供了一种与众不同的优秀的典型,我们就找不出罗马法优于印度法的理由。

梅因用两个例子说明自然法对于现代法律的影响:①"法律面前平等"的命题;②国际法的概念。梅因说,人类根本平等的学理来自自然法的一种推定。在罗马法学家那里,"每一个人自然是平等的"是一个严格的法律公理,在他们的心目中,罗马市民和外国人之间,人民与奴隶之间,宗亲和血亲之间,不应该有区别。1789年以前,自然法基本还是一种在学者中间流传的学说,到18世纪中叶,自然法学说传播到美国,主张人类根本平等的理论在美国推动了一场政治的运动,而且反过来还给了法国本土,赋予了它更巨大的能力。自然法所尽的最大职能是产生了现代国际法和现代战争法。格老秀斯就是运用自然法的理论建立国际法学说的,他继承了罗马法学家关于"万民法"和"自然法"同一的观点,使自然法成为一种权威,主张自然法是各国的法典,于是将自然法的概念灌输到国际制度中去。各个国家在其相互关系上处于一种自然状态中,它们相互独立,相互分离,也是相互平等的,从各种惯例中抽象出来的一般概念成为各国共有的法律,由于它们的单纯性,它们更相似于一个近代的自然法概念,它们就如此地被编进了国际法。

四、法律的历史发展论

梅因认为,要弄清罗马法成文法的传统与英国不成文法传统之间的差异,就有必要通过一种历史的研究方法,弄清法律概念的早期形式。他说,人类早期的法律基本观念对于法学家来说,就像原始地壳对于地质学家那样可贵。人类早期法律的观念可能含有法律在后来表现自己的一切形式。这样一种调查研究的方法,与物理学和生物学的研究方法十分相似。

通过研究,梅因将法律的发展分为自发和人为两个阶段,前者又包括"地美士第"、"达克"和习惯法三个阶段,而后者则包括了法典出现之后的一切历史阶段。

1. 法律发展的自发阶段——法典之前的法律发展。所谓法律的自发发展,是指法律在其发展过程中没有受到或很少受到人为因素的影响。这一点不同于后世法律的发展,尤其是通过立法推动法律的变革,因为后者反映了浓厚的意志因素。梅因运用历史方法,主张对法律的起源要从历史实际中进行考察。他以印度等东方国家和西方的罗马人、英国人、爱尔兰人等古代历史的实际为证明,提出最初的法律不是来自"主权者的命令",事实上社会制裁本身是由风俗、习惯、各种意见、信仰、宗教观念等多种因素所决定的一种十分庞杂的混合体。从人类法律演变发展的真实情况出发,当时既没

---

[1] [英]梅因:《古代法》,沈景一译,商务印书馆1984年版,第43页。

有主权者,也无从产生主权者的命令,在人类初始阶段不可能想象会有任何种类的立法机关,或明确的立法者。他不同意始于霍布斯并被边沁、奥斯丁所倡导的法是"主权者的命令"的主张,认为由于命令说在法学中排斥了真实的历史考虑,所以是不科学的,它未能揭示法的真实的起源问题。梅因认为,在人类初生时代,不可能有任何种类的立法机关,或者是一个明确的立法者,这些都是法律发展到相当发达阶段的产物,而当时的情形是法律甚至还没有达到习惯的程度,它只是一种惯行。对于是或非最有权威的说明是根据事实作出的判决——该判决是在审判时由一个较高的权力第一次灌输进法官脑中的,即"地美士第",而并不是被违反的一条预先假定的法律。[1] 和"地美士第"接近的不是法律而是命令,"地美士第"具有把单一的或惟一的命令从法律中区分开来的特性。命令只规定一个单独的行为,而法律则用于连续和类似的行为。同时,由于类似的案件中可能会采取类似的判决,由此产生了一种习惯的雏形,这就是"达克",其含义介于一个判决和一个习惯或惯例之间。这些习惯和惯例再经过长期的发展便形成了后来所谓的习惯法。[2]

2. 法律的人为发展阶段——法典时代的开始。梅因指出:"当原始法律一经制成法典,所谓法律自发的发展便告终止。从此以后,对它起着影响的,如果确有影响的话,便都是有意的和来自外界的。"这段话表明,法典的出现标志着法律的发展已从自发的阶段发展到了受人为因素影响的阶段。

梅因认为法律从自发发展阶段过渡到人为发展阶段是具有必然性的,如他自己所说:"大多数古代社会迟早都会有法典,关键是要看在社会进步的哪一个阶段出现。"这个问题实际上反映了一个社会进化的快慢问题,为此才会有他所谓的"进步的社会"和"静止的社会"之间的区分。梅因通过对东西方——包括罗马、印度和中国早期社会历史演变过程的分析指出了产生这种差别的原因。他认为无论在东方还是在西方,都存在一个英雄时代,英雄时代的王权依靠的是神意和个人能力的出众,一旦出现一个软弱的国王,则君主神圣不可侵犯的形象就开始淡薄,其权力就会被贵族统治集团所篡夺,这时东西方的发展走上了不同的道路。在西方,取而代之的主要是军事和宗教的寡头政治,而国王则沦落为世袭将军、官吏或是祭司;同一阶段的东方则主要是宗教性贵族统治。[3] 贵族统治取代了国王特权之后,对于法律的发展也有不小的影响。在司法方面,贵族要垄断法律的知识,并对作出判决所依据的原则拥有独占权。在法律的表现形式方面,虽仍是不成

---

[1] [英]梅因:《古代法》,沈景一译,商务印书馆1984年版,第5页。
[2] [英]梅因:《古代法》,沈景一译,商务印书馆1984年版,第3页。
[3] [英]梅因:《古代法》,沈景一译,商务印书馆1984年版,第7页。

文但已进入了习惯法的时代,习惯或惯例已经成为了一个实质性的集合体,并被假定为仅能为贵族阶级所知晓。因为文字还没有发明,这种方式成为保存部族习惯的重要途径。后来平民的斗争推动了法律的公开化,文字的出现则为编纂法典提供可能性。法律公开化的一个极端表现便是法典的颁布,梅因指出,当时的法典不仅是诸法合体、民刑不分,而且还混杂着宗教的、道德的规则。不过,古代法典的意义并不在于此,而在于它使法律众所周知。[1]

法律的公开化对于梅因所谓的"进步社会"的形成起到了积极的推动作用。梅因认为,法典的功效在于能够保护社会使之免受寡头统治的欺诈,使国家制度不致自发地腐化和败坏,换言之,即法典能够确立一种明确的、稳定的、可供预期的统治。如果没有法典,人们就会创造出迷信的理由对法律加以解释。于是就开始着这样一种过程,简单地讲,就是从合理的惯例产生不合理的惯例,类比正是这样一种方法。梅因认为,类比在法律学成熟时期是最有价值的工具,但在法律学的初期却是最危险的陷阱。相反,如果有了明确的法典,任何人都不能在法典之外肆意妄为。

3. 法典时代法律适应社会发展的方式。成文法一经形成,便产生了法律的发展与社会发展之间的距离问题。梅因已经认识到了法律与社会现实的发展之间存在着永恒的不同步性,他说:"反映社会需要的意见总是走在法律的前面,也就是说它们之间的缺口是永远存在的,而社会的进步与否、人民幸福的大小完全取决于缺口缩小的快慢程度。"这种不同步性既然存在,就需要一定的手段来弥合,方能实现社会的公平。为此,梅因提出了三种方法:拟制、衡平和立法,并且这三种手段出现的顺序也如上所排列。

梅因认为,"拟制"是指法律的文字不变,而法律的运用规则已经改变,目的在于掩盖上述事实所为的任何主张。也就是说,当事实情况变动,但是不能公开承认这种变动时,"拟制"便使法律的实质变更成为可能。第二个改良手段衡平与拟制的区别在于,它与法律的冲突被公开地承认。从罗马法的历史发展来看,衡平"是指同原有民法同时存在的某一些规定,它们建筑在个别原则的基础上,并且由于这些原则所固有的一种无上神圣性,它们竟然可以代替民法"。[2] 即它们可以公开地、明白地干涉法律。作为第三个法律改良手段的立法与衡平不同,立法作为法律改革的力量,是建立在外在的个人或团体的权威之上的;衡平则是建立在一切的法均应与其符合一致的原理这种特殊的性质之上。立法是立法机关所制定的法律,它是法律改革的最后手段。

---

[1] [英]梅因:《古代法》,沈景一译,商务印书馆1984年版,第9页。
[2] [英]梅因:《古代法》,沈景一译,商务印书馆1984年版,第17页。

五、人类社会的进步历程

梅因通过对社会进化的比较研究获得了一个公式,即社会发展的倾向是从身分到契约(from status to contract)。梅因说:"所有进步社会的运动在一点上是一致的。在运动发展的过程中,其特点是家族依附的逐步消灭以及代之而起的个人义务的增长。'个人'不断地代替了'家族',成为法律所考虑的单位……我们也不难看到:用以逐步代替源自'家族'各种权利义务上那种相互关系形式的,究竟是个人与个人之间的什么关系。用以代替的关系就是'契约'。在以前,'人'的一切关系都是被概括在'家族'关系中的,把这种社会状态作为历史上的一个起点,从这一个起点开始,我们似乎是在不断地向着一种新的社会秩序状态移动,在这种新的社会秩序中,所有这些关系都是因'个人'的自由合意而产生的。"[1]

梅因认为,原始社会是一个许多家族的集合体,而这些家族集团是由于对父辈的服从而结合在一起的。这种结合或者基于血缘,或者基于其他,但它们都有一个共同的结果,那就是形成了个体对于集体或组织的依附。随着社会的不断进步,个人行为逐渐取得了独立性,当个人能够完全依照自己的意志作出行为并自己独立承担相应的后果之时,就到了梅因所谓的契约时代。在这种新的社会程序中,所有的社会关系都是因"个人"的自由合意而非他所属团体的意志而产生。梅因从"身份"到"契约"的判断正是表示人们从一种依附关系的不平等状态到一种平等自由状态的社会运动规律,而从身份到契约的发展正体现了社会的不断进步。

"进步社会的运动,至此为止,是一个从身份到契约的运动。"[2]梅因通过自己坚实的研究,从实在的历史中得出的这个结论,不仅取代了17~18世纪古典自然法学那种雷厉风行的历史虚构(最为突出的是"自然状态"的学说),而且第一次从法律关系的角度,明确地表达并肯定了人类从奴隶制的、封建制的这两个奉行等级特权的"身份"社会到资本主义"个人自决"的"契约"社会是历史的必然。这是社会关系的革命在法律关系上的一种基本的、普遍的表现。这样,梅因便通过对法律历史的研究,把经验的、量的积累与理性的结论,借助法律术语统一在一起,从而克服了早期的德国历史法学,特别是胡果把经验与理性完全对立起来的做法。

19世纪和20世纪交接时期,随着法律史科学的形成,作为研究法律历史的特殊的思潮或专门的派别已失去其意义。对现实的社会法现象之研究,又成为新兴的社会学法学的任务。于是,所剩下来的,又像我们在亚里士多德、波利比、布丹和孟德斯鸠等人那里所看到的,历史法学仅仅成为一

---

[1] [英]梅因:《古代法》,沈景一译,商务印书馆1984年版,第96页。
[2] [英]梅因:《古代法》,沈景一译,商务印书馆1984年版,第97页。

种法学方法即历史的研究方法了。当然,现在它是自觉的、系统的、深入的,一言以蔽之,更高层次的法学方法论。而这种法学方法论属于各种各样的法学方法论之一。[1]

■思考练习

一、关键术语

历史法学;民族精神;从身份到契约;法律拟制;衡平;立法。

二、思考题

1. 简述萨维尼与蒂堡论争的主要内容与影响。
2. 如何理解萨维尼的"民族精神"?
3. 如何正确理解梅因提出的从身份到契约的著名命题?

■参考与阅读文献

1. [德]萨维尼:《论立法和法学的当代使命》,许章润译,中国法制出版社 2001 年版。
2. [英]梅因:《古代法》,沈景一译,商务印书馆 1984 年版。
3. [爱尔兰]凯利:《西方法律思想简史》,王笑红译,法律出版社 2002 年版。
4. 吕世伦:《西方法律思潮源流论》,中国人民公安大学出版社 1993 年版。
5. 何勤华:《西方法学史》,中国政治大学出版社 1996 年版。
6. 徐爱国:《破解法学之谜》,学苑出版社 2001 年版。

---

[1] 参见吕世伦:《西方法律思潮源流论》,中国人民公安大学出版社 1993 年版,第 61 页。

第五编　20世纪西方法律思想

第十四章　新康德主义法学和新黑格尔主义法学

■ **本章学习目的和要求**

新康德主义法学和新黑格尔主义法学是分别继承和发展康德和黑格尔法哲学为特征的法学流派。鲁道夫·施塔姆勒是新康德主义法学的创始人。他区分了法的概念和法的理念，认为"法是不可违抗的共同意志"，而法的理念是正义的实现。要借助"尊重原则"和"参与原则"使实在法的内容适合于社会理想，但社会理想又是永远不能实现的，这正是康德哲学的二元论特征。施塔姆勒提倡"内容可变的自然法"，承认法律的价值判断。拉德布鲁赫从康德严格区分"存在"和"应然"的二元论出发建立自己的法哲学体系。战后拉德布鲁赫向自然法接近，对战后西方新自然法学说的兴起起到了重大的推动作用。柯勒把法律和文明相连，以黑格尔哲学为基础建立了自己的法学体系。

本章重点掌握：施塔姆勒关于法的概念和法的理念的区分；施塔姆勒的相对主义法学；施塔姆勒提倡的"内容可变的自然法"；拉德布鲁赫的法律价值论；拉德布鲁赫向自然法的转变及其影响；柯勒关于法与文明的论述。

第一节　新康德主义法学和新黑格尔主义法学概述

新康德主义法学是以继承和发展康德的法哲学为特征的现代法学流派。19世纪末20世纪初由德国法学家施塔姆勒创立，主要流行于德国、意大利、西班牙及拉美一些国家。施塔姆勒之后的主要代表是拉德布鲁赫。有的学者也把纯粹法学的凯尔森划为这一派，因为凯尔森的学说部分是以康德主义哲学为基础的。新康德主义法学是以康德哲学为基础的,康德的哲学思想是唯物主义与唯心主义的调和与折衷,一方面承认在意识之外的"自在之物",另一方面又认为这个"自在之物"是不可认识的。他们的伦理学也以现象和"自在之物"的对应为前提。康德的政治法律思想具有自由主义、改良主义的色彩。后世的新康德主义法学派以及一些工人运动中的机会主义派别都利用了他的哲学的不可知论以及他的自由主义和改良主义的政治法律观点。新康德主义者否定物质生活资料的生产对社会发展的决定作用,宣扬"法的理念"决定着社会的发展;宣扬法是来自人们自觉意识的"应当"的规范或正义的规范,是独立的;宣扬相对主义、形式的所谓法的普遍性和妥当性原理,借以抹去法的本质规定性。

新黑格尔主义法学是以继承和发展黑格尔的法哲学为特征的法学流派。它于19世纪末20世纪初由德国法学家柯勒创立,后来盛行于德、意等国。其后的主要代表人物有德国的宾өр、拉伦兹,英国的博桑基特、布拉德雷以及意大利的韦基奥。新黑格尔主义法学接受了黑格尔的唯物主义路线,但抛弃了黑格尔"合理内核"的辩证法,把国家视为脱离生产关系和经济条件的独立存在,宣扬法的理念论和国家至上论。

第二节 施塔姆勒的法律思想

一、生平与著述

鲁道夫·施塔姆勒(Rudolf Stammler,1856年~1938年),20世纪初很有影响的德国法哲学家,新康德主义法学的创始人。先后在马堡、吉森、哈雷、柏林等大学担任法学教授,对罗马法、民法有深入的研究。他承袭了康德的思想,在当时实证主义和历史主义占统治地位的学界中独树一帜,形成了新康德主义法学派。主要法学著作有:《从唯物史观论经济和法》(1896)、《正当法的理论》(1902)、《法学理论》(1911)、《法哲学》(1922)。其中,《正当法的理论》集中表达了他的法哲学思想。施塔姆勒的法学思想是以康德哲学为基础的,属于哲理法学派,但也受到法律社会化的巨大影响,强调社会理想和社会观念的作用。

二、区别法的概念(the conception of law)和法的理念(the idea of law)

作为康德的门徒,施塔姆勒认为,人类的某些先验的认识范畴与形式构成了他们对现象的认识知觉,而这些范畴与形式是人们通过观察所无法获得的。他认为,在人的头脑中存在着纯粹的思维形式,它们使人们可以在不考虑法律在历史中所具有的那些具体多变的表现形式的条件下去独立地理解法律概念。

康德把法定义为一个人的自由能与其他人的自由相和谐共存的条件的

总和,施塔姆勒认为这是不正确的,因为康德把法的概念和法的理念混同了。法的观念应该分两部分:法的概念和法的理念。定义法律应当将人类历史上对法律的所有的认识和形式囊括起来,他认为,"法是不可违抗的共同意志"。此概念表明法有三个特征:①法是共同意志的表现。他曾说过,法是先验的必然,因为法存在于合作的思想中。人们在社会合作中产生了共同意志,这种共同意志就是法,法是实现社会合作的手段。②法是社会规范的总和。在施塔姆勒看来,法既然是共同意志的表现,它就必然具有凌驾于个人意志之上的地位。法律规范一经制定出来就具有普遍的约束力、外在的强制力,不管社会成员愿意与否都必须遵守和执行。③法是不可违反的规则。只要这些规则是有效的,它们对于公民和立法者都具有严格的约束力。

施塔姆勒把法的概念与法的理念相区别。他继承了康德的思想,承认法有普遍的正义性,或称普遍合理性。但这里讲的法是理念上的法,而不是实在的法。按照康德的二元论哲学观,这种理念上的法是一种自在之物,是一种形式。作为一种先验的自在之物,理念上的法指导了实在法的发展,它就像北斗星,给实在法导航。而我们是不可能达到这个目的的,就像我们不可能到北斗星上去一样,但背离这一方向就不是法了。施塔姆勒所说的法的理念是正义的实现。正义要求所有的法律都应有一个目标:实现社会和谐,只有使个人的欲望与社会的目标相适应,才能达到这种和谐。如果法律规则有助于此,那么,这个规则的内容就是正义的。施塔姆勒认为,社会理想就是"一个具有自由意志的人的社会"。这里的"自由",不是指受个人主观的、自私的欲望指导的意志行为,而是从共同利益的观点来看属于正当的、符合理性的行为。

为了迈向这种理念的法,也就是社会正义,他又从社会理想中推出了"正当法"的原则要求。在他看来,立法者必须遵循四个基本原则:①一个人的意志内容,绝不能受制于他人的专制权力。②在提任何法律要求时,必须使承担义务人保持人格的尊严。③负有法律义务的人绝不能被专横地排除出法治社会。④只有在受控制的人可以保持其人格尊严的前提下,法律所授予的控制权力才被认为是正当的。前两个原则可以称为"尊重原则",其目的在于使法治社会的各个成员能够自由地决定自己的符合正义的意志。后两个原则可以称为"参与原则",表达了社会合作的概念:每个人必须部分地承担对他人的责任,每个承担法律责任的人都有参与社会的权利,并且这一权利规定着他的义务。[1]

应当强调指出的是,施塔姆勒虽然强调法的理念是正义的实现,要借助

---

[1] 参见张文显:《二十世纪西方法哲学思潮研究》,法律出版社 1996 版,第 162~163 页。

"尊重原则"和"参与原则"使实在法的内容适合于社会理想,但他又断言,社会理想永远不能实现。因为社会理想的实现意味着人类历史的终结。尽管如此,这一"社会理想却是某些经验的指路明灯……犹如海员追随北极星,并不是想到北极星上去,而是力图为航海寻求正确的方向"。[1]

三、相对主义法学

施塔姆勒承认,他完全不否认法律普遍正当性原理,但又强调普遍正当性原理必须适应具体社会环境的需要。用他的话说,就是"法律的内容是生长的,因为时间和地点发生变化,风俗情形也随着不同,我们民众的法律思想观念也发生变化"。[2] 施塔姆勒认为,德国历史法学派和自然法学派的看法都是片面的,前者"只承认法律为民族精神的表现",后者在承认法律普遍正当性的前提下却坚持法的内容永恒不变。在他看来,法律形式的普遍正当性应予承认,因为它表现"应当";法律内容的普遍性应予否认,因为它多变而不能确定。

施塔姆勒借助相对主义的方法,把法律形式与法律内容对立起来,主张法学应研究法律形式或法律规范而抛弃法律的内容,实际上抹煞了法律在一定时期内所包含的阶级属性。应该说,在这方面他是在步法律实证主义的后尘。

四、提倡"内容可变的自然法",承认法律的价值判断

承认自然法的存在是施塔姆勒和实证主义者的重要区别之处,这使施塔姆勒的理论呈现出一定的自然法色彩。施塔姆勒和康德都承认自然法的存在,但康德信奉的是古典自然法,施塔姆勒标榜的则是"内容可变的自然法"、"日新月异的自然法"。他认为社会正义并不是普遍的或绝对的,社会正义随着社会的发展而发展。这是施塔姆勒著名的可变自然法理论,可变自然法理论对20世纪,特别是第二次世界大战后的法学理论影响很大。由于社会总在发展,这种社会正义是没有尽头的,也是在不断发展的。也就是不断地向真正的法的正义靠拢,但不可能实现,这就是施塔姆勒的北斗星理论。这种观点正是康德哲学的二元论的反映,一个先验的存在在指导人类,但我们永远不可能达到彼岸世界。所以理念的法只是一种自由意志,是一种逻辑存在的意志,其内容随不同的社会而不同。

与实证主义者不同,施塔姆勒承认法律价值判断,法律有"正当的"与"不正当的"区分。但这种价值判断同自然法学不同,它是一种形式上的判断。价值判断的标准,只在于是否符合"法律理想"和"社会理想"。法之为

---

[1] 张文显:《二十世纪西方法哲学思潮研究》,法律出版社1996年版,第163页。
[2] 吕世伦、谷春德编著:《西方政治法律思想史》下册,辽宁人民出版社1987年版,第176页。

正当的法,并不需要具有一定的内容,只要它形式上合乎标准,就是正当的法。所谓"法律理想",仅仅是反映着对各种形式的法律实行统一价值判断的规则性的"正规思维方式"而已。在施塔姆勒看来,"意志自由的人们的社会"只是人类永远追求的合乎规律的理想,人们今后也永远看不到它的实现。法律理想不过是指示法律价值判断的方向,而从内容上判断法的正当与不正当是办不到的,因为那是人们无法知道的领域。

五、颠倒经济与法律的关系

在《从唯物史观论经济和法》一书中,施塔姆勒从康德的先验论、不可知论、自然科学和伦理学的对立论出发,歪曲和诽谤马克思主义关于经济基础和上层建筑的科学理论。施塔姆勒认为,在各种社会现象之中没有、因而也不可能揭示其因果规律即必然性,社会生活现象只能从人们的自觉的意识和期望的角度上分析。施塔姆勒像康德一样,明确区分了思想的先验逻辑形式和按照这种逻辑形式被调整为完整的经验的质料。但康德只承认一种被安排的经验的程式,即物质世界的感觉,施塔姆勒则认为有两种不同的经验程式,即存在于空间的感觉形式和选择达到既定目的之手段的意志形式。感觉和意志都是我们意识中的基本的、有效的方面:感觉安排自然,意志安排人的社会生活。他所说的"意志"等于基本的、先验的、逻辑的安排形式,它完全不同于自然因果关系的安排形式。

施塔姆勒认为"意志"是社会生活某一方面的基础,在各种社会现象之中没有因而也不可能揭示其因果必然性。作为社会现象之一的法律,也不能表达必然性,法律的基本意义就在于按照人们的意志规定"应当"实现的东西。[1] 从这个"原理"出发,施塔姆勒攻击马克思关于法和国家的学说。他说,马克思主义关于法和国家的学说告诉人们,法和国家只不过是现实的经济力量和生产关系的思想上层建筑,其实,法是不依赖于经济的,恰恰相反,经济生活只有在法律秩序内才是可能的。法律是社会的一种"形态",经济则是社会的"实体","形态"不依赖"实体","实体"却要依赖"形态"来规定自己的属性,法律决定着经济的性质与方向。[2]

---

[1] [德]施塔姆勒:《从唯物史观论经济和法律》,转引自吕世伦、谷春德编著:《西方政治法律思想史》下册,辽宁人民出版社1987年版,第175页。

[2] [德]施塔姆勒:《从唯物史观论经济和法律》,转引自吕世伦、谷春德编著:《西方政治法律思想史》下册,辽宁人民出版社1987年版,第175页。

第三节 拉德布鲁赫的法律思想

一、生平与著述

古斯塔夫·拉德布鲁赫(Gustav Radbruch,1878年~1949年),德国法学家和政治活动家,新康德主义法学的另一著名代表。拉德布鲁赫出生于德国吕贝克,先后在慕尼黑大学、莱比锡大学、柏林大学学习,1902年获得法学博士学位。先后于海德堡、哥尼斯堡、吉尔等大学任教。1920年至1924年两度被聘任为司法部长,主持起草了一部刑法典,对德国刑法领域的改革产生了重大影响。1923年,他辞去政界职务,重返吉尔大学执教,1926年到海德堡大学执教。1933年4月,纳粹政权认定他是个"不可靠的官吏"而撤销了他的教授职务。此后,他潜心于法律史、法哲学、刑法学的研究。第二次世界大战后,应聘重任海德堡大学教授,并任海德堡大学法学院院长。拉德布鲁赫对德国的法学教育和法哲学的恢复发展发挥了重大作用,对20世纪的德国法学乃至世界法学的影响是相当大的,其论著被翻译成多国文字在国外出版。拉德布鲁赫的主要法学著作有:《法学导论》(1910、1929),《法哲学》(1914、1932),《刑法选集》(1938),《英国法精神》(1947)等。

二、法律价值论

拉德布鲁赫的法律思想,可以概括为新康德主义的"法律价值论"。他从康德严格区分"存在"和"应然"的二元论出发建立自己的法哲学体系。他说,康德哲学认为,从实际是什么(what is)中不可能得出什么是有价值的、正确的或"应当是这样的"(ought to be)。关于"应当"的陈述只能来自其他"应当"的陈述,而不能来自对存在事实的归纳。但拉德布鲁赫并不把法学看作是与价值无关的。他认为,虽然价值问题不是科学的问题而是良心或信仰的问题,这不意味着法学与价值无关。他把法律看作一种文化现象,它既带有尘世的重负,也具有天堂的引力。他说,哲学的对象不在于存在而在于当为,不在于现实而在于价值,不在于原因而在于目的,不在于万物的存在而在于存在的意义。尤其是法哲学亦非以现实有效的法而以应当适用的法,非以实证法而以正当法为其对象,即以法的价值、意义和目的为其研讨对象。[1]

拉德布鲁赫指出,人们对价值问题有四种态度:①价值盲(value-blind)。这是自然科学家研究自然界所采取的态度,即不问价值,不关心某一"事实"的价值问题,仅仅说明事实本身。其典型表达方式为:"这朵花是白的","这张桌子是圆的"。②评价(evaluating)。这是追求价值的、哲学

---

[1] [德]拉德布鲁赫:《法学导论》,米健译,中国大百科全书出版社1997年版,第1页。

的、美学或伦理学的态度,不仅说明事实,而且作出评价。其表达方式为:"这朵花是美的","这张桌子我不喜欢"。③文化的态度。即与价值有关的态度(value-relating),它在事实和人之间架起一座桥梁。作为文化现象的法学就属此。④克服价值(value-conquering)。即宗教,要求对人仁慈而不问有何价值。拉德布鲁赫认为,法学的任务就是要把法和价值相连。但同时也指出,法学不应试图对法的价值作出绝对的评价和进行选择,因为价值评价是个人的良心和世界观问题,价值选择是当权者的事情。拉德布鲁赫认为,从以上四种态度可以看出,有关法律的研究包括法律科学、法律哲学和法律的宗教哲学。

法律是人的创造物,只能根据人的理念即这种创造物的目的或价值来理解。因此,对任何法律现象不可能采取价值盲的观点。法律又是一种文化现象,即与价值有关的事实,所以对法律可以有三种观点:①关于价值的观点,即将法律看做一种文化事实,这是法律科学的特征。②评价的观点,即把法律看做文化价值,这是法律哲学的特征。③克服价值的观点,这是法律宗教哲学(例如早期基督教、天主教、新教的法律哲学)的特征。

三、法与正义

拉德布鲁赫尝试摆脱从前各种思想观点和思考方式的束缚,从一个新的角度去思考和说明法律本身的内在价值——公平正义的真正意义,其中包括主观的和客观的、现象的和事实的、个人的和超个人的及社会的和超人的意义。

哲学上的相对主义通常指片面夸大事物和认识的相对性,从而排斥绝对性,抹杀事物的规定性,否认客观的是非标准,陷入不可知论。拉德布鲁赫想在法哲学中防范任何一种政治的、文化的、宗教的或者也是哲学来源的绝对化地位,因而他只看到了相对主义的正义。他认为,生命本身就具有"悖论"的色彩,因而价值也具有悖论的色彩,是相对的。对最终价值判断的回答一定是"我不知道",但相对主义仍坚持它的方法的重要性。拉德布鲁赫认识到绝对价值的轻率局限,以及所有从这种价值引申出来的法律意识观念的不相联系性。他的相对主义正是要使自身的理论避免这种情况,因而它不是要成为认识的目的,而的确是要指明达到这个目的的必由之路。对于拉德布鲁赫来说,相对主义不过是一个通道或过道,是一种克服所谓原则和教条、从理论上概括社会生活及法律生活的"世界观"的途径,由此而可望达到一个更客观、更真实、更具公正的境界。这也就是说,相对主义法律哲学虽不能提供最终价值判断,但它可以确认为实现应当实现的目的的手段,可以澄清世界观的最终假设,可以系统地发挥能设想的最终假定。所以,他的结论是:相对主义的任务,是在特定的价值观和世界观的范围内,就特定的最高价值判断而论,来决定任何价值判断是否正确,而不是决定这种价值判断和这种价值观和世界观本身是否正确。同时,他也特别指出,相对主义属于理论理性而非实践理性。它意味着对科学地确认最终决定的放弃,但并不放弃决定本身。

拉德布鲁赫接受了施塔姆勒的学说,划分出法的概念和法的理念。法的概念(即法的价值)是一个与价值有关的文化概念。法的理念包括三个要素:正义、功效和确定性。正义要求法律符合基本的道德价值,功效着眼于法的社会功能(满足公共的福利),确定性则要求人们承认法律和司法裁决而不问它是否符合正义及其功效如何。人们往往强调看重一种要素而忽视其他要素,拉德布鲁赫则给予它们同等的重视。他认为,法的第一个伟大任务是法的确定性,即秩序与和平。一般说来,在法律纠纷中必须站在法的确定性的立场上作出判决,即使这样做是不甚公正的,法律秩序的存在比法律秩序的正义更为重要。法的第二个伟大任务是正义。法在本质上必须揭示正义的要求,正义要求法律规定的普遍性和在法律面前的平等。就法律而言,正义理念的实质在于依照普遍的规范解决纠纷。在这里,法的确定性给予法的概念比实证性更广泛的性质。必须寻求正义,同时也必须考虑到法的确定性,因为法的确定性本身就是正义的一部分。正义优先于功效,并且优先于法的确定性。正义与功效两者并非存在于完全调和的状态中,而是处于一种紧张关系中,这种紧张只能通过相互妥协才可以得到消除。

拉德布鲁赫把法律的确定性放在法律三要素的第一位,没有这一要素,另外两个也失去可能性,而且它们之间存在着一定的矛盾。确定性是绝对的,要求不变化,各种情况同样对待;而正义随历史的发展会有变化;功效更是要求不同的情况不同对待。我们无法确定三者之间的比例,因为不存在一个可以据以作出判断的标准。拉德布鲁赫强调法律的确定性的观点在一定意义上类似于法律实证主义,但他承认法律应当以一个价值为目标,法律应当体现正义,与法律实证主义根本排斥法律的任何价值因素是完全不同的。

四、超个人主义的法律观

拉德布鲁赫认为,文化价值并非一个等级,对文化价值的等级和文化体系的层次,有三种理解:①个人主义的观念。对于18世纪末康德和席勒等人奉为最高目的的自由品德的个别人格而言,科学、艺术只是构成它的材料,法律和国家只是保障它的设置。②以黑格尔为代表的国家主义观念。它把国家尊为"品德意识的现实",崇拜国家,把国家看作是最高的善,认为法的目的是为了维护国家权力的荣誉。③超个人主义观念。它把文化看作最高的善,认为法和国家都是为文化服务的。拉德布鲁赫主要考虑的是个人主义和超个人主义的尖锐对立。超个人主义首先把国家作为一个整体,进而从外部、从世界舞台的角度来看,并且以外部政策的需要为标准来规定其内部政策;而个人主义则首先是依据私人生活的观念,从内部来观察国家,进而使得其源于内部政策的外部政策得以成长。拉德布鲁赫倾向于超个人主义观点。超个人观念以有机体,即整体的人为比喻,认为如同我们的躯体一样,在一个好的国家中,并不是整体为了肢体的缘故而存在,反倒是肢体为了整体的缘故而存在。

五、向自然法理论的转变

在一次大战后的德国,拉德布鲁赫的学说的影响是颇大的,但在经历了第二次世界大战之后,他的思想发生了变化。在前述法律理念与实在法的关系上,虽然他没有完全放弃法律价值目标的多样性,但他提出了某些绝对的价值是任何时候都不能放弃的,比如个人的权利,如果无视这样一些权利,法律就根本不成其为法律。在实在法的要素中,他原本强调法律的确定性为第一要素,现在则认为,法律实证主义必须在"法是良法"的前提下才是可以接受的。如果以统治者的恣意妄为充作法律,以其私人利益作为国家公共利益,其法律将丧失法律的适用性,人民完全有不服从的权利。在涉及法律的功利要素时,他对宽容作了一个限制,即对不宽容者也不宽容。在平衡法律的三要素时,法律的确定性虽然仍然重要,但不再是绝对的和无条件的了,他提出了一些不可违反的基本原则,称之为"自然法",是经过几百年人类的努力而得出的固定结论。当这些原则被侵犯时,法律是"非法的法律"。法律与权力的行使是不同的,不能把法律等同于权力。

拉德布鲁赫虽然没有对这些转变作出系统的论述,但在他重新出任教职后的各种演讲中,在他战后发表的论文中,以及在他战后再版的以前的著作中,反复地阐述了这些观点。联邦德国法院在战后对纳粹战犯的审判中,一些影响重大的案件的判决都明显受到他的新观点的影响。西方法学界公认拉德布鲁赫在战后的观点的变化和联邦德国的那些判例,包括纽伦堡国际法庭的审判,对战后西方新自然法学说的兴起起到了重大的推动作用,甚至认为拉德布鲁赫观点的转变是实证主义法学失败的一大标志。

第四节 柯勒的法律思想

一、生平与著述

柯勒(Joself Kohler,1848年~1919年),长期担任柏林大学法学教授,是人类学研究的发起人,比较法律史学的先驱,在西方法学界以学识渊博著称。主要著作是《法哲学》(1908)。

二、对黑格尔历史哲学、法哲学的继承

柯勒宣称,20世纪的哲学必须以黑格尔的基本思想为出发点。他宣称:"20世纪的哲学必须以黑格尔作为出发点,黑格尔的基本思想,进化(发展)

是一切精神科学、我们全部历史以及人类文明所存在和活动的一切事物的科学原则。"[1]他继承了黑格尔的历史哲学,断言历史具有绝对的意义,可以依靠相应的立制方法而显现出来,人类历史的发展呈现出理想的持续趋势。首先,这种趋势不一定会在任何特定时机都显现出来。其次,即使最终目标是明显的,发展所遵循的途径也可以是千变万化的,不能根据事物的过去用逻辑的方法来推断它的未来而忽视各个事物的具体情节。由此可见,柯勒和黑格尔一样都承认人类历史经历了一个自身不断展开的持续过程,但他又抛弃了黑格尔关于世界历史的发展是一种逻辑运动的辩证法观点。所以,柯勒被列为新黑格尔主义学派而不是黑格尔学派。

为了研究法律,柯勒也引进了黑格尔的"理念"。不过,他并没有像黑格尔那样把历史看成是绝对精神的自我发展的历史,而把绝对精神理解为文明的观念。相应地,历史是文明发展史,法律也已经不再是黑格尔所理解的"自由意志",而是一种文明现象了。

三、法与文明

柯勒继承了黑格尔的历史哲学,特别是黑格尔关于法是文明现象的观点。不过,黑格尔把历史解释为绝对精神自我发展的历史,法始终是绝对理念或自由意志的体现;而柯勒则认为,历史是文明发展史、绝对精神就是文明的理念,法律已经不再是黑格尔理解的"自由意志"了。在柯勒看来,人类的活动是文明活动,人类的任务在于创造和发展文明、获得永恒的文明价值。文明的意义就是把人对外部自然界的控制和自己本性的控制能力尽可能地提高到最高水平。法律是人类文明不断提高过程中的一种现象,法律的要求应该是文明的要求,法律的目的是最大限度地帮助文明的发展,减少阻碍文明发展的因素。作为文明的一种现象,法律的内容随着文明的发展而变化。每一种文明形态都有自己的法律规则,社会的任务在于根据这些原则的要求塑造出最适合新形势的法律。没有永恒的法律,适用于这一时期的法律绝不适用于另一时期。柯勒拒绝接受自然法学派寻找适合于任何时空条件的理想法律的幻想,因为文明总是在发展,而且掌握权力的人对文明的要求也不同,他强调,法律必须通过不断的修正以适应前进中的文明。事实上,人类总是在不断改变法律或通过解释法律使其适应日益变化的文明状况。但是,人类对法律的修正也是有一定限度的,既不能超越时代的文明要求,也不能违背时代的文明要求。

在人类文明的进化过程中,法律发挥着重要的作用。即使在人类社会的不文明时期,人们如果能够很好地理解适应不文明状态而制定的法律,也可以通过法律尽可能地削弱敌对倾向,缩短不文明的时期,尽快建立正常的

---

[1] 参见张文显:《二十世纪西方法哲学思潮研究》,法律出版社1996年版,第173页。

进步状态。总的来说,在维护、促进和传播文明,调节文明发展过程中的偶然性和不合逻辑的因素方面,法律所起的作用有三个:①为各种进步事物提供必要的制度。例如,规定每个人的地位和安排人们的工作,并注意保护现有的价值和进一步创造新的价值。②照顾物质文明和精神文明的需要,特别是保证物质文明不致因触犯道德生活的原则而变得不合理。③保护个人权利。就目前来说,法律现阶段的任务是限制个人的权利范围,是将个人主义和集体主义相结合,以免与文明的价值相抵触。

柯勒极力主张,法律过去在方向上是无意识的,而现在对法律要有意识地引导,使法律和习惯、风俗、宗教等社会规范一起,达到维护、促进和传播文明的目的。由于柯勒强调法是一种文明现象,法要适合文明的发展,法的作用是维护、促进和传播文明,并主张把法与文明史结合起来研究,所以他的理论被称为"新黑格尔学派的文明(文化)论"。

柯勒还认为,个人主义和集体主义相互交错是文明生活的主要杠杆。在法律控制中,个人主义和集体主义应该相互综合。在人类活动中,个人主义能够刺激人们的积极性,激励人们作出不断的努力,提高个人的才智,促使人们不懈地寻求新的资源。如果法律试图根除或反对利己的个人主义,那是愚蠢的。但是,个人主义必须和集体主义相配合,目的是为了使人类社会免于分崩离析而成为一盘散沙。

■ 思考练习

一、关键术语

二元论;法的概念;法的理念;内容可变的自然法;法律价值论;超个人主义;法律与文明。

二、思考题

1. 如何理解施塔姆勒关于法的概念与法的理念的区分?
2. 如何理解施塔姆勒的"内容可变的自然法"?
3. 简述拉德布鲁赫向自然法理论的转变及其影响。

■ 参考与阅读文献

1. 张文显:《二十世纪西方法哲学思潮研究》,法律出版社1996年版。
2. [德]拉德布鲁赫:《法学导论》,米健译,中国大百科全书出版社1997年版。
3. 吕世伦:《西方法律思潮源流论》,中国人民公安大学出版社1993年版。
4. 何勤华:《西方法律思想史》,复旦大学出版社2005年版。

第十五章 新自然法学

> **■ 本章学习目的和要求**
>
> 第二次世界大战后,应时代所求,复兴的新自然法学与法西斯暴行、实证主义哲学以及在审理法西斯战犯过程中遇到的实际法律问题密切相关。新自然法学可分为神学的和非神学(世俗)的两大类。神学的自然法学又称为新托马斯主义法学,这一学说主要复兴了中世纪以托马斯·阿奎那为代表的天主教经院哲学和自然法学,其代表人物是法国的马里旦和比利时的达班。非神学的自然法学不再主张实在法之上的、永恒不变的自然法,而是强调法律与道德密不可分的联系和实在法之外的正义准则,其代表人物是美国的富勒、罗尔斯和德沃金等。
>
> **本章重点掌握**:自然法思想及其传统与西方法律文明之间的关系;新自然法学与古典自然法学的异同点;马里旦在自然法理论方面的独到之处;富勒对法律的内在道德的论述;罗尔斯的正义论及法制原则的论述;德沃金的公民权利论。

第一节 马里旦的法律思想

一、生平与著述

马里旦(Jacques Maritain,1882年~1973年)是法国哲学家。1906年改信天主教,开始潜心研究经院哲学。1914年起任巴黎天主教学院哲学教授,并在多伦多中世纪学院执教多年。1945~1948年任法国驻梵蒂冈大使。1948年移居美国,50年代在美国普林斯顿等大学任教。他学识广博,著作涉及哲学、伦理学、美学、教育学以及政治学和法学诸多领域,法律思想方面的代表作有:《人权和自然法》(1943)、《人和国家》(1952)。自然法是马里旦的新托马斯主义法律思想的核心,他认为自然法是由本体论的要素(由物的本质所产生的必然性)和认识论的要素(人们对自然的认识是通过一种先验的理性,通过一种道德的良知)构成。在人权和权利学说方面,他强调自然法人权与实在法人权的划分、绝对不能让与的人权与基本不能让与的人权的划分、权利的享有和行使的区别、新旧权利的可以调和性。

二、自然法观念

自然法是新托马斯主义法律思想的核心。马里旦继承了阿奎那的自然法思想，认为自然法是基于人性的道德法，是对上帝的永恒法的参与。他在自然法理论方面的独到之处在于，强调自然法是由两种要素构成的，即本体论的要素和认识论的要素。

1. 本体论的要素，即由物的本质所产生的必然性。他认为，任何一种事物都有自身的自然法则，这是本性的要求；自然法根源于人的理性，是从人性或人的本质中产生的有关人类的合适而正当行为的规则或理想秩序。"正是靠着人性的力量，才有这样一种秩序或安排，它们是人的理性所能发现的，并且人的意志为了要使它自己同人类基本的和必然的目的合拍，就一定要按照它们而行动，不成文法或自然法不外乎是这样。"[1] 就本体论方面看，自然法是有关人的行为的理想秩序，是合适和不合适行动、正当和不正当行为的一个分水岭，它依靠着人的本性以及根源于这种本性的不变的必然性。马里旦认为，社会可以变迁，大自然沧海变桑田，惟有人性是不可更改的。自然法的本质就是来源于这种不变的人性，是人的本质要求的规则化。例如，禁止随便杀人，这是自然法的一条箴规，因为人性首先所要求的和普遍的目的就是自我保存，人是有生存权利的，自然法则是这种"天然权利"的定型化，而且它是万古不移的。

2. 认识论的要素，指人们对自然法的认识是通过一种先验的理性，通过一种道德的良知。他说，自然法的存在与人们对自然法的认识是两个不同的事物。由于自然法是不成文法，人们对自然法的认识便存在不同程度的困难。但是所有的人都知道一点，就是"行善避恶"，这本身并不是自然法，而是自然法的第一原则。自然法便是从这一原则中必然引出的，并且是从人作为人这个简单的事实中得出来的规则，规定人们做或不做某些事。人们对自然法的认识随着道德良知的发展而逐步加深。例如，在古代和中世纪，人们更多地注意人的义务而不注意人的权利；18 世纪充分肯定了自然法所要求的权利，这的确是一个巨大的成就，但由于理论上的错误，使人们仅注意了权利而忽视了义务。马里旦认为，对自然法正确的和全面的观点是既要注意人的权利，又要注意人的义务。

至于自然法的作用，马里旦说，自然法是处理必然地同"行善避恶"这一原则相联系的权利和义务的准则，它是实在法甚至国际法的精髓，是历久不衰、永世生效的部分。在马里旦看来，实在法是指在特定社会集团中有效的一套法律，它显然是低于自然法的。而国际法和实在法一样，通过理性的判

---

[1] 严存生：《新编西方法律思想史》，陕西人民教育出版社 1989 年版，第 278 页。

断就能产生,得以推行,其内容是暂时的,适用范围有限。自然法却是一种无限量的定则,一切法的内容最终源于此。另外,实在法、国际法总是存在着一种价值冲突,它们中间需要协调和进行是非论断,自然法则是其中权威性极强的标准,一切法律问题最终要运用自然法原则加以衡量、解决。

三、人权和权利学说

马里旦并非中世纪时代的神学家,在他的法律思想里,有一部分是非常现实、具体化的内容,这就是他的"人权论"。他本人不仅在理论上深入探讨过人权问题,而且还积极参与制定联合国的《世界人权宣言》,并在联合国教科文组织等有关会议上宣传人权,呼吁人们在对立的文化和信仰中发现人权的共同主张。难能可贵的是,马里旦对人权的研究和呼吁恰是在法西斯主义恣意践踏人权的第二次世界大战期间。

马里旦认为,人权的哲学基础是自然法。人权若非植根于自然法,就不可能长久存在。正是各国人士和实践意识形态都感知到它的存在,因而以自然法为基础的人权才在任何地方都成为人们密切关注的问题。自然法既规定了人类最基本的义务,又指出了基本权利。因此,不了解自然法的历史,不认识自然法,就不可能真正了解人权。通过认识自然法,人们才可能感到:"人所拥有的每一权利,都依靠上帝……的权利"[1]。马里旦声称,实证主义法学、唯心主义和唯物主义法学都没有力量确定这些权利,因为这些权利是人自然地享有的,它们是先于并高于成文法和政府之间的协议的一种权利,是世俗社会不必授予但却必须承认它们是普遍有效的权利,是在任何情况下都不能取消或轻视的权利。

马里旦的人权和权利学说包括以下主要观点:

1. 自然法人权与实在法人权的划分。有些人权属于自然法规定的权利,在任何情况下都不能轻视或取消,如人的生存权、人身自由、宗教自由、道德完善等。有些人权则是实在法规定的权利,它们可以根据具体情况而规定或改变,如言论、出版、集会、结社自由等权利。但是,对物质财富私有权则要具体分析。就人人自然地享有共同财富来说,私有权是一项自然法人权;就私有权的具体形式来说,由于它是按照社会经济的发展而由实在法加以规定的,因此属于实在法人权。也就是说,如果私有财产有什么问题,那么只要对实在法加以改良、完善就行了。但就财富私有这个权利本身而言,则是神圣不可侵犯的自然权利。

2. 绝对不能让与的人权与基本不能让与的人权的划分。绝对不能让与的人权就是不受政治体任何程度限制的权利,包括生存权和追求幸福权,如果政治体限制了人们对它们的自然享用,共同福利就会受到危害。基本不

---

[1] [法]马里旦:《人和国家》,霍宗彦译,商务印书馆1964年版,第90页。

能让与的人权就是必须在享有上受到一定限制的权利,包括结社权、言论自由权等,如果政治体不在某种程度上限制人们对它们的自然享用,共同福利就会受到危害。

3. 必须把权利的享有和行使区别开。就享有来说,绝对不能让与的权利不受限制。但就行使来说,应当受到某种限制,权利的行使要服从正义在每一场合所规定的条件和限制。马里旦举例说,如果我们可以公正地将一个犯人处死刑,这是因为他由于犯罪已使他自己丧失了权利——且不说生存的权利,而只是说正当地主张这一权利的可能性。再如,通过教育接受人类文化遗产的权利也是一个基本的、绝对不能让与的权利,但这一权利的行使同样服从特定社会的具体可能性。马里旦强调,区别权利的享有和行使并非多此一举,它使我们理解社会对自然权利的某些限制,同时也使人们明白,在历史前进过程中,有时放弃我们至今仍然享有的某些权利也是合适的。

4. 新旧权利(权利主张)的可以调和性。在人类历史的各个阶段都会有新的权利主张出现,相应地就会有新旧两类权利的对立。在当代,"旧权利"指私有财产权、契约自由权等。"新权利"主要指劳动权利和自由选择工作的权利,自由组成职业集团或工会的权利,工会积极参与经济生活的权利,取得公平工资的权利,取得救济、失业保险、医疗补贴和社会保险的权利,根据社会团体的可能条件免费分享文明的基本物质和精神福利的权利。马里旦指出,上述"新权利"在 19 世纪或更早前是闻所未闻的,它们的出现冲击着人们的观念,触动了观念层次权利划分的变更,而有些"旧权利"必然与之发生抵触。他认为新、旧两种权利的矛盾是可以调和的,1948 年联合国通过的《世界人权宣言》就是这种调和的典范。一切权利观念上的分歧,最终都可以在神学自然法理论中得到答复和解决。

综上所述,马里旦继承和发展了亚里士多德,特别是阿奎那的学说。马里旦本人承认其政治社会的概念是亚里士多德的,但又去除了后者的奴隶制成分及静态观点。同时,马里旦与阿奎那一脉相承,坚信人类生存的目的最终是对上帝生活的参与,政治社会也应建立在这一根本原则之上并为这一目的服务,从而使马里旦的全部学说具有了神学色彩。

第二节 富勒的法律思想

一、生平与著述

富勒(Lon L. Fuller,1902 年~1978 年)是美国著名的法理学家,毕业于斯坦福大学法学院,曾先后在俄勒冈大学、伊利诺斯大学和杜克大学法学院任教。自 1939 年起直到 1972 年退休,一直在哈佛大学法学院执教。他在合同法、刑法、劳工法等领域均有研究,在法理学领域更是闻名于世,于1948年继庞德之后接任哈佛法学院专设卡特法理学讲座教授。主要法理学著作有:《法理学》(1949)、《法律的道德性》(1964)、《法的虚构》(1967)。

在法理学领域,富勒探讨过广泛的主题,表现出明显的自然法倾向。他继承了西方历史上世俗自然法思想的理性传统,但其自然法学说又显然不同于以往的自然法观念。他不仅强调法律与道德不可分,而且强调法律本身的存在也必须以一系列法治原则作为前提。富勒认为法具有道德性,即"外在的道德"(实体自然法)和"内在的道德"(程序自然法)。其中,他特别强调法律的内在道德,即八个要素:一般性、公布、非溯及既往、明确、不矛盾、可为人遵守、稳定性、官方行为与法律的一致性。这些法治原则就是法律的"内在道德"也即"程序的自然法"。

二、法律的目的性

富勒认为,如何看待法律关系和法律工作者如何把他们的精力用于法律的问题,是至关重要的。他指出,在这方面有两种对立的法律学说,即法律实证主义和自然法学说。法律实证主义为了研究"实际的法律"而坚持区分"实际的法律"和"应该的法律"。自然法学说则认为,为了"应该"的缘故,"实际"与"应该"不可分。富勒采取自然法学说,认为实证主义法学区分"实际"与"应该"不仅不可能,而且是错误的。如果要区分两者的话,那也只是实证主义分析的结果,而不是进行分析的起点。"应该"和"实际"不是两个不同的东西,而是一个完整的实体的两个不同方面。"法律规则最本质的意义就在于它反映了一个或一些目的",法律不能独立于其目的而存在。富勒强调法律的目的性,强调"是什么"与"应该是什么"不可分,主要是针对凯尔森的纯粹法学和由哈特代表的新分析法学以及美国的现实主义法学。

富勒给法下了一个定义:"法律是使人类行为服从规则治理的事业。"[1]他解释说,这一定义与现代大多数法律学说不同,他的定义把法律当作一种活动,并将法律制度看作是一种持续的、有目的的活动的产物。这就是西方法学中著名的"事业论"的法律概念。富勒特别强调,作为有目的的活动,法律的特点是会遇到许多困难,而法律如果实现其目的,就必须克服这些困难。

富勒接着指出,法律的目的性在法律解释时尤为重要。他以"禁止车辆进入公园"这样一条假设的法律规定为例来论证自己的观点。他说,如果按照字面解释,一个人把第二次世界大战中的卡车作为纪念品安放在公园里无疑是违反了这条法律。但是如果我们考虑到该规定的目的是为了公园里

---

[1] [美]富勒:《法律的道德性》,耶鲁大学出版社1969年版,第106页。

行人安全和保持环境安静,那么此人便毫无过失。因此,除非了解法律的目的,一个人便无法准确理解法律的意思,也不能说出这条法律是什么。

三、法律的内在道德:程序自然法

作为一种"有目的的事业",法有其道德性。法的道德性有两个方面,即"外在道德"和"内在道德"。法的外在道德即"实体自然法",指法的实质目的或理想,如人类交往和合作应当遵循的基本原则、抽象的正义等等。法的内在道德即"程序自然法",是有关法律的制定、解释和适用等程序上的原则或法治原则,是使以规则管理人类行为的事业成为可能的道德,也就是法律能够成为法所绝对必需的前提条件。富勒特别强调法律的内在道德,并对此作了较详细的论述。他认为,法律的内在道德包括八个要素(法治原则):①一般性(普遍性)。法律不是针对特定人的,而是对一般人都适用的,这也就意味着法为人们的行为提供了一个行为的基本界限,意味着同样的情况应受同样的待遇,因而也就包括了通常所说的法律面前人人平等的原则。②公布。法律需要公布有很多理由:其一,一个法律公布后,即使一百个人中仅有一个人去了解,这也足以说明必须加以公布,因为至少这个人有权了解法律,而这个人是国家无法事先认定的,所以法律必须加以公布。其二,人们遵守法律一般并不是因为他们直接了解法律,而是仿效了解法律的人的行为模式,少数人的法律知识间接地影响着许多人的行为。其三,法律只有在公布后才由公众加以批评,包括对不应该制定的那些法律的批评,同时也才可能对适用法律的人的违法行为加以制约。其四,大量现代法律的内容是专门性的,它们是否能为公民所了解这无关紧要,法律应公布决不是指望每个公民都坐下来阅读所有的法律。③非溯及既往。法律一般是适用于将来的,因此只应规定将来的某些行为。不能用明天的法律规则约束今天的行为,也不能因人们先前的某种行为现在看来是违法的而处罚他们。美国宪法中关于禁止通过溯及既往的法律条款(第1条第9、10款),主要是指禁止通过使完全合法的行为成为一种罪行的法律。"法无明文规定不为罪"是文明国家公认的原则。具有溯及力的刑事法律之所以受到广泛谴责,不仅由于刑事案件关系重大,主要还因为在一切法律部门中,刑法最明显、直接地关系到人类行为的塑造和控制,而溯及既往的法律却使人感到一种难以忍受的荒谬:今天来命令一个人在昨天应做或不应做某件事。④明确。制定一个模糊不清、支离破碎的法律也危害法治。当然,强调法律的明确性并不是一般地反对在立法中使用诸如"善良忠诚"、"适当注意"和"公平合理"等准则。保证法律明确性的最好办法就是有时利用立法大厅外日常生活中使用的常识性判断标准。当然,对法律的明确性的要求也不能过分,一种华而不实的明确性可能比老老实实的含糊不清还要有害。⑤不矛盾。如果法律自相矛盾,人们将无所适从。另外,如果法律本身互相矛盾,公民就只能自行解决这一矛盾,也将严重危害法治。⑥可为人遵守。法律不应当规定人们无法做到的义务,实现不可能实现的事情。否则,政府官员就会面临一种困境:要么强迫公民去实现他们不可能实现的事情,从而构成十分不公正的行为;要么对公民的违法行为视而不见,从而削弱对法律的尊重。⑦稳定性。美国宪法及其制定者规定了禁止通过溯及既往的法律,但他们没有也不可能硬性地规定法律变更的次数。可是,频繁改变的法律和溯及既往的法律具有同样的危害性,二者都表明立法的动荡性。⑧官方行为与法律的一致性。法律除了有支配普通公民的行为的职能外,还有为官员执法和司法提供指南的职能。所以,官员的行为必须符合已公布的法律。特别是当他们把法律适用于公民时,必须忠实地解释法律规则的真意。这是法律原则中最复杂最关键的要求。

四、法律的外在道德:实体自然法

富勒指出,程序自然法不涉及法律规则的实体目标,而是有关调整人们行为的规则制度的制定和执行的方式,以便能够有效地达到它所要实现的目的。实体自然法则事关法律的实体目标,这就是法律的外在道德。富勒将"实体自然法"归结为最基本的两条:①保持人类目的形成过程的健康性;②保持人类交流渠道的开放性。在他看来,正是交流使社会成为一个整体。法律的外在道德指通常意义上的道德,即由"正确"、"好坏"、"公平"、"正义"等原则和观念组成的道德。

法律为什么既要有内在道德又要有外在道德呢?富勒解释说,法律的内在道德是中性的,具有内在道德的法律可以为不同的法律实体目标服务。比如,围绕避孕问题产生了有关的道德问题,显然合法性原则本身不能解决这一难题。法律制度可能保持其内在道德而不论其规则是禁止还是鼓励避孕,但任何实体目标的采纳都离不开法律的内在道德。在某些情况下,对避孕的法律禁止也会危害法律的内在道德。正如人们常常能看到的,如果禁止避孕的法律停留在纸上,并知道这难以执行,那么法律的内在道德就受到严重的损害,而且还会影响到其他法律的执行。由此可见,作为完善的法律制度,内在与外在缺一不可。按照富勒的说法,法律的外在道德与正义是一致的。

作为法律制度争取的实体目标,法律的外在道德不是单一的,而是多元的。这种实体目标与广泛的社会问题有关。富勒在《法律的道德性》一书中分析了法律的外在道德与效率、正义和反种族歧视、人本身及其自由、经济资源的分配、政治和经济制度的设计等之间的关系。正如富勒在谈到追求的道德时所说的,人们追求的至善生活是经过平衡的多元目标,因此,人们在制定至善的法律制度时所追求的实体目标也必然是一个具有丰富内容的综合概念。

综上所述,富勒的新自然法思想主要围绕分析法律的内在道德与外在道德及其区别而展开的,其中程序自然法的概念及其八条合法性原则是富勒的主要理论贡献。

第三节 罗尔斯的法律思想

一、生平与著述

罗尔斯(John Rawls,1921年~2002年)是第二次世界大战后西方世界最有影响的哲学家之一,当代非神学新自然法学的主要代表。他毕业于美国普林斯顿大学,获哲学博士学位,先后在康奈尔大学、麻省理工学院任教,1962年起任哈佛大学哲学教授。其代表作《正义论》(1971)在西方哲学界、政治学界、经济学界、法学界引起广泛的争议和讨论。罗尔斯的正义论被西方学者推崇为20世纪法哲学、政治哲学、道德哲学和社会哲学"最伟大的成就"。人们经常把《正义论》同洛克的《政府论》以及密尔的《论自由》相提并论,称为"自由民主传统的经典著作"。

罗尔斯在法学界产生重大影响的是他的正义论。他认为,正义对社会制度来说是至关重要的,就像是否符合真理是理论的首要美德一样,正义是社会制度的首要美德。不管一个理论如何设计精巧和实惠,只要不是真理,就该被推翻;法律制度也如此,不管它是如何安排巧妙和有用,只要不符合正义,就必须加以改造或废除。[1] 那么,正义在一个社会中所要解决的是什么问题呢? 按照罗尔斯的解释,正义原则所要解决的是以何种方式分配基本的权利义务以及决定由社会合作取得的好处如何进行分配的问题。尽管人们在现实中持有不同的正义观念,但人们都能同意:在分配基本权利义务时,不能在人们当中作出武断的区别;应当由规则在人们相互冲突的要求中确定一个适当的平衡,以促进社会生活的福利,这样的制度才是符合正义的。

二、正义的第一原则和第二原则

罗尔斯认为,社会正义原则不是先验的,而是人们选择的结果。为保证这种选择的客观性,他借用洛克、卢梭和康德的自然状态学说,提出在"原初状态"下,并在"无知之幕"的后面,让自由的、有理性的人们来选择正义原则。所谓"无知之幕"就是假定他们知道有关社会结构的一般事实和人类心理的一般法则,但不知道自己的社会地位、阶级属性及天赋才能等这样一些足以产生个人偏向的一切因素。"无知之幕"使所有人平等,具有同样的权利。每个人都可以提出自己认为合理的方案以供选择,并提出他接受这些

---

[1] 参见[美]罗尔斯:《正义论》,何怀宏等译,中国社会科学出版社1985年版,第1页。

方案的理由。"无知之幕"排除了由于自然机会或社会环境的偶然事件使人们选择只对自己有利的原则,也排除了由于这些偶然事件使得人们对正义原则无法达成协议的可能性。

罗尔斯认为,这样选择出的正义原则是公平的,因此称之为"公平的正义"。他归结说,人们在"无知之幕"背后所选择的正义原则主要有两条,即正义的第一原则和第二原则。

正义的第一原则是平等的自由原则,该原则要求每个人都有平等的权利,享有与他人相同的最广泛的基本自由,包括:政治上的自由(如选举权、竞选权等)、言论和集会自由、良心上的自由和思想自由、个人自由和保障个人财产的权利、依法不受任意逮捕和剥夺财产的自由。正义的第二原则是机会公平、平等原则和差别的结合,该原则要求社会、经济的不平等,例如权力、财富的不平等。只有在地位和官职对所有人开放并且这种不平等对所有人都有利,特别是对在社会中处于最不利地位的人有利的情况下才符合正义。

罗尔斯认为,在这两个原则中,第一原则优先于第二原则,因而自由具有优先地位。[1] 自由原则的优先性说明,任何与第一个正义原则所要求的绝对同等自由不相符合之处,都不能以对社会和经济有较大的好处为理由来证明其有理:财富和收入的分配以及权力结构,都必须与平等公民的自由和机会平等相一致。

罗尔斯进而认为,差别原则导致了补偿原则的必要性。因为在现实社会中,人们并不像假设的原始状态那样处于平等地位,一些人由于出身不同和天赋不同而自然地处于较为优越的地位。在他看来,由于出身和天赋等原因造成的不平等是不合理的,社会应该对此加以补偿。根据补偿原则,为了提供真正的机会均等,社会应该对那些天赋较低者以及在社会中处于不利地位者给予较大的关注,其目的在于纠正偶然因素造成的偏差,使人们更为平等。于是,罗尔斯主张,社会应将较多的精力、财力、物力和人力用于资质较低的人的教育方面。[2] 在这样做时,教育的价值不能用经济效益和社会福利来衡量。

从以上我们可以看出,罗尔斯的正义原则有以下特点:①他的正义观以西方占主导地位的自由主义为基础;②他的正义原则与功利主义针锋相对,即正义对效率和福利的优先;③其正义原则反映了带有平等倾向的自由主义,这与美国六七十年代对社会地位低下的人实行救济和补贴等福利性措施是一致的。

---

[1] 参见[美]罗尔斯:《正义论》,何怀宏等译,中国社会科学出版社 1985 年版,第 57 页。
[2] 参见[美]罗尔斯:《正义论》,何怀宏等译,中国社会科学出版社 1985 年版,第 57 页。

三、正义原则的发展阶段

罗尔斯认为,决定社会基本结构的正义原则在现实中应体现为四个发展阶段,即原初状态阶段、立宪阶段、立法阶段和适用法律阶段。在每个阶段,正义原则都解决某些特定问题,并逐步从抽象转为具体。①原初状态阶段。这是在原初状态中各方选择正义原则的阶段,一旦两个正义原则被选出,便进入第二阶段。②立宪阶段。人们在制度的正义原则的基础上创制最有效的正义宪法。罗尔斯提出,第一正义原则即平等的自由是立宪的首要原则。立宪阶段主要解决两个问题:其一,设计出一个公正的程序以保证平等公民的自由权利,其中最主要的是信仰的平等自由和平等的参政权;其二,在众多的程序中选择出既公正又可行并且最有可能导致公正有效的法律秩序的安排。③立法阶段。第二正义原则是这一阶段的指导性原则。在这个阶段中要对法律和政策的正义性进行评价。为清除经济不平等这一客观存在的现象,解决的最佳办法就是通过立法手段使社会、经济的不平等安排对每个人都有利,尤其是要照顾受惠最少者,如为天赋低、社会地位低的人们提供更多的教育机会,利用税法进行必要的调整,以维持分配的大致公正平等。总之,立法的目的是按照公平的机会均等原则满足维持平等自由的条件,最大限度地满足受惠最少者的长期愿望。④适用法律阶段。在这个阶段,法官和行政官员将法律规则应用于具体情况,公民遵守规则。罗尔斯认为,对个人的正义原则要求公民在正义制度的前提下承担一定的义务。但任何社会不可能达到完全的正义。在接近正义的社会里。只要非正义尚未超出一定限度,人们在形式上便有责任和义务去遵守非正义的法律;当非正义超出限度,人们就有不服从的权利。这种公民不服从是在承认并接受宪法的合法性的前提下进行的,必须具有非暴力性、在正义原则指导下进行、公正性三个特征。在国际上,如果国家间的战争不符合国际法原则,便是非正义的战争,交战国所属公民有权拒绝应征入伍。这种公民不服从的作用归根结底在于巩固宪法制度和维护良好社会的稳定。在这一前提下,罗尔斯充分肯定了公民不服从的重要性,称之为维护宪法制度的道德纠正方式,并强调非暴力反抗的观念是自由政治理论的一个部分。[1]

四、正义的保障:法治原则

正义原则在现实中也体现了法治原则。罗尔斯认为法治最为密切地与自由相关。个人的平等自由必须受到法治的保护,否则便会成为一句空话。他说,法律制度是具有强制力的公共规则,这些公共规则是为了调整个人的行为和提供社会合作的结构而向理性的个人提出的。法治是指法律得到经常与公正的执行。一个法律制度只有大体上满足四个正义准则才可称为法

---

[1] 参见[美]罗尔斯:《正义论》,何怀宏等译,中国社会科学出版社 1985 年版,第 373 页。

治:①法律的可行性。法律是规定人们能够做什么和不能做什么的行为规则,法律不应规定人们无法履行的义务。法律制度也应该承认将"不能履行"作为减刑的理由。②类似案件类似处理。这一准则大大地局限了法官和其他掌权者的自由裁量权,迫使他们在作出区别时必须根据法律规则和原则来说明他们这样做的合理性。③法无明文规定不为罪。这一准则要求法律必须公开发布,人所周知;法律条文的意思必须明确;法律规则要有普遍性;惩罚性的法律不能溯及既往。④自然正义观,即用以保持司法过程的正确。这一准则要求法院必须用适当的方式实施法律,努力作出正确的判决和适用正确的刑罚。法律制度还应在程序上作出关于审理、法庭调查、证据等方面的规定。法治思想要求一个法律制度必须体现"正当程序"的概念,诸如法官必须独立和公正无私地进行审理,审理必须公平和公开进行等等。罗尔斯指出,法治是自由的保障,只有认真贯彻法治原则,对自由的威胁才会减少;只有人们在法律规定的范围内行动,其自由才不会受到侵犯。

通过以上分析可以看出,罗尔斯在法学界产生重大影响的是他的正义论,他认为正义原则主要有两条,即第一原则(平等的自由原则)和第二原则(机会公平、平等原则和差别的结合),第一原则优先于第二原则;正义原则的发展分为原初状态、立宪、立法和适用法律四个阶段;一个法律制度符合法律的可行性、类似案件类似处理、法无明文规定不为罪、自然正义观这四个正义准则,才可称为法治。罗尔斯的社会正义原则不是形式正义而是实体正义。他认为,通过其设计的程序所选择出的正义原则是所有具有理性的人都应该选择的原则。这些原则不仅仅是为了论证现在的社会、政治、法律制度,更重要的是构成对现有制度进行评判的标准。正是在这两种意义上,人们认为他的学说属于新自然法学。但应该注意的是,他本人既没有提到自然法一词,更没有提出存在一种对人类普遍适用的、高于实在法的自然法。同时,需要指出的是,罗尔斯的法律哲学融于正义论之中,故有"正义论法哲学"之称,其法律哲学思想与其政治哲学、伦理哲学并非泾渭分明,在这一点上,罗尔斯又具有古希腊大思想家的风格。

第四节 德沃金的法律思想

一、生平与著述

德沃金(Ronald Dworkin,1931 年~   )是美国当代法学家,1957 年毕业于哈佛大学法学院。1969 年接替哈特担任牛津大学法理学教授。主要著作有:《认真对待权利》(1977)、《法律的帝国》(1986)、《自由的法:对美国宪法的道德解读》(1996)。《认真对待权利》是一本论文集,收入了作者 1966 年至 1976 年 10 年间发表的 13 篇重要的法哲学论文,该书是德沃金的代表作及成名之作,学术界对此给予了极高的评价。德沃金指出,法律不仅指规则,而且包括原则和政策等,并对三者作了比较,特别强调原则的作用及地位;在权利问题上,认为权利既指"实证权利",又指"自然权利"。在所有个人权利中,强调关怀和尊重的平等权利、公民反对政府的权利。

二、规则、原则、政策

德沃金反对法律实证主义的片面性,针对哈特的"规则模式"论,提出法律不仅指规则,而且还包括原则和政策等,将法律定义为"整体性的法律"。他认为,当法官和律师等人在辩护或争论时,特别是在处理那些棘手案件时,往往要使用规则以外的原则、政策或其他标准来解决案件。而"实证主义是一种规则模式,而且是为了一种规则体系的模式。它所主张的关于法律是单一的基本检验标准的这个中心思想,迫使我们忽视那些非规则的各种准则的重要作用。"[1]

德沃金分析了规则与原则的不同。他认为:"法律原则和法律规则之间的区别是逻辑上的区别。两套准则都是针对特定情况下有关法律责任的特定的决定,但是,它们的不同在于它们所作的指示的特点。"[2]①规则在适用时,要么有效,要么无效。像"遗嘱非经三个证人签署不得成立"这一规则,如果仅有二人签署,该遗嘱当然无效。法律原则就比较有灵活性。"任何人不应从自己的错误中获利"这一原则是法律尊重的原则,它并不意味着法律决不允许或永远不会让一个人从错误中获利。例如夸张性的广告、长期穿越邻人土地往往也会造成既成事实使人得利等等。同时,原则并不规定非适用它不可的一定条件,仅仅是说明主张,不强迫必须作出某种特殊决定。总之,"当我们说某一条原则是我们法律制度的原则时,它的全部含义是:在相关的情况下,官员们在考虑决定一种方向或另一种方向时,必须考虑这一原则"。[3]②法律原则是必须考虑的,但在一个具体案件中又并不是惟一必须采用的,它只是指出一个方针的根据。"任何人不应从自己错误中获利",如果有某人因某种错误行为获利时,上述原则只是决定是否容许他获利的应予考虑的一个根据,也可能考虑到其他原则或政策,如保障财产权安全原则,则有可能容许他获利。即便如此,这并不意味着"任何人不应从自己的错误中获利"就不是法律制度的一个原则。在某一案件中,这一原则可能对判决起主导作用,在另一案件中,另一原则可能起主导作用。③原

---

[1] [美]德沃金:《认真对待权利》,信春鹰、吴玉章译,中国大百科全书出版社1998年版,第40页。

[2] [美]德沃金:《认真对待权利》,信春鹰、吴玉章译,中国大百科全书出版社1998年版,第43页。

[3] [美]德沃金:《认真对待权利》,信春鹰、吴玉章译,中国大百科全书出版社1998年版,第45页。

则具有不同的重要性,可以在不同的原则中进行权衡比较,这一特点是法律规则所不具有的,当一个案件中涉及到不同的原则就必须考虑到每个原则的重要性。那么,原则有时怎样成为法律的一部分呢?德沃金认为原则不是由哈特所说的"承认规则"来确认法律。原则有时出现在法律文件的序言中,有时还要从宪法、法律或判例中推导出来,有时直接来自道德的准则或政治学说。

德沃金又对原则和政策的区别予以分析,其目的在于对功利主义法学进行批判。在立法中,功利主义者一般将福利、效益、集体事业作为立法的标准,政策是立法的主心骨。德沃金则认为,司法与立法不同,在司法中,特别是遇到棘手案件时,更需依靠的是原则而不是政策。他举例说,政府对飞机制造工业提供津贴的法案就是一种政策措施,其目的在于加强国防;反对种族歧视或少数民族享有平等权利法案则是一种尊重和保障个人(或团体)权利的原则。飞机制造商得到津贴的权利来自政策,但也要以原则为条件;反对种族歧视或少数民族享有平等权利,权利来自原则,也要以政策为条件。任何复杂的立法一般都需要从政策和原则两个方面来加以考虑,即使是一个政策性为主的法案,也需要一定原则来论证它的特定目的。在司法中情况则不同,即使法院处理棘手案件时依据的是政策性法律,法院作出的判决也应说是依据原则而不是政策。例如某家飞机制造商起诉政府要求给予津贴,法官作出给予津贴的判决,这时应该说法院并不是直接根据有关津贴的法案作出了判决,而是根据权利和利益的分配在同样情况下同等对待的公平原则作出的判决。总之,在德沃金看来,政策规定一个必须实现的目标,一般是关于社会的某些经济、政治或者社会问题的改善;而原则应该得到遵守,并不是因为它将促进或者保证被认为合乎需要的经济、政治或者社会形势,而是因为它是公平、正义的要求,或者是其他道德层面的要求。因此,原则是分配性的,政策是综合性的,在立法中要兼顾原则和政策,但在司法中只应当以原则而不是以政策为根据。

从以上规则和原则、原则和政策的区别的分析中,可以看出德沃金特别强调了原则在法律实践中的重要作用及其地位。

三、公民权利论

德沃金是西方传统的以个人权利为中心的自由主义的坚持者,在权利问题上,他既反对法律实证主义把权利视为法律产物的观点,也反对功利主义强调"最大多数人的最大幸福"或"社会利益"的观点,因为前者抹杀个人权利,后者忽视个人权利。德沃金认为,权利并非仅仅存在于法律规则之中,权利也存在于历史和传统中。在这里,他所说的权利不是一般人所理解的权利,它们是"掌握在个人手中的政治王牌",是要求保护的"道德主张",也是对抗政府的理由。权利可以是法定的,也可以是道德或政治上的,也就是说,既指"实证权利",又指"自然权利"。

在所有个人权利中,德沃金强调最重要的是关怀和尊重的平等权利,即每个人都享有"作为平等的人被对待"的权利,或者"社会应当予以尊重,承认其尊严和平等考虑"的自然权利。平等不仅是经济权利的基础,而且是政治权利的基础,个人权利观念起源于平等观念。他说:政府必须关心它统治下的人民,就是说,把他们当作有能力经受痛苦和挫折的人;政府必须尊重它统治下的人民,就是说,把他们当作根据他们应当如何生活的理性概念有能力组织起来并采取行动的人。政府必须不仅仅关心和尊重人民,而且必须平等地关心和尊重人民。它千万不要根据由于某些人值得更多的关注从而授予其更多的权利这一理由而不平等地分配利益和机会。它千万不要根据某个公民的某一集团良好生活的概念更高尚或高于另一个公民的同样概念而限制自由权。为了贯彻平等关怀和尊重的权利,必须抛弃功利主义,因为功利主义可以被用来而且一直被用来蔑视少数人的权利。

与平等关怀和尊重的权利相关的另一种权利是公民反对政府的权利。德沃金指出,在一个民主制度之下,或者至少在原则上尊重个人权利的民主制度之下,每一个公民都负有必须遵守全部法律的基本道德义务,即使他宁愿某些法律得到修改。他的这一义务是对他的同胞们负有的,因为他们为了他的利益而服从他们所不喜欢的法律。但这种一般的责任不可能是一种绝对的责任,因为即使一个社会在原则上是公正的,也还可能产生不公正的法律和政策,而一个人除了他对国家的责任之外还负有其他责任。一个人必须履行他对他所信仰的上帝的责任和对自己的良心的责任。如果他的这些责任和他对国家的责任相冲突,那么最后他有权做他自己认为正当的事情。但是,如果他决定他必须违反法律,那么,在承认他对于他的同胞们的责任虽然很大,但是不能泯灭他的宗教和道德上的责任的情况下,他必须接受国家所作的判决和给予的惩罚。一个承认个人正当权利的政府无需要求公民们永远不得违反一项法律,并且一定不要限定公民们的权利,使这些权利由于想象上的公共福利的理由而被废除。德沃金强调要认真地对待公民权利,指出只有政府认真地对待权利,它才能够重建公民对法律的尊重。为此,政府必须接受人类尊严的观念,在处理复杂的社会问题时,要注意保护个人权利。法院在处理案件尤其是宪法案件和棘手案件时,应根据公认的道德原则作出保护个人权利的判决。

德沃金还运用他的权利论分析和评论了善良违法和非暴力反抗、反歧视等问题。

四、司法自由裁量

德沃金以"法律不仅指规则,而且包括原则、政策"的命题否定哈特的规则模式论后,又指出哈特的第二个信条,即关于司法自由裁量权的思想也是不能成立的,而强调自由裁量权有强的与弱的之分,法官无强的自由裁量权。德沃金认为,任何法官不能找到可以适用该案件的具体规则时,法官总是求助于原则作出判决。承认法律包括原则,就必须承认不受任何法律约束的司法自由裁量权是根本不能成立的。与此同时,他批评法律实证主义的自由裁量观点和实践会严重影响民主政治和法治。因为司法权从属于立法权是一个民主公理,法官自由裁量时要创制法律就会危及这个公理,而且适用一个新法规等于承认法律有溯及既往的效力,这不符合法理和法治精神。

综上所述,德沃金的法理学体系建构在权利论之上。有鉴于此,有的学者把德沃金的理论称为"权利法学"。他的权利论实际上是指导美国《独立宣言》、《美国宪法》、法国《人权宣言》的古典自然法和自然权利学说的现代说法。

■ 思考练习

一、关键术语

新自然法学;新托马斯主义;自然法人权与实在法人权;法律的内在道德与法律的外在道德;正义原则;法治原则。

二、思考题

1. 新自然法学与古典自然法学有哪些区别?
2. 马里旦认为自然法是由哪些要素构成的?
3. 马里旦的人权和权利学说包括哪些主要观点?
4. 富勒认为法律的内在道德包括哪些要素?
5. 罗尔斯是如何划分正义原则的发展阶段的?
6. 罗尔斯认为一个法律制度在什么条件下才可称为法治?
7. 德沃金是如何比较法律规则与法律原则的?
8. 如何评价德沃金的公民权利论?

■ 参考与阅读文献

1. [法]马里旦:《人和国家》,霍宗彦译,商务印书馆1964年版。
2. [美]罗尔斯:《正义论》,何怀宏等译,中国社会科学出版社1985年版。
3. [美]德沃金:《认真对待权利》,信春鹰、吴玉章译,中国大百科全书出版社1998年版。
4. 严存生主编:《西方法律思想史》,陕西人民教育出版社1989年版。

第十六章　分析实证法学

> **■ 本章学习目的和要求**
>
> 　　在西方法学史上,分析法学的出现标志着法学从神学、政治学、伦理学中独立出来。奥斯丁等人的传统分析法学理论在20世纪遇到挑战,在此背景下,新分析实证主义法学扛起了分析法学的大旗,以新的时代及其法律制度为基础,运用新的方法和知识,走出了一条新的法学道路。
>
> 　　**本章重点掌握**:纯粹法学、新分析法学、制度法学等法学流派的基本情况,包括该学派的立场、方法论及其在法学史上的地位和影响;凯尔森、哈特、拉兹、麦考密克和魏因贝格等思想家的主要法学观点;对当代新分析实证主义法学的发展趋势有所了解并能提出自己的分析和评价。

第一节　凯尔森的法律思想

一、生平与著述

汉斯·凯尔森(Hans Kelsen,1881年~1973年),现代西方久负盛名的法学家,原籍奥地利,出生于布拉格一个犹太人家庭,1911年起在维也纳大学任教,主讲国家法和行政法课程;1920年参与奥地利共和国宪法的起草工作,1920年至1930年任奥地利最高宪法法院法官;1930年至1933年任科隆大学法学教授、法律系主任。1940年流亡美国,后加入美国国籍,先后在加利福尼亚大学和哈佛大学任教。凯尔森是20世纪西方著名的法学家,他在学术研究上具有惊人的兴趣范围和创作冲动。终其一生,他在宪法、国际法、道德哲学、政治理论以及法哲学方面都保持着一种活跃的姿态,而在几乎所有这些领域,他都作出了颇有价值的贡献。凯尔森的一生笔耕不辍,著作丰厚,其代表性作品有《纯粹法学》、《法与国家的一般理论》、《国际法原理》等。在凯尔森领域广阔的法学思想中,最值得关注并影响深远的要属他倡导的纯粹法学和法律规范理论。

二、纯粹法学是什么

凯尔森将其理论称为"纯粹法学",其目的是要确定法律的本质,发现各种不同法律制度的共同特征。他既反对自然法学,又反对社会法学,希望纯粹法学能通过排除其他不必要因素的影响而成为一门真正的法律科学。

凯尔森的理论首先是一种实证主义的法理论,因为他把法学研究的对象严格控制在实在法的领域内,即所谓"共同体的法",比如美国法、德国法、中国法等。在凯尔森看来,法学理论研究的主题不是法律之外或者法律之上的形而上学,法学研究的正确范围是:法律规范及其要素和相互关系,法律秩序及其结构,不同法律秩序的相互关系,法在法律秩序中的统一。在《法与国家的一般理论》中,凯尔森指出:"本书所提出的一般理论旨在从结构上去分析实在法,而不是从心理上或经济上去解释它的条件,或从道德上或政治上对它的目的进行评价。"[1]因此,凯尔森把自己的理论宣称为一种纯粹法学的理论,"当我们称这一学说为'纯粹法理论'时,意思是说,凡不合于一门科学的特定方法的一切因素都摈弃不顾,而这一科学的惟一目的在于认识法律而不在于形成法律"[2]。研究法律的价值判断和目的是一个政治上的问题,它和治理的艺术相关,是一个针对价值的活动,而不是一个针对现实的科学对象。纯粹分析研究的是法律秩序如何决定人们应当如何行为,它是怎样一种规范体系和规范秩序,对除此之外的其他内容,纯粹法学没有兴趣。从本质上讲,纯粹法学的方向和分析法学是一致的,它只有将法学局限在对实在法的结构分析上才能将法律科学与正义哲学以及法律社会学区别开来。凯尔森指出:"分析法学和纯粹法理论之间并没有实质上的差别。它们的差别在于:纯粹法理论试图比奥斯丁及其追随者更首尾一贯地推行分析法学这种方法。"[3]虽然在分析法律及其概念的方法上,凯尔森不同于奥斯丁,也不同于后来的哈特,但他把法理学的研究范围限定在一个共同体的实在法内,严格区分法律科学和政治学及法律社会学,他明确区分经验的法和先验的正义,拒绝将纯粹法的理论称为一种法的形而上学。因此,凯尔森的法学是一种实证主义法学。

与此同时,凯尔森的理论也是一种规范法学,他将法的一般理论的主题限定为"法律规范及其要素和相互关系、作为一个整体的法律秩序及其结构、不同法律秩序之间的关系,以及最后法在多数实在法律秩序中的统一"[4]。社会法学的突出特征是忽视法律的规范性,但事实上,法律并非一个因果联系的体系,而是一个把人类行为以规则原则联系起来的规范体系。在凯尔森的理论中,"法律规范"是一个核心概念,这个概念又是和法律效力

---

[1] [奥]凯尔森:《法与国家的一般理论》,沈宗灵译,中国大百科出版社1996年版,第2页。
[2] [奥]凯尔森:《法与国家的一般理论》,沈宗灵译,中国大百科出版社1996年版,第2页。
[3] [奥]凯尔森:《法与国家的一般理论》,沈宗灵译,中国大百科出版社1996年版,第4页。
[4] [奥]凯尔森:《法与国家的一般理论》,沈宗灵译,中国大百科出版社1996年版,第1页。

紧密联系在一起的,"法律规范,如果有效力的话,便是规范"。[1] 因此可以说,凯尔森的纯粹法学就是其"效力"理论和"规范"理论的无限展开。

总之,纯粹法学是自然法学与法律社会学之间的"中间道路"。纯粹法学与自然法学都认为法律具有规范性,但前者坚持认为法律与道德之间没有必然联系,而后者相反;纯粹法学与法律社会学都坚持法律与道德的分离论,主张法律与道德之间没有必然联系,但纯粹法学坚持法律的规范性,反对从社会事实的角度来看待法律,法律社会学则把法律归结为一系列社会事实。凯尔森把纯粹法学又称为"规范法学"和"批判实证主义理论",这两个标签从另一个侧面表明了纯粹法学的基本立场:他认为他的理论既属于法律实证主义阵营,坚持法律与道德的分离,同时又与经验实证主义法学不同,坚持法律的规范性。[2]

三、法的静态理论

凯尔森的纯粹法学把法律理论分为静态法理论和动态法理论两个部分。静态法理论主要研究静止状态的法律,其主要任务是研究法律的定义以及法律理论的基本概念,从静态中去把握法律的本质及其运动。

（一）法律的概念分析

对于法律是什么这个本体论命题,凯尔森的回答是:法律是人类行为的强制性规范秩序。从这个界定,可以看出法律的三个特征:

1. 法律是一种人类行为的秩序。法律为人的行为提供了基本的标准或模式。法律通过规范调整人的行为,而人的行为构成法律规范的基本内容。

2. 法律乃是一种强制秩序。法律是一种带有强制性的社会规范,它会利用其特殊的机制对违反法律规定者予以惩罚,这种惩罚意味着剥夺、限制或者其他不利后果,这对违反法律者来说便显示出法律的强制性。而且,更重要的是,法律所施加的惩罚或制裁来源于社会之中,具体说来是由国家实施的。在这个意义上,法律便与道德、宗教有着本质性的区别:道德和宗教的强制来自于良心和信仰,而法律的制裁来自社会的有组织行动。凯尔森将法律的这个特征归纳为:强制性表现为法律对于不法行为规定了强制性反应措施,而不是指精神上的或心理上的强制。

3. 法律是一种规范秩序。法律制裁是在法律秩序规定的条件下被命令和被执行的,而不是像奥斯丁所说的那样仅仅只是主权者的命令。法律固然与人的意志紧密相关,但是,主权者的命令之所以区别于强盗的命令,就在于法律具有规范性,它应当得到人们的尊重与服从,而不是像强盗的命令那样只依赖于赤裸裸的暴力威胁。

---

[1] [奥]凯尔森:《法与国家的一般理论》,沈宗灵译,中国大百科出版社1996年版,第32页。
[2] 何勤华主编:《西方法律思想史》,复旦大学出版社2005年版,第312页。

（二）法律规范的概念分析

凯尔森认为，法律是由规范构成的。在分析法学的一般性讨论中，法律规范和法律规则往往是通用或同义的，但凯尔森则认为这是两个既有联系又有区别的概念。前者是指立法所规定的东西，后者则指法学对立法机关所创立的规范的描述，"立法机关所制定的法律是规定性的，法律科学所阐明的法律规则是陈述性的"[1]。

那么，什么是法律规范呢？凯尔森说，法律往往被称为立法者或者国家的意志或命令，但这只是一种比喻的说法。事实上，当我们说法律规则规定了人们的某种行为时，这种要求并非心理学意义上的命令或意志，也就是说，它并不是真正指某人对某人发出命令，要求后者这样做。"'规范'是表达某人应当如何行为这一事实的一个规则，而并没有任何人真正'要'他这样做的含义。"[2]所以，"一个非个人的、无名的'命令'，就是规范"[3]。换而言之，法律规范与法律创制者的意志相关，但是，立法者的意志一旦成为法律规范，它就可以独立于立法者而存在，就具有了法律规范的普遍性效力。

所谓"某人应当如何行为"，既不是指另一个人的"意志"或"命令"要他这样行为，同时也不是指有义务这样去做的人实际上就这样做。"规范所表达的思想是，某种事应当发生，特别是人们应当如何行为。"[4]规范一词并不涉及人们的实际行为。说一个人应当这样行为，就是指这一行为是由规范所规定的，无论是道德规范还是法律规范；说某种行为应当发生，是指一个规范的存在和内容，并不是指自然现实或实际情况。

在凯尔森看来，理解法律规范就一定要注意把"应当"和"现实"区别开来，规范的含义仅指它规定人们"应当如何行为"，而非人们"实际上如何行为"。

四、法的动态理论

凯尔森的动态法理论的主要内容是研究运动中的法律，即法律创造和适用过程，借此发现法律体系的结构，即法律规范之间的动态联系。

---

[1] [奥]凯尔森：《法律和国家概论》，哈佛大学出版社1945年版，第45页，转引自沈宗灵：《现代西方法理学》，北京大学出版社1992年版，第129页。

[2] [奥]凯尔森：《法律和国家概论》，哈佛大学出版社1945年版，第35页，转引自沈宗灵：《现代西方法理学》，北京大学出版社1992年版，第129页。

[3] [奥]凯尔森：《法律和国家概论》，哈佛大学出版社1945年版，第36页，转引自沈宗灵：《现代西方法理学》，北京大学出版社1992年版，第129页。

[4] [奥]凯尔森：《法律和国家概论》，哈佛大学出版社1945年版，第36页，转引自沈宗灵：《现代西方法理学》，北京大学出版社1992年版，第129页。

(一)效力理由与基本规范

西方法学界存在一个核心的问题,那就是关于法律的"合法性(legitimacy)"问题,也就是说,法律规定在何种根据上是有效的,人们为什么要遵守法律。在这个问题上,凯尔森从其分析法学的立场出发,提供了一种与自然法学或社会学法学完全不同的解释和回答。

在纯粹法学中,凯尔森没有使用法律的"合法性"这个概念,而是使用了"效力理由"这个概念。凯尔森认为,一个共同体的法律规范的总和构成一个法律秩序或法律规范体系,但什么东西使许多规范构成一个秩序或体系呢？什么情况下某一规范属于这一规范体系或法律秩序呢？这就是关于法律规范的效力理由问题。

凯尔森认为,一个规范的效力只能是来自另一个规范,而不是来自事实。比如,当某一个官员作出了一个强制行为,当事人会质问,为什么该强制行为具有约束力,当事人应当服从？官员会回答,该要求是由一个个别的法律规范或司法判决作出的。再进一步追问,当事人为什么要服从这个个别性规定呢？回答是,它是依据议会制定的法律中的某一个一般性规定作出的。那接着我们可以继续追问,该制定法为什么必然有效,而其理由则在于该制定法是依据宪法作出的。那么,最后还可以追问:宪法的效力理由何在,宪法为什么具有法律效力呢？对此,凯尔森认为,我们不可能再以更高的实在法规范为答案了,回答只能是一条假设的规范,凯尔森把这条作为根源的假设规范称之为基本规范(basic norm),"一个不能从更高规范中引出其效力的规范,我们就称之为'基本规范'。凡能从同一个基本规范中追溯其效力的所有规范,组成一个规范体系或一个秩序"。[1] 基本规范的功能在于授予宪法以法律效力,使创制历史上第一部宪法的行为成为合法行为。基本规范的基本形式是"人们应当按照宪法规定的方式行为",[2]它构成了统领整个法律秩序的基本教条。

在法的合法性或者说效力理由这个问题上,自然法学认为法律的效力理由来源于它的合道德性和正义性,而邪恶的法律没有约束力;社会学法学则认为在社会生活中有真正实效的法律规范才是具有合法性的。凯尔森则提供了一种相对而言更有逻辑和质感的回答:一个法律规范的效力应当来源于其他更高规范的授权,它与法律内容的道德性或其效果无关。

(二)法律体系的等级结构

法律体系本身是一个自我创造的体系,一个法律规范决定另外一个法

---

[1] [奥]凯尔森:《法律和国家概论》,哈佛大学出版社1945年版,第111页,转引自沈宗灵:《现代西方法理学》,北京大学出版社1992年版,第131页。

[2] 何勤华主编:《西方法律思想史》,复旦大学出版社2005年版,第317页。

律规范的效力。决定另外一个规范的产生的那个规范是高级规范,而根据这种调整被创造出来的规范就是低级规范。法律秩序就是这样一个由不同级别的诸多规范组成的等级体系。

　　凯尔森指出,法律秩序有不同的层次。宪法规范是国内法中最高的一级。在宪法之下有一般规范,包括制定法和习惯法的一般规范。一般规范之下则是个别规范,个别规范具体说来就是指司法判决,是法官针对特定的人和事执行的一般制裁。在凯尔森看来,司法既是法律的创造又是法律的适用,司法活动本身就是法律创造中的一个层次,因为制定法和习惯法只不过是法律的半制成品,只有通过司法判决和执行,这个过程才趋于结束。凯尔森认为,法院不仅是法律的适用机关,也是一个立法者。在一般规范和具体的案件事实之间,总是存在着一个断裂和空隙,而这决定了法院自由裁量权的必要性和重要性。从法律规范效力体系的角度看,法律秩序不能存在任何的空缺,因此,与其说法院的作用是弥补这个空缺,还不如说法官的司法活动是在法律体系中增加了一个不同于任何一般规范的个别规范。另外,司法判决除了确立个别规范之外,它还可能创立一般规范。司法判决具有"先例"的性质,而先例对于以后类似的判决都有约束力,当司法判决具有先例的性质时,法律创造法律的特点就尤其明显。"法院就是与称为立法者的机关完全一样意义的立法机关。法院是一般法律规范的创造者。"[1]显然,在法官造法这个问题上,凯尔森提供了一种相当独特的解释和说明。

　　凯尔森的纯粹法学的确是纯粹的:它不仅从逻辑上分析实在法规范,反对研究法律和经济、政治、道德以及心理等因素的关系,并特别强调要与政治上的正义理论等意识形态划清界限,与此同时,它仅仅研究规定人们"应当如何行为"的法律规范,而不关注人们"实际上如何行动"的法律现实,这样的一种理论旨趣和研究方法,从积极方面讲,会促进法学研究的科学化和精确程度,但在另一个方面,如果走到极端,恐怕也会使法学变成不食人间烟火的空洞玄学。

第二节　哈特的法律思想

一、生平与著述

　　赫伯特·L. A. 哈特(Herbet L. A. Hart,1907年~1993年),是奥斯丁之后最有影响的分析法学家,是第二次世界大战之后西方分析法学的旗帜。哈特毕业于牛津大学,1932年到1940年任出庭律师,第二次世界大战期间

---

[1] [奥]凯尔森:《法与国家的一般理论》,沈宗灵译,中国大百科出版社1996年版,第169页。

在英军情报机关服役。1952年起担任牛津大学法理学教授,1969年辞去这一职务后致力于边沁著作的整理和编纂,其后曾任布拉塞诺思学院院长,1978年退休。哈特的主要著作包括《实证主义及其法律和道德的分离》、《法律中的因果关系》、《法律的概念》、《法律、自由和道德》、《惩罚与责任》、《法理学和哲学文选》等。

二、新分析法学及对奥斯丁法律命令说的评析

哈特是新分析法学的代表人物,所谓"新分析法学"是与早期分析法学相对而言的。新分析法学是在奥斯丁分析法学的基础上发展起来的,但新分析法学对奥斯丁学说的很多观点作出了重要的修正和更新。美国法学家博登海默认为,新分析法学有三个不同于旧分析法学的特征:①新分析法学放弃了旧分析法学试图把法理学的研究范围严格限于注解法律观念和法律概念的做法以及与此相应的方法论上的排他性,承认社会学和自然科学的方法的某些合理性,并把这些方法或多或少地运用于法律制度和法律思想研究。②运用了新实证主义哲学方法,其中最突出的是语义分析哲学的方法。所以,有人也把第二次世界大战后的分析法学称为"语义分析法学"。③新分析法学对司法程序进行了比旧分析法学更多和更精致的研究。[1]

作为新分析法学的代表人物,哈特的法学思想基本体现和贯彻了上述特征。1953年,哈特就任牛津大学法理学教授时发表了《法学中的定义和理论》的就职演说。在这篇演说中,哈特强调要把语义分析哲学引入法学研究,以解决法理学存在的难题和困境。语义分析是通过分析语言的要素、结构、语源、语境,从而澄清语义混乱,求得真知的一种实证研究方法。哈特的就职演说标志着语义分析哲学正式进入法学领域,成为战后实证主义法学的方法论,并引导了一场新的法学运动——新分析法学。[2]

哈特的新分析法学是在继承和批判奥斯丁法律理论的基础上发展起来的。哈特认为奥斯丁的"法律命令说"可以归纳为:法律是主权者发布的"以威胁为后盾的、被普遍服从的普遍命令"。[3] 这种对法律的界定实际上是对"持枪抢劫情形的放大",因为一个持枪的强盗要求受害者交出钱包否则就开枪的命令也符合奥斯丁这个定义的要求,但我们又不能据此就认为强盗的命令也是法律。哈特认为,奥斯丁这个法律命令说中存在着诸多缺陷:

1. 法律命令说可以适用于刑法领域以及一些侵权法领域,"刑法及其制裁与我们的命令模式中以威胁为后盾的普遍命令之间,至少存在着惊人的

---

[1] E. Bodenheimer, *Jurisprudence* (revised edition), Harvard University Press, 1974, p.104.
[2] 张文显:《二十世纪西方法哲学思潮研究》,法律出版社2006年版,第81页。
[3] [英]哈特:《法律的概念》,张文显等译,中国大百科全书出版社1996年版,第27页。

相似之处"。[1] 但是,在其他法律领域——比如合同法、家庭法——法律命令说就无法提供恰当的解释,这些法律与刑法不同,它们并不要求人们必须以某种方式行为,也不强加某种责任和义务。

2. 哈特对奥斯丁的主权论提出批评。奥斯丁把主权者定义为"一个人或一组人,该社会的绝大多数人习惯地服从他(他们)的命令,而他(他们)却不习惯于服从其他任何人"。[2] 这种主权学说的一个前提是,这个社会里存在一个主权者和臣民之间的垂直结构,这种主权学说的核心是"服从的习惯"和"不受法律限制的主权"。哈特指出,这一理论存在着如下的不足:①习惯性服从与连续性法律之间存在理论空缺,尤其是当不同的主权者发生更替时,后一个主权者的法律很难通过习惯性服从来得到解释;②法律命令说不能解释法律的连续性问题;③法律命令说认为,立法权是不受法律限制的,这种理论仅仅能够解释简单君主社会的一些法律现象,但在现代社会,立法权不受限制则是不可想象的。

在上述批判的基础上,哈特认为奥斯丁的法律命令说是"一个失败的纪录",其失败的原因在于:"该理论由于建构起来的那些因素,即命令、服从、习惯和威胁的观念,没有包括、也不可能由它们的结合产生出规则的观念,而缺少这一观念,我们就没有指望去阐明哪怕是最基本形式的法律"。[3] 奥斯丁理论的缺陷构成了哈特的出发点,哈特提出了自己的法律学说,其法哲学理论的基础性概念就是"规则"。

三、第一性规则和第二性规则

哈特理论的核心是:法律是由规则构成的,法律是第一性规则(primary rules)和第二性规则(secondary rules)结合而构成的规则体系。第一性规则是要求人们做或者不做某种行为的规则,它的功能在于设定义务,第二性规则的主要作用是规定人们可以通过做某种事情或表达某种意思而引入新的第一性规则,或者废除、修改旧规则,或者以各种方式决定它们的作用范围或控制它们的运作。因此,第二性规则的功能是授予人们权力以引入或改变第一性规则。

为了论证自己法律规则理论的适用性,哈特设想了一个没有立法机关,没有法院,没有官员的前法律社会或原始的社会。在这个社会里,社会控制的惟一手段就是群体对自己的标准行为模式的一般态度,也就是说,这种社会里仅存在设定义务的规则,如禁止人们使用暴力、禁止盗窃和欺骗等。这种依靠第一性规则来维持秩序的社会,它的存在需要具备如下条件:第一性

---

[1] [英]哈特:《法律的概念》,张文显等译,中国大百科全书出版社1996年版,第29页。
[2] [英]哈特:《法律的概念》,张文显等译,中国大百科全书出版社1996年版,第52页。
[3] [英]哈特:《法律的概念》,张文显等译,中国大百科全书出版社1996年版,第82页。

规则中必须包括对暴力、盗窃、欺骗行为予以压制的规则；社会成员的大多数必须接受规则而不是拒绝；这种社会是由血缘关系、共同感受和共同信念紧密联结的小型社会，并且该社会必须存在于一个稳定的环境之中。由于这种社会缺乏授予权力的第二性规则，所以哈特把这种简单社会中的行为规则称为"非官方规则"。

哈特认为，上述的前法律社会是一种简单的社会结构，它存在着严重的缺陷：①社会群体据以生存的规则仅仅是一批单独的标准，没有任何确定的或共同的标志，无法构成一个完整的体系，哈特将该缺陷称为"不确定性"；②这种社会里不存在一种有意识的活动以废除旧规则和引入新规则，因此该社会的规则是"静态性"的，即规则的成长和改变是自发而缓慢的，无法适应新的环境变化；③这一社会缺乏权威机构来认定规则是否被违反，而且因某一规则被违反作出的决定也缺乏专门机构来执行，哈特称之为社会压力的"无效性"。在此基础上，哈特提出了自己的主张，"对这种最简单的社会结构形式的上述三个主要缺陷的每一个缺陷，其补救的方法就在于以不同种类的第二性规则来补充第一性的义务规则"。[1]

哈特指出，补救第一性规则"不确定性"的方法是引入"承认规则"(rule of recognition)，即规定：任何其他规则如果具备某些特征，就能成为这个社会集团的、由其社会压力作后盾的规则，因此，承认规则的主要功能就在于确认具有某些特征因此成为社会中所有成员应当遵循的、有社会压力支持的那些第一性规则。通过承认规则的承认，第一性法律规则才具有了法律效力；补救第一性规则的"静态性"缺陷的方法是引入"改变规则"(rule of change)，即授权个人或团体，废除旧规则或引入新规则。这种改变规则包括两种：①授予公权力，根据这种规则国家机关获得权力；②授予私权利，根据这种规则私人有权从事相关活动。正是由于改变规则的存在，所以我们才能随着社会的发展和变化，不断制定新的规则；补救第一性规则"无效性"的方法是引入"审判规则"(rule of adjudication)。审判规则授权某个个人或机构，对特定情况下第一性规则是否被违反以及应如何制裁等问题作出权威性决定，它的功能在于授予法官以审判权。哈特声称，上述三种第二性规则的结合所产生的结构，不仅是法律制度的中心，也是分析其他法律理论的一种工具。在这三种规则中，承认规则提供了用以评价法律制度其他规则的效力标准，因此在某种意义上讲承认规则是一个最终的规则，是最高的规则，也是整个法律制度的基础。从某种意义上讲，哈特这里讲的"承认规则"类似于凯尔森纯粹法学中所说的"基本规范"。

---

[1] [英]哈特：《法律的概念》，张文显等译，中国大百科全书出版社1996年版，第95页。

四、最低限度内容的自然法

法律与道德的关系是自然法学与分析法学最具争议的话题之一,在这个问题上,哈特有自己独特的看法:一方面,他坚持了分析实证主义的传统,另一方面,他也不绝对反对法律与道德之间的联系,而后者构成了哈特倡导的新分析法学的一个引人注目的特征。

在法律与道德的问题上,哈特的一个基本观点是:任何法律都会受到一定社会集团的传统道德的深刻影响,也会受到个人的、超出流行道德水平的、更开明的道德观点的影响,但不能由此得出结论说:一个法律制度必须符合某种道德或正义,或一个法律制度必须依靠服从法律的道德义务,或一定法律制度的法律效力的根据必须包括某种道德或正义原则。总之,法律和道德是有联系的,但并无逻辑上的必然联系。[1]

1. 哈特从四个方面论述了法律和道德的关系:①重要性。一个社会的道德规则在该社会中具有较高的重要性,"然而,就所有法律规则的地位来说,其重要性并不像道德规则那样突出"。[2] ②非有意改变性。法律可以通过有意识的立法活动建立、改变和废除,而道德规则却无法通过这样的方式被引入、改变或撤销。③道德罪过的故意性。道德的谴责可以因为行为人主观上的无能力而得以豁免,但在法律领域却并非如此,尤其是在"严格责任"的领域。④强制形式。道德强制和法律强制的形式不同,道德强制"不是通过威胁或借助惧怕或利诱所施加",它可能受到罪恶感、羞耻感或良知的影响,而"法律强制的典型形式的确可以说是由这些威胁构成的"。[3]

2. 在论述了法律和道德的一般关系后,哈特提出了他的著名的"最低限度内容的自然法"命题,而这反映了他在法律与道德关系问题上向自然法学说的靠拢。这一理论的大致内容是:人的目的是生存,因此,根据人性以及人类生存世界的事实的明显判断,也就是根据公理,社会必须有某些基本的行为规则,它们构成了一个社会的法律和道德的共同因素,而这些行为规则就是"最低限度内容的自然法"。哈特指出,人类社会有一个自然目的和五个自然事实。一个自然目的就是生存和继续生存,而五个自然事实是:人是脆弱的,人类大体上平等,人具有有限的利他主义,人类可以利用的资源是有限的,人的理解力和意志力是有限的。与这些自然目的和自然事实相适应,人类社会必须有禁止使用暴力杀人或施加肉体伤害的规则,要求相互克制和妥协的规则,保护财产权利的规则,镇压盗窃、诈骗的规则等,这些规则就构成了"最低限度内容的自然法",也就是休谟所说的"和平和正义的法

---

[1] 沈宗灵:《现代西方法理学》,北京大学出版社1992年版,第151页。
[2] [英]哈特:《法律的概念》,张文显等译,中国大百科全书出版社1996年版,第171页。
[3] [英]哈特:《法律的概念》,张文显等译,中国大百科全书出版社1996年版,第176页。

则"。它们作为人类社会必须遵循的道德原则,同时也是需要由国家强制力保障实施的法律原则。[1]

哈特的新分析法学理论在当代西方法律思想中占据着重要的地位,从他的学说中,我们可以了解到西方法理学在战后几十年来发展的一些新动向,比如语言分析哲学对法学的影响;哈特在坚持分析法学基本立场的同时又对自然法学、社会法学的研究成果保持一种开放的态度,这使他在当代分析法学发展过程中起到了一个至关重要的承上启下的作用。

第三节 拉兹的法律思想

一、生平与著述

约瑟夫·拉兹(Joseph Raz,1939 年~　　)是英国牛津大学研究员,是继哈特之后最有名的分析实证主义法学家,他 1963 年毕业于希伯来大学,曾任希伯来大学讲师和高级讲师。1967 年,他获得牛津大学哲学博士学位,同年开始在牛津大学任教,1985 年担任法哲学教授。拉兹的著作包括《法律的权威》、《法律体系的概念》、《自由的道德》、《实践理性和规范》等,其中《法律体系的概念》是拉兹的博士论文,该书标志着拉兹分析法学理论的形成。

二、法律制度的分析理论

拉兹认为,要准确地分析法律制度,需要从四个方面进行:①法律制度的存在问题,即法律制度存在的标准;②法律制度的确认问题,即一个法律属于一个法律体系的标准;③法律制度的结构问题,即法律之间相互的关系;④法律制度的内容问题,即所有法律制度的共同内容。拉兹认为,这四个问题是一个整体,缺一不可,而对这四个问题的完整回答,才构成完整的法律制度理论。[2] 这些问题综合起来可以称为法律的"社会渊源论"。

在法律制度的存在或者渊源问题上,拉兹提出了判断法律制度存在的基本标准:功效(efficacy)、制度特性(institutional character)和渊源(source)。功效是指一个法律体系如果要有效力,它就必须被社会中一部分人接受和遵守,或者说,如果服从法律的情况与遵守法律的机会总数之比达到一定比例值,那么这种法律制度就存在;制度特性是指一个规范体系如果要成为一个法律体系就必须有相应的机构来处理因适用该规则而产生的纠纷。拉兹认为,一个主要的法律适用机关所适用和认定的法律,就构成了一个法律制度。主要的法律适用机关是指有权决定是否使用强制力以禁止或许可的机关;渊源论是指法律的存在和确认必须由某些社会事实即社会渊源加以确

---

[1] 张文显:《二十世纪西方法哲学思潮研究》,法律出版社 2006 年版,第 84 页。
[2] 李桂林、徐爱国:《分析实证主义法学》,武汉大学出版社 2000 年版,第 247 页。

认而不是依赖于道德价值判断。[1]

在法律的结构问题上,拉兹认为应该从法律的个体和整体的关系上分析法律的结构,为此他提出了法律的个别化理论,即法律理论是由个别的法律命题构成的。在《法律体系的概念》一书中,拉兹提出了五个法律命题:每个法律制度都有设置义务和授予权利的规则;它们都是法律规范;每个法律制度都有若干种非法律规范;所有非法律规范都与法律规范存在一种内在的关系;法律规则之间可能产生冲突。关于法律之间的关系,拉兹强调,法律制度是由许多相互有影响的法律所组成的复杂的体系,其中存在两种基本的关系:①法律之间存在一种创始性结构,即法律之间的决定和被决定关系;②法律的操作性结构,即法律被适用的条件下的相互关系。[2]

三、法律及法官的作用

法律的作用是法学中一个重要的问题。拉兹对此进行了较为全面的分析。拉兹将法律的作用分为规范作用和社会作用。法律因为具有规范性而具有规范作用,因具有社会影响而具有社会作用,法律的规范作用是法律实现其社会作用的手段。[3]

具体说来,①法律的规范作用是指法律可以指引人们的行为,人们据此而做或者不做某种行为。法律规范对于人们行为的指引会导致两种不同的法律后果,一种是制裁,一种是奖赏,前者是人们不愿看到的结果,后者是人们愿意接受的后果。相比而言,规定惩罚的规范是一种设定义务的规范,它是一种确定的指引,其立法目的是使人们不要违反法律的规定,防止人们去做某种不当的行为;规定奖赏的规范是一种授予权利的规范,它是一种不确定的指引,其立法目的在于鼓励人们去做某种行为。②法律的社会作用相当复杂。一方面,法律的社会作用是由许多法律所建立和调和的一系列法律制度的社会作用,而不是指每个个别法律或法律规范独特的社会作用;另一方面,法律的社会作用可以分为直接作用和间接作用,前者是指法律被遵守和适用而直接产生的作用,后者是由于人们的态度、看法和行为模式而间接产生的作用。法律的直接作用又可以分为首要的作用和次要的作用,首要的作用是一种外向的影响一般人的作用,它是法律存在的理由和根据,次要的作用是维持法律制度的作用,促使法律的存在和运作。比如,规定社会保障是法律的首要作用,规定特定法律机关运作是次要作用。[4] 对于一切法律制度所必然要实现的首要作用,拉兹将其概括为:其一,防止不希望有

---

[1] 何勤华主编:《西方法律思想史》,复旦大学出版社2005年版,第331页。
[2] 徐爱国:《分析法学》,法律出版社2005年版,第119~122页。
[3] 沈宗灵:《现代西方法理学》,北京大学出版社1992年版,第163页。
[4] 徐爱国:《分析法学》,法律出版社2005年版,第127页。

的行为和保证希望有的行为。这种作用主要由刑法和民事侵权行为法体现，它是法律的最基本的作用；其二，为个人之间私人安排提供便利。绝大部分私法以及大部分刑法、侵权行为法涉及这一作用；其三，提供服务和福利安排。它主要属于公法领域，对官员授权都体现了这一作用；其四，解决未规定的争端。[1]

除了法律的作用之外，法官的作用也是拉兹法学理论中一个重要问题。英国是判例法国家，法官在法律发展中的作用与地位相当重要。一般说来，一个法官面对一个案件，如果存在先例就应严格适用法律，如果不存在法官则可以行使自由裁量权创制法律。但是事实上，"法院几乎在所有的案件中，都有适用原有法律的作用，又有创制新的法律的作用"。[2] 法官创制新的法律是容易理解的，它是法官行使自由裁量权的结果。在这里，法律提供了一些一般性的原则，而法官依据这些一般性原则得出的判决，事实上就构成了法律的一部分。除了创制新法律之外，法官还通过三种方式改变现有法律：识别、推翻和运用终结规则。识别是指将先例中的法律原则和法律事实与法官面临的案件涉及的法律原则和事实进行比较，发现其区别，从而决定先例原则对于目前案件的适用；推翻是对于先例法律效力的一种否定，这种方法不能经常使用，因为它会危害到判例法的基础；终结规则是指在缺乏相应法律解决办法的情况下，法院可以运用这个规则使目前的案件不再依靠先例来处理。[3] 在英美法系，法官利用其职权和智慧积极参与法律创制和更改，是对立法的有益补充。

四、法治及其八大原则

在西方法学史上，自亚里士多德较早提出法治的概念以来，统治就成为法学领域一个核心命题之一。关于法治的含义，拉兹说，法治就是法律的统治，从广义上讲，法治意味着人民服从法律并依据法律而行为，从狭义上讲，法治意味着政府受法律的统治并从属于法律。从这个意义上讲，法治意味着依照法律而不是依照人进行统治。"诚然，法律和人对于统治来说都是必不可少的，但是，法治意味着所有的政府行为都必须有法律作为依据，必须有法律的授权。"[4] 也就是说，关注行政行为，积极控制和约束权力是法治的根本要义。

在此基础上，拉兹提出了著名的法治的八项原则：①所有法律都应该是适用于未来的、公开的、稳定的和明确的；②法律应当相对稳定；③特别法

---

[1] 沈宗灵：《现代西方法理学》，北京大学出版社1992年版，第165页。
[2] J. Raz, *The Authority of Law*, Clarendon, 1983, p.182.
[3] 徐爱国：《分析法学》，法律出版社2005年版，第129~130页。
[4] J. Raz, *The Authority of Law*, Clarendon, 1983, p.213.

(尤其是法律命令)应受到公开的、稳定的、明确的、一般规则的指导;④司法独立应有保证;⑤自然正义的原则必须遵守、公开和公正地听证、没有偏见等原则,对正确适用法律和法律指引行为的能力,是必不可少的;⑥法院应对其他原则的实施有审查权;⑦法院应该是容易为人所接近的,久拖不决、费用昂贵会使最开明的法律成为死的文字,破坏人们用法律有效地指引自己行为的能力;⑧不应容许预防犯罪的机构利用自由裁量权来歪曲法律,法院、警察和公诉机关的行为都可能破坏法律。[1] 这八个原则,前三个是关于法律指引力的规定,后五个是对审判的要求。拉兹指出,他列举这八条原则的目的是为了说明法治的形式以及效果,这些原则必须依照法治的基本观念来完整地理解。

关于法治的价值,拉兹认为,法治可能服务于正义和公平,但这并非法治的必然要求,法治的价值主要是它能够达成的社会目的,而不是它应当具有某种道德价值。具体说来,法治有诸多价值:①法治往往是与专横的权力直接对立的。法治的原则就是要避免法律以及其他的专横权力。特别是在法律适用领域,法治至关重要,它能够排除专制,法院被要求只服从法律、遵循严格的法律程序;②法治的价值在于为人们提供一种能力,即使他们能够选择自己的生活方式和形态,确立长期的生活目标并朝自己的目标努力;③法治还意味着尊重和保障人的尊严,也就是把人作为一种能够自主、能够确定自己生活目标的主体。遵循法治原则并不能避免对人的尊严的侵犯,但是有意忽视法治的行为则必然会侵犯人的尊严。

与其他学者对法治的极力推崇不同,拉兹清醒地指出,归根到底,法治只是一种否定性价值和消极价值,即尽量减少法律所造成的专横。他说,不稳定的法律、不明确的法律和溯及既往的法律对于人们的自由和尊严是一种威胁,而法治的作用就在于减少这种威胁。换句话说,法治没有为这个社会增加美德,而只是防止法律本身可能产生的邪恶,因此,不要过高地对法治寄予奢望。法治既不同于良法的统治,也不能解决人类道德的困惑;法治只是一种手段,一种实现法律良好目的的工具。拉兹感叹道:"在法治的圣坛上将太多的社会目标当作祭品,这有可能使法律本身变得贫乏和空虚。"[2]

拉兹的学说代表了以哈特为首的新分析实证主义法学派较新一代的理论和思想,他提出了许多有价值和有启发意义的观点,比如他的法律的社会渊源论,他的法律作用论以及他对法治的全面而客观的分析等。拉兹的法律学说在今天的西方法学界产生了重大而持续的影响。

---

[1] 何勤华主编:《西方法律思想史》,复旦大学出版社2005年版,第339页。
[2] J. Raz, *The Authority of Law*, Clarendon, 1983, p.229.

第四节 麦考密克和魏因贝格尔的法律思想

一、生平与著述

尼尔·麦考密克(Neil Macormick,1941年~   ),当代英国法理学家,毕业于爱丁堡大学和牛津大学,曾师从新分析法学创始者哈特教授。麦考密克自1972年开始担任爱丁堡大学公法教授,是当代西方与拉兹齐名的新分析法学家。在出版《制度法论》之前,他已经出版有《法律推理与法律导论》、《法律权利与社会民主》等书。

奥塔·魏因贝格尔(Ota Weinberger,1919年~   )是制度法理学的代表人物之一,1919年出生于捷克斯洛伐克,1968年移居奥地利,1972年起担任卡尔福伦兹大学哲学研究所教授。魏因贝格尔的研究领域十分广泛,在规范逻辑研究方面尤其著名。他曾先后出版《规范逻辑学和法律信息学研究》、《作为法理学和伦理学之基础的规范理论》、《法律、制度和法律政治学——法律理论和社会哲学的基本问题》等书。

1986年,麦考密克和魏因贝格尔共同完成了著名的《制度法论》,这部著作的出版标志着制度法学的形成。

二、制度法学

在继承分析实证主义法学传统的基础上,麦考密克和魏因贝格尔创立了他们的"制度法学"。那么,什么是"制度法学"呢,它同其他分析实证主义法学的区别何在?麦考密克和魏因贝格尔在其合著的《制度法论》一书中对这个问题作了回答。

1.麦考密克和魏因贝格尔对现代西方法理学的三派学说作了比较:第一派可以称之为"法律教条论"(legal dogmatics),它主张法学应阐明法律及其含义,该学说属于规范派,凯尔森的纯粹法学就是其代表;第二派是自然法学,它也坚持法律的规范性,但它将规范理解为必须要以某种客观上优良的道德因素为基础,法律必须是"正当"的;第三派是现实派,它反对任何规范派,认为法律上的"应当"是一个谜,法学要研究的对象是关于"规范"、"应当"等概念背后的现实。麦考密克指出,现实派对规范论和法律教条派的批判尽管存在问题,但也有其正确的一面,而他所倡导的"制度法学"就是要使现实派和规范派各自的积极因素结合起来,为他们提供一种健全的本体论和认识论的基础。麦考密克认为,法律是一种"制度性事实"(institutional fact),而这说明法律规范、法律制度的存在既是社会现实世界的一部分,也是研究规范的合适对象,从而对规范论提供了一种"社会现实主义的发展":制度法学一方面避免了现实派所反对的唯心论的缺点,另一方面又避免了现实派本身的把问题简单化的缺点。从这个意义上讲,制度法学在坚持新分析实证主义法学基本立场的同时,又企图使分析实证主义法学向社会学法学靠拢。[1]

2. 制度法学还尝试使分析实证主义法学向自然法学靠拢,因而他们主张采取一种"超出实证主义和自然法"之争的立场,因为这两派之间的传统争论是多余的,而新的实证法学和自然法学的理论几乎是一致的。但是,制度法学毕竟是以法律实证主义为传统和渊源的,所以他并不认为法律的规范性必然以权利的客观价值或内在原则为前提,而且,即使这些客观价值和内在原则存在,则不用任何这些前提,也仍可能解释法律规范和其他社会规范。[2]

从某种意义上讲,制度法学扩展了传统分析法学的研究领域,它把分析法学的研究对象从一个国家具体制定的或者现存的法律,扩展到国家虽然没有制定或没有具体的表现,但是客观存在的规范规则上。边沁和奥斯丁的理论已经成为过去,哈特的理论还在受着批判,麦考密克和魏因贝格尔及其制度法学因此成为当今分析法学的中流砥柱。[3]

三、制度法学对法律的描述

在社会生活中,"合同"、"所有权"、"婚姻"等法律制度是普遍存在的,个人生活和公共生活的安排都离不开法律的调整。这些法律制度、法律规范不仅表现在法律文本中,而且也隐含于人类的活动之中,这些活动是根据法律规范的指引进行的,真正赋予这些行为以规范意义的是已经存在的法律制度。

毫无疑问,法律的基本单位是法律规范,但是由法律规范在功能上的相互联系所组成的最小功能单位是法律制度。而所谓的"法律制度"是最基本的规范构成物,它表现为调整同一类社会关系的法律规范的总和。虽然对法律规范的结构、功能的分析在实证分析法学中受到了普遍关注,但制度法学对法律的分析则更进一步扩展到法律制度的层面。[4]

在制度法学的理论中,"法律制度"一词与我们惯常理解的这个概念不同,它"应被理解为意味着一些由成套的创制规则、结果规则和终止规则调整的法律概念"。[5] 因此,法律制度是与一定的法律规则相联系的,这些规则调整着制度的创制、制度的法律后果以及制度终止的条件。任何一个法律制度都不是单一的规则,而是一套规则或规则组合。法律规则包括三种

---

[1] 沈宗灵:《现代西方法理学》,北京大学出版社1992年版,第175~176页。
[2] 沈宗灵:《现代西方法理学》,北京大学出版社1992年版,第177页。
[3] 徐爱国:《分析法学》,法律出版社2005年版,第153页。
[4] 何勤华主编:《西方法律思想史》,复旦大学出版社2005年版,第345页。
[5] [英]麦考密克、[捷]魏因贝格尔:《制度法论》,周叶谦译,中国政法大学出版社1994年版,第66页。

类型:创制规则、结果规则和终止规则。麦考密克指出,无论是制定法还是判例法,都存在规则存在和规则终止的明确标准,他声称:"'法律规则'作为制度事实的存在是法律体系的主要特点之一。"[1]

如果说麦考密克从正面提出了制度法学的规则体系论,则魏因贝格尔主要从哲学和语言学的角度为这种体系进行了方法论意义上的基础性的论证。

四、制度法学的正义观

正义问题是法理学中一个至关重要的问题,魏因贝格尔在这个问题上提出了自己的观点和论证。

1. 魏因贝格尔将传统的正义理论归纳为六种说法:第一种正义论是一种"形式原则",其特点是客观的和普遍有效的。亚里士多德所谓的平均正义、分配正义和惩罚的正义就是典型的形式原则。第二种正义论是"先验的实质正义"论,即正义是一种可以由直觉和分析发现的"先验的实质"。宗教家们所谓的"正义原则是上帝给人类的谕令"就是这种正义论。第三种正义论是"人类学上假定的正义原则",即从人类的本性推导出所谓正义的原则,比如行动和良心的自由。第四种正义论是"功利主义正义论",正义就是最大限度地增进最大的利益。第五种正义论是"公平的理论",即罗尔斯的社会正义理论,其核心是一种公平的社会分配。这种正义论包括两个原则:最大可能自由的原则和机会平等原则。第六种正义论是传统的实证主义正义论,即把正义视为"规范性的秩序"。[2]

2. 在对传统的正义论进行总结后,魏因贝格尔提出了自己对于正义的看法,他把自己的正义论称为一种"分析—辩证的正义论",这里的"辩证",不是黑格尔意义上的辩证法,而是考察正义在指导人类行动中的作用,即正义如何制约个人活动和社会活动。魏因贝格尔正义观的出发点是一种关于"实践理性的非唯知论"的概念,也就是把正义准则视为一种实践理性的因素。

作为总结,魏因贝格尔提出了他对于正义的十五个命题:①正义是人类的一个独特的问题;②不存在正义和非正义的结论性知识;③正义不存在肯定性标准,只存在不正义的可能性论证;④片面看待正义是对于正义认识的一种妨碍;⑤正义要从它影响人们行为的角度进行理解;⑥正义的原则可以协调人们的社会行为;⑦正义同时是伦理、法律和政治的问题;⑧要重视正义的效用;⑨正义不能单从动机上去认识;⑩形式的正义是重要的,但是它

---

[1] [英]麦考密克、[捷]魏因贝格尔:《制度法论》,周叶谦译,中国政法大学出版社 1994 年版,第 70 页。
[2] 徐爱国:《分析法学》,法律出版社 2005 年版,第 148~149 页。

不是充分的;⑪对于正义的分析不能依赖于自然法,而只能依赖人们正义的信念;⑫公正的法律适用具有重要的意义;⑬正义是一种社会义务、期望和正义理想的平衡;⑭正义理想应该是建立一种和谐的合作的社会制度;⑮正义是一种理想,正义是一种有待于我们进一步完善的任务。[1]

在实证分析法学发展史上,麦考密克和魏因贝格尔提出的"制度法学"是一个很特别的学术分支,这一学说的基本思想和哈特的新分析法学是一致的,但制度法学更明显地体现了新分析法学对法律社会学和自然法学因素的吸收。从某种意义上讲,这反映了第二次世界大战之后西方法理学发展的一个共同趋势,即各主要法学流派之间的相互靠拢与相互吸收。

■思考练习

一、关键术语

纯粹法学;法律体系;新分析法学;第一性规则和第二性规则;法治;制度法学。

二、思考题

1. 什么是纯粹法学?它和传统分析实证主义法学相比有什么新特点?
2. 哈特的法律规则理论的基本内容是什么?
3. 拉兹是如何论述法治以及法治的基本原则的?
4. 什么是制度法学?它在分析实证主义法学发展史上有怎样的地位和影响?

■参考与阅读文献

1. 张文显:《二十世纪西方法哲学思潮研究》,法律出版社 2006 年版。
2. 徐爱国:《分析法学》,法律出版社 2005 年版。
3. 沈宗灵:《现代西方法理学》,北京大学出版社 1992 年版。
4. [英]拉兹:《自由的道德》,孙晓春等译,吉林人民出版社 2006 年版。
5. [英]麦考密克、[捷]魏因贝格尔:《制度法论》,周叶谦译,中国政法大学出版社 1994 年版。
6. [奥]凯尔森:《法与国家的一般理论》,沈宗灵译,中国大百科出版社 1996 年版。
7. [英]哈特:《法律的概念》,张文显等译,中国大百科全书出版社 1996 年版。

---

[1] 徐爱国:《分析法学》,法律出版社 2005 年版,第 152~153 页。

第十七章　欧洲社会学法学

> ■ **本章学习目的和要求**
>
> 　　社会学法学试图从法律与社会的关系之中去理解和认识法律，而不是把自己的视野仅仅局限在法律之内。在欧洲，社会学法学具有悠久的传统和广泛的基础，不同的学者站在不同的角度，对法律与社会的关系提出了自己的见解，这些见解推动着法律的不断进步与完善。
>
> 　　**本章重点掌握**：目的法学、自由法学、利益法学、社会连带法学、韦伯社会法学、系统论法学等法学流派的方法论和基本观点，在此基础上，对现代欧洲社会学法学的发展情况作出客观的判断和评价。

第一节　耶林的法律思想

一、生平与著述

　　鲁道夫·冯·耶林（Rudolph Von Jhering，1818年～1892年）出身于律师家庭，24岁在柏林大学获得法学博士学位。1868年，耶林接受了奥匈帝国首都维也纳大学罗马法教授的讲席，在这里的四年之间，他的讲课堂堂爆满，听众中不仅包括大学的学生，而且还包括许多慕名而来的社会各界人士甚至政府上层官员。耶林交游广泛，热爱艺术、音乐，于是他成为了当地法律界、政界以及艺术、社交界极受欢迎的人士。1872年，耶林返回德国并进入哥廷根大学，在那里做了20年的法学教授，一直工作到去世。尽管他在奥地利的维也纳大学只待了很短时间，但在那里他却获得了巨大的声誉。在离开维也纳之前，耶林在维也纳法学会上发表了一篇著名的演讲——《为权利而斗争》。这篇演讲获得了极大的成功，两年内即印到了十二版，此后又被译为二十多种文字。耶林精力充沛，一生出版了许多法学巨著，包括《罗马法的精神》、《为权利而斗争》、《法律：作为实现目的的手段》、《法理学的诙谐和严肃》等。在德国法学史上，耶林以其不朽成就，得以与萨维尼等人并列，成为19世纪西欧最伟大的法学家，也是新功利主义（目的）法学派的创始人，其思想不仅对西欧，而且对全世界都产生了巨大的影响。

二、法律的概念

法律是什么,对于这个希腊式的本体论问题,耶林的认识发生过重要的转变。在早期,耶林曾经信奉萨维尼的理论,即法律是一种民族精神。但是到了后期,耶林的思想开始转变,他在抛弃萨维尼理论的同时,提出了自己对法律的理解:法律是国家通过外部强制手段而加以保护的社会生活条件的总和。这个法律概念包括了实质要素和形式要素两个方面。他指出,法律的实质性目的在于保护社会生活条件,这些条件包括社会及其成员的自我保存及其需要的物质存在,还包括那些事关人类精神存在的至关重要的因素,包括名誉、爱情、宗教、艺术、科学等等。在这一点上,耶林批判了英国功利主义的观点,因为他们只强调物质利益而忽视精神利益;法律的形式性在于法律具有强制力量,也就是法的"强制力",这一点是由法律的实质性目的决定的。社会和人们之间的利益总是相互冲突此消彼长的,因此只有依靠法律的强制力量才能平息这些冲突与矛盾。在耶林看来,法律如果没有强制性,那么这种法律就是"一把不燃烧的火,一缕不发亮的光"。耶林关于法律的实质性和形式性两个要素的分析是有道理的。法律的制定既要有其遵循现有的社会生活条件的一面,又要有强制性的一面。没有强制性的好法同用强制性推行的恶法一样,都不会有好的社会效果。[1]

在法的起源这个问题上,耶林指出:"世界上的一切法都是经过斗争得来的。所有重要的法规首先必须从其否定者手中夺取。"[2] 从实际情况看,"法在历史的发展过程中表现为探索、角逐、斗争,总之,表现为艰苦的努力。"[3] 法是在不同阶级和阶层之间充满血腥的斗争中发展起来的,法的诞生与人的诞生一样,一般都伴随着剧烈的阵痛。对于历史法学派的"法同原野上的草一样,无痛苦,无辛苦,无需雕琢,自然形成"等法律发展观,耶林指出这是错误的,并批评它们为"浪漫主义的观念"。[4] 事实上,法律的生命是斗争,即民族的斗争,国家的斗争,阶级的斗争,个人的斗争。世界上一切法律都是经过斗争而后得到的。法律的重要原则无一不是由反对者的手中夺来。

法律的任务在于保护权利,不论民族的权利还是个人的权利,若想保全权利,事前须有准备。法律不是纸上的条文,而是含有生命的力量。耶林指出,正义之神,一手执衡器以权正义,一手执宝剑以实现正义。宝剑而无衡器,不过是赤裸裸的暴力,衡器而无宝剑,也只不过是有名无实的正义。只

---

[1] 孙文恺:《社会学法学》,法律出版社 2005 年版,第 33 页。
[2] [德]耶林:《为权利而斗争》,胡宝海译,中国法制出版社 2004 年版,第 1 页。
[3] [德]耶林:《为权利而斗争》,胡宝海译,中国法制出版社 2004 年版,第 9 页。
[4] [德]耶林:《为权利而斗争》,胡宝海译,中国法制出版社 2004 年版,第 11 页。

有二者相依相偎,运用宝剑的威力与运用衡器的技巧能够协调,而后法律才完全见诸实行。

三、目的是全部法律的创造者

在耶林生活的时代,由于欧洲大陆主要资本主义国家的法典化已经完成或接近完成,所以崇尚法典和迷信法典的概念法学开始在欧洲大陆盛行。概念法学认为,成文法典一旦制定出来即可自给自足。法典为人们的交往提供了普遍的结构,并足以解决各种各样的矛盾和纠纷。法官只需根据适当的逻辑推理,就可以从现有的由概念构成的法律条文中得出正确的判决,而无需求助法律之外的其他东西,也无需考虑法律的目的、公平正义的观念和社会的实际需要。

对于概念法学,耶林讽刺它是不切实际的空想。针对概念法学的观点,耶林撰写了《为权利而斗争》和《法律:作为实现目的的手段》等著作。在这些著作中,耶林深入探讨了法律的目的问题,所以,耶林倡导的法学素有"目的法学"之称。

"耶林法律哲学的核心概念是目的。他在一部他所撰写的重要的法理学著作的序言中指出,'本书的基本观点是,目的是全部法律的创造者。每条法律规则的产生都源于一种目的,即一种实际的动机。'他宣称,法律是根据人们欲实现某些可欲的结果的意志而有意识地制定的。他承认,法律制度中有一部分是根植于历史的,但是他否认历史法学派关于法律只是非意图的、无意识的、纯粹历史力量的产物的论点。根据他的观点,法律在很大程度上是国家为了有意识地达到某个特定目的而制定的。"[1]耶林指出,人是有目的的动物,人的活动是有动机的,作为人类活动一部分的法律规则当然也是有目的的。无目的的法律规则是根本不存在的。每一条法律都和一种目的相联系,但它主要和社会目的相关,法律的目的就是平衡个人与社会之间的合作关系。

耶林的法律目的论批判了萨维尼的历史法学,认为法律绝不是不受控制的、自发生长的民族精神;也纠正了英国功利主义的观点,认为功利,即利益不只是以个人来计算的,还有社会的功利,法律不是以个人,而是以社会目的为主。同时耶林也反对传统的自由主义观点,即法律仅是防止个人自由受到侵害。耶林认为,法律完全可以,实际上也是为了某种社会目的,对个人自由加以限制,这完全是正当的。[2] 通过他的法律目的理论,耶林既为他关于法的定义即"法是国家权力通过外部强制手段来保证其实现的最

---

[1] [美]博登海默:《法理学:法律哲学与法律方法》,邓正来译,中国政法大学出版社1999年版,第109页。

[2] 何勤华主编:《西方法律思想史》,复旦大学出版社2005年版,第253页。

广义的社会生活条件的总和"进一步提供了理论基础,也为克服只重视逻辑、形式和概念的"概念法学"的缺陷,以及强调个人利益和社会利益相结合的新功利主义法学的出台创造了条件。

四、为权利而斗争

法律的任务在于保护权利,而权利的核心是人的生命和财产。在权利与义务这个法学基本范畴问题上,耶林的基本观点是:为权利而斗争是对自己的义务,主张权利是对社会的义务。

1.耶林明确提出:"为权利而斗争是权利人对自己的义务",[1]这句话在法学领域被人们广为流传。在耶林看来,主张自己的生存是一切生物的最高法则,这一点在任何生命体自我保护的本能性反应中得以表现出来。但是,人和其他生命体不同的是,人不但有肉体的生命,人还有精神,人不仅活着自己物理意义上的身体,还活着自己的精神、人格、尊严。而人类精神的生存条件之一就是主张权利,并通过权利来保护自己精神的生存条件。传统民法讲"无权利即无人格",耶林也明确指出:若无权利,人将归于家畜。"因此,主张权利是精神上自我保护的义务,完全放弃权利是精神上的自杀。"[2]那么,人类的权利包括哪些内容呢?耶林将人类的权利分为四种:自己的权利,即个人的权利;对事物的权利,即人对物的权利,也就是一般意义上的所有权;他人的权利,指个人在群体中或行动中应注意他人的权利;国家的权利,该权利用来确定公民的人身权。[3]

2.主张权利是个人对社会的义务。耶林曾经对法这个概念作了一个分类,指出法这个概念可以在客观和主观两个不同意义上被应用:"所谓客观意义的法是指由国家使用的法原则的总体、生活的法秩序。所谓主观意义的法即……对抽象规则加以具体化而形成的个人的具体权利。"[4]也就是说,客观意义上的法指国家法律,而主观意义的法指个人依据法律获得的权利。客观意义上的法与主观意义上的法关系复杂,前者是后者存在的前提和基础,但这只是他们关系的一个方面,在另一个方面,后者的有效实现也会影响到前者的存在,换句话说,个人权利会影响到国家法律的意义。因为权利只有被行使才能上升为法律,权利的本意在于实际上被实现,因此未经过实践或者丧失了实践机会的法律规范不能被称为法规范。在历史上,罗马法就将不使用作为法律废止的原因。在法律实施领域,公法的实施依赖于国家机关的职权行动,而私法的实施则直接委付于私人的积极行动,因

---

[1] [德]耶林:《为权利而斗争》,胡宝海译,中国法制出版社2004年版,第23页。
[2] [德]耶林:《为权利而斗争》,胡宝海译,中国法制出版社2004年版,第23页。
[3] 孙文恺:《社会学法学》,法律出版社2005年版,第36页。
[4] [德]耶林:《为权利而斗争》,胡宝海译,中国法制出版社2004年版,第4页。

此,如果私人放弃或者怠于行使自己的权利,就会影响到国家法的存在和实施,也就是对社会的不负责任。所以,积极主张自己的权利具有很大的意义,它不仅是权利人在自己的狭小范围内维护法律本身,而且这种行为也有利于保障、维护社会交易生活的稳定秩序。权利人通过自己的行动来维护法律,并通过法律来维持不可或缺的社会秩序。[1]

必须承认,耶林关于为权利而斗争的呼号不仅在19世纪的西方是有积极意义的,而且在今天,对中国等发展中国家依然具有积极的启蒙意义。法律发展的根本目的在于维护公民的权利,而公民权利的获得一定要依赖于个人的斗争而不是权威者的恩赐。更重要的是,耶林提醒我们,为自己的权利斗争不仅仅是个人的事务和个人的利益,而且它也是我们每个个人对社会应尽的神圣义务,这种义务的履行有助于我们获得一个更加公平和更加美好的国家与社会。

第二节 埃利希的法律思想

一、生平与著述

尤根·埃利希(Eugen Ehrlich,1862年~1922年)是奥地利著名法学家,出身于奥地利帝国布科维纳省塞尔诺维茨的一个律师家庭。在维也纳大学法律系毕业后,埃利希做了一段时间的家庭教师。1897年,埃利希成为塞尔诺维茨大学罗马法教授,并于1906年担任该大学的校长。埃利希的主要作品包括《法律的自由发现和自由法学》、《法律社会学基本原理》、《法学家逻辑》等。在法学史上,埃利希是早期社会学法学的倡导者,认为法学要研究社会本身,研究赋予法律意义的社会环境,而不是仅仅研究法律规范,埃利希因其杰出贡献和广泛影响力甚至被人们誉为"法社会学之父"。

二、法律发展的重心在于社会

在其代表性作品《法律社会学的基本原理》一书的序言中,埃利希用一句话概括了他的法律观点:"无论是现在或者其他任何时候,法律发展的重心都不在立法、法律科学,也不在司法判决,而是在社会本身。"[2]在这个意义上,法律并不是存在于国家中而是存在于社会生活之中,法律的效力和权威也不仅仅来自于国家的保障,它还植根于人们日常生活的道德权威以及人们对那些试图管理社会生活的规则的看法。

在法律的基本问题上,埃利希反对和批判当时欧洲大陆流行的概念法

---

[1] 孙文恺:《社会学法学》,法律出版社2005年版,第36~37页。
[2] Eugen Ehrlich ,"Fundamental Principles of the Sociology of Law", select from *The Great Legal Philosophers*, University of Pennsylvania Press 1958, p.437.

学的观点,他讽刺概念法学是"自动售货机"的法律理论,因为它忽视社会现实和法律价值,宣扬司法判决是由法律规则的逻辑决定的,任何案件都可以从现行法律中得到准确答案。埃利希提出了一种社会学法学的法律类型观,他把法分为"正式法"和"自由法",并且强调自由法——习惯、法律解释、判例理由、法学家的权威论述等——也是法的渊源。因此,在正式法出现空白和漏洞的时候,法官不得不求助于自由法。他倡导的"法律的自由发现运动"(Free - Finding - of - Law Movement)的目的就在于促成自由法的形成、发展和适用。在埃利希看来,在超越国家规则的禁锢、动态地研究法律的问题上,自然法学和历史法学虽然激进和富于勇气,但他们做的却不够彻底。

在埃利希看来,虽然大部分法律在历史和现实中都是由国家创造和制定的,但国家立法却并非法律的惟一来源。人们在社会生活中实际遵循的很多规则就直接来自于社会实践。国家可以、也能够垄断法律的创制权,但有一些法律并非立法者创制的,它是在社会中自发生成的,而人们之所以自觉或不自觉地遵守这些规则,就是因为人们认为这是合理的,或者认为这是一种秩序。

三、"活法"和国家法

埃利希是自由法学的创始人。自由法学的主要特征之一是:反对国家制定的成文法规是法的惟一渊源的观点,重视社会现实中的"活法"和"自由法"的作用;在此基础上,主张扩大法官的自由裁量权,允许法官根据正义原则和习惯自由地创制法律规则。

埃利希在分析法律概念时反对传统的法律概念,即法律是一种由国家维护的强制性秩序。他认为传统的法律概念包括了四个因素:①它是由国家创立的;②它是法院判决的根据;③它是因判决而来的法律强制力的根据。埃利希认为以上三个并非法律的必要要素,只有第四个因素是要保留的并应成为他的学说的出发点,即法律是一种秩序。在埃利希看来,法律有两种:①国家制定的,即"国家法";②"社会秩序"本身,或者称为人类联合的内在秩序。法律是社会秩序本身,就是联合的内在秩序。这种法律被埃利希称为"活法"(living law),它不同于国家制定的或由法院强制执行的法律。这也就是说,活法意义上的法律在国家以前就自发地与社会同时出现和发展。[1]

事实上,在埃利希看来,国家并不是法律存在的必要条件。在历史上,法先于国家出现,在现代,国家制定和执行的法律——法律条文——也仅仅是法律中很小的一部分,与国家制定法相对应的"活法"大量存在。这种"活

---

[1] 沈宗灵:《现代西方法理学》,北京大学出版社 1992 年版,第 210~211 页。

法"就是人类组织——包括商会、教会、学校、工会等——的"内在秩序",它们支配着实际的社会生活,是人类行为的真正决定因素。活法不仅是原始的法的形式,而且直到今天,仍然是最基本的法的形式,它们构成了国家制定法的最丰富的来源。埃利希认为"活法"的知识来源有两个:①现代法律性文件,主要是指商业性法律文件。由于现代商业性文件在现实生活中占统治地位,所以他们能够成为"活法"的一个渊源;②对生活、商业、惯例和各种社会团体的直接观察,不仅是法律所承认的,而且还有被法律条文忽视和省略的东西,甚至还有些为法律条文所不赞成的东西。[1] 现代法律文件之所以应该成为研究"活法"的首要对象,就因为现代的法律生活并不是由法律条文占统治地位的,而是由这些文件——主要是商业文件——占统治地位的。所以应该把这种文件当作法律的一部分,法学的首要任务就是去研究那些具有普遍重要性的、内容典型的法律文件。但这种法律性文件也并不代表全部"活法"。"活法"才是支配生活本身的,是人们在实际生活中遵守的;"活法"也可能和法律性文件中的规定有出入,因此要把实际观察当作"活法"知识的第二个主要来源。

埃利希反对传统的法学研究方法,即法学家习惯于将国家制定的法律条文当作是自己的主要研究对象。与此相反,他认为,法学研究的主要对象就是他所称的"活法",因为这是"支配生活本身的法律,尽管这种法律并未被制定成法律条文"。活法的科学意义不限于它对法院所适用的裁决规范或对成文法内容的影响,同时,活法的知识还具有一种独立价值,它是人类社会法律秩序的基础。因此,完善的社会学研究法律的方法必须从研究"活法"着手。[2]

四、法律的自由发现

既然"活法"是最基本的法的形式,起着实际的社会控制作用,那就意味着法官不仅应当了解成文法,而且还应当了解活法;那也同时意味着法官可以而且应当在制定法没有覆盖的领域,运用"自由判决的方法"去发现法律并把它们适用于当前的案件。

埃利希认为,罗马的执政官、法兰克和德意志的国王以及英国的司法大臣往往通过公平和道德原则作出判决。在有些时候,他们甚至还通过与现行法律完全对立的社会规范来进行判决。他认为,目前只有英国将这种审判方法继承了下来,埃利希对此相当赞赏,因为这种审判方式与他所主张的"法律的自由发现"是一致的。为什么要主张法官在司法审判中运用"法律的自由发现"的方法呢?埃利希认为,法官依靠国家制定的成文法规则进行

---

[1] 孙文恺:《社会学法学》,法律出版社2005年版,第68页。
[2] 沈宗灵:《现代西方法理学》,北京大学出版社1992年版,第212~213页。

判决是远远不够的。因为每一种制定出来的规则在本质上讲都是不完整和不全面的,而且规则一旦制定出来就因生活的发展变化而显得过时和滞后,所以,正确的做法是赋予法官裁量的权利让他可以根据生活变化而去自由地发现法律,到"活法"的广阔天地中寻找合适的裁判依据。

在此基础上,埃利希提出了两种审判方法:①传统的技术主义的判决方法,即严格按照成文法规定的判决方法;②他主张的"自由的判决方法",即不是根据成文法的规定而是根据法官自由发现的法律进行判决。这两种判决方法的区别在于前者只能通过一成不变的法律手段来实现,而后者则能发挥法官的创造性。[1] 那么,允许法官自由发现自由裁判,会不会带来人们所担忧和警惕的法官独裁和任性的后果呢?埃利希声称,这样做不会导致法官专横,而只会加强法官的责任和发挥法官的智慧。埃利希说,在大陆法系国家,法官之所以司空见惯地以形式主义的和教条的方式作判决,或因他们的法律思想结构而不得不这么做,或因不能看到隐藏在法律规则后面的实际社会条件而这么做。

如果说在大陆法系,法律的进步主要是法学家推动的,那么在普通法系,法律的发展则与法官的努力紧密相关。应该说,法官是所有法律职业家中最了解法律及其实施的人,埃利希倡导的以"活法"理论为基础的"法律的自由发现",为法官参与法律创制提供了理论基础和理论辩护。

在西方法学史上,埃利希提出的社会法学思想是对当时西欧盛行的概念法学和封闭研究方式的一种反叛,埃利希为法学研究带来了清新的空气和开阔的研究视野,他的法学思想不仅在欧洲受到重视,还对后来美国的社会学法学和现实主义法学产生了深远的影响。

第三节 赫克的法律思想

一、生平与著述

菲利普·赫克(Philipp Heck,1858年~1943年),1858年出生于德国,1902年成为图宾根大学的法学教授。在欧洲法学界,赫克以他倡导的利益法学而知名,他的主要作品包括《法律解释与利益法学》、《财产法》、《概念法学与利益法学》、《法哲学与利益法学》等。

二、对概念法学的批判

赫克的利益法学是在批判概念法学的基础上建立起来的,而通过对概念法学的反叛和颠覆,赫克及其利益法学的立场和观点得以呈现。

赫克认为,传统法学将研究的重点放在一般的概念上,他们认为概念是

---

[1] 孙文恺:《社会学法学》,法律出版社2005年版,第68页。

法律规则的基础,因此也是法学研究的主要客体。在这种思维指导下,法官的职责就是认识法律中的规则,并按照形式逻辑的方法将这些规则运用于具体案件之中。概念法学所推崇的这种机械式司法是以这样一个理想主义假设为前提的:法律秩序是完整的法律概念的体系,是由逻辑和分析构成的完美无缺的体系。因此,人们可以从一般概念中推出特殊概念,可以运用演绎的方法推导出适用于一般案件的法律规则。

在概念法学的指引下,法官几乎成为了一台无需思维的机器,但赫克认为现代的法官永远不可能成为适用法律的机器。赫克认为,法官仅仅依靠逻辑结构不能令人满意地处理生活的需要。立法者必须保护利益,他要去平衡互相竞争的生活利益。但是,他明白他不可能注意到生活的方方面面,并彻底地、毫无遗漏地予以调整,以使逻辑小前提可以在每一个案件中划出适当的界限。只有法官不只是一个按照逻辑力学的定律运转的"法律自动售货机",立法者才能实现他的意图和满足生活的需要。法律和生活所需要的是这样一种法官——作为思想助手协助立法者,不仅注意语句和命令,而且还考虑立法者的意图,并亲自检查有关的利益,表达法律的价值,即使在立法者尚未明确规定的情况下亦如此。

在赫克看来,从更广泛的意义来讲,法官更像是立法者的助手,在适用法律的过程中,法官需要明白立法者的意图,并将其在审判过程中贯彻下去。当然,在此过程中,法官应将立法者没有能够清晰表达出来的利益分割原则明确化。因此,创造法律是法官的功能之一,而在这一点上,概念法学的僵化显然已经无法适应现代社会的发展了,它必须被一种新的法学理论所代替。[1]

三、利益是法律的产生之源

利益法学19世纪末20世纪初出现于德国,它是社会学法学的一个重要的分支流派,因强调法官应该注意各种"利益"为核心思想而得名。利益法学的思想渊源可追溯到德国著名法学家耶林的目的法学,但其真正创始人则是图宾根大学的民法学家和历史学教授菲利普·赫克,1905年他在《利益法学与对法律的忠实》一文中最早提出了"利益法学"的概念。在他之后,利益法学经过"图宾根学派"的其他人物的进一步发扬,成为20世纪一个非常有影响的法学流派。

法律应以什么为基础?赫克认为,法律不是建立在概念基础上的,法律只能以利益为核心。那么,利益是什么呢?赫克指出,利益是一个含义广泛的概念。在一般生活中,利益是人们在生活中产生的各种欲求,表示人们的实际需要。但利益不仅仅包括这个意思,利益还应当表示人们在生活中可

---

[1] 孙文恺:《社会学法学》,法律出版社2005年版,第42页。

能产生的各种欲望,即潜在的利益。利益以及潜在的利益都不会平白无故地形成,它只在一定的条件下才会形成,研究利益也就必须要关注这些条件。所以,广义上的利益概念就包括利益、潜在的利益及其产生的条件。

赫克的利益法学主张,利益是法律的产生之源,没有利益,人们不会去制定法律把自己重重叠叠笼罩起来。法律是社会中各种利益冲突的表现,是人们对各种冲突的利益进行评价后制定出来的规则,实际上是立法者关于利益的安排和平衡。因此,利益就是利益法学研究的出发点。[1]

利益法学希望有效地为人们的日常生活服务,它致力于认识法律对于人们日常生活的重要性,并试图从法律对人们生活的影响的角度来理解和发展法律规则。赫克指出:"利益法学从两个着眼点出发。第一个着眼点是,在制度存在的背景下,法官必须要受现行法律的约束。法官必须要调整各种利益,并且循着立法者的路子来决定各种利益的冲突。当事人之间的争议使法官面对着各种利益的冲突。但是法官对人们利益冲突所作的判决要受立法者在既定法律中所体现出来的对人们利益冲突所作出的评价的限制。利益法学的第二个着眼点在于,法律是不健全的,甚至在处理人们日常生活所产生的冲突时还表现出相当的矛盾性。作为现代的立法者,他们对法律的这种不健全性可谓耳熟能详,因此,他们并不希望法官仅仅在字面上遵循法律的规定,更重要的是法官应该熟谙法律中所包含的利益,并且在处理案件时,尽量使自己的利益判断能够与立法者在法律中所表现出来的利益保持一致。法官不仅仅在法律规则的框架内对案件的事实进行判断,而且还应该在法律规则出现空白的地方构建新的法律规则,以弥补法律规则的不足。换言之,法官不仅应当运用一些法律命令,而且他还必须保护那些立法者认为值得保护的总体利益。"[2]

因此,利益法学主要是为法律实践服务的,包括立法实践与司法实践,就司法实践来说,主要是试图找出法官审理案件、解决利益冲突的基本原则和方法,以更好地贯彻法律以及立法者的立法意图。[3]

四、法律科学

在关于法律科学的看法上,赫克的观点和当时流行的概念法学格格不入。

赫克认为,法律科学像医学一样,是一门实用性很强的学科,其作用是帮助法官对案件作出正确的判决。为了达到这个目的,法律科学肩负着两

---

[1] 何勤华主编:《西方法律思想史》,复旦大学出版社 2005 年版,第 255 页。
[2] Philipp Heck, "The Jurisprudence of Interests", select from *The Jurisprudence of Interests*, Magdalena Schoch (translated and edited), Harvard University Press 1948, p.41.
[3] 何勤华主编:《西方法律思想史》,复旦大学出版社 2005 年版,第 256 页。

个方面的任务：①寻找解决各种利益冲突的法律规则；②对这些法律规则进行分类和整理，即对法律规则的系统化。所以说，法律科学应该以编辑整理案例、进行法学研究等形式补充成文法的不足；同时应该为法官能够及时找到他们所需的法律规则提供方便。从这两个任务出发，赫克认为法理学应该具有三个方面的功能：①法理学应当研究法律规则应该是什么，这里包含着许多情感因素在内；②法理学应该将法学研究中所捕捉到的一些思想表达出来。也就是说，将这些法律思想表达出来；③法理学应该研究法律过去和现在事实上是什么。[1]

赫克指出，法律科学是一门独立学科，但不是一门封闭的学科，法学要广泛汲取其他学科的知识，了解社会的各个方面。这样法学才能完成其任务，即正确地找出社会中的法律规则，为制定良好的法律制度以及合理解决法律纠纷提供正确的理论与方法。利益法学就是以这一目的为宗旨的法学，它是一门强调实践性的科学。

从法学史上讲，赫克利益法学思想的提出是和德国当时的社会背景紧密相关的。当时德国民法典颁布不久，由于民法典规定了一些比较抽象的原则，导致在司法实践中需要进行解释，而当时流行的概念法学不能满足社会的要求。所以，利益法学主张法官在尊重利益的前提下，可以拥有一定程度的自由裁量权。但是，利益法学没有提出衡量各种不同利益的客观标准，因此它的观点在实践中存在着操作上的困难和局限。

第四节 狄骥的法律思想

一、生平与著述

莱翁·狄骥（Leon Duguit，1859年~1928年）是法国著名的法学家和政治理论家。狄骥出生于法国夷龙省里蓬县，就读于波尔多大学并于1882年获得法学博士学位，自1886年起一直担任法国波尔多大学法学教授，1892年升任波尔多大学公法教授和法学院院长，曾先后在美国、阿根廷、葡萄牙、罗马尼亚、埃及等国的大学讲学。狄骥是社会连带主义法学的创始人，他的法学著作非常丰富，包括《国家、客观法和实在法》、《宪法论》、《公法的变迁》、《法律和国家》等，其中洋洋百万字的《宪法论》是狄骥法律思想的系统整理和集中体现，该书多次再版，流传广泛。

二、作为法律基础的社会连带关系

社会连带主义法学是社会学法学的一个重要分支，同时兼有实证主义、规范主义法学的一些特征。作为社会连带主义法学的创始人，狄骥的法律

---

[1] 孙文恺:《社会学法学》，法律出版社2005年版，第46页。

理论的思想渊源是法国孔德(Auguste Comte,1798年~1857年)的实证主义哲学以及迪尔凯姆(Emile Durkheim,1858年~1917年)的社会连带主义理论。孔德是法国实证主义的创始人、哲学家和社会学家。在哲学上,他认为哲学不应回答世界的本质问题,而应从经验材料出发,与"科学"结合。实证主义哲学提供给人的是实在、有用、确定、精确的知识的哲学。在社会学上,孔德认为社会是由家庭组成的,社会本能与个人本能在家庭里得到混合并相互调节。家庭和社会各有其职责,但目的是一致的。每个人都在追求自己的目的并在不知不觉中相互合作着,这种合作是社会得以产生的根源。迪尔凯姆法社会学的核心是研究和探讨社会连带、社会分工与法律的关系,这奠定了现代意义上的法社会学的基石。迪尔凯姆对法律的分析是从社会分工和连带关系开始的。在不同社会,由于社会分工程度不同形成了不同的社会连带关系,他把这种连带关系分为"机械的连带关系"和"有机的连带关系",这两种连带关系直接影响和制约着法律的运作。机械的连带关系基于社会成员彼此之间的相似性而形成,其特点是社会成员之间具有共同的价值观念基础,能够形成一种凝聚力;有机的连带关系与前者不同,由于集体协调的分化和社会分工,使社会成员之间不再相似,而彼此区别。以这种区别和分工为基础就形成了相互依赖的有机的连带关系。在上述两种连带关系基础上形成了具有连带特征的法律,即刑事法、惩罚错误或罪行以及恢复原状法、合作法等等。

狄骥接受和继承了孔德实证主义哲学和迪尔凯姆社会连带主义思想,把社会连带主义思潮系统化,并首次将其带入法学研究领域,与法学尤其是宪法学直接结合,创立了社会连带主义法学。狄骥全部学说的理论基石就是"社会连带关系"。狄骥认为,连带关系既是人在社会中生活的必然产物,也是人拥有的一种天赋,它是社会的基本事实和第一构成要素。"人在社会中并且只能在社会中生活;社会的存在离不开将其组成个体联系起来的连带关系。"[1] 人是个人性和社会性的结合,而这决定了每个人都有对其所处的社会产生合作、分工、交往和公平的需要,根据这些需要组织起来的关系就是社会连带关系。狄骥认为"社会连带性"与"社会相互关联性"表达的是同样意思,人们相互有连带关系,即他们有共同的需要,只能共同地加以满足,他们有不同的才能和需要,只有通过互相服务才能使自己得到满足,因而,如果人们想要生存,就必须遵循连带关系的社会法则。连带关系不是行为规则,它是一个事实,"社会连带关系是一种不能成为争辩对象的、由观察所得的事实……连带关系是一种永恒不变的事实,它本身往往是同一的

---

[1] [法]狄骥:《宪法学教程》,王文利等译,辽海出版社、春风文艺出版社1999年版,第11页。

并且是一切社会集团不可排斥的组成要素"[1]。社会连带关系尽管在不同时代有不同表现形式,但其本身是永恒的。狄骥肯定了迪尔凯姆对相互关联性的划分和基本结论,把社会连带关系分为两种:①求同的相互关联性,建立在"相似性"的基础之上;②分工的相互关联性,建立在"劳动分工"的基础之上。维系社会紧密性的力量正是建立在相似性或劳动分工的相互关联性上,该力量越强,社会就越紧密。

在狄骥看来,法律是调整社会关系和社会秩序的工具,因此也必然以社会连带关系为基础。法律作为一种社会规范,它不可能与社会相互分离,它不外是社会固有的规律,它要以社会为基础。正是以社会连带理论为基础,狄骥在批判历史和现实的法学理论的过程中提出了其庞大而独特的法律思想。

三、客观法与实在法

狄骥认为社会规范不外是社会固有的规律,社会和社会规范不可分离。在社会连带理论基础上,狄骥把社会规范分为三种:经济规范、道德规范和法律规范。其中,经济规范是规定人们有关财富生产、流通、消费等行为,确保满足人们物质需求的规范,这种规范建立在经济连带关系之上,违反了经济规范就会遭受经济上的制裁;道德规范是要求人们在生活中遵守的全部社会习俗和宗教规定,它是建立在人们之间的道德连带关系之上的,违反了道德规范就会遭受到道德制裁;法律规范是经济规范、道德规范在更高形式上的统一,经济规范和道德规范都是法律规范的基础和根本。狄骥指出:"无论是经济规范还是道德规范,它们本身都不是法律规范,一切的法律规范都是道德规范或者是经济规范,经济规范和道德规范会在一定条件下转化为法律规范,因此,确定经济规范和道德规范转化为法律规范的时机,是法律研究中的一个重要课题。"[2]

接着,狄骥提出了一个"客观法"和"实在法"的概念。在他看来,在三种社会规范中,法律规范构成了社会规范的最高部分,违反它就要受到制裁,而这构成了客观法。所谓"客观法",就是施加于社会中个人的一种行为规则或社会纪律,在某一段确定的时期,社会认为对这种规则的遵守能保证公正和大众利益,违背该规则的行为会引起社会公愤。狄骥关于客观法的理论可以概括为:①每一个社会都有一种客观法,正如它必须有一种语言一样。社会的概念本身就意味着客观法的概念。②一切人类社会都必须服从社会的纪律,这种纪律构成社会的客观法。③客观法是整个人类社会固有

---

[1] [法]狄骥:《宪法论》,钱克新译,商务印书馆1959年版,第64页。
[2] [法]狄骥:《宪法论》,钱克新译,商务印书馆1959年版,第68页。

的,只要人类社会存在,客观法就存在。④客观法的基础是社会连带关系。[1] 狄骥所说的客观法具有普遍性,适用于一切个人和社会成员,客观法先于国家而存在,国家要受客观法的制约。客观法与其他规范一样,均来自社会相互关联性。而与"客观法"相对应的所谓"实在法",就是指国家制定和执行的法律,它是客观法的表述、体现和确认。在两者的关系上,实在法必须符合客观法的内容和形式,因此,立法者并不创造法律,而是在确认法律。

可以看出,狄骥提出的"客观法"和"实在法"的理论与自然法学派及哈耶克的有关法律理论存在一定程度的相似性。狄骥以客观的社会连带关系为基础解释和分析立法问题,强调社会规范对法律的制约作用,这种观点具有一定的合理性和科学性。

四、国家理论

国家主权问题不仅是宪法中的一个核心问题,也是整个法学理论中的一个根本性问题,在这个问题上,狄骥提出了非常有价值和不可忽视的理论观点。

狄骥指出,人们以往总是用神权和民权之类的话语来解释国家,但这些主权概念根本就是假设的,因此也是毫无意义的。对于那些认为国家具有人格和意志并且其意志高于其他所有意志的学说,狄骥将其统统归入形而上学的类别。在他看来,国家不过是强者对弱者的统治,或统治者和被统治者在政治上的分化。"在称为国家的一切社会集团中,不论是最原始的和最简单的,还是最文明和最复杂的,永远可看到一个一致的事实:比他人强大的个人企图并能够把自己的意志强加于他人……强者把自己的意志强加于弱者。"[2]国家一词就是指统治者和被统治者之间的这种分化。那么,什么是强者或统治者呢?狄骥的回答是:强者就是指在不同时代或地区在物质上、宗教上、经济上、精神上、智力上或数量上最强的人。强力分别指的是物质上、精神上和宗教上的强力,或者指智力或经济力,但经济力并非像马克思所教导的那样是政治权力的惟一因素。[3]

事实上,狄骥对国家的解释是他社会连带主义理论的一个重要组成部分。在他看来,人是生而不平等的,总有强弱之分,强者可以利用自己的强力把自己的意志强加于弱者,而弱者也往往乐于接受和服从这种命令。但不论是强者还是弱者,都应该服从客观法,都具有遵守社会连带关系的义务。也就是说,国家也必须遵守法律,"国家建立在强力的基础上,但这种强

---

[1] 孙文恺:《社会学法学》,法律出版社2005年版,第108页。
[2] [法]狄骥:《宪法论》,钱克新译,商务印书馆1959年版,第467页。
[3] 沈宗灵:《现代西方法理学》,北京大学出版社1992年版,第199页。

力当其行使得合法时才是合法的。"[1]

在国家的目的这个问题上,狄骥指出,现代学者一般把国家的目的分为三种:维持本身的存在,执行法律,促进文化,即发展公共福利、精神与道德的文明。但狄骥认为,如果深入事物的本质,则上述三种国家的目的可以归结为一点,那就是实现客观法。对于国家来说,无论是维持自身存在还是促进文化,其总的目的都是在于实现连带关系的存在和发展,也就是实现客观法的要求。

五、社会连带关系与国际法

与每一个社会内部的连带关系相对应,狄骥认为还存在着一种"社会际连带关系",而与其相联系的就是"社会际的法律",也就是国际法。

狄骥认为,国家与国家之间也存在着广泛的连带关系,通过交往与合作,形成了分工和交易的需要满足体系,因此也就有可能和有必要出现调整国家之间关系的法律规范,这就是国际公法。狄骥反对法国和德国的将国际公法立基于国家主权的传统学说,他指出,国际公法的真正基础不是国家主权,而是社会际连带关系。社会际的连带关系要求创设社会际义务,因此,创设和行使国际公务成为现代国际法的特殊对象。与国内法不同,国际法是以国际间的经济规范和道德规范为基础的,它虽然不具备如国内法同样的强制力,但有可能具有"心理上的强制"。他强调:"当人们在思想上已深刻地充满这样的观念,认为当两个不同的国家集团的统治者之间缔结一种协约的时候,如果违反这一协约条款的人不加惩罚的话,就不仅危害国际的连带关系,而且同时也违反了公平感,为了这个缘故才形成了法律规则的概念,根据这种概念,一切国际的公约对缔结公约的统治者来说都是强制的。"[2]

狄骥认为,为了人类的和平与幸福,一定要排斥和抛弃国家的人格主义和陈腐的主权观念,要用公务概念来取代主权概念,并用国际公务关系取代国家主权关系。如果能够进行这样的观念更新,则国际法会在国际交往中发挥越来越重要的作用。

在某种意义上讲,狄骥以社会连带关系为基础提出的关于国家和法律的理论,是资本主义国家从自由竞争到垄断过渡的现实在法学理论上的反映,狄骥提出的一系列的包括其国际法理论在内的学说和观点,在今天依然具有积极的借鉴意义。

---

[1] [法]狄骥:《宪法论》,钱克新译,商务印书馆1959年版,第482页。
[2] [法]狄骥:《宪法论》,钱克新译,商务印书馆1959年版,第139页。

第五节 韦伯的法律思想

一、生平与著述

马克斯·韦伯(Max Weber,1864年~1920年),是现代西方最重要的社会科学家和思想家之一。马克斯·韦伯1864年出生于德国图林根的埃尔福特。1882年春天,韦伯进入海德堡大学法学院学习,第二年开始服兵役。1889年,韦伯以《罗马农业史对公法和私法的意义》的论文获得了在大学任教的资格,开始了他的学术生涯。1894年,韦伯接受弗莱堡大学的邀请,担任该校的经济学教授。1896年,韦伯又被海德堡大学聘请为政治经济学教授。从1897年到1903年,韦伯因病无法工作,病愈之后,他的研究兴趣开始转向社会学和宗教学。韦伯的研究领域广泛而且成果丰硕,他一生写作了大量作品,其中与法律相关的代表性著作包括《新教伦理与资本主义精神》和《经济与社会》等,他还曾经参加了德国魏玛宪法的起草工作。

二、价值无涉和理想类型的研究方法

韦伯是现代西方最伟大的社会学家之一。19世纪,欧洲大陆各国进入了一个成文法的时代,1804年《拿破仑法典》的问世,宣告了该时代的来临,而1900年《德国民法典》则代表着它的最高潮,以民法典为核心的成文法制度进一步确立了资本主义社会的"法治"原则。与此同时,自由资本主义开始向帝国主义转化,资本主义社会内部的矛盾日益激化。在这种情况下,迫切需要提供一种新的理论和方法来论证法的进化和发展模式,韦伯就是力图从社会学的思路来认识法律,从法律的社会背景来解释法律。在方法论上,韦伯反对把自然科学和社会科学看作在本质上是一致的观点,他认为,社会行为只能通过个人的意图、目的等才能被理解,这与自然科学的标准截然不同。韦伯还指出,应该把事实与价值区分开来,价值并非对象或客体本身的特性,一切关于价值的研究只涉及评价主体与被评价对象之间的关系。在法学问题上,"价值无涉"和"理想类型"是韦伯方法论中两个重要的概念,也是我们理解他的法律思想的两条路径。

什么是"价值无涉"(Value-free)呢?韦伯指出,价值无涉包含两方面的内容:①他要求社会学家一旦根据自己的价值观念选定了研究课题,在研究过程中,就必须停止使用自己的或他人的价值观念,应当根据资料的指引,从事实资料中概括出结论;②他强调事实与价值观念是两个完全不同的领域,"存在"与"应然"应该区分,"认识"与"评价"应该区分。社会科学只能解释社会现象,不应对社会现象作出价值判断。[1] 在韦伯看来,在研究

---

[1] 孙文恺:《社会学法学》,法律出版社2005年版,第83页。

社会问题和社会现象的过程中,研究者一定要警惕先入为主地作出价值判断,应该让自己以一种没有任何成见的姿态进入问题,根据事实材料而不是根据自己的道德观作出判断。

什么是"理想类型"(Ideal-types)呢?理想类型是韦伯借以建构其社会理论的基本工具。理想类型一方面通过对现实中的一些典型因素予以强调和综合而成,另一方面又是逻辑上的建构,在现实中没有它的纯粹形态存在。韦伯的理想类型共有两类:①结构类型,用以呈现某种共时性的社会结构类型;②社会变迁类型,用以展示一定时间跨度内的历史过程。[1] 韦伯根据现实和理想构建出社会的理想类型,其目的不在于揭示各种文化现象之间的相似,而是在于辨析它们之间的差异。

运用上述基本方法,韦伯提出了自己的法律观,他的观点在法学史上显得特别引人注目和具有启发意义。

三、法律的概念

韦伯认为法律体系在社会中是与其他各种社会因素相互联系、相互作用的,法律绝非一种孤立的存在,因此,不能就法律论法律,而应当从社会结构、社会行为、社会关系的背景中来理解和界定法律的概念。

在韦伯看来,法律是这样一种秩序,"如果在外在方面,它的适用能通过(有形的和心理的)强制机会保证的话,即通过一个专门为此设立的人的班子采取行动强制遵守,或者在违反时加以惩罚,实现这种强制"。[2] 在这样的秩序中,"存在着一个人或者若干个人,他们旨在贯彻制度,准备采用专门为此所规定的强制手段(法律强制)",这种"强制手段就是有关的共同体化的'法的制度'"。[3] 可以看出,韦伯对法律的界定与其他学派的法律概念存在重大区别。具体说来,韦伯的法律概念包含了下面五个方面的要素:

1. 社会行为。纯粹个人作出的、与他人无关的个人行为不是法律调整的对象,只有与他人发生社会关系的社会行为才是法律调整的对象。

2. 强制性。韦伯把强制性看作是法律的重要特征。只有当"一套强制性机构将会强制实行对这些规范的服从,我们才必须把这些规范看作'法律'"。[4] 也就是说,人可能基于习惯、传统、道德而服从某个规范,但只有强制力保障其实施时,这种规范才能被称为法律。

3. 强制机构或执行人员。与前一个要素相关,强制机构或执行人员也是法律的一个要素。但是,法律所需要的强制机构并非必须是国家的暴力

---

[1] 孙文恺:《社会学法学》,法律出版社2005年版,第83页。

[2] [德]马克斯·韦伯:《经济与社会》上卷,林荣远译,商务印书馆1998年版,第64页。

[3] [德]马克斯·韦伯:《经济与社会》上卷,林荣远译,商务印书馆1998年版,第347页。

[4] [德]马克斯·韦伯:《经济、诸社会领域及权力》,李强译,三联书店1998年版,第4页。

机构,尤其不必一定是国家的司法机关,也可能是其他社会组织的强制。

4. 强制手段和强制对象。法律的强制手段可以是身体的,也可以是心理的,可以是直接的,也可以是间接的。这种强制手段可以用于各种群体的内部成员,也可以用于外人。

5. 秩序。法律意义上的秩序,指的是运用于事实的规则和规则系统,包括具体的规则,也包括抽象的、一般的规则体系。[1]

根据韦伯上述有关的法律定义,法律的范围将被扩展和放大,而不再局限于分析法学对法律范围的界定。在韦伯看来,法律包括两类:①严格意义上的法律,即"国家的法律";②一般社会规范,即"超国家的法律"。前者主要指国家立法机关制定的成文法,而对后者,韦伯的解释是:"如果构成权利保障的强制性手段属于政治权威以外的其他权威的话……我们将之称为'超国家的法律'"。[2] 比如,教会的法律就属于一种典型的超国家的法律。

在什么是法律这个本体论问题上,韦伯对强制性要素的强调以及把非政治权威力量引入法律领域的观点具有重要的启发意义。

四、法律的产生与统治的类型

韦伯认为,人类社会有三种规范:习俗、惯例与法律。习俗是指一种独特的一致性行动,这种行动被不断重复的原因在于人们不假思索地模仿而习惯了它。它是一种集体方式的行动,任何人在任何意义上都没有要求个人对它永远遵守;所谓惯例,即在一个特定的群体中,对它的违反将导致一种相对普遍的而且具有实际影响力的谴责性反应;而所谓法律,是由一群专职人员来维护并进行强制从而保障其获得实施的秩序。

在人类社会的早期,习俗和惯例是仅存的两种社会规范,随着社会进步,法律才开始逐步出现。法律的产生在某种意义上讲是对习俗和惯例及其地位的挑战和争夺,而导致习俗、惯例让位给法律的社会原因主要包括这么几个方面:①传统以及对传统的神圣信仰的逐步解体;②社会阶层日益分化以及阶级利益的逐渐多样化;③现代商业交易的透明性、可预期性的要求。[3] 在这些因素的共同作用下,法律在社会中逐步取代了习俗和惯例而占据了主导地位。除此之外,韦伯还从社会行为的改变方面解释了法律产生的原因和动力。韦伯认为,个人行为的改变及得到大众支持与模仿是法律产生的决定性条件,而导致个人行为改变有两种基本的方式:一种形式是"感化,它是由剧烈手段引起的一种突然觉醒,从而意识到他具有某种经验,应该从事某种行动;另一种形式是移情或认同。在这种形式下,施加影响的

---

[1] 孙文恺:《社会学法学》,法律出版社2005年版,第84~85页。
[2] [德]马克斯·韦伯:《经济、诸社会领域及权力》,李强译,三联书店1998年版,第8页。
[3] 孙文恺:《社会学法学》,法律出版社2005年版,第88页。

人的态度被其他一人或多人以移情方式体验"。[1] 通过感化或移情、认同等方式,有悖于社会常规的行为被他人影响而最终形成一种集体行动,法律在此过程中得以产生和形成。

在韦伯看来,法律是维持一定统治的秩序,它要求人们必须服从。人们之所以愿意服从法律,原因可以有四种:纯粹出于习惯,纯粹由于情绪,受到物质利害关系的约束以及受到思想动机约束。与人的这种服从类型相联系,人类历史上存在三种不同的统治类型:

1."魅力型统治"。魅力型统治中的领袖人物具有感人的魅力和超凡的能力,他是一个先知、一个革命者、英雄人物或救世主,他能通过情感上的号召,激发人们的献身和效忠,从而达到支配并控制追随者的目的,如耶稣、亚历山大、拿破仑等。韦伯指出,魅力型统治是前资本主义社会中所特有的一种非理性现象。其特征是:统治者与他手下的官员和信徒之间存在着直接的上下级、支配与被支配的关系,不需经过任何固定的组织和程序,其权威主要来自非凡的魅力;行政人员来自领袖的直接任命,选择官员的主要依据是看他对领袖的效忠表现;它是一种不稳定的过渡性的统治形式。

2."传统型统治"。即相信常规和传统的合理性,统治者掌握权力的根据是世代沿袭的惯例,统治者的地位被认为是"奉天承运"、"君权神授"。中世纪欧洲的封建制就是典型的传统型统治。这种统治类型的特征是:缺乏现代社会所实行的官僚科层体制,行政人员没有明确的职权范围;上下级之间没有合理的可供遵循的原则,下级对上级个人负责;一切权力集中于最高统治者之手而形成专制;实行任人唯亲原则,选择官吏无视工作实际能力,而以关系亲疏及对统治者个人的效忠程度为依据。

3."法理型统治"。法理型统治是一种理性权威,它运用制度化的理性规范对社会实行有计划、有预测的管理。在这里,无论领袖还是官员、平民,都受法律的约束和制约,在法律面前人人平等。现代资本主义社会就是典型的法理型统治。

韦伯指出,魅力型统治和传统型统治都是人治,都把合法性建立在一般人对某一个人的忠诚关系上。而法理型统治不同,他既不是来自领袖的个人品质以及由此激发起来的献身精神,也不是来自对传统权威的信奉,它的基础是人们接受一套不以个人感情为转移的原则,人们接受法律制约和管理是接受和认可了某些法律条文和规则。在法理型统治下,任何法律一经制定后,所有社会成员均有遵守的责任,包括国家统治者在内;掌权者只是根据法律赋予的权力暂时处于拥有权力的地位;人们是作为公民而不是臣

---

[1] [德]马克斯·韦伯:《经济、诸社会领域及权力》,李强译,三联书店1998年版,第117~118页。

民来服从依法设立的权威,他们服从的是法律而不是执法的官员。[1]

与上述统治类型相适应,韦伯认为法律的发展可以有四种模式或四个阶段:①神法阶段。这是由法律先知传达神意,实行超人之治的阶段;②圣法阶段。这是由法律贤达根据理性的经验创造行为准则的阶段;③世俗法编纂阶段。这是由世俗或宗教权威对社会或宗教的规则进行编纂整理并施加于社会的阶段;④法律系统化和专业化阶段。这是由专业的法学家制定系统的法律并由受过专门训练的法律职业者执法和司法的阶段。这里的四个阶段并非历史的分析而是类型的分析,在历史上,这四种不同的法律秩序没有明显的继承关系,它们可能在一个时期内同时存在。

五、法律的类型

马克斯·韦伯在法律思想上另一个重要的贡献是他所提出的法律的类型划分。韦伯的法律类型建立在其社会行为的理想类型基础上。他根据合理化和形式化等标准对法律进行分类,构建了四种法律类型,并以此来分析人类历史上不同民族和不同国家的法律制度。

在韦伯的法律类型划分中,"合理性"、"形式"是两个重要的方法论概念。所谓"合理"的法律,主要指法律程序能够使合乎逻辑的方法以达到其特定的、可预期的目的,与合理性相对应的就是"不合理性";所谓"形式"的法律,是指严格根据法律规定运作的法律体系,它意味着在事先制定好的一般性规则的基础上作出决定。在这种意义下,司法的任务就在于把一般的法律规范运用于具体案件事实,从而使司法具有可预测性。与形式相对应的概念是"实质"。[2]

将上述四个概念相互组合,韦伯得出了法律的四种类型:形式不合理的法,实质不合理的法,实质合理的法和形式合理的法。

1. 形式不合理的法。这类法律是人类最早的法律,在这种法律体系下,执法者以巫术、魔力等非理性的手段进行判决,它要求人们必须严格按照固定程序,但人们无法理解该程序的魔力性效果。这类法律的效力源于法律给予的神圣不可侵犯性,并依靠法律规则运用时的详细程序和这一规则所固有的形式主义的魅力。韦伯指出,这种原始法的严格形式主义对西方法律尤其是程序法的严格程序性产生了重要影响。

2. 实质不合理的法。它是按照宗教首领或长者意志执行的法律,在这种法律下,执法者按照神的启示中他们信奉的伦理原则来裁判案件,这种法律类型的典型例子是"卡迪审判"。穆斯林法官卡迪不必参照任何规则和规

---

[1] [美]莱茵哈特·本迪克斯:《马克斯·韦伯思想肖像》,刘北成等译,上海人民出版社1997年版,第456页。
[2] 孙文恺:《社会学法学》,法律出版社2005年版,第91~92页。

范,而是以变通的方式使用证人证言、证据和神的启示作出判断。

3. 实质合理的法。这种类型的法律规则,只包含对人类或法律秩序提出宗教或伦理要求的因素,不包含对现有法律秩序进行逻辑上的系统整理的因素。成文规则和案件的特殊情况结合在一起,在审判中,法官既要参考一般性的规则和程序,又要运用伦理、宗教、政治等价值观念来修正成文规则以保证个案结构的实质公正。[1] 在中国传统社会,法官讲究"德主刑辅"和"春秋决狱",因此这种法律大致也属于实质合理的法。

4. 形式合理的法。这种法律在当代西方最为发达。韦伯认为,形式合理的法指"来源于罗马法中的形式主义审判原则的法律体系,它由一整套形式化的意义明确的法规条文组成。它把每个诉讼当事人都以形式上的'法人'对待并使之在法律上具有平等地位,它只依靠法律条文对确凿无疑的法律事实作出解释和判定,而不考虑其他伦理的、政治的、经济的实质主义的原则,同时还要排除一切宗教礼仪、情感的、巫术的因素"。[2] 韦伯指出,资本主义的这种"形式理性"的法律具有自主性(autonomy)的特征,这种自主性使现代法律成为一个独立自足的体系,法律规范有别于伦理规范、宗教教条和政治原则。正是这样的具有"形式理性"特征的法律保障了资本主义的发展进步,而"如没有这样的法律保障,资本主义的事业是不可能进行的"。[3]

韦伯所处的时代,资本主义正在经历向垄断的转型,在这样的时代背景下,传统和现代激烈冲突,传统社会里人的虔诚的情感服从被现代体制中理性计算的冰水所淹没,人的价值观念发生了重大变化,社会处于严重的焦虑状态之中。韦伯思想的核心就在于探讨社会的"现代化"过程及其存在的问题。韦伯认为,现代化的过程就是一个世界不断被"除魅解咒"的过程,意义和价值被因果关系取代,实质理性被形式理性取代,"可预期"和"可计算性"成为现代法律制度的重要特征。韦伯的思想,在现代学术史上具有重要的地位,对今天的哲学、社会学和法学研究均产生了深远的影响。

第六节 卢曼的法律思想

一、生平与著述

尼克拉斯·卢曼(Niklas Luhmann,1927年~   ),德国比勒费尔德大学

---

[1] 孙文恺:《社会学法学》,法律出版社2005年版,第92~93页。
[2] 苏国勋:《理性化及其限制》,上海人民出版社1988年版,第154页。
[3] Max Weber, *Economy and Society: An Outline of Interpretative Socioloty*, ed., by Guenthey Roth and Claus Wittich, University of California Press, 1978, p.853.

社会学教授,第二次世界大战后欧洲大陆著名的法律社会学家。卢曼 1927 年出生于德国吕内堡。和马克思、韦伯等人一样,卢曼年轻时也受过严格的法学训练,1949 年他在弗莱堡大学获得法学学位,毕业后开始从事法律职业。1955 年,他离开吕内堡行政法院到萨克森南部的文化部门任职。工作之余,卢曼阅读了笛卡尔、康德、胡塞尔以及功能主义者马林诺夫斯基和布朗的著作,但他一直都没有想过做学问。1960 年,卢曼获准一年的假期到哈佛大学师从帕森斯学习,回国后,卢曼的思想发生转变,他辞去高级政府顾问之职,开始专注于学术研究。1965 年至 1968 年间,他先后在斯派尔行政科学研究院、多特蒙德社会研究所和缪恩斯特大学从事研究工作。1968 年以后,卢曼一直在比勒弗尔德大学任教,直到 1993 年退休。在社会学上,卢曼一般被视为新结构功能主义的代表人物之一,在法学上,他的系统论法学思想独树一帜。卢曼主要学术著作有《信任与权力》、《社会分化》、《法律社会学理论》、《福利国家的政治理论》、《社会系统》等。

二、社会系统与法律

卢曼法律社会学理论的思想渊源主要有两个方面:一个是美国社会学家帕森斯(Talcott Parsons)的功能结构主义的社会学说,另一个是源于学者贝塔兰菲(Bertalanffy)的系统论学说。

为了说明卢曼的法律社会学,首先需要了解他的社会学说,尤其是他的社会系统思想。卢曼认为,社会本身是一个系统,它能使处在极为复杂和偶然的环境中的有意义的活动关系保持稳定性。为了实现这一目的,社会系统内部必须有某些选择。系统的复杂性主要是由它的结构来调节的,结构是社会系统以及与社会相互作用的环境关系的先决条件,因此也成为了解系统的复杂性和可选择性程度的关键问题。[1]

作为社会学家,卢曼对法律的理解是从社会学的角度进行的。卢曼对法律的定义和理解,主要集中在《法的社会学理论》和《作为一种社会系统的法律》这两本著述中。卢曼认为,法律和知识一样,都是社会赖以存在的条件。法律是社会系统的一种基本结构,一切社会生活都是直接或间接地由法所形成的,法最基本的功能在于为社会成员提供行为预期,调节社会系统的复杂性。法律与社会相互依存。"一切集体人类生活都直接间接地由法律形成。就像知识一样,法律是社会条件的一个基本的和无所不在的事实"[2]

卢曼认为,法律进化的根本性动力是社会不断增进的复杂性,随着社会复杂性的进化,法律也会相应发生改变。卢曼把人类社会划分为三种:古代社会、高度文明的社会和现代社会。古代社会指的是原始社会或部落社会;

---

[1] 沈宗灵:《现代西方法理学》,北京大学出版社 1992 年版,第 282 页。
[2] 转引自沈宗灵:《现代西方法理学》,北京大学出版社 1992 年版,第 283 页。

前现代的高度文明出现于那些功能没有完全分化的社会,如中国、印度、希腊-罗马、盎格鲁-撒克逊等;现代社会则指工业社会乃至"后工业社会"。与这三种社会相互对应,分别存在着三种社会分化:区隔分化、阶层分化和功能分化。区隔分化指的是社会由不同的家庭、部落等构成;区隔分化是平等的,而阶层分化则是不平等的,它将社会划分为等级不同的次系统;功能分化则既有平等,又有不平等,它按照特定的功能——如政治、经济、宗教、教育等功能——而形成部分系统。在这三种社会分化中,功能分化对现代社会具有重要意义。与这三种社会和分化相适应,存在着三种法律:古代法、前现代高度文明的法和实证法(Positive Law)。

三、实在法

在法学的一般性讨论中,"实证法"这个概念是和自然法相对应的,它指国家机关制定的规范性的成文法。但是,在卢曼的上述三种法律分类中提及的实证法却有不同含义,简单讲,卢曼所讲的实证法是从系统论角度来讨论法律的实证化或实在性的。

卢曼指出,18世纪的法律思想已经在自然法的形式下达到了走向法律的实证化的地步。到了19世纪,立法活动大量出现,老的法律材料被改造、编纂成法典或者改成制定法形式,这个过程就表现为法律的实证化。现代社会,法律之所以不断地走向实证化,这是和社会系统的功能分化相联系的,两者之间存在复杂的、直接和间接的相互依赖性。

为了说明现代社会中实在法与社会发展的关系,卢曼认为应研究下面四个问题:①通过法律进行变革的条件。法律变革一方面是不断改变的变革对象的动力问题,另一方面是对其他系统——环境发生影响的吸收问题;②法律材料本身的变革。通过法律实行社会变革不仅要求社会环境条件的改变,而且也要求法律材料本身的改变,这里的法律材料包括法律内容、法律原则和法律概念等;③世界社会的法律问题。世界正在走向统一的系统,但各国的法律则是根据地区政治系统情况制定的,因此这两者之间存在一个如何协调的问题;④法律和时间、规划的关系。法律作为一种着眼于未来的规范,与时间紧密相关,也与人类的预期规划相关,因此必须认真对待和重视这个问题。[1]

另外,卢曼还提出了一个"法律自创生"的理论,该理论认为:法律是现代社会功能分化所产生的社会子系统,通过"合法/非法"的分辨来维持自身系统的运行和生产,因此法律的合法性来自于法律本身。系统之外(包括其他社会子系统)称为"环境",法律系统对于社会环境"在规范上是封闭的,在认知上是开放的"。前者是说法律的各个组成部分之间通过自己的交流

---

[1] 沈宗灵:《现代西方法理学》,北京大学出版社1992年版,第286页。

媒介和术语自己产生自己,自己产生特殊的信息模式以及解释和思考信息的方式,而不与环境发生交流(或沟通),它们对其政治、经济、文化和自然环境的理解是以植根于法律的交流关系的法律意义为基础的。至于"在认知上是开放的",特指法律对环境的开放,这意味着"法律在各方面都得去适应环境",当法律系统从外在社会环境(如政治、经济)获知一些信息后,它会按照环境的需要和要求重新解释自己,通过自己的要素自己调整自己的程序安排,以对改变的环境作出适应。"通过调节自身来对社会进行调节",就像一个活的生命体通过内部的器官的互动而存活一样,法律也通过其组成部分的有机联动来维护自身的统一性和独立性。[1]

卢曼的系统论法学是西方法学思潮中一种比较独特的法学理论,它以系统论的观点来论述法律现象和法律问题,提出的一些观点是有价值的和值得讨论的。

■思考练习

一、关键术语

目的法学;自由法学;活法;法律的自由发现;利益法学;社会连带关系;客观法与实在法;价值无涉;系统论法学。

二、思考题:

1. 什么是目的法学?耶林是如何论证目的对法律的意义的?
2. 埃利希所说的"活法"指什么?如何理解他提出的"法律的自由发现运动"?
3. 什么是利益法学?它的主要观点是什么?
4. 如何理解狄骥所说的"客观法"和"实在法"?
5. 在韦伯看来,法律的概念应该如何界定?对于这种法律定义你的看法是什么?
6. 如何解释并评价韦伯提出的法律的四种类型的理论?

■参考与阅读文献

1. 张文显:《二十世纪西方法哲学思潮研究》,法律出版社2006年版。
2. 孙文恺:《社会学法学》,法律出版社2005年版。
3. 沈宗灵:《现代西方法理学》,北京大学出版社1992年版。
4. [德]耶林:《为权利而斗争》,胡宝海译,中国法制出版社2004年版。
5. 郑戈:《法律与现代人的命运:马克斯·韦伯法律思想研究导论》,法律出版社2006年版。

---

[1] 杨吉:《尼克拉斯·卢曼的法律贡献》,载博客中国 http://www.blogchina.com/new/display/145900.html。

第十八章 美国社会学法学

■ **本章学习目的和要求**

社会法学是19世纪在社会学的基础上所产生的一种实证主义法学思潮,它用社会学的理论和方法来认识和研究法律问题。社会法学派的价值观基本上是"社会本位论",强调社会、社会连带(合作)、社会整体利益;在权利和义务的关系上,相当一部分法学家强调义务,倾向于社会本位。社会法学是一个极不统一的法学流派,其内部分支很多,大的方面可分为欧洲的社会法学(又分为利益法学、自由法学、社会连带主义法学、斯堪的纳维亚现实主义法学)和美洲的社会法学(又分为实用主义法学、现实主义法学)。

本章重点掌握:庞德的社会学法学的基本纲领,庞德对"通过法律的社会控制"的阐述;弗兰克关于法律特点的分析。通过本章的学习,反思法律与社会、法律与人性之间的关系,明确法律在社会发展和文明进程中的重要作用。

第一节 庞德的法律思想

一、生平与著述

罗斯科·庞德(Roscoe Pound,1870年~1964年)是美国社会学法学的创始人和主要代表人物,20世纪西方法学界的权威人物之一。他出生于一个法官家庭,曾攻读过植物学并取得博士学位,后受家庭影响转而学习法律。从1890年起,先后担任过律师、州最高法院上诉委员会委员、内布拉斯加州大学法学院院长,辞职后获该院"巡回教授"职务。1946年到中国任国民党政府司法行政部、教育部顾问,在旧中国有一定影响。庞德一生著作齐身,据统计,到1960年止,他已发表了24本著作和287篇重要论文和报告,还有大量的讲演。其中最重要的法理学著作有:《社会法学的范围和目的》(1911~1912)、《法哲学导论》(1922)、《法制史解释》(1923)、《通过法律的社会控制》(1942)、《法律的任务》(1944)、《正义来自法律》(1951)、《法理学》(1959)等。其法学论著数量之多、影响之广,是当代其他西方法学家难以比拟的。

现代社会学法学主要分为两大派系,一是欧洲社会学法学,一是美国社会学法学。庞德在詹姆斯的实用主义哲学和霍姆斯的实用主义法学的基础上,吸收美国社会学家沃德、罗斯关于社会力量和社会控制的理论,以及欧洲社会法学派、新黑格尔主义法学派的某些理论,建立了一个十分庞杂的社会学法学体系。虽然他并不是社会学法学的创始人,但他写下了美国版本的社会学法学,其学术成就影响了整整一代美国法学家。在司法实践方面,庞德的经历不甚显赫,但他的思想在立法和司法实践中得到了广泛的应用。"美国人认为,庞德属于这样一批学者的行列,这批学者以他们的学说、洞察力和出于理性的勇敢言行改变了美国的种种制度。"[1]

二、社会学法学的基本纲领

庞德的社会学法学的核心是强调法律的社会作用和效果。他在1911年至1912年就以《社会学法学的范围和目的》这样一篇纲领性论文,表明了社会学法学的基本思路,指出社会学法学家目前所要解决的主要问题是在创立、解释和适用法律方面更加注意与法律有关的社会事实,并提出六点纲领。但1959年出版的《法理学》一书,又新增加了两点(第四点和第七点),形成了系统的社会学法学的基本纲领:①研究法律制度和法律学说的实际社会效果,反对脱离社会实践的教条主义、机械主义。②进行社会学的研究,为立法工作做准备。传统的立法准备工作,主要是分析和研究其他立法,考虑法律的内容是否合乎正义,因而比较立法被认为是立法的最好基础。但仅仅做到这一点是不够的,更重要的是研究这些法律的社会作用及其实际效果。③研究使法律产生实效的手段。这一要求在传统法学中被人们忽视了。社会学法学则认为法律的生命在于其适用和施行,因而必须认真、科学地研究如何使大量的立法和司法判例得以生效,研究法律的运用。④法律研究的方法,应该是既对司法、行政和立法以及法学的活动进行心理学的研究,又要对理想的哲理加以研究。⑤对法制史进行社会学的研究。不仅要研究历史上的法律制度和法律原理如何演变,还要研究这种法律制度和法律原理所产生的社会效果以及如何产生这些效果。⑥承认对法律规则分别情况加以适用的重要性,力求正当、合理地解决具体案件。为此,需要研究根据不同情况适用法律的制度,包括对司法活动和行政活动之间的关系的研究。⑦在普通法法系国家中司法部的作用。在美国,司法部如果不去研究法律制度的作用、法律的适用与施行、判决是否公正及其理由、不断出现的新情况及其应付办法、立法是否符合其目的及其原因等重要问题,

---

[1] 严存生主编:《新编西方法律思想史》,陕西人民教育出版社1989年版,第229页。

就无法向制定和执行法律的人提供明智的指引。⑧所有以上各点都是达到一个目的的手段,即力求使法律秩序的目的更有效地实现。

庞德在提出社会学法学的纲领后,又把社会学法学同分析法学派、历史法学派、哲理法学派的区别归纳为五个方面,强调社会学法学:①注重法律在社会中的作用而非其抽象内容。②主张法律是一切社会制度,人们既通过经验发现它,又有意识地创造它;法律既是由理性发展了经验,又是由经验证明了理性:法律可以通过人的智慧和努力而改善。③强调法律所要促进的社会目的,法律的最终权威来自其所要保障的社会利益而非国家武力的制裁。④从社会作用看待法律制度、法律学说和法律规则,认为法律规则的形式只是手段,应当研究如何使法律形式适合当时当地的法律秩序。⑤社会学法学家所使用的实用主义方法,适合各种不同的形而上学的出发点。

三、通过法律的社会控制

"通过法律的社会控制"或者说社会控制论是庞德法律思想的核心内容。与一般控制论(通过信息的社会控制)不同,庞德是从社会学的角度提出问题的。人类社会发展使人类活动按一定的社会行为规范进行,通过某种社会力量使人们遵从社会规范、维持社会秩序的过程就是社会控制。他主张把法律作为社会控制的工具,通过法律实现社会控制,并且把法律作为社会控制的工具加以研究。

庞德是从法律与文明的关系这一角度出发阐述"通过法律的社会控制"这一命题的。他认为,法律与文明密不可分:从过去看,法律是文明的产物;从现在看,法律是维护文明的手段;从将来看,法律是促进文明的手段。文明既是对客观自然界的控制,又是对人类自身的控制。这两个方面互相依赖:一方面,如果不能实现对人类内在本性的控制,人类就难以征服自然界;另一方面,如果没有对自然界的征服,人类自身也难以生存,也就无所谓文明了。那么,究竟是什么东西支配、控制着人类内在的本性呢?他说:"这种支配力直接地是通过社会控制来保持的,是通过人们对每个人所施加的压力来保持的。施加这种压力是为了迫使他尽自己本分来维护文明社会,并阻止他从事反社会的行为,即不符合社会秩序假定的行为。社会控制的主要手段是道德、宗教和法律。"[1]

根据庞德的观点,道德、宗教和法律这三种手段在社会控制中的地位经历了一个变化过程。在人类社会的早期,这三者是很难分开的,甚至在文明已相当发达的希腊城邦中,人们常常用一个词来表达宗教礼仪、伦理习惯和城邦法律。后来人们又试图把法律和道德等同起来,使道德戒律变成法律。宗教在很长一段历史时期内曾承担了大部分社会控制的责任。但是,"自16

---

[1] [美]庞德:《通过法律的社会控制》,沈宗灵译,商务印书馆1984年版,第9页。

世纪以来,法律已经成为社会控制的最高手段了"。因为从那时起,人们主要依靠的是社会组织的强力。人们力图通过有秩序、系统地使用强力,来调整关系的安排行为,此时人们最坚持的就是法律这一方面,即法律对强力的依赖。而其他控制手段的地位则下降了。应当指出,庞德在肯定法律是社会控制的主要手段的同时,并不否定其他社会控制手段的作用,用他的话说就是:"在我们生活的地上世界里,如果法律在今天是社会控制的主要手段,那么它就需要宗教、道德和教育的支持;而如果它不能再得到有组织的宗教和家庭的支持的话,那么它就更加需要这些方面的支持了。"[1]

那么,为什么需要对人的内在本性进行控制呢？或者说,为什么需要用法律来实现这种控制呢？庞德认为这是由人的本性决定的。他所说的人的本性,是指某些在童年时出现而在一生中明显表露出来的人类行为的根本趋向。这种趋向有两个方面,一是扩张性的或自我主张的本性,二是社会本性,它们是不协调的。扩张的本性使人只顾自己的欲望或要求,不惜牺牲别人来满足自己,这种本性在每个人身上都存在,并可以发展到使用暴力的程度。相反,人的社会本性使一切正常的人热切希望在集团社会和相互关系中生活,通过别人实现自己。这两种本性是不平衡的,但在正常情况下,社会本性一般占优势。社会本性对自我扩张本性的限制是文明的标志。然而,自我扩张的本性作为人们自幼出现并终生存在的一种人类行为的根本趋向,十分顽固,虽然个人也往往对它采取摒弃的态度,但不能排除它的存在并以不同方式、不同程度地被激发出来,这就要求有一种强有力的控制工具。在现代社会,只有法律才能完成这一任务。庞德把这种法律对个人扩张性的控制活动及其过程称为社会工程,认为立法者、法官和法学家应该是从事社会工程的工程师,他们的任务是提出一幅最佳的工程蓝图,并在社会实践中高质量地完成此项工程。因此,他们的中心工作是研究达到社会控制目的的各项活动,注重法律的目的、作用和效果,而不必去研究法律的本质。正是在这个意义上。庞德主张法学就是社会工程学,法学的任务就是在社会控制过程的意义上研究法律。

四、法律的任务和价值

庞德在阐述法律的任务时,接受了耶林的社会功利主义法学关于社会利益的思想,并加以发挥。他认为,法律的任务在于以最少的浪费来调整各种利益的冲突,保障和实现社会利益。为了说明这一问题,他列举了日常生活中的事例加以分析。例如,当电影院首次放映一部精彩影片时,想看电影的人远远超出了电影院所能容纳的人,如果这些人都不遵守秩序,乱成一团,那就不可能有很多人进得去,至少这个进入电影院的过程将会是既浪费

---

[1] [美]庞德:《通过法律的社会控制》,沈宗灵译,商务印书馆1984年版,第33页。

时间又麻烦的过程。有人会受伤,有人则踌躇不前,有人干脆一走了之。在这个事例中,每一个人的愿望都不断与他人的愿望相冲突或重叠,人们都想看电影而座位有限。由此,庞德得出结论:法律作为社会工程或社会控制的手段,任务就在于满足人们的各种要求和愿望,在不能满足人们的一切要求的情况下,至少尽可能地做得好些。这就涉及到利益的平衡问题。为此,他提出了利益分类和对利益平衡时所涉及到的价值问题。西方法学家认为,庞德对法哲学的"最重要的贡献"就在于此。

庞德把利益分为三类:个人利益、公共利益和社会利益。①个人利益,即包括在个人生活中并从个人的角度提出的主张、要求或愿望。主要有人格利益(意志自由、荣誉和名誉、私人秘密、信仰言论自由等)、家庭关系方面的利益(父母、子女、夫妻的利益等)和物质利益(财产、契约自由、结社自由等)。②公共利益,是包括在政治生活中并从政治生活的角度所提出的主张、要求和愿望,主要有国家作为法人的利益(国家人格的完整、行动自由和荣誉、债务方面的利益等)和国家作为政治组织的利益(国家的尊严、效率等)。③社会利益,即存在于社会生活中并为了维护社会的正常秩序和活动而提出的主张、要求和愿望。主要有公共安全、和平与秩序的保障;保障家庭、宗教、政治和经济制度的安全;道德方面的利益(制止卖淫、酗酒、赌博等);保护社会资源方面的利益;政治、经济和文化方面的进步;个人生活方面的利益(自主、机会、生活条件等)。庞德强调,在三类利益中,社会利益是最重要的利益。对利益进行分类是为了有效地利用法律保护社会利益,首先利用法律确认社会利益的范围,可称之为立法保护;然后再寻找保护的方法,可视为司法保护。

作为一名学识渊博且注重实效的法学家,庞德深知在众多冲突的利益之间选择"社会利益"作为法律保护的对象,不举出充分的理由是难以让人信服的。于是,他提出了关于法律价值的理论。他宣称:"对各种利益的承认或拒绝承认以及划定那些得到承认的利益的界限,最终都是按照一个确定的价值尺度进行的。"[1] 法律的价值问题是一个困难的问题,但又是法学不能回避的问题,在法制史的各个时期,无论在古代还是近代,对价值准则的论证、批判或合乎逻辑的适用,都曾是法学家们的主要活动,他列举了法学史上曾出现过的种种价值理论,认为这些价值准则适应了当时法学的任务。在现代,有三种不同的价值论:①经验论。主张从经验中寻找某种能在丝毫无损于整个利益方案的条件下,使各种冲突和重叠的利益得到调整,并同时给予这种经验以合理发展的方法。②理性论。即依照一定时间和地点的文明社会的法律假设来进行评价;当某一权利主张要求得到承认时,就用

---

[1] [美]庞德:《通过法律的社会控制》,沈宗灵译,商务印书馆1984年版,第42页。

这些假设来加以衡量。③权威论。即用某些关于秩序的、公认的、传统的权威性观念作为价值准则。

庞德回顾了自己思想发展的历程,认为自己以前提出的一些理性论的价值观(法律假设)曾经为 19 世纪末的法律所证实,同时又承认以前提出的价值准则在实践中没有真正解决利益冲突问题,必须予以更新。因此,他特别提出了一种经验理论的价值观,即"通过经验来发现并通过理性来发展调整关系和安排行为的各种方式,使其在最少的阻碍和浪费的情况下给予整个利益方案以最大的效果"[1]。这种价值论的重点是经验论。经验论具有"工程学的价值",人们可以从中找到一定消除或减少阻碍和浪费以实现最大社会利益效果的道路,这条道路就是承认个人自我精神的社会合作——庞德称之为文明的合作。

五、法律的历史发展

庞德认为,为了说明法律的目的和作用,必须研究法律的历史发展。他把法律的发展划分为五个阶段:

1. 原始法阶段。原始法指尚未从一般社会控制中分化出来或仅仅稍有分化的法律。这种法律的目的是为了保持和平,防止无限制的血亲复仇,为此所使用的手段是和解。古希腊法律、古罗马的《十二铜表法》、古日耳曼法、盎格鲁—撒克逊法、古巴比伦的《汉穆拉比法典》等,都属于原始法。这种法律在法律思想史上的主要贡献是对社会进行和平地调整的观念。

2. 严格法阶段。这一阶段的法律已和其他社会秩序分开,法律已盛行;国家也已是凌驾于血亲组织、宗教组织之上成为社会控制的机关;法律的目的从和平发展到维护一般安全,即对损害发生以前和以后都加以注意;法律的手段发展为法律上的补救。在这一阶段,法律的特征有:形式主义、不可改变性、国家不照顾个人利益、不考虑道德问题、专横限制人的行为能力。公元前 4 世纪的罗马法以及 13 世纪英国的普通法是这一阶段具有代表性的法律。在法律思想上,这一阶段法律的贡献主要是法律调整和法律规则在形式方面的确定性和划一性的观念。

3. 衡平法和自然法阶段。这一阶段法律的目的是合乎伦理、符合善良道德。主要手段是对义务的履行。法律的特征有:法律和道德的一致性、义务观念以及企图使道德义务成为法律义务、依靠理性而不是依靠专横的规则。这一阶段的法律,在罗马法中主要指从奥古斯都到公元 3 世纪初的古典时代;在英国法中,指大法官法庭兴起和衡平法的发展,大体上是 17、18 世纪;在欧洲大陆,指 17、18 世纪的自然法时期。

4. 法律的成熟阶段。这一阶段的法律可以说是第二阶段和第三阶段的

---

[1] [美]庞德:《通过法律的社会控制》,沈宗灵译,商务印书馆 1984 年版,第 71 页。

结合,法律的目的是保障平等和安全,法律以财产和契约作为基本思想。财产法和契约法是这一阶段的主要法律制度,法律的主要手段是维护个人权利。19世纪欧洲一些国家的法律属于这一阶段的法律。

5. 法律的社会化阶段。从19世纪末以来,法律从抽象的平等过渡到根据各人负担能力而调整负担,法律的重点从个人利益转向社会利益,法律的目的是以最少的阻碍和浪费来尽可能地满足人们的要求。

以上关于法律历史发展五个阶段的学说,是庞德在其早期著作中提出的。在1959年出版的《法理学》中,他又提出五个阶段之后是"世界法"阶段,主张建立"一个世界范围的法律秩序",也就是实行一种新的万民法,其任务同国内法一样,都是为了发展人类的合作本性,控制侵略本性。

由于庞德创立的社会学法学具有自由主义、改良主义、社会福利主义、实用主义的色彩,既符合"法社会化的时代潮流",又能体现美国法律制度的特点,所以自30年代以来,几乎成为美国法庭上的官方学说。他的影响不仅在于提出了系统的法社会学研究纲领和独特的社会控制学说,而且在于对法理学的一系列重大理论问题(如法律与道德、正义的关系)和基本概念(如法律、正义、权利)作了认真的、综合分析,还在于对法学史予以深刻地研究。庞德的学说广为流传,时至今日,他所创立的社会学法学仍然是在美国占支配地位的法学流派之一。

第二节 弗兰克的法律思想

一、生平与著述

弗兰克(Jerome New Frank,1889年~1957年)是美国法学家、法官。1912年在芝加哥大学取得法学学位后,从事了长达17年的律师工作。罗斯福"新政"时期,曾担任过一系列公职。1941年起任联邦第二巡回区上诉法院法官。自30年代开始经常在耶鲁大学法学院任教,这里当时是美国现实主义法学中心之一,很多法学教授都是这一学派的中坚人物。其主要法学著作有:《法律和现代精神》(1930)、《初审法院:美国司法神话和现实》(1949)、《无罪》(1957,与其女合著)等。

现实主义法学一般被认为是对现实持怀疑态度的具有改革精神的法哲学思潮。与现实主义法学的另一位代表人物、专门从事学术研究的法学教授卢埃林不同,弗兰克是具有法哲学头脑的杰出律师和法官,他以生动的文笔、明快的观念、率直的阐述,表明了强烈的"规则和事实怀疑主义"倾向,坚持法官的判决才是现实的、真正的法律,并提出了改革美国司法制度和法律教育的方案,他的观点、学说中浸透着实用主义哲学。

二、否定法律的确定性——法律的特点

按照美国流行的传统观点,法律是国家制定的行为规范的总称,非经合法程序不能任意违反和改变。弗兰克在《法律和现代精神》一书中激烈地反对这种说法,认为不确定性或不稳定性是法律的基本特点,从而将鼓吹法律的确定性、稳定性的传统学说称之为"基本法律神话"。信奉这种神话的人不仅有一般的人,而且还包括大量的律师、法官和法学家。

弗兰克从心理学的角度分析了这个神话形成的原因和过程,指出神话是由一种"父权情结"产生的,是一种儿童的心理状态。儿童心目中最大的欲望是安宁、舒适和稳定,这种欲望只能通过万能的父亲才能满足。进入成年社会之后,人们这种对父亲的依赖心理、不仅没有消失,反而由于渗入到社会中而显得更加强烈。对现实生活的惶恐不安,使人们希望找到一个更加强大的父亲,以满足其对安宁和稳定的追求。人们发现,法律在外表上就像一个法官般的父亲,这个法官般的父亲是完善的、一贯正确的,他的判断和命令在混乱状态中建立了秩序,他的法律和命令似乎是确定的和可预测的,因而就形成了法是完全固定的和确定的这样一种神话和与之伴随"法官永不制定法"的神话。弗兰克声称,这两个神话表明,人们还没有完全摆脱不成熟状态,"重新发现父亲"是一种非现实主义的要求,不符合现代文明。现代文明要求有一种不受父亲管束的精神,而现代精神是不受儿童般感情拖累的精神,一种成熟的精神。法律如果要适合现代文明的需要,就一定要适应现代精神。一定要公开地承认法律是实用主义的,为了达到这一目的,就一定要消灭对父亲万能的恐惧和崇拜。也就是说,法律只有从"确定性"的"神话"中解放出来,才能走向现实主义,才符合现代精神。这也正是现实主义法学家的重任。

弗兰克认为,法律之所以永远是不确定的,就在于法律所应付的是人类关系最为复杂的方面,法律面临的是混乱的、使人感到变化莫测的人生,而在我们这个万花筒式的时代,这种情况比以往更甚。即使在一个比较静态的社会,人们也从来没有创造出一种包罗万象并永恒不变的法律;在现代社会中,更没有到处适用的规则和制度,对将来能实现这种目的的一切希望也将成为泡影。新的生产和交换形式,新的交通和居住方式,新的社会风俗、目标和理想不断出现,当人类关系每天都在改变时,也就决不可能有持久不变的法律关系。只有变动的、弹性的或相对确定性的法律制度,才能适应这种人类关系,否则社会发展就会受到限制或阻碍。因此,"法律的许多不确定性并不是一个什么不幸的偶然事件,它具有巨大的社会价值"[1]认识了法的这种不确定性,就可以使人们的注意力从"书本上的法律"转到"现实

---

[1] Jerome Frank, *Law and The Modern Mind 1930*, Anchor Books edition 1963, p.7.

中的法律"。

三、"事实怀疑论"——审判过程

传统观点认为,审判是根据三段论方法即大前提(规则)——小前提(事实)——结论(判决),经过逻辑推理作出的。现实主义法学认为这是一种假想的说法,不是事实真相。那么,法官是如何进行判决的呢?弗兰克从心理学角度观察、研究了审判过程。

弗兰克说,法官作出判决的过程和普通人对日常事务的判断并无不同。法官的判断不是先从前提开始而得出结论的,而是先形成一个模糊的结论,然后再从这个结论出发,试图找到证实结论的前提。如果他找不到适当论据从而把结论和他认为可以接受的前提连结起来的话,他就会放弃这个结论,另寻找一个结论。弗兰克认为,结论是靠法官的"预感"(hunch)产生的。

前法官哈奇森在《直觉的判断:司法中预感的作用》一文中具体描述了自己作出判决的过程。他说,在我看过手边所有材料并经过适当考虑之后,我就让我的想象力发挥作用。我陷入沉思,等待着感觉和预感的到来,这个预感就是了解问题的直觉的闪光,它是能把问题和决定连结起来的火花。弗兰克很赞同这种说法,并进一步说,如果法律是由法官的判决构成的,而这些判决又以法官的预感为依据,那么,法官获得其预感的方式就是司法活动的关键所在。使法官产生预感的因素创造了法律。而法官的预感是由什么产生的呢?弗兰克认为,预感是由各种刺激产生的。所以要想知道法产生的原因,就要研究对法官的各种刺激。各种刺激对不同的人会产生不同的反应,这要由每个法官的特点、性情、偏见和习惯所决定。弗兰克把每个法官独特的特点、性情、偏见、习惯等统称为法官的个性。在审判过程中,法官的个性对案件的结果具有重要的意义,每个法官由于其个性不同,他们所认定的案件事实可能大不相同。作为判决根据的事实,并不是在当事人之间实际发生了的事实,而是法官现在认为发生了的事实对当事人、律师、证人的各种特点的反应,他们的肤色、相貌、职业、姿态、口音、服饰等,都可能引起法官痛苦或愉快的回忆,并影响到法官对事实的认定。法官的情绪,甚至早餐的味道、去法院路上交通拥挤的状况,都可能影响法官对当事人和证人证词的信赖程度。总之,是法官的个性和所有上述偶然因素决定了法官对事实的认定和判断。

于是,弗兰克把司法判决概括为几个公式:

传统的公式是:R(Rule,法律规则)× F(Fact,事实)= D(Decision,判决)。

现实的公式是:S(Stimulus,刺激)× P(Personality,个性)= D(判决)。

弗兰克认为后一公式缺乏预言价值,因而又提出另一公式:R(法律规则)× SF(Subjective Fact,主观事实)= D(判决)。这个公式明确表达了现实主义法学的特点,即强调与判决有关的事实是主观事实(法官、陪审员认定的事实)而不是客观事实(Objective Fact,即在初审以前特定时间、地点实际发生的事实)。凡是希望以客观事实作为判决根据的,就是"法律神话",是不可能实现的。

四、法律改革

美国现实主义法学家注重研究法院实际工作情况,其主要目的是为了进行改革,以便使法律更能适应当时的社会需要。弗兰克在其后期著作《初审法院》中,认为初审法院确定事实的问题恰恰是美国司法制度中问题最多的地方——法院工作最难令人满意,发生大量的司法不公正,也最需要改革。在初审过程中,有作伪证者,有偏见的证人、了解或回忆事实有错误的证人,证人失踪或死亡,物证灭失或被毁;有为非作歹和愚蠢的律师;有愚蠢或心不在焉的陪审官;有愚蠢、固执或对证词有偏见或漫不经心的初审法官,等等。所有这些情况都使客观事实难以确定,使确定事实成为主观的、非理性的活动,因而也就不可能对判决进行预测。弗兰克还反对美国初审法院中的陪审制和对抗制。

基于对美国初审法院存在的问题所进行的研究,弗兰克提出了改革美国司法制度和法律教育的 13 点方案:①克服现在初审中对抗法的过分做法。主要有:由政府负责监督民事初审案件证据的提出;初审法官在审查证人方面应起积极作用;法院在审查证人方面应更为人道和明智;使用由法官召集的、中立的"作证专家",以审查证词是否虚假;慎重使用"测谎器";放弃多数排他性规则;向刑事案件的被告提供开明的预审以确定事实。②改革法律教育,主要利用学徒式教学法使法律教学与法庭、法律部门的现实密切结合。③提供对未来的初审法官的专门教育。④提供对未来的检察官的专门教育,要强调检察官有责任获得并提出所有重要证据,包括有利于被告的证据。⑤提供对警察的专门教育,使他们不再愿意使用"刑讯逼供"手段。⑥法官不穿法衣,较为自在地进行初审,一般地说,放弃"法衣主义"。⑦要求初审法官公布对案件的专门事实的确定。⑧除重大刑事案件外,放弃陪审制审理。⑨如果仍采用陪审制,至少应对这种制度进行彻底检查:要求在一切陪审制的初审中,作出事实裁决(专门裁决);使用见多识广的专门陪审官;在学校中进行陪审工作教育。⑩鼓励初审法官将诉讼的个别处理公开;为此目的要修改大部分法律规则,以便授予初审法官作出个别处理的权力,改变大多数个别处理和秘密化的现状。⑪克服上诉的形式主义,上诉法院审理案件时容许该案件的初审法官出席,但无表决权。⑫拍摄初审的有声影片。⑬向外行人说明初审法院比上诉法院更为重要。

弗兰克法学的一个特点是:猛烈抨击 30 年代以前在美国依然占有主导地位的分析法学派的传统观点,并以大量事实揭露了美国司法部门,尤其是初审法院中的"不公正"、"弱点"和"最难令人满意"的地方。他还在《无罪》一书中具体描述了 36 个冤案,并公开承认这类冤案在美国决不是很少的。他的学说的这一特点是西方法学界特别是美国法学界对其著作感到震惊并将其学说列为"极端"派别的一个重要原因。从弗兰克的现实主义法学中,我们可以吸取的是:在研究法律时,应认真地研究法律的适用,研究审判过程和司法心理学。但是,现实主义法学的片面性也毋庸讳言,它在强调法律的不确定性时过分渲染了法律确定性的弊端,并表现出明显的轻视法律中道德因素作用的法哲学倾向。

■思考练习

一、关键术语

社会法学;社会控制;现实主义法学;审判过程;法律改革。

二、思考题

1. 庞德的社会学法学的基本纲领是什么?
2. 庞德认为社会学法学和其他法学有什么区别?
3. 庞德是如何阐述"通过法律的社会控制"这一问题的?
4. 庞德把法律的发展划分为哪几个阶段?
5. 弗兰克是如何分析法律的特点的?
6. 如何评析弗兰克所概括的司法判决的几个公式?
7. 弗兰克提出的法律改革方案对我国法治建设有哪些借鉴意义?

■参考与阅读文献

1. [法]狄骥:《宪法论》,钱克新译,商务印书馆 1959 年版。
2. [美]庞德:《通过法律的社会控制》,沈宗灵译,商务印书馆 1984 年版。
3. [美]庞德:《法律史解释》,曹玉堂译,中国法制出版社 2002 年版。

第十九章 新自由主义法学

■ **本章学习目的和要求**

自由主义是一种把个人自由视为社会最高价值与终极目标追求的理论学说。新自由主义法学的主要代表人物是哈耶克,他在无知论和信息分散理论的基础上,建立了自己的新自由主义法学体系。哈耶克坚信自由只有一种,即个人自由,这是一种"原始意义上的自由"。他区分了两种秩序、两种规则并对立法和法律进行了区分,他始终倾向于自发或扩展秩序、开放社会或大社会和一般规则,认为集体主义是对野蛮原始的回归。哈耶克认为自由社会必须对政府的强制权力施与限制,法治是自由社会最伟大的成就之一。

本章重点掌握:自由主义在现代的变化;哈耶克自由主义的理论基础;哈耶克的自由主义法学的主要内容;哈耶克关于法治的论述。

第一节 新自由主义法学概述

一、自由主义传统

自由主义是一种把个人自由视为社会最高价值与终极目标追求的理论学说。自由主义思想在西方社会源远流长,是西方文明的文化传统。早在古希腊时代,人们就萌发了强烈的自由观念。当时的雄辩家阿尔西达马宣称:"上帝使人人生而自由,而自然从未使任何人成为奴隶。"[1]斯多噶学派的思想家提出了所有人生来都是自由与平等的自然法思想。古罗马社会创造了一个保护个人自由的宏伟的私法体系,成为后世自由主义法制的奠基者。自由观念在中世纪受到了神学的遏制和摧残,随着近代文艺复兴和思想启蒙运动的蓬勃展开,近代理性的古典自由主义在启蒙思想家那里得到了详尽的阐释,奠定了西方自由主义的思想传统,形成了独立而完整的自由主义思想体系。

---

[1] 转引自[美]萨拜因:《政治学说史》上册,盛葵阳等译,商务印书馆1986年版,第54页。

新自由主义法学是相对于17、18世纪古典自由主义法学而言的,它植根于西方自由主义的肥沃土壤,又紧贴现代西方社会的经济、政治、文化现实,在西方众多的法学流派中表现出旺盛的生命力。近代自由资本主义时期的自由主义学说一般称为古典自由主义,古典自由主义的主要特征表现在如下领域:

1. 在经济领域,以亚当·斯密为代表的古典自由政治经济学家设计了一个完美的自由放任的经济模式,并详细地阐释了它的一系列规律与原则,为近代自由主义思想的发展奠定了经济基础。它的理论主张和特色主要是:①经济秩序是一种自然生长的秩序。②利益法则支配经济领域。③社会应允许个人自由选择其生活道路,自主安排其个人事务。④自由竞争是经济领域的最高原则。⑤提倡"守夜人式的国家",国家不应干预经济生活。

2. 在政治法律领域,洛克首倡的古典自由主义提出了一系列自由主义的民主政治理论:①天赋人权。人人生而平等自由,享有生命、自由、财产、追求幸福等天赋权利。②社会契约论。为了更好地保障自由,人们才通过契约建立国家和政府。③人民主权,一切政治权力来自人民,人民是最高主权者。④代议民主论。为了使自由不受侵犯或尽量少受侵犯,必须通过民主方式治理国家。⑤三权分立论。基于保护自由的同样理由,必须防止国家权力恣意妄为和腐败,在国家体制上要进行立法、行政和司法的三权分立与制衡。⑥法治论。这是自由主义政治法律思想的归结点,只有坚持法律至上,厉行法治,才能从根本上保障自由。

二、新自由主义法学

面对资本主义的新变化,自由主义思想阵营也发生了分裂。左翼自由主义思想家根据新的时代特征,对古典自由主义进行了重大的修正与发展。在个人观念上,从原子式的个人转变为社会性的个人。作为社会性的存在,个人在追求自身的利益和实现自我价值的同时要向社会承担必要的义务,对自身的利益作必要的限制。在自由观念上,从强调消极自由转变为强调积极自由。从过去强调政治、思想自由扩大到强调经济、社会权利。在国家观念上,从"警察国家"转变为"福利国家",新自由主义主张国家应全面承担各种社会责任,广泛干预社会生活,积极解决各种社会问题。这一派新自由主义又被称为福利自由主义、社会自由主义、激进自由主义。主要代表人物有格林、霍布豪斯、杜威、凯恩斯、罗斯福、霍布森等人。

与左翼思想家相比,右翼自由主义思想家则继续沿着古典自由主义的传统前进。他们的主要主张有:①反对建构理性主义,主张进化理性主义。认为社会不是一种人工设计的秩序,而是一种自发组织、进化型的秩序。②主张国家中立,坚持有限政府,认为政府比市场存在更为严重的缺陷,更容易造成对自由的侵犯。③反对计划经济,主张市场经济。④反对福利政策,维护私有财产权。右翼自由主义又被称为保守自由主义、自治论自由主义，主要代表人物有哈耶克、诺锡克、弗里德曼、布坎南、波普尔等人。保守主义在现代西方是非主流的自由主义思潮，但20世纪中后期以来，随着凯恩斯主义的失灵，以哈耶克获得诺贝尔奖为契机，保守主义思潮又出现上升之势。

第二节 哈耶克的法律思想

一、生平与著述

F. A. 哈耶克(F. A. Hayek 1899年~1992年)，20世纪西方著名的经济学家，当代西方自由主义的主要代表。他出生在奥地利的维也纳，于1921年和1923年在维也纳大学分别获得法学博士和政治学博士学位。1927年建立了"奥地利经济周期研究所"，任所长。后于1938年加入英国国籍。哈耶克一生主要从事教学与著述，自20世纪20年代开始，先后执教于奥地利维也纳大学、英国伦敦经济学院、美国芝加哥大学和德国弗莱堡大学。1992年病逝于德国。哈耶克研究领域广泛，涉及经济学、政治学、法学、心理学，而且多有建树。哈耶克是一个彻底的自由主义者，他认为自由以市场经济为基础，而计划经济必然导致极权主义。1974年他和冈纳·缪尔达尔共同获得诺贝尔经济学奖。他后期的研究兴趣转向了政治法律领域，提出了一套颇具特色的自由观和法律观，出版了一系列著作。主要著作有《通往奴役之路》(1944)、《个人主义与经济秩序》(1945)、《科学与反革命》(1952)、《自由秩序原理》(1960)、《致命的自负》(1988)等。

二、哈耶克新自由主义法学的理论基础

构成哈耶克法学理论基础的是他的知识理论，该理论最显著的特征是强调人的无知。在逻辑上，哈耶克的无知论源于他对人性的认识。

1. 无知观与信息分散理论。哈耶克说："在这个世界上，一些最有害的动力之源常常不是恶人，而是情操高尚的理想主义者。"[1]之所以有此看法，是因为在他看来，"人并不具备高度理性和智慧，而不过是十分缺乏理性，又容易犯错误的生物"[2]。社会中的知识又都分散在相关的个人手中，因而人类的无知不可避免并且不可克服。把握哈耶克的这一无知观和信息分散理论，是理解其理论学说的关键。哈耶克非常赞同苏格拉底的名言：

---

[1] Hayek, "Rules and Order", *Law Legislation and Liberty*, Vol. 1, London, Routledge & Kegan Paul, 1973, p. 70.

[2] [英]哈耶克：《个人主义与经济秩序》，贾湛等译，北京经济学院出版社1991年版，第9页。

"承认我们的无知,乃是开启智慧之母。"哈耶克说:"此一名言对于我们理解和认识社会有着深刻的意义,甚至可以说是我们理解社会和法律的首要条件。"[1]哈耶克认为,个人处于必然的、不可救药的无知状态。哈耶克还认为,知识是分散的,它不可能完全集中在任何个人或某一机构的手中。"相关事实的知识掌握在分散的许多人手中",[2]每个人都掌握着可以利用的独一无二的信息,没有哪个人能够掌握全部信息。知识是分散的,那种试图把所有知识集中起来交由某个人或某一机构控制,并用以设计文明的整体观念,是一种谬误。计划经济之失败正在于它错误地试图集中全部的知识。

2. 进化理性主义。哈耶克认为,存在着两种观察人类行为模式的方式,一种让我们感受到我们具有实现我们愿望的无限力量;另一种则认为我们能够有意产生的东西是有限的,并且承认我们的一些现有愿望是不切实际的。这两种模式最终以两种思想学派之间的基本哲学分歧为基础。哈耶克分别称之为建构理性主义和进化理性主义。

哈耶克继承和发展了进化理性主义,而对建构理性主义则给予了猛烈批评。哈耶克承认理性是人类最为珍贵的禀赋,但是,理性并不是万能的,那种认为人类获得技能的一切能力都来自理性的观念是一种"致命的自负"。而且,认为理性能够主宰人类命运的信念极有可能摧毁理性,要明智地运用和捍卫理性,并不意味着尽可能多地运用主观设计的理性,而在于维护理性所不及的、不受控制的领域。在哈耶克那里,进化理性主义意味着自由,而建构理性主义则意味着集权主义。哈耶克并不反对运用理性,而是反对理性的滥用,亦即反对各种要求政府拥有强制性的和排他性的权力的主张;他也并不反对尝试或试验,而是认为这些排他权力自诩拥有最高的智慧,并且压制一切其他可能比当权者的计划优越的方案,这必然会戕杀个人利用分散知识的各种机会,从而最终导致集权主义。"因而,致力于使每一件事情都屈从于理性的控制,偏爱具体,并且拒不遵从抽象规则的原则的建构理性主义日渐成为非理性主义的帮凶。"[3]

3. 个人主义。个人主义是哈耶克理论的核心概念之一,也是其自由主义的出发点。他认为,个人主义的基本特征是尊重个人为人,即在他自己的领域内承认其看法和爱好的至高地位,并相信个人应该发展其自己独有的天赋与特长。承认个人为其目标的最终裁判者,信奉个人应尽可能地支配

---

[1] [英]哈耶克:《自由秩序原理》上册,邓正来译,三联书店1997年版,第19页。

[2] [英]哈耶克:《个人主义与经济秩序》,贾湛等译,北京经济学院出版社1991年版,第81页。

[3] Hayek,"Rules and Order", *Law, Legislation and Liberty*, Vol. 1, London, Routledge & Kegan Paul,1973,p.34.

其行为,构成了个人主义立场的实质。

基于进化理性主义和建构理性主义之对立,哈耶克又区分出两种个人主义,即真正的、反理性主义的个人主义和虚假的、理性主义的个人主义。哈耶克认为,真正的个人主义首先"主要是一种旨在理解那些决定人类社会生活的力量的社会理论"。其次"是一套源于这种社会观的政治行为规范"。[1] 显然,在哈耶克那里,个人主义是一种通过分析个人活动来理解社会现象的方法,即"通过对那些作用于其他人并且由其预期行为所引导的个人活动的理解来理解社会现象"。[2] 这种方法否认有自成一体的独立于个人之外的社会整体存在,认为所谓的社会整体、社会目标等都是虚构,而只承认个人的存在,因而它直接与社会制度的设计理论相对立,反对对人类活动作集体主义的理解。个人主义的知识论基础和事实根据是个人知识的有限性和分散性,为了防止集体主义的信奉者"把整个社会及其资源组织起来达到某个单一目标",从而丧失掉个人充分利用分散知识的机会,就需要把所有的强制力量限制在固定的范围内,将强权的总量减少到最低限度。

在哈耶克的著作中,很少使用"社会"和"社会的"这些字眼,即使偶尔使用也往往被加以引号。基于个人主义的立场,哈耶克敌视任何形式的集体行动,认为集体主义不可避免地会导致极权主义,因而构成了自由社会的严重威胁,所谓的"社会利益"、"社会目标"、"社会公正"等必然会扼杀市场效率并有可能被一部分人用来侵害个人自由。在此意义上,哈耶克具有明显的反政治倾向,他既反对政治上的极权主义,也反对政治与经济高度融合的中央计划。所有这些都构成了哈耶克的自由主义及其法律思想的理论基础。

三、法律与自由

哈耶克认为,存在着两种不同的自由传统:英国传统认为自由的本质在于自生自发的累积和强制的不存在,它倾向于"自愿规则",强调对习俗和传统规则的自愿遵从是自由社会有效运行不可或缺的条件。法国传统则试图从统治或治理中寻求自由,认为自由只有通过追求和获得某一绝对的集体目标才能实现,它倾向于"强制规则",强调对理性设计的规则的遵循,而贬低未经理性审视的事物。对英法两种自由传统,哈耶克显然支持前者而否弃后者,他认为英国真正懂得了自由制度运行的原理,而法国则没有。[3]

对于自由的概念,当代英国思想家柏林(Isaiah Berlin)曾作过积极自由

---

[1] [英]哈耶克:《个人主义与经济秩序》,贾湛等译,北京经济学院出版社1991年版,第6页。
[2] [英]哈耶克:《个人主义与经济秩序》,贾湛等译,北京经济学院出版社1991年版,第6页。
[3] Hayek, *The Constitution of Liberty*, Chicago, The University of Chicago Press, 1960, pp. 54~57.

(positive freedom)和消极自由(negative freedom)之分,消极自由指没有外在干预、不受他人阻碍或强制的状态;积极自由则指以某种自主方式行为的权力或能力。在哈耶克那里,自由和安全、和平、稳定等一样,是一个消极概念。他认为,自由状态"是人的这样一种状态,其中一些人对另一些人的强制被减少到社会所能达到的最低限度",这一状态与一个人屈从于另一个人或另一些人的专断意志的状态相对照,因而自由也就是"独立于他人的专断意志"。[1] 哈耶克坚信自由只有一种,即个人自由,这是一种"原始意义上的自由",它有别于另外三种意义上的自由:政治自由、内在自由和积极自由。

哈耶克指出,将政治自由与个人自由相混同的危险在于,一个人可能会通过投票或缔约的方式使自己处于奴役状态,从而放弃自己的自由。关于内在自由,哈耶克指出,内在自由与个人自由并不是一回事,因为内在自由的对立面是知识缺陷和道德弱点,而个人自由的对立面却是强制,内在自由只有在个人有决心和意志按他自己的方式行动这个限度内才与个人自由存在某种联系。容易与个人自由相混淆的第三种意义上的自由是积极自由。哈耶克认为,将积极自由与个人自由混同最难容忍,因为一旦视自由为能力或权力的观点得以承认,就会有一些人借自由之名去压制和摧毁个人自由,以集体力量观代替个人自由观。在哈耶克看来,自由不是能力、权力,也不是财富,而是免于专横的强制。

如前所述,哈耶克主张个人自由的根据主要在于人的无知,正是为了给文明进程中难以预测的未知领域留出无限发展的空间,人类才需要自由。个人自由之所以重要,在于拥有不同知识的个人可以在"作为发现程序的竞争"中不断发现、交流、纠正和利用各种信息,从而实现对无知的超越。这正是个人自由的价值之所在。因而,哈耶克借阿克顿勋爵的话把自由称为"最高的政治目标"。[2]

尽管哈耶克极力鼓吹个人自由,但他并没有把自由推向绝对。他认为自由必须以法律的存在为先决条件。他说,"法律、自由和财产是不可分割的三位一体"。[3] 在他看来,自由意味着人人有权追求自己的目标,自己决策,而不受社团或社会共同的具体目标的束缚。要做到这一点,就得为个人的权力或权利划定明确的范围。哈耶克认为,确定个人自由的范围非常重要,这同时也就意味着个人自由在一定程度上会受到限制。哈耶克赞同那种视法律为自由之基础的法律观。他说,问题的关键在于如何保护所有人

---

[1] Cf. Hayek, *The Constitution of Liberty*, Chicago, pp. 11~12.
[2] Hayek, *The Road to Serfdom*, Chicago, The University of Chicago Press, 1944, p. 70.
[3] Hayek, "Rules and Order", *Law, Legislation and Liberty*, Vol. 1, London, Routledge & Kegan Paul, 1973, p. 107.

获得最大的自由,"要做到这一点,就必须借助于抽象的规则来始终如一地限制所有人的自由……对共同抽象规则的遵奉(不管它们多么让人感到是个负担)却可以给最卓越的自由、最丰富的多样性提供最大的机会"。[1] 他进一步指出,通过法律和道德规则给个人自由施加限制,会比中央控制造就更加伟大、更加自由的秩序。

要进一步理解哈耶克的自由观还必须了解他关于人的生活的两个领域的划分。哈耶克把个人的生活分为"私域"和"公域"两个领域。在私域中人享有绝对的自由,而在公域里只要他遵守规则他就不应受到强制,所以也是自由的,但这种自由是相对的。他也认为"在自由的统治下,一切未被法律所限制的行动,均属于个人的自由领域"。[2] 不过他认为"私域"并非绝不能侵犯的,但这只有在特殊情况下,而且侵犯时要遵循"无正当补偿便不能剥夺"的原则。

四、法律与秩序

哈耶克认为,存在着两种秩序类型,即自发秩序(a spontaneous order)和人造秩序(a made order)或组织(an organization)。前者有时被称为"一种自生的或内生的秩序";后者有时则被称为"一种外成的秩序或一种安排",或被描述为"一种构造"、"一种人为秩序"等。哈耶克把秩序定义为这样一种情形,在其中"各种各样的要素彼此相联系,以至我们可以从我们对整体的某些时空部分的了解来形成我们关于其他部分的正确预期,或者至少是有很多机会证明其为正确的预期"。[3] 显然,在此意义上,每一社会必定都拥有这样一种秩序,它源于系统的内在力量而非人类的精心设计,此即内部秩序或自发秩序。内部秩序产生于所有社会成员的相互作用,是在个人对环境不断适应的过程中形成的。他说,可以毫不夸张地讲,社会理论始于这一发现:存在有序的结构,它们不是人类设计的结果,而是许多人活动的产物。

与此相反,另有一些人把秩序解释为一种有意的安排。根据这种解释,社会中的秩序必定依赖于一种命令与服从关系,或者一种社会整体的等级制结构。按照这一观点,秩序只能由外在于系统的力量创造,此即外部秩序或人造秩序。哈耶克所说的外部秩序实际上指的是社会中的各种"组织"。

由于两种秩序类型的存在,哈耶克进一步区分出两种规则:"自发秩序规则"和"组织规则"。"自发秩序规则"是那些不知其来源而只是被一般接受的规则;"组织规则"是由权威创造、设置和规定的规则。他说,尽管自发

---

[1] [英]哈耶克:《不幸的观念》,刘戟锋等译,东方出版社1991年版,第86~87页。
[2] [英]哈耶克:《自由秩序原理》上册,邓正来译,三联书店1997年版,第273~274页。
[3] Hayek, "Rules and Order", *Law, Legislation and Liberty*, Vol. 1, London, Routledge & Kegan Paul, 1973, p. 36.

秩序和组织总是共同存在,但任意混同两种秩序的原则却是不能接受的。哈耶克认为,秩序目标越复杂就越是依赖抽象规则而非特殊命令。哈耶克同时还指出,这两种规则种类向人们提供了两种完全不同的法律概念模式。在法律与自由问题上,存在着两种不同的传统。一种传统认为"法律与自由彼此不能分开存在";另一种传统认为"法律必然意味着对自由的侵犯"。哈耶克认为,上述思想家明显冲突的观点并不意味着他们得出的是相反结论,而只说明法律在他们那里具有不同意义。[1] 因此,哈耶克又进一步在法律和立法之间作了重要区分。

在哈耶克那里,法律(the law)意指那些服务于自发秩序的形成、独立于目的的规则。立法(legislation)则大致与"制定法"、"规定"近义。哈耶克认为,法律与社会、秩序同时存在,它比立法更加古老。法律与立法的区别可以说是抽象规则与具体命令的区别。他指出,在现代社会,立法是人们追求某种善、蓄意促进社会变迁的重要工具。但是人们仍然没有学会如何控制它以使它不产生大恶,人们对谁拥有立法权的争论往往掩盖了立法权应当扩展多远这一更加基本的问题。在这一问题上,如果人们仍是相信立法权只有由坏人行使才会为害,那么,立法将仍然会是一种极其危险的力量。

哈耶克认为存在着两种社会,它们分别对应于两类道德、规则和秩序:"原始秩序"与"扩展秩序"。他说,人类已被撕裂为两种存在状态,一方面,他们在"自然道德"支配下相互合作,另一方面,他们又在道德、规则和传统的导引下为追求各自的目标而激烈竞争。他认为,随着岁月的流逝,习得的道德准则和民间习俗规则会逐渐取代本能,但这并不意味着本能在"扩展秩序"中会完全消失。相反,本能会和人类据以向外扩展的习得规则不断发生冲突,这构成了文明史的一大主题。哈耶克指出,"扩展秩序"不仅由分立的个人组成,而且也包括许多相互交接的次级秩序,在这些秩序中,本能仍然保持着某些重要地位,帮助人们自愿协作。在他看来,无论是把"自然道德"强加给宏观世界,还是把扩展秩序的规则适用于人情亲密的微观群体,都会导致损毁。因而我们必须学会在两个世界中生活。[2]

总体而言,哈耶克提到的两种秩序、社会、道德、规则或法律,最终可以说都体现为特殊主义与普遍主义之对立。哈耶克并没有把两者摆在相同地位,他始终倾向于自发或扩展秩序、开放社会或大社会和一般规则,认为集体主义是向野蛮原始的回归。尤其是,他发现并强调了法律的属性与秩序的扩展或社会客观发展之间的紧密联系,在其法治思想中我们将再次看到

---

[1] Hayek, "Rules and Order", *Law, Legislation and Liberty*, Vol. 1, London, Routledge & Kegan Paul, 1973, pp. 51~52.

[2] [英]哈耶克:《不幸的观念》,刘戟锋等译,东方出版社1991年版,第1章。

这一点。

五、法律与正义

对亚里士多德关于分配正义和矫正正义的划分,哈耶克一直是贬抑前者而赞同后者。哈耶克认为正义有积极概念和消极概念之分,前者为特定的个人分派特定的社会义务,后者则由个人行为规则予以界定。这其实也就是"实质正义"与"形式正义"的界分。他认为,正义之实质在于同样的原则得以普遍实施,真正的正义是以形式规则为基础的非人格正义(impersonal justice)。[1] 可见,哈耶克只视"形式正义"为正义。哈耶克认为,所谓的"社会"或"分配"正义只在组织内部才有意义,对自发秩序没有意义。因为,正义与行为而不与结果相联系。哈耶克一直把正义与形式规则或法律联系在一起,但他并没有向人们提供正义的肯定性标准。在他看来,正义可以通过非正义的否定性标准去发现。因而,在哈耶克的正义理论中对"社会正义"或"分配正义"的抨击远远多于对正义的正面阐述。

从"社会正义的幻影"这一书名,我们即可看出哈耶克对"社会正义"的态度。他认为,社会正义只是一场术语骗局,它最终成了"分配正义"(即"每一个体应该获得他在道义上应得的一切")的同义语,它与竞争的市场秩序、人口和财富的增长乃至维持势不两立。他说:"今天以'社会正义'为名所做的许多事情不仅是非正义的,而且,在这个词的真正意义,即它不过是对固有利益的保护上,也是高度非社会性的。"[2]他认为,社会正义会诱使人们抛弃曾经在过去激发文明发展的许多道德价值,为社会正义奋斗会产生非常不如人意的后果,特别是导致个人自由的损毁。在哈耶克看来,正义是与事实或结果上的不平等不可分的,正义通过形式平等维持事实或结果上的不平等。他多次提到,正义要求统一的行为规则得以平等适用,而这种形式平等必定导致结果的不平等。但是,事实或结果上的不平等并不应当遭受谴责或摈弃,相反,它往往是社会客观发展所必需的,没有事实上的不平等,人类就无法达到甚至无法维持目前的人口数量,经济的迅猛发展也不可能实现。他反对使用强制措施去推行较为公平或平等的分配目标,认为任何把主观设想的分配模式强加于社会都与个人自由水火不容,并且会导致社会的停滞或静止。他批评了罗尔斯正义论中的平等原则,他说,"罗尔斯的世界永远不会文明化:它压制应运而生的多样性,从而压抑人们发现新

---

[1] Hayek,"The Mirage of Social Justice",*Law*,*Legislation and Liberty*,Vol. 2,London,Routledge & Kegan Paul,1976,p. 143.

[2] Hayek,"The Mirage of Social Justice",*Law*,*Legislation and Liberty*,Vol. 2,London,Routledge & Kegan Paul,1976,p. 96;另见哈耶克:《不幸的观念》,刘戟锋等译,东方出版社 1991 年版,第 167~168 页。

的可能性".[1]他还指出,"在这个世界上,平等地待人和试图使他们平等这二者之间的差别总是存在。前者是一个自由社会的前提条件,而后者则像 D. 托克维尔所描述的那样,意味着'一种新的奴役形式'".[2]

分配正义以人们事实上的不平等为前提,并以此为基础试图通过人们的主观努力重建人类原有的平等或不平等。而在哈耶克那里,正义同样以人事实上的不平等为前提,但是正义并不以改变这一事实为己任。相反,正义通过形式上的平等对待让不同的人自由发展。在此意义上,分配正义必定与计划和具体命令相联系,形式正义必定与市场与形式法律相联系。哈耶克认为,形式正义的根据在于:个人的能力和潜力存在着广泛差异,除此之外,正义还源于人们的无知,正义是对人们无知的一种适应。"社会正义"的分配方案之所以不可取,正是由于个人的必然无知和信息不可能集中。哈耶克认为,一种法律可能是恶法或非正义的法,但这种法律具有一般性和抽象性,那么这种危险就能减少到最小限度。也是"法治之法"。他认为,维持自由社会有赖于由正当行为规则组成的那部分法律对私人的平等实施。这并不意味着每一法律在每一特定情况下都会是正义或合理的,关键在于正当行为规则被普遍一致地施行,如果能够做到这点,就能够实现正义。

六、法治

哈耶克认为,不仅自由与平等存在着冲突,自由与民主也可能存在着不一致。在他看来,个人自由是终极价值,民主则只是一种手段。在"多数统治"意义上使用的民主概念具有很大的危险性,其致命的弱点在于权力不受限制。在《自由人的政治秩序》一书中,哈耶克主要关心的即是自由社会必须对政府的强制权力所施与的限制。在他看来,对强权或专制的严格限制必定是与法治联系在一起的,法治是自由社会最伟大的成就之一。

哈耶克这样界定法治,他说:法治(the Rule of Law)意味着政府的一切行动都受到预先确定并宣布的规则的约束——这些规则使得个人有可能确定无疑地预见当局在规定情形下怎样行使其强制权力以及根据这种知识安排其个人事务。它并不是指每件事情都要由法律规定,而是指政府的强制权力只能在事先由法律限定的那些情况下,并按照可以预知的方式行使。哈耶克批评了一种形式意义上的法治或"法律国家"观。这一法治观认为,只要政府的一切行动都由立法机关授权,或者政府依照立法机关颁布的所有被称为法律的东西行事,法治就能得以维持。哈耶克认为这是对法治的严重误解。在他看来,法治与政府的一切行动具有"形式合法性"(legality

---

[1] [英]哈耶克:《不幸的观念》,刘戟锋等译,东方出版社 1991 年版,第 104 页。
[2] [英]哈耶克:《个人主义与经济秩序》,贾湛等译,北京经济学院出版社 1991 年版,第 16 页。

并没有什么关系,政府行为即使合法也可能不合乎法治,法律完全可以使那种实质上是专断的行动合法化。同样,一个民主制度也完全可能以通过法律授予政府无限权力这一方式使专制统治合法化。哈耶克强调指出,法治关注的不是法律是什么,而是法律应当是什么。在哈耶克看来,"法治之法"应当具备下列属性:一般性和抽象性;普遍性和平等性;无目的性;消极性或否定性;确定性和稳定性;可预见性;双向约束性。哈耶克强调,法律的以上属性无非在于保障个人自由,形成抽象秩序,实现正义,尤其是使社会在人的相互作用过程中自发向前发展。而所有这些都离不了对政府(或国家)强制权力的限制,这正是法治之关键所在。法治之精义在于使执掌强制权力的机构的行动自由减少到最低限度。维护自由、反对专制的目标是建立法治,人们应该关注所使用的手段和方法,而不是要达到的目的。那些以强制权力消除道德罪恶的人比坏人更让人憎恨,出于"集体利益"、共同福利未必能达到共同的"善",在他看来,权力的产生有赖于民主,权力的限制则依靠法治,两者不可或缺。

■思考练习

一、关键术语

自由主义;无知论;信息分散论;进化理性主义;内部秩序与外部秩序;法治。

二、思考题

1. 简述自由主义的演进及在现代的分化。
2. 简述哈耶克新自由主义法学的理论基础。
3. 哈耶克如何界定自由的概念?
4. 哈耶克怎样论证法律与自由的关系?
5. 哈耶克法治思想的主要内容是什么?

■参考与阅读文献

1. 吕世伦:《当代西方法学流派》,中国大百科全书出版社2000年版。
2. [英]哈耶克:《法律、立法与自由》,邓正来等译,中国大百科全书出版社2000年版。
3. [英]哈耶克:《自由秩序原理》,邓正来译,三联书店1997年版。
4. [英]哈耶克:《通往奴役之路》,王明毅等译,中国社会科学出版社1997年版。
5. 邓正来:《自由与秩序》,江西教育出版社1999年版。
6. [美]萨拜因:《政治学说史》上册,盛葵阳等译,商务印书馆1986年版。
7. [英]哈耶克:《个人主义与经济秩序》,贾湛等译,北京经济学院出版社1991年版。
8. [英]哈耶克:《不幸的观念》,刘戟锋等译,东方出版社1991年版。

第二十章 经济分析法学

■ **本章学习目的和要求**

经济分析法学是 20 世纪 60 年代首先在美国兴起,并继而在西方各国得到广泛传播的一种新的法学流派。经济分析法学的理论核心是主张将经济学特别是微观经济学的理论、观点和方法引入法学研究中,以效益最大化为标准分析和评价法律制度及其效果,并进而改革法律制度本身。科斯定理是经济分析法学的理论前提和基本框架。经济分析法学的最著名代表波斯纳不仅从理论上对经济分析法学的基本概念、原理进行了系统的阐述,而且他对财产法、合同法、侵权法、刑法、反垄断法、程序法甚至宪法、行政法等作了系统的经济分析和效益评价。

本章重点掌握:经济分析法学产生的背景;经济分析法学的一般内容和特点;科斯定理及其意义;波斯纳定理;波斯纳对主要部门法的经济分析。

第一节 经济分析法学概述

经济分析法学是 20 世纪 60 年代首先在美国兴起,并继而在西方各国得到广泛传播的一种新的法学流派。经济分析法学的代表人物较多,主张也有差异,但其理论核心是主张将经济学特别是微观经济学的理论、观点和方法引入法学研究中,以效益最大化为标准分析和评价法律制度及其效果,并进而改革法律制度本身。

经济分析法学的产生原因是多方面的:①社会经济的发展。随着自由放任主义的经济被国家干预的经济所替代,法学家们不得不把政府的社会经济职能作为一个实在的法现象加以考虑,改变法是一个封闭式的规范体系这个传统的法律机能观,积极地探讨法和经济的相互联系;②经济分析法学的产生是学科间的相互渗透特别是法学和经济学相互渗透的结果;③西方社会关于经济效益和社会福利两种政策的争论,也是促进经济分析法学形成的重要原因。经济分析法学的主要代表人物是科斯、波斯纳,后期代表人物是马劳伊。

一、经济分析法学的理论基础:科斯定理

科斯的主要著作《社会成本问题》、《企业的性质》都提出和论证了一个问题,即交易成本问题。科斯因为在其著作中"发现和澄清了交易费用和财产权对经济的制度结构和运行的意义",[1]1991年荣获诺贝尔经济学奖。科斯提出的交易成本问题奠定了经济分析法学的理论基础,成为经济分析法学产生的基本理论依据,经济分析法学家的所有著作都可以被看做是科斯定理的具体运用。科斯定理第一律是:在交易成本为零(zero transaction costs)的情况下,不管怎样选择法律规则、配置权利,有效益的结果都会出现。换言之,当交易成本为零,个人之间相互合作行动时,法律权利的任何分配都是有效益的。也就是说,在零交易成本的条件下,无论法律上权利的初始安排如何,当事人双方经过谈判均能导致资源向最大效益方向流传。

经济分析法学的另一位主要代表人物M.波林斯基(M. Polinsky)在《法律和经济导论》一书中,以案例的方式对科斯定理作了说明:假定某工厂排放的烟尘污染并妨害了附近5户居民晾晒衣服,在没有任何补救措施的情况下,每户居民受到的损失是75美元,5家共损失375美元。这时,法律在设定权利时有两种方法可以消除烟尘的损害:①花150美元为工厂的烟筒安装一个防尘罩;②每户居民各花50美元买一台电动烘干机。就这两种办法而言,安装防尘罩显然是有效益的,因为它只需要花150美元,就消除了375美元的损害,这比购买总价值250美元的烘干机要便宜得多。

这里的问题是:法律通过何种权利设置能够实现有效益的结果?或者说,法律把空气清洁权分配给居民或者把污染权授予工厂,对整个社会来说,是否都能产生有效益的结果?假定居民能够无代价地召集在一起开会,在这种前提下,如果把空气清洁权分配给居民,那么,工厂就有三种选择:①继续污染,同时付出375美元;②花费150美元,安装防尘罩;③花250美元,为每户居民购买一个烘干机。很显然,工厂将选择安装防尘罩这种最有效益的解决办法。如果法律将污染权分配给工厂,居民同样面临三种选择:①遭受总价值375美元的损失;②花250美元购买5个烘干机;③花150美元为工厂购买一个防尘罩。很明显,居民也会选择购买防尘罩的方案。总之,在这种零交易成本的情况下,无论法律权利如何分配——给居民还是给工厂,都会达到有效益的结果。

上述科斯定理第一律是以交易成本为零作假设前提的,但是,现实中这种情况是很少发生的。因为争执的当事人通常必须花费时间和金钱以集合在一起讨论解决冲突的办法,甚至还要请律师,交给律师代理费,法院还

---

[1] 王宏昌编译:《诺贝尔经济学奖获得者讲演集》,中国社会科学出版社1994年版,第170页。

要花费时间、物力和财力进行审判,有时还要对判决进行强制执行,这些都存在着大量的交易成本。那么,在存在交易成本的情况下,何种法律权利的配置能够产生最有效益的结果呢?这就是科斯定理第二律所要解决的问题。

科斯定理第二律是:如果存在现实的交易成本,有效益的结果就不可能在每个法律规则、每种权利配置方式下都同样地发生。换言之,在交易成本为正数的条件下,不同的权利界定和分配,则会带来不同效益的资源配置。此时有效益的权利界定和分配是能使交易成本减至最低的界定和分配。这些交易成本的效益包括交易成本的实际发生和为避免交易成本发生而作出的无效益选择。

同样在上述例子中,假定把居民召集在一起讨论对付工厂污染的办法要花费每户居民60美元的交通费和时间的代价;如果法律将空气清洁权授予居民,工厂面临赔偿损失(375美元)、购买烘干机(250美元)、购买防尘罩(150美元)三种选择,工厂仍然会购买防尘罩这种最有效益的解决办法。如果此时法律将污染权授予工厂,每户居民就不得不决定是忍受75美元的损失,或者花50美元购买烘干机,或者花60美元集合在一起讨论用150美元为工厂安装一个防尘罩。毫无疑问,每户居民宁愿自己购买一个烘干机——无效益选择中的最佳方案。于是,在存在交易成本(60美元)的情况下,法律规定居民享有清洁权是有效益的,而规定污染权是无效益的。这时,法律的权利配置和选择显得尤其重要。

总之,科斯定理第一律与第二律合在一起的简化表述就是:在一个零交易成本的世界里,无论如何选择法规、配置权利和资源,只要交易自由,总会产生最有效率的结果。而在现实交易成本存在的条件下,使交易成本效应最小化的法律是最适当的法律。交易成本的效应包括了交易成本的实际发生和希望避免交易成本而产生的无效益选择。这样,科斯就用经济学原理为如何制定法律、改革法律指出了一个以效益为准则的方向。

二、经济分析法学的基本概念

要了解经济分析法学的主要观点,需要首先了解它的几个基本概念。①理性人。居民会做理性的选择,是假定的,这也是经济学的一个基本假定。作为理性的人,他总是要把自己的利益最大化。即在既定条件下,他总是选择最大、最好的结果,或最可能的途径。因为经济学研究的就是如何以最小、最少的条件,得到最大、最好的结果。理性人是一个经济学概念而不是一个道德概念,也就是说,是合算与不合算的概念,而不是善与恶的问题。②效益。这是指投入和产出的比例,也可称作效率。意谓以价值较大化的方式利用资源和获得满足。效益可以说是经济学的一个中心概念。经济学研究的目的就是要取得最大的效益。与此有关的公正、平等之类的问题,也不是经济学所关心的,传统上,这正是法学要研究的问题。③交换。这在经济学中指的是对双方都有利的事,否则就不是交换,称作冲突。可以达成交换的条件是,双方都是独立平等的主体,对对方的评价都很高,至少是高于自己,从而觉得有利可图,否则交换无法进行。交换就会有市场,市场指的是进行交换的制度,在这里,交换全部以价格为指标进行,不存在其他的交换方式或衡量标准。在市场中总是存在着竞争,没有竞争不成其为市场,但市场也能实现最有效率的资源配置。通过交换,不仅社会资源获得了充分的价值,而且每一方都认为他个人的利益会因为交换而得到满足。把交换概念用于法律分析,目的在于试图根据经济模式得出的市场原则来解释法律行为。④交易成本。交易成本包括了各种为交易而收集信息的费用、花费时间的费用、为进行交易提供条件的费用、合约达成之后的执行费用、发生纠纷的矛盾解决费用等等,可以说,交易成本就是整个经济制度的运行费用。经济学家威廉姆森比喻说,就像物理学中的摩擦力,是免不了的,但必须尽可能减小之,如产权制度的确立、市场的完善都是这种措施。当把一切资源当作产品,交换扩展到全社会后,交易成本就变成整个社会的运行费用,降低其花费就是这个社会制度的设定目标。社会制度中当然以法律制度为首要,于是新制度经济学认为,选择经济制度就是选择法律制度。这正是经济学研究扩展到法学领域,法学要使用经济分析方法的原因之一。减少交易成本的关键是产权制度、企业组织形式的创新以及市场机制的完善或补足。⑤制度。经济分析法学是以新制度经济学为理论基础的,因而"制度"概念也是一个关键概念。这里的"制度"是与"交易"相连的。经济分析法学强调,制度的存在是以交易成本的存在为前提的,只有存在交易成本,制度才是需要的。制度就是为了使经济运行的交易成本最小化。

三、经济分析法学的一般内容

经济分析法学的核心思想是"效益"。在经济分析法学家看来,效益原则是经济分析法学的最基本和最主要的原则,法律的根本宗旨在于通过法律的参与使社会财富达到极大化的效益目标,也就是以价值极大化的方式分配和使用资源。因此,不但所有法律现象都是以一定的经济关系为基础的,所有法律规范(包括刑事法律规范)都有其经济根源,而且一切法律问题归结起来都是经济问题,即都是解决如何提高经济效益的问题。因此,经济分析法学家认为,法学的核心在于运用经济学的观点和方法,特别是微观经济学的观点和方法,分析和评价法律制度及其功能和效果,并且为实现经济效益的目标不断地改革法律制度。

经济分析法学家都坚持一个共同的理论基础或基本的理论假定,这就是"理性经济人假定"。经济分析法学家普遍认为,构成社会的各个个体在本性上都是"使自我满足极大化的理性主体",这些主体总是要选择对自己有利的行为。他们共同认为,在法律领域,不管人们意识到与否,经济学的一些基本规律和原则总是自觉不自觉地得到确认和适用,人们在涉及法律的所有社会行为方面都会考虑机会成本和效益的关系,也就是考虑自己投入的机会成本能不能获得最大效益。比如,立法者总要考虑他投入同样成本所制定的法律规则、法律程序和法律制度能否带来最大经济效益;当事人在诉讼成本和诉讼收益方面总要根据效益极大化原则作出选择,当诉讼成本较小就能获得较大诉讼收益时,人们愿意采取诉讼方式解决纠纷;反之,人们可能宁愿放弃用诉讼的方法解决纠纷。这种以机会成本和最大功利为根据决定人们社会行为的选择,对每一个"理性主体"都是一样的,甚至罪犯也是如此。当一个罪犯理智地看到抢劫将以支付自己的生命为代价(机会成本)时,他也会放弃抢劫行为(选择最大效益或最优行为)。相反,如果抢劫的危险性和法律惩罚的严厉性远远不能同抢劫所得成对应比例,即当抢劫收益大于抢劫成本、所得超过所失时,那么,按照罪犯的功利观,他就会毫不犹豫地选择抢劫。简言之,"理性主体"总是要对自己的选择可能带来的效益进行比较,选择出能够给自己带来最大效益的行为。经济分析法学正是研究这些行为的个人效益和社会效益之间的关系的学派,其目标是分析不能达到这些效益的原因,并提出法律矫正的办法。

第二节 波斯纳的法律思想

一、生平与著述

理查德·A. 波斯纳(Richard A. Posner,1939 年~),经济分析法学的主要代表人物,对经济分析法学的传播起着极为重要的作用。波斯纳 1962 年从哈佛大学毕业后,任美国最高法院法官布里南的秘书。1968 年任斯坦福大学教授。1969 年起任芝加哥大学法学院教授,兼任联邦上诉法院第九巡回法庭法官。波斯纳对经济分析法学的贡献,不仅在于他从理论上对经济分析法学的基本概念、原理进行了系统的阐述,而且他对财产法、合同法、侵权法、刑法、反垄断法、程序法甚至宪法、行政法等作了系统的经济分析和效益评价。

二、波斯纳定理

波斯纳在《法律的经济分析》一书中首先对经济分析法学的本质特点进行了概括,他认为,"最近的经济分析法学研究中获得的一个最重要的发现是,法本身——包括它的规范、程序和制度,都在于促进效益的实现"。经济分析法学从本质上说就是"将经济理论运用于对法律制度的理解和改善"[1]。经济分析法学被波斯纳更多地理解为经济学理论在法学中的应用。因此,经济分析法学研究的最重要目的在于:"我们可以通过运用不同于法官和其他法律专业人员所运用的术语——尤其是经济学的术语——来考察问题,从而确定法律的结构、目的和一致性。"[2]

财富最大化或"效率优于公平"是波斯纳最核心的法律思想,他认为效率原则是法律赖以建立的基础,也是法律惟一的出发点和归宿。法律的目的就是通过"重现和复制市场",把权利分配给那些最有效率的人。波斯纳正是围绕"效率"这个核心原则,运用经济学的理论和方法来分析、研究和解决各种法律问题的。

经济学是波斯纳对法律进行分析、研究的基本工具。经济学认为我们赖以生存的这个世界是一个资源相对有限的世界,资源的稀缺性(shortage)迫使我们不得不研究如何使有限的资源达到最佳配置,也就是怎样避免浪费有限的资源而使其发挥最大的效用。波斯纳认为个人在本性上是使自我满足最大化的理性主体。但是,个人利益(对一方主体有利)和社会效益(对另一方主体也有利)之间往往发生冲突,而这种冲突又导致了资源的更大浪费,也使效率不能实现最大化。对法律进行经济分析就是为了找到不能达到效率最大化的原因,并提出相应的法律矫正办法。波斯纳认为,各种法律对行为产生影响的主要因素是交易成本。根据科斯定理,当交易成本大于零时,不同的法律权利界定,会带来不同效率的资源配置。他说:"应当明确,如果市场交易没有费用,经济学家就不会关心某种权利起始应授予谁。资源交换的过程会无须吹灰之力就把权利重新配置给任何最珍视该权利的人。但是,一旦放弃了这个不现实的假定,权利分配就变成有决定意义的了。如果交易成本为正(尽管推断起来还是很低,因为否则的话,创造一种绝对权利就没有效率),财富最大化原则就要求把权利初始授给那些可能是最珍视这些权利的人,以此来使交易成本最小化"[3]。法律能够节约交易成本,因而实现了效率的最大化。在这种情况下,法律实际上就替代了市场的作用。波斯纳把这种通过法律来促进效益的方式称作"模拟市场"即"重现和复制市场"原则,所谓"模拟市场"是指如果市场交易成本过高而抑制交易,那么,权利应赋予那些最珍视它们的人。有人将此又称为波斯纳定理。

"模拟市场"的目的是为了取得有效率的结果,这种有效率的结果,波斯纳称之为财富最大化。波斯纳提出了财富最大化原则,这就是"法律应当努

---

[1] [美]波斯纳:《法律的经济分析》,蒋兆康译,中国大百科全书出版社1997年版,序言。
[2] [美]波斯纳:《法律的经济分析》,蒋兆康译,中国大百科全书出版社1997年版,序言。
[3] [美]波斯纳:《正义/司法的经济学》,苏力译,中国政法大学出版社2002年版,第71页。

力促进和便利竞争性市场,并在禁止市场交易费用的情况下模仿市场的结果"。[1] 可见,财富最大化原则不仅是一种道德原则,它还为实现各种道德目的提供了最直接的途径。财富最大化本身意味着不但要建立一个产权体制,还要建立一个人身体制,这些体制如果理想的话,就会延伸到所有稀缺的、受珍视的物品之上。因此,追求财富在道德上要高于追求幸福。

由上可以看出,财富最大化或"效率优于公平"是波斯纳对法律进行经济分析的最高原则和最高目标,它是对法律进行经济分析的灵魂。而波斯纳定理是财富最大化原则在法律实践中的具体反映,这个定理要求法院应该运用法律手段把权利分配给那些最珍视它的人,只有这样,财富最大化的目标才能最终实现。因此,波斯纳定理是行动的原则。

三、主要部门法的经济分析

如果说科斯对经济分析法学的贡献是基础性的,即为法律的经济分析提供了方法和工具,那么,波斯纳的贡献就是工具性的,即他是运用这种方法和工具对法律进行全面分析的第一人。正因为波斯纳的贡献才有了真正意义上的经济分析法学。他首先从英美法系中的普通法入手,对财产法、合同法、侵权行为法、家庭法和刑法进行了经济分析。

1. 财产法的经济分析。波斯纳认为,财产法实际上有重要的经济功能,对财产法律规则的设定都应该紧紧围绕着刺激人们有效益地利用自然资源这一根本目的。为了有效益地利用自然资源,创立财产权利体系是必需的。也就是说,财产法必须为人们规定一系列的权利,使得财产所有者在他们认为合适的时候可以自由行使这些权利,并因此使资源流转成为可能。然而,所有权界定和实施是有代价的,这就需要选择成本最低的方法设定财产权利体系。具体说,有效益的财产权利体系应该包括以下三个标准:①普遍性。普遍性是指所有的自然资源都应该由某人占有,除非这种资源多至任何人无论怎样消费都不会损害他人消费,如空气、阳光等。对自然资源的普遍占有并通过法律制度界定后表现为权利,这是有效利用自然资源的先决条件。②排他性。排他性是指特定的财产只能有惟一的权利主体,其他任何人或集团除非通过交易或者赠与,不能得到该特定财产。排他性对生产效率是十分重要的,因为"只有通过在社会成员间相互划分对特定社会资源使用的排他权,才会产生适当的激励。如果任何一块土地都为人们所有,即总有这么一些人,他们可以排除任何其他人接近其特定的区域,那么,个人就会通过耕种和其他措施来努力使土地价值最大化"。[2] 也就是说,只有

---

[1] [美]波斯纳:《超越法律》,苏力译,中国政治大学出版社2001年版,第462页。
[2] [美]波斯纳:《法律的经济分析》,蒋兆康译,中国大百科全书出版社1997年版,第40~41页。

在法律设定某人对特定财产享有排他权的情况下,权利主体才能够在行使权利和使用资源的过程中排除他人设置障碍和进行非法干预,财产所有者才能够放心大胆地尽其所能,使财产的价值极大化。③可转让性。财产权的可转让性是使财产价值最大化的最重要保证。波斯纳说:"排他权的创设是资源有效率地使用的必要条件,但并非是充分条件;这种权利必须是可转让的……(因为)效率就要求……将财产权转让给某些更有效使用它的人,而可转让性财产权就是这么一种机制。"[1]这就是说,只有通过财产的自由流转,通过财产权利主体自愿地对其财产所进行的交换,才能使自然资源从低价值、低效益的利用转向高价值、高效益的利用,从而达到优化资源配置、促使效益极大化目标的实现。

2. 合同法的经济分析。波斯纳重点分析了交换过程和合同法的经济功能。他说在双方当事人没有同时履行合同义务的情况下,有两种危险可能在交换过程中发生:机会主义(opportunism)和未能预料的突发事件(contingency)。合同法就是为此提供的救济手段。合同法的功能有三点:①"是阻止人们对合同的另一方当事人采取机会主义行为。以促进经济活动的最佳时机选择(the optimal timing of economic activity),并使之不必要采取成本昂贵的自我保护措施"。[2]也就是在交换过程中提供有效的行为刺激。②在合同中提供一整套规范性条款(即格式合同),以减少交易的复杂性和交易成本。③通过加入遗漏条款而使当事人的协议变得更为完美,这样,可以有效地预防偶发事件并减少成本支出,从而为后来的交易当事人提供有关意外情况的丰富信息。另外,合同法的功能还表现在因违约而产生的损害赔偿上。

3. 侵权行为法的经济分析。侵权行为法是经济分析法学研究的一个重要法律领域。1960年科斯的《社会成本问题》一文所讨论的一个重要内容就是侵权行为法。波斯纳运用经济分析法学的理论对侵权行为法作了全面的分析。他认为,合同法促进财产有效益的转让,侵权法就是对财产利益的保护。它们有着内在的联系,但对财产权利的保护应遵循财富最大化的原则。波斯纳接着以美国侵权法中的"汉德公式"为例展开他的分析。汉德公式是美国法官汉德在1947年提出的认定承担侵权责任的原则:在过失侵权时,如果预防事故的成本高于事故造成的损失乘以发生概率的积,加害人没有预防而造成事故发生,加害人可以不承担侵权责任;如果反之,预防成本小,损失和概率之积大,加害人没有采取预防措施导致事故发生,加害人应

---

[1] [美]波斯纳:《法律的经济分析》蒋兆康译,中国大百科全书出版社1997年版,第41页。
[2] [美]波斯纳:《法律的经济分析》,蒋兆康译,中国大百科全书出版社1997年版,第117页。

承担侵权责任。波斯纳认为这是一个以经济为基础的公式,但不够清晰。应该考虑另外两个因素:一个是个人的风险偏好,一个是投入的预防成本应从边际成本的角度考虑。就前者来说,事故存在概率,实际是存在着风险,不同的人对风险的态度是不同的,有的愿意冒风险,有的厌恶风险,应当区别对待。就后者来说,应当这样考虑:如果花100元去防止50元的损失,是没有必要的,但如果采取部分措施,比如花20元,就有相当的效果,假定可以避免40%的损失,那么,这部分的措施就是应当采取的。考虑了这两个因素,实际上使得汉德公式执行得更精细了。

汉德公式讲的是过失侵权行为。波斯纳进一步论证说,其实区分过失和故意没有多大的必要。根据汉德公式,在故意的情况下,预防成本几乎等于零,甚至是负数,非常小,而概率则绝对地大,自然应负责任;从受害人角度讲,则预防成本又是绝对地大,甚至是不可预防,因此从经济学的角度,让加害人承担责任也完全符合财富最大化原则。也因此,区分故意和过失并没有非常重要的意义。当一个人反复从事某种行为,知道每做十次左右,或一百次左右会发生一次事故,并知道如果采取足够的措施可以预防事故,他也不采取任何预防措施,这也可以认为是一种故意的主观状态。

另外,波斯纳还分析了严格责任的适用问题。在严格责任下,无论如何,加害人都要承担侵权责任。其实这个加害人的行为和在过失责任下一样,预防成本低,他会预防,成本过高,他就宁愿赔偿。但预防措施是可以多样的,防止车祸,可以降低车速,也可以减少驾车次数,既可以提高注意的程度,也可以减少活动量。在过失责任下,成本过高时,加害人不会预防,但受害人会预防,因为他知道对方不必承担责任。但在严格责任下,由于总是由加害人承担责任,受害人就不会预防,只会是加害人采取预防措施。在成本过高时,他只能减少活动量,比如减少生产量。因此,"如果我们可以识别这么一类行为——潜在加害人在这种行为中的活动量变化是事故防止中最有效率的方法,那么就有足够的理由对从事这些活动的人加以严格责任"。"通过极端危险活动这一概念,侵权法将严格责任加于那些涉及很高危险度而只靠行为人注意或潜在受害人改变其行为无法防止的活动。"[1]

4. 刑法的经济分析。波斯纳认为,不但财产法、合同法等应当进行经济分析,而且,刑法也同样存在进行经济分析的必要性。从经济分析法学的立场来看,刑法的功能不过是对犯罪行为课以额外成本,因为对于犯罪这种社会危害性极大的恶劣行为,仅仅运用合同法或侵权法中经济赔偿的办法是不够的。刑法必须通过提高犯罪行为成本的方法,达到维护社会正常交易

---

[1] [美]波斯纳:《法律的经济分析》,蒋兆康译,中国大百科全书出版社1997年版,第229页。

的目的。

按照波斯纳的理解,刑法的目的在于增加犯罪行为成本的观点,其实是建立在一个非常简单的有关投入产出的经济学理论基础之上的。在波斯纳看来,每一个"罪犯(都)是一个理性计算者(rational calculator)"。[1] 对于罪犯而言,"由于犯罪对他的预期收益超过其预期成本,所以,某人才实施犯罪"。[2] 也就是说,只有犯罪的预期利润超过了预期的成本,罪犯自认为其利润产出大于其成本投入时,他才会实施某项犯罪,罪犯从犯罪行为中得到的利润是各种不同的有形资产和无形资产,有形资产,是指犯罪所获得的经济利益,无形资产,是指犯罪激情的满足。而犯罪成本则包括罪犯为实施犯罪所做的物质准备、犯罪时间的机会成本和对犯罪惩罚的预期成本。

波斯纳认为,对刑法进行经济分析应该讨论对犯罪惩罚的预期成本。预期惩罚成本的构成有两个因素,这就是惩罚概率和惩罚成本。一般说来,对罪犯的惩罚成本原则上等于犯罪所造成的社会损失成本加上利用法律系统以强制交易代表市场交易的额外成本。关于刑罚问题,波斯纳认为,刑罚不过是价格行为的一种方法而已,任何刑罚都是增加罪犯犯罪成本的方法。当然,刑法在处理这一问题时,并不是完全依照经济学上的定价系统,比如,在普通的商品市场上,人们不会因为重复购买某件商品而付出更高的价格,有时还可能享受价格优惠,但是,在刑法上,对于重复犯罪者,即一定意义上的累犯则可能增加处罚力度,因而增加犯罪成本。另外,在刑罚的具体运用上,波斯纳认为:"从经济学的角度看,我们应该鼓励适用罚金而不是徒刑。原因不仅是因为徒刑不为国家创造收入,而罚金创造了收入,还在于徒刑的社会成本要高于从有偿付能力的被告处征收罚金的社会成本。"[3]

5. 程序法的经济分析。波斯纳认为,法律程序或程序法同样受着效益极大化原则的制约。他说:"许多诉讼判决的终极问题是,什么样的资源配置才能使效率最大化。在正常情况下,这一问题是由市场来决定的;但在市场决定(market determination)高于法律决定(legal determination)成本时,这一问题就留给法律制度来解决了。"[4] 他把程序法看做是分配资源的市场,

---

[1] [美]波斯纳:《法律的经济分析》,蒋兆康译,中国大百科全书出版社1997年版,第293页。
[2] [美]波斯纳:《法律的经济分析》,蒋兆康译,中国大百科全书出版社1997年版,第292页。
[3] [美]波斯纳:《法律的经济分析》,蒋兆康译,中国大百科全书出版社1997年版,第297页。
[4] [美]波斯纳:《法律的经济分析》,蒋兆康译,中国大百科全书出版社1997年版,第677页。

他说:"法律程序(legal process)像市场过程一样。"[1]基于这种认识,波斯纳对法律分配和市场分配进行了比较分析,他认为,许多案件判决最终结果都在于资源分配是否能够实现最大限度的效益,而这种效益通常是由市场规则决定的。程序法与市场效益的关系如下:①像市场一样,为了使效益极大化,法律利用的机会成本引导着人们利用程序法的取向和程度。是否参加诉讼,如何参加诉讼,都由当事人和他的律师依据效益原则决定。之所以出现利用程序法审判,是因为发生纠纷的各方对审判的预期价值超过了和解的价值。②法律程序也像市场一样是竞争性的。由于诉讼双方处于对抗制之下,法庭事实上处于消费者的地位,它必须在两个决心很强的推销员的类似货品之间作出选择,法律上分配程序是受原、被告双方为争取法庭好感的竞争所支配的。③法律程序与市场类似也体现在它的非人格性上。波斯纳说:"法律程序还在其非人格性(impersonality)上类似于市场……市场那看不见的手与法官有异曲同工之处。"[2]法官的超然状态同市场中那只"看不见的手"起着同样的作用。法官中立意味着法官处理案件只受证据规则的约束。

波斯纳的分析还包括了不同审级的设置、立法程序、判例制度、律师制度等等,证明美国的法律程序基本上体现了关心效益最大化这一原则,其主要特征类似,是市场机制的一种替代。

总之,正是因为市场是最有效的机制,程序法同市场又有着异曲同工之效,所以,程序法在分配自然资源,使社会效益极大化过程中发挥着举足轻重的作用。

■ 思考练习

一、关键术语

效益;科斯定理;交易成本;理性人;机会成本;理性经济人假定;波斯纳定理;模拟市场;效益极大化。

二、思考题

1. 经济分析法学产生的社会历史背景和原因是什么?
2. 科斯定理的主要内容及意义是什么?
3. 什么是波斯纳定理?
4. 波斯纳是如何对部门法进行经济分析的?

---

[1] [美]波斯纳:《法律的经济分析》,蒋兆康译,中国大百科全书出版社1997年版,第678页。

[2] [美]波斯纳:《法律的经济分析》,蒋兆康译,中国大百科全书出版社1997年版,第679页。

■**参考与阅读文献**

1. [美]波斯纳:《正义/司法的经济学》,苏力译,中国政法大学出版社 2002 年版。
2. [美]波斯纳:《法律的经济分析》,蒋兆康译,中国大百科全书出版社 1997 年版。
3. [美]波斯纳:《超越法律》,苏力译,中国政治大学出版社 2001 年版。
4. [美]波斯纳:《法理学问题》,苏力译,中国政法大学出版社 2002 年版。
5. 吕世伦主编:《现代西方法学流派》,中国大百科全书出版社 2000 年版。
6. [爱尔兰]凯利:《西方法律思想简史》,王笑红译,法律出版社 2002 年版。

第二十一章　其他西方法学流派

■ **本章学习目的和要求**

"西方马克思主义法学"主要流行于20世纪70年代以来欧美一些国家,是"新马克思主义的"、"当代马克思主义的"或"批判的马克思主义"等思潮的统称。本世纪70年代在美国兴起的批判法学研究运动旨在批判和抛弃现代法学三大主流学派的传统法学理论和观念,它认为法是冲突的工具,是保护和保全"占统治地位"的利益而不是共同的或共享的利益。存在主义法学是以存在主义哲学为理论基础的法学派别,行为主义法学借助一般行为科学的理论和方法来研究法律现象,对人的法律行为,尤其是研究法官的审判行为以区别于其他法学派别对规范的研究。综合法学的主旨是超越自然法学、分析法学和社会学法学的偏执与片面,旨在建立一个包括价值、形式与事实一体化的法理学。

本章重点掌握:西方马克思主义法学的理论渊源;法的阶级性论;哈贝马斯的合法性危机理论;批判法学产生的思想渊源;肯尼迪和昂格尔的主要法律思想;存在主义法学产生的背景和主要观点;存在主义法学的主要内容;行为主义法学的理论渊源与主要观点;综合法学对三大法学派的超越。

第一节　西方马克思主义法学

"西方马克思主义法学"是第二次世界大战后,特别是20世纪70年代以来在欧美一些国家出现和流行的"新马克思主义的"或"当代马克思主义的"或"批判的马克思主义的"法律观念、法律思想和法律理论的统称,是西方马克思主义发展的产物,也是受欧美国家的"马克思主义"哲学和社会批判理论的启示以及各种工潮、学潮、法国的"五月风暴"和"新左派运动"的影响和推动而出现的。它已成为在当代欧美国家颇为流行的主要的法学思潮之一。

一、西方马克思主义法学的思想根源与理论基础

西方马克思主义研究者人数众多、派别林立,它们有着共同的思想渊源和理论基础。

1. 西方马克思主义的直接产物。从卢卡奇1923年发表《历史和阶级意识》算起,西方马克思主义经历了几个时期,其中有不同的流派。西方马克思主义刚开始时是作为共产国际内的"左"的思潮出现的,主张重新发现马克思原来的理论,强调暴露马克思主义的黑格尔根源,强调不把人的主观性作为手段而作为革命目的本身的核心作用。后来出现了新黑格尔主义的马克思主义、弗洛伊德主义的马克思主义、新实证主义的马克思主义、结构主义的马克思主义、存在主义的马克思主义和分析主义的马克思主义等派别。这些派别观点庞杂,但综观起来主要包含这些内容:①对西方发达资本主义社会的现状的分析和对西方革命途径的探索;②对前苏联模式的批评,主张重新发现、重新创造马克思主义;③用现代西方哲学中的某个流派的基本精神去解释、补充和革新马克思的哲学世界观。

2. "冲突理论"的影响。冲突理论对各种社会结构进行分析,指出国家制度是冲突的产物,它并不能协调各方面的利益。冲突可以疏导和控制,却无法彻底消除。但是,冲突的存在不是无益的,它既能促进群体的结合,又能维持群体。冲突理论揭示了社会的矛盾性,这对法学家们正确认识资本主义社会的法律制度很有帮助。但是,在冲突是如何形成的、怎样解决冲突、权力与冲突的关系如何等问题上,冲突理论的解释是不尽如人意的。因此,法学家们在借鉴冲突理论一些观点的基础上,把目光转到马克思主义,主张要运用马克思主义的分析方法。

3. 激进犯罪学加速了西方马克思主义法学的形成发展。激进犯罪学对以往的犯罪学理论进行批判,主张以马克思主义的态度来对待社会现实,运用马克思主义的社会理论和阶级分析方法来研究犯罪问题。有的法学家运用激进犯罪学的方法来研究法律,从而形成了一股运用马克思主义研究法学理论的思潮。

4. 前苏联早期法学家的影响。苏联建国初期,一些法学家如斯图奇卡、帕舒坎尼茨等比较早地论述社会主义的法律问题,阐述了马克思主义法律思想,特别是帕舒坎尼茨主张的法律是社会管理市场经济的力量,在市场经济中独立的私人生产者和商品拥有者通过契约交换商品,这些生产者和占有者的利益经常发生冲突,法律的作用就是调整这种利益冲突等观点,对西方马克思主义法学影响很大。

二、葛兰西的法律思想

意大利社会理论家安东尼奥·葛兰西(Antonio Gramsci,1891年~1937年)是自马克思去世以来最突出的马克思主义思想家。葛兰西出身贫寒,很

小就中断了学业,但后来经过自学,进入都灵大学学习。1913 年参加意大利社会党,1924 年被选为意大利共产党总书记。1926 年 11 月他遭到了法西斯当局的逮捕,并被判二十多年的监禁。其后葛兰西作为墨索里尼政权的囚徒一直在狱中度过,直到去世前几天。他的思想主要体现在他的《狱中笔记》以及与一些人的通信中。

葛兰西研究的重点是知识分子、国家、市民社会、革命以及领导权等,在这些研究中涉及到大量的法律问题。葛兰西区分了上层建筑的两个主要层次:"市民社会"(称之为私有的有机体的整体)和"政治社会"或"国家"。市民社会行使统治阶级的领导权功能,国家实施强制力。在这两个层次上,法律都起作用。作为国家强制力,首先表现为"法律上的统治"。他说:"法律约束那些不愿服从统治的团体,无论是积极的还是消极的。这种工具是为整个社会而预先设置的,以防止命令或其指示无法贯彻实施。"[1]

葛兰西相信,许多法律反映阶级关系,法律本身是实行阶级统治的工具。但他非常注重法律的教育功能,认为国家通过法律来同化统治集团,并试图建立一个有益于统治集团发展的社会顺从主义。因此,法律在创立领导权的政治和意识形态要素方面起着重要的作用。葛兰西如此重视法律的教育功能和法律在意识形态上的作用,原因在于他把意识形态上和文化上的领导权看作是国家和政权结构中的重要问题。无产阶级在夺取领导权的过程中,也当然地包含夺取意识形态方面的领导权。而以往的马克思主义者对控制领导权认识不足。他还认为,在现代资本主义社会,资产阶级一方面通过强制,一方面通过控制意识形态文化等方面的领导权,使人们同化,并逐渐服从资产阶级的统治。因此,无产阶级在夺取政权时,可以先通过各种途径在文化、意识形态等方面行使领导权,也包括把建立法治国家作为革命阶级的长远目标。

葛兰西关于法律的二元功能论的观点,对以后的西方马克思主义法学影响很大。事实上,对法律的功能问题,在马克思、恩格斯的经典著作中早就有所阐述。恩格斯说:"政治只有在它执行了它的这种社会职能时才能维持下去。"[2]也就是说,法的政治职能与社会职能是一个问题的两个方面。法既执行政治职能,也执行社会职能。但在阶级社会中,法的社会职能是不能不从属于其政治职能的。至于葛兰西明确提出法具有强制功能和教育功能,并把两者等同起来,这不失为新的提法。不过,他过分强调法的教育功能,这就不免掩盖了法的阶级性。西方马克思主义法学的一个共同弊端恰在于此。

---

[1] [意]葛兰西:《狱中笔记》,劳伦斯·威沙特出版社 1971 年版,第 12 页。
[2] 《马克思恩格斯选集》第 3 卷,人民出版社 1972 年版,第 219 页。

三、法兰克福学派的法律思想

在西方马克思主义中,法兰克福学派可以说是影响最大、持续最长的一个流派。法兰克福学派自称他们的主要理论是"批判理论"。该学派企图把马克思的理论同西方其他某些学派的理论糅合起来,在更为广阔的领域里,运用批判的精神对当代西方社会进行实际考察。法兰克福学派所涉及的研究领域非常广泛,对法律关注较多的要算是基希海默和哈贝马斯了。

(一)基希海默的法律思想

奥托·基希海默(Otto Kirchenheimer,1905年~1965年),于1961年发表了《政治正义》一书,明确地提出了他的法律的政治性观点。基希海默提出,20世纪法西斯主义与资产阶级民主之间,资产阶级各种政治制度与共产主义或进步的反对派之间,其政治与意识形态的冲突已发展到国际性程度。这种冲突的增加,将引起"各种制度加强警察和其他非正规的制度去控制主体的各种交往及他们的政治活动"。[1] 这就意味着法律和司法程序的政治力量得到了加强。

同葛兰西相呼应,基希海默认为,由于意识形态极力去控制人们的思想,使得法庭有必要加强其政治活动;即使在资产阶级民主国家里,虽然对法庭不直接进行控制,也存在着一套诉讼程序之类的基本东西,而且法庭还要受到大众媒介宣传的间接压力。所以,政治审判成为"消除政治敌人"的一种最理想的方法,因为它把合法性当作"正当程序"的一个组成部分,更何况法庭还与其他方面(比如军事行动、不适当的暴力、抢劫、教会的传教及大众媒介的宣传等)相联系。因此基希海默把政治审判视为政治镇压的一个可靠的功能,认为它是一种在斗争中"自动认可的"新型的政治武器,通过有选择地同公众的堕落与犯罪作斗争而起作用。这里基希海默想向人们显示法律如何为政治正义发挥着有效的作用。

基希海默对法律的政治性过分地予以重视,并对资产阶级法律的政治性抱着一种欣赏的态度,把资本主义对法律的政治干预也说成是一种"政治正义"的表现,使人深感他与马克思主义之间存在着距离。

(二)哈贝马斯的法律思想

哈贝马斯(Jurgen Habermas,1929年~)是法兰克福学派最著名的人物,著名的哲学家、社会学家。哈贝马斯的研究领域非常广泛,涉及到政治经济学、哲学和科学社会主义等各领域。其著作很多,如《走向理性社会》、《认识与人类利益》、《理性与实践》、《合法性危机》、《共产主义与社会进化》等,在这些论述中,涉及到许多法律问题。

---

[1] Kirchenheimer,"Political Justice",*The Use of Legal Procedure for Political End*,Princeton,1961,p.16.

1. 理性主义的自然法。古希腊的民主观和理性主义一直深深地根植于哈贝马斯的心中,他考察了传统的自然法理论,认为霍布斯的政治理论标志着自然法的"实证化",法律变成了彼此依靠契约而强加于个人身上的一种形式的和实证的东西。而只有最高统治者才能决定"实际上"的法与社会契约上的法相一致。哈贝马斯认为,对于资产阶级来说,无论从理论上或现实中,他们一开始就一面发展生产,一面借助法律以保护自己的私有财产。洛克也把资本主义社会的市民法看作是一种自然法,通过国家权力保护资产阶级的财产秩序。

哈贝马斯认为,在法理学的角度上,马克思主义是一种古老的和应该摧毁的学说;主张应该重建一种反映公共理性的正当的、历史的价值和作为对现代国家批判核心的政治民主。[1] 哈贝马斯坚信,在大众民主的福利国家中对已经物质化了的自然法的批判性解释非常重要。资本主义生产模式下的法律,已经不再在私有财产领域中自动地发挥作用了,意识形态和法律不再是次要的现象,而是现代国家秩序的首要的决定力量。哈贝马斯认为,福利国家在日常运作中不能忘却资产阶级民主,必须服从见诸于现代法律规范中的自然法。在哈贝马斯看来,这种革命的自然法,迫切需要广泛的法律规则和"绝对的革命权威",以维护资产阶级社会的"自然法","因为,仅靠法律自身的绝对不可侵犯的权力,并不能使社会自然法得以实施。面对着人类本性的堕落,只有依靠政治手段,法律才能发挥其作用"。[2]

2. 晚期资本主义社会合法性危机与解决。哈贝马斯指出在晚期资本主义社会的主要三个领域即经济、政治和文化中都存在着危机的可能性。他认为,晚期资本主义经济危机不是不可避免的,但至少在暂时,经济危机已经转嫁给政治制度。其结果是可能发生两种政治危机:理性化危机和合法性危机。国家为了防止经济危机而采取一定的措施进行行政干预,这同自由资本主义时期所鼓吹的自然理性主义相矛盾,这样可能导致理性化危机;合法性危机源于晚期资本主义固有的利益冲突和对国家干预的矛盾要求,将使国家援助在分配上的功能失调,这反过来又导致合法性危机。

哈贝马斯认为,福利国家的干预主义要求更多的合法性,但同时又给合法性创造了更多的难题。这些难题从本身来说并不能导致合法性危机,在民主社会里,人们可以通过发展生产和重新分配来消除这些难题。但是,从长远的角度来说,仅靠这种手法并不能奏效。因为,在发展生产达到最大的

---

[1] 参见吕世伦主编:《西方法律思想源流论》,中国人民公安大学出版社1993年版,第439页。

[2] Habermas, *Theory and Practice*, Trans. by John Viertel, Boston: Beacon Press, 1973. pp. 118~119.

利润的情况下福利政策只能采取按一定的顺序来分配,而这就可能出现刺激人们发展的动力危机。当动力危机与合法性危机的难题结合起来时,就会出现合法性危机。因此,"从根本上分析,这种阶级结构是合法性危机的根源"。[1] 因为阶级社会从结构上无法满足合法性需要。

如何解决合法性危机呢？哈贝马斯预言:"从长远来看,合法性危机能够避免,仅当晚期资本主义社会的潜在阶级结构改变时,或者当行政体制对合法性的压力被解除时,后者可以通过把内在本质的一体化完全转到另一种社会主义模式中而达到。那就是说,要从需要公正的规范上突破出去"。[2]

第二节 批判法学

本世纪70年代在美国兴起的批判法学研究运动(The Critical Legal Studies Movement,简称CLS,又被称为批判法学)旨在批判和抛弃现代法学三大主流学派的传统法学理论和观念,它认为当代资本主义社会不是人类社会发展的方向,而只是使人性招致异化的、充满等级分工的社会;现存的资产阶级法律制度既不是必然的,也不是合理的;法是冲突的工具,而不是整体的工具,其功能是保护和保全"占统治地位"的利益而不是共同的或共享的利益。现存的法律秩序之所以显得自然、合理,这完全是西方错误的法律理论和观念所造成的。

一、批判法学的理论渊源

批判法学产生的社会根源是20世纪60年代中后期美国爆发的反战运动、黑人民权运动和学生造反运动;批判法学的产生也与法律至上观念发生危机有关,随着国家对社会生活干预的加强,法与政治的关系变得日益密切,"法成为国家的工具",这是批判法学产生的一个动因。批判法学的思想渊源主要是西方马克思主义和美国现实主义法学,除此之外,它也受到结构主义的一定影响。

1. 批判法学主要汲取和继承了西方马克思主义中法兰克福学派和葛兰西的下述理论和观点:①"批判的社会理论"。该理论从人本主义出发批判现存社会秩序,特别是资本主义工业化社会对人性的不适应和压抑,用人的本质异化去说明资本主义制度的不合理性,并试图设计一种适应人的本性、本质的带有乌托邦色彩的合理社会。批判法学正是以对人性的压抑、人的异化为中心,揭示资本主义制度的不合理性,从而得出资本主义法律的不公

---

[1] Habermas, *Theory and Practice*, Trans. by John Viertel, Boston: Beacon Press, 1973. p.73.
[2] Habermas, *Legitimation Crisis*, London: Heinemann, 1976, pp.93~94.

正、不合理性的结论。②"文化心理革命理论"。该理论认为,当代工业社会的攻击性实质在于对人的心理压抑,其"病态"、"畸形"就是人的异化。因此,目前实现革命的关键已不在于摧毁资本主义的经济、政治制度,而在于进行一场文化心理革命。③葛兰西的"领导权理论"。该理论认为,当代资本主义国家并不单纯地表现为一个强制机器(如军队、警察、监狱),还表现为意识形态上和文化上的"领导权",也就是具有思想意识的教育和控制功能。"领导权"意识对于批判法学进行法的功能的研究有重大启示,主张在当今发达资本主义国家中,法的统治功能的重心已从先前对被统治阶级的外部强制和镇压,变为对社会意识形态的操纵和控制。

2. 美国的现实主义法学对批判法学也有重要影响。美国的现实主义法学产生于20世纪30年代,代表人物有弗兰克(Jerome Frank)和卢埃林(Karl Llewellyn)。现实主义法学运动本身并没有形成一个法律学派,因为它没有组成一个具有同样信念和统一纲领的群体。它是一种独特的研究方法,亦即一种考虑法律问题的特殊方法,就是那些自称为法律现实主义者的思考方法。现实主义法学对法律不确定性的揭示以及对传统法律观点的批判成为批判法学的重要理论根据。

3. 批判法学的"法具有相对自治特性"的观点受到结构主义的影响,认为在一定程度上,法具有它自己的经历和特殊的内部结构,人们不能完全用外部的政治、经济和社会因素来解释它。另外,在对法现象的描绘方面,批判法学也借鉴了符号学的一些方法。

二、批判法学代表人物的主要观点

美国批判法学内部有各种各样的人物,其核心成员是哈佛大学法学院的肯尼迪、霍维茨、昂格尔,他们自称"三人集团"。另外,还有图室内特、戈尔等。

(一)肯尼迪的主要观点

邓肯·肯尼迪(Duncan Kennedy,1942年~　)是美国哈佛大学法学教授,发表了许多在批判法学界颇具影响的论著,由于在批判法学研究运动中所发挥的组织和领导作用,肯尼迪被人们称为该运动的"教皇"。

1. 个人自由与社会利益的矛盾是社会的一个基本矛盾。肯尼迪认为这是他对现代西方社会中人与人之间关系的理性认识。个人需要与他人合作并获得社会的保护,但同时又担心受到他人和社会的压迫和强制,家庭、友谊、政府、文化以及国家在保护我们、给我们提供帮助的同时,不仅存在着同化我们的危险,而且还要迫使我们接受有时无法忍受的与他们相处的方式。

肯尼迪认为基本矛盾是普遍存在的,它涉及我们生活的每一个方面,就法律而言,基本矛盾不仅是一个方面,而且是每一个问题的核心,几乎每一个法律问题都直接涉及集体强制的合法性问题。肯尼迪批判了当时流行的自由主义法律思想模式对基本矛盾的否认与调和,并逐渐使矛盾的存在合法化。

总之,肯尼迪批判自由主义法律模式的主要意图在于揭示基本矛盾的存在,强调社会生活的矛盾与冲突,否认社会发展的规律性。

2.认为法律推理是不确定的。美国传统的自由主义法学认为,法律推理是非政治性的、中性的,法律争端可以通过适用法律规则得到公正、客观的解决。肯尼迪认为事实上并非如此。他发现在私法领域中存在着两种彼此对立的解决纠纷的形式,一种形式坚持依明确规定、普遍适用的规范办案,另一种形式则主张依衡平法标准办案。与这两种形式相适应,法院在处理私法实体问题时常采用两种对立的理论方式,即个人主义方式和利他主义方式。个人主义方式,就是承认在明确区分个人利益和他人利益的前提下,追求个人利益是合法的,个人主义的法律理论主张,法官只是适用规则的人,而规范就是依据于事实而不是价值而形成的指令。利他主义就是个人不能光顾自己的利益而忽略他人的利益。肯尼迪认为尽管这两种主张针锋相对,但实际上这两种方式常彼此转化,因此说每一种方式自身都存在着矛盾,却不足以令人信服。法官在判决过程中,有时倾向于个人主义,有时又倾向于利他主义。从中可以看出,法律推理的不确定性不是偶然、个别的现象,而是一种普遍存在。

(二)昂格尔的主要观点

罗伯特·昂格尔(Roberto Unger,1949年~　)是美国哈佛大学法学教授,主要著作有:《现代社会中的法律》(1976)、《批判法研究运动》(1986),是美国批判法学中最有声望的代表人物之一,他的主要观点基本上可以代表批判法学的理论。

1.现代社会中的法律地位。昂格尔认为历史上存在着三种法律形态:习惯法、官僚法和法治。习惯法在不同的社会生活形式中其影响和作用不同,在原始社会中是最重要的行为规范。官僚法是由中央集权的统治者及其具有专业知识的文官制定和执行的,官僚法具有公共性和实在性。法治则产生于近代欧洲的自由主义社会中,在法治社会中存在着一种独特的法律规范体系,一种专业化的法律机构,一种明确的法律理论传统及具有自己相对独立的观点、利益和理想的法学家阶层,因此在法治社会中,法律除了具有官僚法中的公共性和实在性之外,还具有独立性和普遍性。昂格尔认为官僚法的产生需要两个条件,即国家与社会的分离和社会共同体的分化;而法治的产生则还需要另外两个前提条件:①组织的多元化。在这种关系下,任何一种政治力量都不能在社会上占统治地位,并且把自己的意志强加给社会,社会是在各种政治力量之间互相斗争又相互制约中发展的,统治集团力图通过法律制度而维护现有的社会格局,而被统治集团则企望借助法律制度来限制、甚至破坏政府的权力。②在西方社会中普遍流行的自然法观念。自然法观念创造了一种限制政府权力、评价法律是非和批评社会现状的可能性。[1]

昂格尔认为,为了实现法治的目的必须有两个前提:①权力集中于政府,而国家则凌驾于各社会阶级之上;②权力受到有限的限制。但是,随着资本主义社会朝着福利国家方向发展,上述的两个前提逐渐被打破,国家的权力变得至高无上,不受法律的约束,政府公开干预以前不属于政府控制的领域,法律不再超越政治之外,法律的普遍性与独立性受到了破坏。昂格尔得出结论,认为在现代资本主义社会,福利国家的出现导致了法治的解体。[2]

2. 对传统法律观念的批判。昂格尔认为,在美国社会起着重大影响的法律观念,如法律实在主义、社会学法学、自然法学、经济分析法学等尽管观点不同,但可以用两种观点概括:形式主义的法律观和客观主义的法律观。形式主义者认为法是游离于意识形态之外、中立的,是进行法律推理的依据和技术;客观主义者认为法律并非是权力斗争的偶然产物,它是社会发展的必然,是人类社会客观存在的共同需要。昂格尔指出,批判法学正是通过批判法律思想中的形式主义和客观主义来阐释自己的观点:①对法具有客观中立性的批判。昂格尔认为在现代资本主义社会,生活日趋复杂,单纯适用普遍规则已很难解决具体的冲突,法官在审理案件时会依据不同的政策,而社会环境对法官的影响以及法官对政策的不同程度的理解,会导致同一类型案件判决的差异。同一法律适用于同样的事实可以得出不同的结果,何谈法律的确定性?同时法律实践也证明,法并非是客观中立的,如法对黑人奴隶制的保护等。因此说法不是超越政治的,它是政治的产物,法院会逐渐地"混同于其他政治机构"。②对法反映社会共识的批判。昂格尔认为,历史研究早已表明,那种致力于发现民主政治和市场经济所通用的普遍法律语言的尝试已经失败了。自然法学所确认的基本原则及权利其实是从现存的法律及占统治地位的法律观念中抽象出来的,然后将其伪造成客观存在。美国的法律现实表明,法律只维护占统治地位的资本家的利益。因此,法并非反映社会共识,而只是统治集团意志的体现。

3. 提出了变革社会的主张。昂格尔在批判了传统的法律观念后提出,对批判必须进行得十分彻底,但是只批判还不行,还必须有建设。为此,他

---

[1] 参见[美]昂格尔:《现代社会中的法律》,吴玉章等译,中国政法大学出版社1994年版,第79页。
[2] 参见[美]昂格尔:《现代社会中的法律》,吴玉章等译,中国政法大学出版社1994年版,第200页。

提出了自己的社会变革纲领:①政治与文化革命。政治革命包括对现行体制的改革和对人们观念的变革,政治变革的目标在于通过选举建立一种没有私有等级制度的平等社会,同时建立变革的民主观。文化革命的目标就是通过把人们从社会分工和等级制度中解救出来,进而重建人们之间的关系。②政府组织的变革。昂格尔认为在三权分立的情形下,对国家权力的制约同时也扼制了国家权力的活力。为了改变这一局面,昂格尔提出了如下的设想:其一,增加政府部门,以分散权力;其二,不同政府部门之间的冲突,应交由选民公决或采取其他有效方法,以得到迅速明确的解决;其三,执政党应当有机会实施自己的纲领。③经济组织的变革。昂格尔认为现代西方经济制度造成两种危害,它既威胁了民主自由的实现,也不利于经济的发展。为了消除这种危害,必须建立一种"循环资本基金",该基金由政府统一掌握,但允许工人和技术人员在一定的条件下使用,这样,就可以消除由少数人操纵资本所带来的弊端,使权力更分散,同时也增加了经济发展的可塑性。④权利制度的变革。昂格尔认为现存的权利制度存在两大对立:其一,个人自由与统治的对立,因为以财产权为核心的权利造成一部分依附于另一部分,这威胁到民主权利;其二,权利与社会的对立,对权利的明确界定,不符合社会生活的特点,不利于社会变革。为了解决这两大对立,昂格尔提出了替代现在权利制度的由四种权利组成的新的权利体系:其一,豁免权。即个人免受他人、其他社会组织和国家干预的权利。其二,动摇权。赋予个人动摇、破坏已经建立的法律体制和社会实践形式的权利。其目的在于打破现存的社会分工及等级制度。其三,市场权。赋予人们在一定条件下取得社会资本及组织生产的权利,这是对传统的财产权的否定。其四,团结权。也就是人们社会生活的权利。团结权使人们之间互相合作及社会责任具有了法律上的效力。

  批判法学在一定程度上继承了马克思主义的批判精神和阶级分析方法,同时又对马克思主义法律观进行了"修正",从本质上讲,批判法学不同于马克思主义法学理论。批判法学体现了美国法学领域的一股思潮,即从强调法律转向注意政策;从强调法体现社会共识转向强调法的阶级性;从强调法适应经济发展的需要,转向法主要属于意识的范畴,与社会发展无必然联系。这股思潮虽然不代表美国法学理论的主流,但它确实反映了一种倾向,它使我们看到,即使在美国这样的发达资本主义社会,人们也开始注意法与政治、法与统治集团利益的密切关系,以及它的"人为"因素。这对我们正确认识法的本质属性,防止从一个极端走向另一个极端是有益的。

第三节 存在主义法学

一、哲学基础：存在主义

存在主义法学是第二次世界大战后新兴起的法学流派之一，也是当代西方法学中影响较大的流派之一。存在主义法学的哲学基础主要是存在主义哲学。在现代西方哲学中，存在主义是一种带有悲观色彩的主观唯心主义和非理性主义。丹麦哲学家克尔凯郭尔是现代存在主义的先驱。主要代表人物是德国的海德格尔、雅斯贝斯和法国的萨特。

存在主义的产生和流传有其特定的历史背景。一方面，两次世界大战带来的经济危机为存在主义的产生准备了条件；另一方面，资本主义的现代化加深了人的异化，也为存在主义的产生和发展起了推波助澜的作用。两次世界大战使资产阶级曾经宣扬的理性、人道、自由、平等和博爱等都成了泡影，人的生存受到了威胁，人的尊严受到了侵犯。另外，随着人的异化现象的出现，虽然人们的物质生活相对丰富了，但生活的内容却极度贫乏。资本主义物质文明并没有给人民带来幸福，相反却使人民陷入灾难，人变成了机器的附庸，失去了自由。人们处于严重的恐惧和不安宁之中。人是什么？人的本质是什么？人生的意义、命运和前途又是什么？这些问题成为社会各阶层思考和关心的问题，而企图从理论上回答人的精神危机等问题的存在主义就应运而生了。

存在主义者声称，"对人的存在的分析"是存在主义的使命，存在主义哲学的议题就是个人的彷徨、畏惧、痛苦、忧郁、虚无感、孤独感和死亡等。存在主义把个人自由绝对化，无限夸大个人的主观能动性，结果使自由与必然对立了起来。存在主义认为，承认必然性也就是承认人是必然性的结果，从而人也就不再成为人，变成了同物一样的东西，在存在主义那里，人的自由不再是对必然的认识，不再是一种从历史发展中提取的规范性概念，而是一种不受任何超主观原则约束的纯粹个人的不可重复的独创性和主观性。

这种带有悲观色彩的非理性主义和主观唯心主义的存在主义哲学，对法律哲学也产生了影响，德国法学家迈霍费尔（Werner Maihofer）和费克纳（Erich Fecher）从存在主义的前提出发研究了法律哲学，而丹麦学者科恩（Georg Cohn）则提出了一种司法过程的观点，这种观点是以这次运动对审判和法律推理所具有的意义为基础的。另外，其他的代表人物还有：西奇斯（Luis Siches）、柯英（Helmut Coing）和霍梅斯（Ulrich Hommes）。

存在主义法学家的思想观点概括起来主要有四个方面：①在法学研究对象方面，注重研究实际的法而不是书本上的法；注重研究具体的法律冲突及其审理程序，而不是抽象的法律概念；注重研究法如何影响人的生存，而不是法自身如何。②在法的价值方面。重视法的价值因素,强调法的价值不是单一的而是多元的,法的基本价值包括:正义、自由、秩序、个人尊严、人身和财产安全以及生存等。在法的价值等级中,大多主张个人的生存和自由是最高价值。在价值和事实(应然与实然)的关系上,认为两者是统一的,至少是可以统一的。立法者在塑造实在法的内容时,要发现应当考虑的价值标准,并将这些标准按其重要性和紧迫程度排为一个序列。③在法与自由的关系方面。主张自由应当是法的最大价值,把信仰自由和言论自由看做最重要的自由。④在道德责任和法律责任方面。强调自由与责任统一、人的意志与行为的统一,主张人的一切行为都是出于意志的自由选择,人要对自己的行为承担全部责任,即便是纳粹战犯也没有理由为自己的罪行辩护。

二、迈霍菲尔

迈霍费尔是德国法学家,他的法学理论与存在主义哲学融为一体,以存在主义哲学的概念来研究法学,并论证了法律和存在、法律的超然性和客观性等问题。主要的著作是《法与存在》(1962)。

1. "成为自身"。迈霍菲尔说,自我存在首先是一种单一的、无比较的绝对存在。它以自己为目的和意义,对于自己的命运和生活进行选择和设计。这样的存在就是使自己成为自身,即自己是本身面目的纯粹的自己。不过,自我又要与外部世界发生关系,同别人打交道。这种联系就是契约关系,它体现了各个自我的"自治"。迈霍菲尔宣称,原始的人类国家就是由自我"自治"、"成为自身"的人们组成的"自然国家",其法律就是"存在的自然法"。

2. "成为角色"。自我存在还可以表现为社会的、可比较的相对形式即"社会的存在"。其中,自我被放到一定的身份和地位上,发展到"成为角色",即自我是作为男人或女人、所有者或受让者、出租人或承租人等角色显现自己。在"成为角色"的人们中,有两种秩序:①"深入秩序"。它假定人们是处于不平等的关系中。②"平均秩序"。它假定人们之间存在着平等的关系。这两种秩序便决定了两种法律正义。从"深入秩序"中产生"分配正义",按照人们之间的不平等身份分配利益。从"平均秩序"中产生"交换正义",给予人们以平等的自由或权利。表现这两种正义的法律,叫做"制度的自然法"。

可见,迈霍菲尔的理论完全是对于国家和法的历史的一种主观唯心主义的杜撰。他所描绘的"成为自身"情况下的"自治"国家和存在的自然法,全然是资产阶级和小资产阶级极端个人主义的王国。而他所描绘的"成为角色"情况下的制度自然法,则是对于实际资本主义经济关系和政治法律关系的十分清楚的表白。所谓"深入秩序"和"分配的法律正义",无非就是论证按照资本分配权利;所谓"平均秩序"和"交换的法律正义",无非就是资本主义商品货币交换方面的平等或自由。

三、霍梅斯

霍梅斯是荷兰思想家,其理论的特点是将雅斯贝斯和萨特的存在主义应用到法律理论中,其主要代表作是《存在和法律》(1962)。

根据雅斯贝斯的理论,人的存在只有在与先验的、超时间的起源联系中才是有意义的,而且是摆脱了偏见的;对于存在来说,法律不过是机械的和死的东西。在萨特看来,法律不具有具体的道德,它只具有道德的名义。霍梅斯从两个方面来认识法律:一方面,法律的真实意义只能从个人存在的"超然"和交往中取得,换句话说,法律只有与个人存在的自由和交往相联系才有意义;另一方面,法律又要受到客观性和普遍有效性的制约,这种客观性和普遍有效性阻碍了法律达到原先"超然存在"的水平。

在法律的概念问题上,霍梅斯以法律与存在的所谓"辩证关系"作为基础。他一方面把人归属于国家法律,另一方面又认为离开人的自由和交往,国家法律就不能依靠自身被认识。法律与存在不可分割:法律必然规定存在,存在必须在法律中得到实现。当然,法律与存在的关系中,法律的重要性比存在的重要性更为突出。法律是存在的"与他人共有"的合理有效的模式。在这种模式中,存在使自己制度化和组织化了;而且法律决定和规定了个人与他人的存在。人是归属于国家和法律的,离开人的存在的交往和自由,国家和法律就不能依靠自身而被认识。正如个人的实现只能在国家内一样,因而,国家的现实性只存在于个人的实现中。

有效法律就其客观性和普遍性来看,只能是实证的法律。实证的法律是与存在的超然性隔离开的。在这种"自我隔离"中,法律本身只是机械的和死的。法律与存在的超然性相隔离,这是存在的先前命令。正是在这种"先前命令"中,有效法律又找到了自己的超实证性的主要基础。这种存在的"先前命令"决定了国家法律的限度和合法性。实在法律一方面与存在无关,与存在相隔离;另一方面又与存在有关。这样的一种关系就是实证法律的"辩证关系",它必然会产生这样一种情况,即必须对于实证法律的有效性"存在的例外"加以承认。所谓的"存在的例外,是指存在以外的实证法律的有效性的一面"。也就是说,谁如果违反了这种"存在的例外",也就会受到惩罚。这种惩罚并不影响违反实证法律的人的存在的自由,因为人的存在是自由的,违法也是他自由意志的表现。他有权自由地违反法律,而实证法律的客观性和普遍性则有权利惩罚他的违法行为。这种情况是实证法律的"矛盾心理"。

在实证法律的这种存在和客观性的矛盾中,也产生了人的基本罪过,也就是法律的"原罪"。对实证法律来说,存在自由的每一种现实实际上排除了他人的存在,因而是一种罪。一方面存在需要自由,另一方面这种自由意味着罪过。对于这种原罪的认识,可以引起避免法律规定的一切罪行的义务,产生"合法"与"非法"的辩证统一。作为客观的命令,法律缺少作为法律内涵的存在的自由。但是,法律必须维护其作为法律的自身。法律就是法律,不论法律与存在的自由怎样矛盾和冲突,它都是应该得到遵守和服从的法律。

四、西奇斯

西奇斯(Luis Recasens Siches,1903 年~1977 年)是墨西哥法律哲学家,其思想受到了存在主义和现象学哲学的影响,其代表作是《人类生活、社会和法律》(1948)。与迈霍菲尔和霍梅斯的理论不同,西奇斯并不直接运用存在主义哲学术语来分析法学问题,只是思想上接受了存在主义哲学的影响。

西奇斯认为,价值是一个不存在于时间和空间之中、理应获得可观的和先验的效力的理想客体。但是,它可以要求一种客观的和优先的效力。真理、美德、正义和安全这类价值都属于这种理想的范畴,它们不是通过经验或者感觉传达给人们的,而是人们通过直觉过程与它们联系。人是两个世界的公民,一是存在于时间和空间中的、可经验的自然世界;另一个是理想的、只能由自我内心感受,即"直觉"的价值世界。在西奇斯看来,法律本身不是一种价值,而是一种用来实现某种价值的规范制度。法律的最初目的是在集体生活中保证安全。人们之所以创制法律,是因为他们需要使自己的人身和财产关系得到稳定和保护。法律的最高目的是实现正义,然而,当安全不可侵犯的规则性是法律概念的一部分时,法律就并不是正义的一部分。一切法律都必须具有保护安全的性质,不过法律也可以分为正义和非正义的两种。法律评价的任务就是去发现实证法律内容中的价值标准。全部法律制度的最高价值就是对于个人的保护,超个人主义和集体主义哲学是将个人看做生产文化产品的工具或者服务于国家目的的工具。法律的功能就是保证自由,保证人身不受侵犯和保证个人最低限度的物质享受,个人就可以发展他的人格和实现他的"真正的使命"。

五、柯英

德国法哲学家柯英(Helmut Coing,1912 年~2000 年)也是存在主义法学的代表人物,柯英的主要著作是《法哲学原理》(1950)。建立在存在主义哲学的个人主义观点之上的柯英的法学理论,与迈霍菲尔的法学理论相似。柯英力图发展一种自由观念所引起的自然法理论。柯英说,人的存在的尊严和他的自由是一种先于法律的绝对价值。柯英说,如果在自由与社会正义的原则之间产生了一种冲突,那么,作为法律秩序的最高价值的自由必须占上风。与这种人的存在尊严和自由先于法律的基本设想相一致,柯英的法律理论的核心是由反映和承认人格尊严的一系列自然权利构成的。这些基本权利包括身体完整、私人财产、个人隐私、对名誉的保护、言论自由和集会自由、教育等。柯英将这些基本权利视为"最高法律原则"。但是他又认为,这些"最高法律原则"不能被实体化为无限的绝对的东西,它们需要一定的限制,这种限制对于增进普遍福利是必要的。不过,它们的根本性质是不允许触动的。这样一来,就难免会发生最高原则与实证法律之间的冲突的问题。对这个问题,柯英的态度是慎重的,但又不是完全保守的。在柯英看来,如果由国家制定的法律触犯了一种最高法律,那么,该法律就是没有效力的。不过,在极端的情况下,来自人民方面或者法律执行机关方面的积极的和消极的抵抗也是正当的。如果法官面临这种冲突情况时,就应该照顾到最高法律原则,而不是屈从于实证的法律;或者法官采取另外一种方式,即自己辞职。

第四节 行为主义法学

行为主义法学,亦称"行为法学",是第二次世界大战后美国一些法学家移植行为主义而兴起的一股法学思潮,后来逐步形成了一个法学流派。行为主义法学借助一般行为科学的理论和方法来研究法律现象,行为主义研究人的法律行为,尤其是研究法官的审判行为,目的在于通过这种研究,发挥法律的"社会控制"作用,帮助国家当局制定适宜的司法政策,以期造成一种理想化的法律秩序,并维护社会的安定状态。行为主义法学的主要代表人物有舒伯特、R.劳勒(Lawlor)、D.达勒斯基(Danelski)、布莱克等人。

一、行为主义法学的理论渊源

1.经验实证主义。行为主义法学强调从量(数量)的角度经验地、实证地分析和预测人的行为,反对价值判断,进行"纯粹"研究。近年来,行为主义法学越发重视使用符号、数学方式以及图表对法律现象和法律行为进行描述的数学模型方法。

2.结构功能主义。在现代西方社会学中,结构功能主义的研究对象是整体社会,重点是构成社会的各要素之间的关系。结构功能主义认为建立稳定的社会秩序,要依靠发现其要求(功能)的诸手段(结构)。归根结底,要靠人们之间的相互期待行为的顺应性来实现社会秩序。

3.美国法律实在主义或美国现实主义法学。美国现实主义法学是最极端的现代社会学法学,认为法官的社会控制论是"法律的社会控制"理论集中的表现,因而具有最鲜明的法官"行为倾向性"。例如,早在30年代前后,该学派的首领卢埃林就主张将法学研究的重点转移到官方行为与受官方行为影响的那些行为之间的关系和相互作用的领域。他所说的"官方行为"包括行政行为和司法行为,特别是法官行为。

二、行为主义法学的主要观点

行为主义法学的基本特征和基本观点可以概括为如下四点：

1. 注重对行为的研究。行为主义法学家认为，法律存在于可以观察到的行为中，而非存在于规则中。法律行为主义者把法看作国家和公民的行为，也就很自然地认为法学的任务是研究法律行为。当然，他们的研究只限于观察、测定和分析法律行为，即立法者、执法者、司法者、法人和公民等法律主体的行为本身，而不去解释他们为什么这般行为而不是那样行为。就是说，他们只管法律的行为实际怎样，而不管他们"应当怎样"。在他们看来，对于行为进行评价是越界的。

2. 崇尚"纯科学精神"。法律行为主义者认为，法学是一门科学。作为一门科学，它应当严格按照科学的精神进行工作。何谓"纯科学精神"呢？在他们看来，纯科学精神就是实证主义哲学的传统。其基本原则是：①科学的功能在于了解并解释世界，而不在于改造世界。因此，不应向科学的法学提出探讨目标的问题，更不应伸手向法学要改革方案之类的东西。②科学只能认识现象，而不能认识本质。③正义、法治、正当程序等在科学的法学中没有立足之地，因为它们不是经验的东西。④在经验世界不可能找到价值判断，故价值判断在科学的法学中没有认识论的意义。基于上述原则，法律行为主义者反对对政策进行评价，他们反对法学研究中的价值取向，而主张价值中立或价值无涉，主张事实和价值的分离。法律行为主义者当然也承认，价值会从各个方面进入社会科学研究，有时会起到明显的作用。但是，他们指出，科学研究受价值观的影响这一事实不会也不应使科学研究成为价值研究，恰恰相反，它是我们强调价值中立的理由。

3. "自动探测仪"的审判过程论。行为主义法学认为，"审判预测的可能性，要依靠控制审判的方法来提高"。这就是所谓"自动探测仪"的方法。即，把审判中不可能直接观察（经验）到的法官心理活动，"在数量上表现法官预测的现象"，变成电子计算机的活动（运算）过程。人们向这架"自动探测仪"输入有关案件的法律规定（规范）、事实以及不确定的信息（杂音），然后从那里获得法律决定（判决、裁定等）。进而，再从输入—输出关系上作出数量处理的模型，也就是解决各类案件的典型方案。

4. 注重研究法律行为（法律运行）的变量。法律行为主义者认为，法作为一种社会控制，很多因素影响法律的行为（法律运行）。这些因素包括社会分层、社会结构、文化、组织、其他社会控制。法律行为主义者通过对这些变量因素的分析，归纳出了一系列有关法律运行的定理或命题：①法与社会分层。法随着社会分层而变化：一个社会分层越多，法律规则就越多。法随着等级正向变化：低等级（阶层）比高等级（阶层）有较少的法律；等级越高，法律越多；等级越低，法律越少；富人比穷人更需要法律。对下的法重于对上的法:每种法都更可能是针对下层的。下等阶层冒犯上等阶层的越轨行为往往被小题大做,而上等阶层侵害下等阶层的行为却往往大事化小,小事化了。对下的法随纵距离正向变化;而对上的法则随纵距离逆向变化。较低地位的人对较高地位的人的犯罪的严重性随着二者之间的财富差别的增加而加重;而地位高的人对地位低的人的犯罪严重性随着二者之间财富差别的增加而减轻。②法与社会机构。法与差异呈曲线状:法随着差异正向变化(增多),但随着共性增多而减少。在人们没有功能差异(分工)、没有或很少有交换的地方,法也很少,而在分工和交换比较发达,人们互相依赖的地方,法就多。法和人际距离的关系呈曲线状:法在亲朋中是不活跃的,它随着人际距离的增大而增多,而到人们生活在完全分离的世界时就开始减少。③法与文化。法随着文化正向变化:文化稀薄的地方,法也稀薄;文化丰富的地方,法也繁荣,文化越多,法越多。对准较低文化的法比对准较高文化的法更严厉。在对准较低文化的方向上,法随着文化距离正向变化;但在对准较高文化的方向上,法随着文化距离反向发展:如果犯人比他的受害者较少接受教育,犯罪严重程度随着他们之间教育的差异而增加;但是,如果犯人比他的受害者受过较高教育,犯罪的严重程度则随着这种差异的增加而减少。法随着习俗正向发展:当法接近文化主流时就增加;当法脱离文化主流时就减少。在一个国家,处于主流文化的人们之间的诉讼比处于亚文化的人们之间的诉讼要多得多。例如,一个美国资本家往往对另一个资本家提起诉讼,而一个波希米亚人则很少控告另一个波希米亚人。对准非合习俗的人的法比对准合习俗的人的法要严重。在对准较少习俗的方向上,法随着文化的距离而反向变化;在对准较多习俗的方向上,法随着文化的距离而逆向变化。这一命题产生出两个推论:其一,在其他全部情况(包括受害者的特征在内)已定的条件下,法随着犯罪的习俗逆向变化;其二,在其他全部情况(包括犯罪的特征在内)已定的条件下,法随着受害者的习俗正向变化。例如,由于美国印第安人仍然是文化少数,所以,他们受到比别人更严酷的惩罚,他们也更容易受到刑事指控、逮捕、起诉、判刑和被卷入民事诉讼。然而,如果印第安人是一个受害者,犯罪就不会受到如此严厉的惩罚。法和文化的距离的关系呈曲线状:在没有文化差别的地方,法可能很少。④法与组织。组织是社会生活的结合方面或集体行动的能力。组织可以解释法的各个方面,法的数量随着其环境的组织、不同组织的方向和法本身的组织而变化。布莱克认为,组织随时间和空间而变化,法与组织成正比,社会组织越发展、越复杂、越多样化,法越多。⑤法与社会控制。法随着其他社会控制逆向变化:其他社会控制形式薄弱,法就强化。法随着人格高低正向变化:不受尊敬的人们中间比受尊重的人们中间有较少的法。例如妓女、赌徒、同性恋者、毒贩、窃盗等很少互相控告;即使控告也很少成功。

对准无身份的、不受尊敬的人的法比对准有身份的、受尊敬的人的法严厉得多。对准无身份、不受尊敬的人的方向上,法随着规范距离正向变化;而对准有身份的、受尊敬的人的方向上,法随着规范距离逆向变化。

西方行为主义法学在法学的发展中有其独到的作用:①它使法学研究从单纯的文字资料(法规,判例,学说)研究转向法律的现实研究,从而扩大了研究的范围,有助于克服法学中的形而上学、教条主义和机械注释方法。②它促进了社会科学和自然科学的互相渗透,有助于把定量分析方法引入法学,增加法学的科学度。③它在很多方面加深了对法的认识。例如,虽然法律行为主义者不愿讨论法的本质问题,但他们对于法律变量因素的综合分析无疑触及剥削阶级法的本质——法是富人、上等阶层统治穷人、下层社会的工具。

虽然行为主义法学以不可阻挡之势在西方世界中扩展自己的地盘,但也不断地遭到一部分社会学家、政治学家和法学家的不满和反驳。行为主义批评者们的意见集中在以下几个方面:①法律现象大多涉及价值问题,行为主义法学否定或基本上否定价值判断,是有意绕开对许多重大法律问题的研究。②社会上的法律行为非常复杂,要靠主观的体验与观察来把握,不能凭借客观的科学方法来分析。③许多法律行为是由各种各样的因素所构成的,很难只用量的标准来衡量与判定,行为主义法学注重对可观察(可经验)的量的分析,而忽略或故意避开对于不易或不能作数量分析的问题的研究是避难就易。[1]

第五节 综合法学

1947年,美国法学家杰罗米·霍尔《综合法学》一书的出版,宣布了一个试图糅合三大学派为一体的综合法学的诞生。之后,一些法学家对此作出了响应。其中主要的有朱利叶斯·斯通、埃德加·博登海默、哈罗德·伯尔曼等人。他们的主旨是超越自然法学、分析主义法学和社会学法学的偏执与片面,建立一个包括价值、形式与事实的一体化的法理学。

一、对三大法学派片面性的批判

综合法学的代表人物都看到了三大学派的研究囿于正义、形式、社会事实中的某一个方面,而忽视了另外两个方面,犯了片面化的错误。无论是斯通、霍尔还是博登海默、伯尔曼,他们建立综合法学的努力也正是以批判三大学派的片面倾向开始的。

---

[1] 参见吕世伦主编:《现代西方法学流派》下卷,中国大百科全书出版社2000年版,第823~827页。

综合法学最为有名的倡导者是澳大利亚悉尼大学法学院院长朱利叶斯·斯通。斯通一生治学，努力综合自然法学、分析法学、社会学法学三大学派。虽然他没有明确提出一个综合法学的概念，但从他的著作可以看出，他的最终目的是克服法学的褊狭和某一个学派的褊狭，从综合的角度理解法律。他的成名作《法律的范围与功能》的副标题就是：作为逻辑、正义与社会事实的法律。他随后的三部曲《法律体系与法学家推理》、《人类法律与人类正义》、《法律与正义的社会维度》正是围绕这三个问题展开的。斯通的工具是分析法学的，他的理论的主导方面是社会学法学，而他通过法律实现社会控制的最终目的是实现社会正义，而这正是自然法学关心的问题。

综合法学的首倡者杰罗米·霍尔对建立综合法学的呼吁也是从批评三大法学派的片面与偏执开始的。霍尔将现代西方三大法学派称为特殊论法学，他严厉地批评法学中把价值因素、事实因素和形式因素互相分离的错误，认为他们各自把法律中三个不可分的因素即价值、概念和事实人为地分开，限制在或集中在以上三个重要领域中的一个，从而导致对自己的夸大和错误。[1]

美国法学家博登海默在其《法理学——法哲学及其方法》中认为："……法律是一个带有许多大厅、房间、凹角、拐角的大厦，在同一时间想用一盏灯照亮每一个房间、凹角和拐角是极为困难的，尤其是由于技术知识和经验的局限，照明系统不适应或至少不完全时，情形就更是如此了。"[2]博登海默认为，以往的法学理论尽管只具有部分和有限的真理，但它们组成了法理学大厦的可贵的建筑之石。博登海默指出，每个时代都面临着一些社会控制的重大问题，而这些问题则需要最有才智的人运用其智慧去加以解决。因此，适应这种需要，他们各自侧重于法律中的某一个方面，但根据任何单个的、绝对的因素或原因来解释法律制度是不可能的，现在需要的是一种能将以上诸种因素结合在一起的综合法学。

美国著名法学家伯尔曼企图综合法律实证主义、自然法学和历史法学，并建立超越它们的一体化的法理学。他说："相信这三个相互竞争的法学派中的每一个学派都曾孤立地阐述过法学的一个单独的重要方面，因而将这几个方面集合在一个共同关注的中心点上，既是可能的，也是极端重要的。"[3]这样一种综合的法学强调，法律必须被信仰，否则它就不会动作；这

---

〔1〕 参见沈宗灵：《现代西方法理学》，北京大学出版社1992年版，第452页。
〔2〕 [美]博登海默：《法理学——法哲学及其方法》，邓正来等译，华夏出版社1987年版，第199页。
〔3〕 [美]伯尔曼：《论实证法、自然法及历史法三个法理学派的一体化趋势》，载《法学译丛》1989年第5期。

不仅涉及理性和意志,而且涉及情感、直觉和信仰,涉及整个社会的信奉。

二、综合的法学研究方法

综合法学的倡导者不满足于三大学派只用理性批判的、实证分析的、事实分析的方法研究法律,他们主张法律是一种多元体,应该运用不同的或是综合的方法对之进行研究。

斯通根据他对西方法哲学和法理学著述的考察,把西方法哲学分为分析法学、社会学法学和正义理论,它们分别代表了不同的方法论。但是,"20世纪中叶,严肃的学者们已不再为支持或反对分析逻辑研究方法、正义—伦理方法和社会学方法这三者中任何一种占绝对统治地位而辩论了。"[1]建立一种能同时给予法律的逻辑、事实和价值适当地位的知识体系,有着巨大的意义。

博登海默认为,历史上对法的每一种认识都只具有部分有限的真理,随着人们知识范围的扩大,必须在利用人们过去所做的一切贡献的基础上,建立一门综合法学。尽管我们最终可能发现,我们所描述的法律制度的整体蓝图依然是不全面的。博登海默认为,人类历史的经验告诉我们,不可能根据任何单一的、绝对的因素或原因去解释法律制度。法律是一个结构复杂的网络,而法理学的任务就是要把组成这个网络的各个头绪编织在一起。

伯尔曼在法学研究中也主张采用综合的方法,但他表现出了不同的形式。辩证的分析与历史的观点是伯尔曼综合法学的方法论。伯尔曼所推崇并在研究中采用辩证的分析和综合的模式是他的综合法学的核心。不仅在《法律与革命》中,而且在其他的研究中,伯尔曼也发挥了辩证的观点在综合上的优势。比如在法律与宗教的关系上,他强调二者是辩证的关系,既要保持独立,又要在独立中统一。因此,辩证地调和对立事物、协调冲突是伯尔曼法学的动力。

三、综合的法律概念

法律是什么?是正义与理性、逻辑与形式还是社会事实?三大法学派正是在此问题上展开了长期的论战。综合法学的代表者认为,法律并不是如三大学派所认为的那样,只是三者中的某一个东西,而是三者的综合。

斯通认为,存在着多样的关于法律的定义,目前存在一个将这些法律的概念融入一个法律的定义的趋势吗?斯通认为,法律的定义可以这样表示:①法律被看作是许多现象的复杂整体。②这些现象整体中包括调整行为的规范,也即,规定应当做的行为,禁止不应当做的行为,或者宣布允许做的行为。③在一个复杂的整体中,法律所包括的规范是一个社会规范,也就是

---

[1] [澳]斯通:《西方法哲学》,载《不列颠百科全书》第10卷,中译文见《国外法学知识译丛·法学总论》,世界知识出版社1982年版,第67~68页。

说，它们通常调整社会成员之间相互的行为。④在其中很大程度的重合是明显的，法律包含的这些现象的整体是一个有秩序的整体。⑤组成法律的社会规范的秩序，现在被看作是一种强制秩序。⑥支持社会规范秩序的强制是一种制度化的强制，也就是说，强制本身是按照规范产生的。⑦这一社会规范的制度化的强制秩序应当有一定程度的效力足以使这一秩序能够维持自身。

斯通这一列举式的法律的定义，其实是罗列了一些法律的性质和特征。从斯通对法律的这些性质和特征的列举来看，他对法律的理解是完全"综合"性的，其中有社会学法学的因素，有分析法学的因素，也有自然法学的因素，但以社会学法学为主。

与斯通的列举式的法律定义不同，霍尔试图在一个"作为行动的法"的框架下实现法律概念的综合。霍尔认为，只有把实证主义、自然法理论和社会学研究，即把形式、价值和事实结合起来的法理学才是"适当的"法理学，这一"适当的"法理学就是综合法学。霍尔认为，大多数法理学家为他们的研究选择了那些反映他们的最大兴趣的有关法律的观点。他们都忽略了其他的观点，甚至有的否定其他观点的实际的和知识上的合理性。为克服这一困难，所有的法理学家都应注意关于法律的所有观点，也就是指他必须在完全的社会现状中看待法律。这种"全面的法律"就是他说的"作为行动的法"的所指，对作者来说，对这种全面性的研究的教学，就是"综合法学"。

关于法律是什么这一问题，博登海默也综合了自然法学和分析法学的观点，认为它是秩序和正义的综合体。他说："一个法律制度若要恰当地完成其职能，就不仅要力求实现正义，而且要致力于创造秩序"，"法律旨在创设一种正义的法律秩序"。[1]

伯尔曼对法律概念的界定，体现了他的法学理论的综合倾向。伯尔曼对富勒提出的法是"使人的行为受规则约束的事业"表示赞同。他认为这个定义适当地强调了法律活动高于法律规则，但对"事业论"的法律定义，伯尔曼还想走得更远一些。他认为，这个事业的目的不仅仅是公正地制定和适用规则，而且也包括其他的管理方式，诸如投票选举、发布命令、任免官吏和宣布判决等。法律不仅包括法律制度、法律命令和法律判决等，而且还包括法律学者对法律制度、法律命令和法律判决所作的阐述。伯尔曼强调，这种将法律作为特殊事业来界定的广义的法律概念，突破了传统的把法律界定为规则体的狭隘观点，减弱了法律规则在法律概念中的作用，有助于理解西方法律传统的产生和西方历史上数次重大革命对这种法律传统的影响，以

---

[1] [美]博登海默：《法理学——法哲学及其方法》，邓正来等译，华夏出版社1987年版，第302页。

及这种传统现在所处的困境。从以上可见,伯尔曼关于法律的概念既吸收了实证主义法学的规则体说和自然法学的法律事业说,同时也吸纳了社会法学、历史法学的其他内容,在一定程度上反映出了综合的特色。

综合法学代表人物的思想在20世纪的出现不是突然的,也不是没有思想基础与理论预兆的。早在20世纪初,罗斯科·庞德就提出了三大学派"大联合"的主张。三大法学派也表现出一定的"合流",体现了一种综合的倾向。[1] 这突出表现在富勒的"程序自然法"和哈特的"最低限度内容的自然法"中。西方法学的这种综合趋势还表现在其他一些学派的思想中,它们虽然没有提出综合或类似的提法,但他们的研究方法或结论中或多或少地体现了这种倾向。这在拉斯韦尔和麦克道格尔的法律政策学、斯蒂格·乔根森的多元论法学、佩雷尔曼的新修辞学法学中都有明显的表现。这足以说明"综合"在西方法学界已成为一股不可小视的力量,它将对西方法学的发展产生长远的影响。

法律作为一种社会规范现象,具有丰富的内涵、复杂的存在形态和运行机制。这为人们观察、研究、理解和掌握法律留出了广阔的空间。人们因此采取了多种多样的视角和方法来研究法律。综合法学的努力在于寻找一种能照亮法学大厦的"探照灯",在他们构想的框架中装纳法学的一切学派。他们没有认识到,西方中的每一流派的繁荣都不是偶然的,都有其深刻的社会背景,它们都适应了特定时期、特定社会或特定社会集团的需要,或是体现了不同的法律文化传统。在当前仍然存在政治、经济和意识形态冲突的情况下,想在综合法学这一不封闭的容器中把法律的要素全部容纳进去也多少带有一些理想的色彩。

■思考练习

一、关键术语

西方马克思主义;法兰克福学派;合法性危机;存在主义;批判法学;行为主义;综合法学。

二、思考题

1. 西方马克思主义法学是怎样产生的?
2. 简述西方马克思主义法学的主要法律观点。
3. 批判法学的理论渊源是什么?
4. 肯尼迪和昂格尔法律思想的主要内容是什么?

---

[1] 参见吕世伦:《西方法学思潮源流论》,中国人民公安大学出版社1993年版,第210页。又见吕世伦、王卫平:"现代西方法学三大主流派合流初探",载《南京大学学报》1986年第3期。

5. 存在主义法学家的主要思想观点有哪些?
6. 行为主义法学的理论渊源是什么?
7. 行为主义法学的主要观点是什么?
8. 综合法学的主要观点是什么?
9. 如何评价综合法学?

■ **参考与阅读文献**

1. 吕世伦:《西方法律思想源流论》,中国人民公安大学出版社1993年版。
2. 徐崇温:《"西方马克思主义"论丛》,重庆出版社1989年版。
3. [德]哈贝马斯:《合法化危机》,刘北成等译,上海人民出版社2000年版。
4. 朱景文:《对西方法律传统的挑战》,中国检察出版社1996年版。
5. 谢邦宇等:《行为法学》,法律出版社1993版。
6. [美]昂格尔:《现代社会中的法律》,吴玉章等译,中国政法大学出版社1994年版。
7. 薄振峰:《当代西方综合法学思潮》,法律出版社2005年版。

专业词汇中英文对照表

Accusatory system	控诉式诉讼
Administrative Procedure Act	行政程序法
Agnosticism	不可知论
American Bar Association	美国律师协会
American Digest System	美国法律汇编
Analytical jurisprudence	分析法学
Analytical philosophy	分析哲学
Analytical positivism	分析实证主义
Ancient Egyptian Law	埃及古代法
Anglo – Hindo Law	盎格鲁-印度教法
Anglo – Indian Law	盎格鲁-印度法
Ancient Greek Law	古希腊法
Aquinas, St. Thomas	阿奎那,圣·托马斯
Archon	执政官
Areopagus	雅典最高法院
Archimedes	阿基米德
Aristotle	亚里士多德
Article of Confederation	邦联条例
Athenian Constitution	雅典宪法
Athenian Assembly	雅典公民大会
Augustine	奥古斯丁
Austin, John	奥斯丁,约翰
Acton	阿克顿
Bacon, Sir Francis	培根,弗里西斯爵士
Bentham	边沁
Beccaria	贝卡利亚
Bill of rights	权利法案
Blackstone	布莱克斯通
Blach	布莱克
Brennan	布伦南
Bodenheimer	博登海默
Bodin	布丹
Buddihistic Law	佛教法

Buns	伯恩斯
Burker	伯克
Centralism	中央集权制
City states	城邦
Cicero	西塞罗
Civil law	市民法
Civil disobedience	非暴力不合作
Criminal law	刑法
Critical legal studies movement	批判法学运动
Coase	科斯
Cohn	科恩
Coing	柯英
Comte	孔德
Cotterrell	科特威尔
Conscientious rights	意识权利
Conventions	习俗,惯例
Conventional rights	习惯权利
Deconstruction	解构
Democracy	民主
Descartes, Rene	笛卡尔,勒内
Devlin	德富林
Derrida, Jacques	德里达,雅各
Didevot	狄德罗
Durkheim	涂尔干
Dworkin, R,	德沃金
Empiricism	经验论
Engels, Friedrich	恩格斯
Epictetus	伊壁鸠鲁
Ethics	伦理学
Exercise rights	实践权利
Fichte	费希特
Frank	弗兰克
Fuller	富勒
Feuerbach	费尔巴哈
Fecher	费克纳
Freedman	弗里德曼
Fienberg, Joel	费因伯格,乔尔
Finnis, John	菲尼斯,约翰

Fuller	富勒
Gadamer	伽达默尔
Gaius	盖尤斯
Gramsci	葛兰西
Grotius	格老秀斯
Gumplowicz	龚普洛维奇
Habeas corpus	人身保护令
Harrington	哈林顿
Hall	霍尔
Hamilton	汉密尔顿
Habmers	哈贝马斯
Hart	哈特
Hayek	哈耶克
Hegel	黑格尔
Heck	赫克
Hobbes	霍布斯
Hommes	霍梅斯
Homeros	荷马
Horwits	霍维茨
Hohfeld	霍菲尔德
Holmes	霍姆斯
Human rights	人权
Hume	休谟
Ideal rights	理想权利
Impartiality	公正
Imperative theory of law	法律命令理论
International law	国际法
Jefferson	杰弗逊
Jurisprudence	法理学
Justice	正义
Judiciary	司法
Judicial law – making	司法创法
Justice under the law	法律正义
Kirchenheimer	基希海默
Jhering	耶林
Jogenson	乔根森
Kelsen	凯尔森
Kant	康德

Kafka	卡夫卡
Kennedy	肯尼迪
Kohler	科勒
Law – making	法的创制
Legal positivism	法律实证主义
Legality	法制,合法性
Legislature	立法机关
Legal realism	法律现实主义
Legal order	法律秩序
Legitimate expectations	合法预期
Leviathan	《利维坦》
Levi – Strauss	列维－斯特劳斯
Liberalism	自由主义
Locke	洛克
Llewellyn	卢埃林
Luther, Martin	路德
Lunmann	卢曼
Maccormick	麦考密克
Mackinnoon	麦金侬
Machiavelli	马基雅维里
Maihofer	迈霍菲尔
Malloy	马劳伊
Maine	梅因
Mably	马布利
Montesquieu	孟德斯鸠
Morality	道德性
More, Thomas	莫尔
Morslly	摩莱里
Marx	马克思
Maritiain	马里旦
Mill	密尔
Milton	弥尔顿
Modeslinus	莫德斯蒂努斯
Nozick	诺齐克
Natural justice	自然正义
Natural law	自然法
Nation state	民族国家
Nietzsche	尼采

Norton, David Fainth	诺顿，戴维
Olsen	奥尔森
Paine	潘恩
Plato	柏拉图
Papinians	帕比尼安
Perelman	佩雷尔曼
Polibio	波利比
Polinsky	波林斯基
Popper	波普尔
Pound	庞德
Precedent	先例
Retrospectively	溯及既往地
Pufendorf	普芬道夫
Radbruch, Gustav	拉德布鲁赫，古斯塔夫
Rawls	罗尔斯
Raz, Joseph	拉兹
Rousseau	卢梭
Robespierre	罗伯斯庇尔
Roscoe	罗斯科
Rule of law	法治
Russell, Bertrand	罗素
Social justice	社会正义
Social contract	社会契约
Savigny	萨维尼
Schopenhauer, Artur	叔本华
Schubert	舒伯特
Selznick	塞尔兹尼克
Separation of power	分权
Shakesperare	莎士比亚
Siehes	西奇斯
Socrates	苏格拉底
Sovereignty	主权
Spencer	斯宾塞
Spinnoza	斯宾诺莎
Stammler	施塔姆勒
Stone	斯通
Stoics	斯多噶
Tard	塔尔德

The corpus juris	法律大全
The law of the roman empire	罗马法
The pure theory of law	纯粹法学
The morality of law	法律道德
The rule of law	法律规则
The prima – facie right	初始权利
The hypothetical Coasean market	科斯虚拟市场
The concept of law	《法律的概念》
The concept of a legal system	《法律制度的概念》
The legal diffusionism	法律传播
Tushnet	图什内特
Ulpian	乌尔比安
Unger	昂格尔
Universality	普适性
Unwritten	不成文的
Utilitarianism	功利主义
Voltaire	伏尔泰
Ward	沃尔德
Weber	韦伯
Weinberger	魏因贝格尔
Zeron	芝诺

参考书目

一、中文部分

1. 马克思:《政治经济学批判》序言,载《马克思恩格斯选集》第 2 卷,人民出版社 1995 年版。
2. 恩格斯:《家庭私有制和国家的起源》,载《马克思恩格斯选集》第 4 卷,人民出版社 1995 年版。
3. 恩格斯:《马尔克》,载《马克思恩格斯全集》第 19 卷,人民出版社 1963 年版。
4. 恩格斯:《法兰克时代》,载《马克思恩格斯全集》第 19 卷,人民出版社 1963 年版。
5. 恩格斯:《论封建制度的瓦解和民族国家的产生》,载《马克思恩格斯全集》第 21 卷,人民出版社 1965 年版。
6. 恩格斯:《路德维希·费尔巴哈和德国古典哲学的终结》,载《马克思恩格斯全集》第 21 卷,人民出版社 1965 年版。
7. 恩格斯:《社会主义从空想到科学的发展》英文版导言,载《马克思恩格斯全集》第 22 卷,人民出版社 1965 年版。
8. 恩格斯:《论英国宪法》,载《马克思恩格斯全集》第 1 卷,人民出版社 1956 年版。
9. 恩格斯:《反杜林论》,载《马克思恩格斯选集》第 3 卷,人民出版社 1995 年版。
10. [古希腊]柏拉图:《理想国》,郭斌、张竹明译,商务印书馆 1986 年版。
11. [古希腊]柏拉图:《法律篇》,张智仁等译,上海人民出版社 2001 年版。
12. [古希腊]亚里士多德:《政治学》,吴寿彭译,商务印书馆 1997 年版。
13. [古希腊]亚里士多德:《雅典政制》,日知、力野译,商务印书馆 1959 年版。
14. [古罗马]查士丁尼:《法学总论》,张企泰译,中国社会科学出版社 1999 年版。
15. [古罗马]盖尤斯:《法学阶梯》,黄风译,中国政法大学出版社 1996 年版。
16. [古罗马]西塞罗:《国家篇、法律篇》,沈叔平、苏力译,商务印书馆 1999 年版。
17. 《摩奴法论》,蒋忠新译,中国社会科学出版社 1986 年版。
18. 《古兰经》,马坚译,中国社会科学出版社 1981 年版。
19. [意]托马斯·阿奎那:《阿奎那政治著作选》,马清槐译,商务印书馆 1963 年版。
20. [意]马基雅维里:《君主论》,潘汉典译,商务印书馆 1985 年版。
21. [英]托马斯·莫尔:《乌托邦》,邢占军译,外文出版社 1998 年版。
22. [英]霍布斯:《利维坦》,黎思复等译,商务印书馆 1985 年版。

23. [英]洛克:《政府论》,翟菊农、叶启芳译,商务印书馆1984年版。
24. [法]孟德斯鸠:《论法的精神》,张燕深译,商务印书馆1997年版。
25. [法]卢梭:《论人类不平等的起源和基础》,李常山译,商务印书馆1962年版。
26. [法]卢梭:《社会契约论》,何兆武译,商务印书馆1980年版。
27. [美]汉密尔顿等:《联邦党人文集》,程逢如等译,商务印书馆1980年版。
28. [美]潘恩:《潘恩选集》,马清槐译,商务印书馆1981年版。
29. [美]杰斐逊:《杰斐逊文选》,朱曾汶译,商务印书馆1963年版。
30. [德]黑格尔:《法哲学原理》,贺麟等译,商务印书馆1996年版。
31. [德]康德:《法的形而上学原理》,沈叔平译,商务印书馆1997年版。
32. [英]约翰·密尔:《论自由》,程崇华译,商务印书馆1959年版。
33. [英]J. S. 密尔:《代议制政府》,汪宣译,商务印书馆1982年版。
34. [英]边沁:《政府片论》,沈叔平等译,商务印书馆1995年版。
35. [英]边沁:《道德与立法原理导论》,时殷弘译,商务印书馆2000年版。
36. [英]约翰·奥斯丁:《法理学的范围》,刘星译,中国法制出版社2002年版。
37. [英]梅因:《古代法》,沈景一译,商务印书馆1996年版。
38. [德]萨维尼:《论立法与法学的当代使命》,许章润译,中国法制出版社2001年版。
39. [德]马克斯·韦伯:《论经济与社会中的法律》,张乃根译,中国政法大学出版社1998年版。
40. [德]古斯塔夫·拉德布鲁赫:《法学导论》,米健译,中国大百科全书出版社1997年版。
41. [美]富勒:《法律的道德性》,郑戈译,商务印书馆2005年版。
42. [美]约翰·罗尔斯:《正义论》,何怀宏等译,中国社会科学出版社1988年版。
43. [美]罗纳德·德沃金:《认真对待权利》,信春鹰、吴玉章译,中国大百科全书出版社1998年版。
44. [美]德沃金:《法律帝国》,李常青译,中国大百科全书出版社1998年版。
45. [奥]凯尔森:《法与国家的一般理论》,沈宗灵译,中国大白科全书出版社1996年版。
46. [英]哈特:《法律的概念》,张文显等译,中国大百科全书出版社1996年版。
47. [法]狄骥:《宪法论》,钱克新译,商务印书馆1959年版。
48. [法]狄骥:《宪法学教程》,王文利等译,辽海出版社、春风文艺出版社1999年版。
49. [美]庞德:《通过法律的社会控制法律的任务》,沈宗灵译,商务印书馆1984年版。
50. [美]庞德:《法律史解释》,曹玉堂译,华夏出版社1989年版。
51. [美]理查德·A.波斯纳:《法律的经济分析》,蒋兆康译,中国大百科全书出版社 1997 年版。

52. [美]理查德·A.波斯纳:《法理学问题》,苏力译,中国政法大学出版社 2002 年版。

53. [英]哈耶克:《法律、立法与自由》,邓正来译,三联书店 1997 年版。

54. [英]哈耶克:《通往奴役之路》,王明毅等译,中国社会科学出版社 1997 年版。

55. [美]昂格尔:《现代社会中的法律》,吴玉章等译,中国政法大学出版社 1994 年版。

56. [德]哈贝马斯:《合法化危机》,刘北成、曹卫东译,上海人民出版社 2000 年版。

57. [匈]卢卡奇:《历史和阶级意识》,王伟光等译,华夏出版社 1989 年版。

58. [英]罗素:《西方哲学史》,何兆武等译,商务印书馆 1986 年版。

59. 列奥·施特劳斯等:《政治哲学史》,李天然等译,河北人民出版社 1990 年版。

60. [英]阿伦·布洛克:《西方人文主义传统》,董乐山译,三联书店 1997 年版。

61. [英]安东尼·阿巴拉斯特:《西方自由主义的兴衰》,曹海军等译,吉林人民出版社 2004 年版。

62. [英]莫里斯:《法理学》,李桂林等译,武汉大学出版社 2003 年版。

63. [英]巴里·尼古拉斯:《罗马法概论》,黄风译,法律出版社 2000 年版。

64. [英]丹宁勋爵:《法律的正当程序》,李克强等译,群众出版社 1984 年版。

65. [英]弗兰西斯·斯奈德:《欧洲联盟法概论》,宋英编译,北京大学出版社 1996 年版。

66. [美]J.范伯格:《自由、权利和社会正义》,王守昌等译,贵州人民出版社 1998 年版。

67. [美]萨拜因:《政治学说史》,盛葵阳等译,商务印书馆 1986 年版。

68. [美]孟罗·史密斯:《欧陆法律发达史》,姚梅镇译,商务印书馆 1947 年版。

69. [美]哈罗德·伯尔曼:《法律与革命》,贺卫方等译,中国大百科全书出版社 1993 年版。

70. [美]E.博登海默:《法理学——法律哲学与法律方法》,邓正来译,中国政法大学出版社 1999 年版。

71. [美]施瓦茨:《美国法律史》,王军等译,中国政法大学出版社 1989 年版。

72. [美]彼德·哈伊:《美国法律概论》,沈宗灵译,北京大学出版社 1983 年版。

73. [美]艾伦·沃森:《民法法系的演变及形成》,李静冰、姚新华译,中国政法大学出版社 1992 年版。

74. [美]詹姆斯·M.伯恩斯等:《美国式民主》,潭君久等译,中国社会科学出版社 1993 版。

75. [美]本杰明·卡多佐:《司法过程的性质》,苏力译,商务印书馆 2002 版。

76. [意]圭多·德·拉吉罗:《欧洲自由主义史》,杨军译,吉林人民出版社 2001

年版。

77. [意]彼德罗·彭梵德:《罗马法教科书》,黄风译,中国政法大学出版社 1992 年版。

78. [意]朱塞佩·格罗素:《罗马法史》,黄风译,中国政法大学出版社 1994 年版。

79. [德]考夫曼、哈斯默尔主编:《当代法哲学和法律理论导论》,郑永流译,法律出版社 2002 年版。

80. [德]K. 茨威格特、H. 克茨:《比较法总论》,潘汉典等译,贵州人民出版社 1992 年版。

81. [德]罗伯特·霍恩等:《德国民商法导论》,楚建译,中国大百科全书出版社 1996 年版。

82. [法]勒内·达维德:《当代主要法律体系》,漆竹生译,上海译文出版社 1984 年版。

83. [爱]J. M. 凯利:《西方法律思想简史》,王笑红译,法律出版社 2002 年版。

84. [葡]叶士朋:《欧洲法学史导论》,吕平义等译,中国政法大学出版社 1998 年版。

85. [日]早川武夫等:《外国法》,张光博、金峰玉译,吉林人民出版社 1984 年版。

86. [日]宫泽俊义:《日本宪法精解》,董璠舆译,中国民主法制出版社 1993 年版。

87. [前苏联]费罗多夫:《外国国家与法律制度史》,叶长良、曾宪义译,中国人民大学出版社 1985 年版。

88. [前苏联]格·米·瓦里赫米托夫:《苏联国家和法的历史》,中国人民大学出版社 1955 年版。

89. 《外国法制史》编写组编:《外国法制史资料选编》,北京大学出版社 1982 年版。

90. 卞建林、刘玫:《外国刑事诉讼法》,人民法院出版社 2002 版。

91. 薄振峰:《当代西方综合法学思潮》,法律出版社 2005 年版。

92. 程汉大主编:《英国法制史》,齐鲁书社 2001 版。

93. 邓正来:《哈耶克法律哲学的研究》,法律出版社 2002 年版。

94. 邓曾甲:《日本民法概论》,法律出版社 1995 年版。

95. 鄂振辉:《自然法学》,法律出版社 2005 年版。

96. 方立新:《西方五国司法通论》,人民法院出版社 2000 年版。

97. 付池斌:《现实主义法学》,法律出版社 2005 年版。

98. 顾准:《希腊城邦制度》,中国社会科学出版社 1982 年版。

99. 谷春德主编:《西方法律思想史》,中国人民大学出版社 2000 年版。

100. 郭成伟主编:《外国司法制度概要》,江苏人民出版社 2001 版。

101. 何勤华主编:《英国法律发达史》,法律出版社 1999 年版。

102. 何勤华主编:《美国法律发达史》,上海人民出版社 1998 年版。

103. 何勤华主编:《德国法律发达史》,法律出版社2000年版。
104. 何勤华等:《日本法律发达史》,上海人民出版社1999年版。
105. 何勤华:《西方法律思想史》,复旦大学出版社2005年版。
106. 何勤华:《西方法学史》,中国政法大学出版社1996版。
107. 洪永红、夏新华等著:《非洲法导论》,湖南人民出版社2000年版。
108. 洪波:《法国政治制度变迁》,中国社会科学出版社1993年版。
109. 何勤华主编:《法国法律发达史》,法律出版社2001年版。
110. 林榕年主编:《外国法制史新编》,群众出版社1993年版。
111. 林榕年主编:《外国法律制度史》,中国人民公安大学出版社1992年版。
112. 李宜琛:《日耳曼法概说》,商务印书馆1943年版。
113. 李昌道:《美国宪法史稿》,法律出版社1986年版。
114. 李昌道、董茂云:《比较司法制度》,上海人民出版社2004版。
115. 李桂林,徐爱国:《分析实证主义法学》,武汉大学出版社2000年版。
116. 李龙主编:《西方法学名著提要》,江西人民出版社1999年版。
117. 梁慧星主编:《为权利而斗争》,中国法制出版社2000年版。
118. 吕世伦、谷春德编著:《西方政治法律思想史》,辽宁人民出版社1986年版。
119. 吕世伦主编:《西方法学流派》,中国大百科全书出版社2000年版。
120. 吕世伦:《西方法律思想史论》,商务印书馆2006年版。
121. 吕世伦主编:《西方法律思潮源流论》,中国人民公安大学出版社1993年版。
122. 欧力同、张伟:《法兰克福学派研究》,重庆出版社1990年版。
123. 潘华仿:《英美法论》,中国政法大学出版社1997年版。
124. 丘日庆主编:《各国法律概况》,知识出版社1981年版。
125. 沈宗灵:《比较法总论》,北京大学出版社1987年版。
126. 沈达明:《衡平法初论》,对外经济贸易大学出版社1997年版。
127. 沈达明、梁仁光编著:《德意志法上的法律行为》,对外贸易教育出版社1992年版。
128. 邵景春:《欧洲联盟的法律与制度》,人民法院出版社1999年版。
129. 孙文恺:《社会学法学》,法律出版社2005年版。
130. 沈宗灵:《现代西方法理学》,北京大学出版社1992年版。
131 沈宗灵主编:《比较法研究》,北京大学出版社2002版。
132. 隋伟、杨明光:《欧洲联盟法律制度简论》,南开大学出版社1998版。
133. 吴云贵:《伊斯兰教法概略》,中国社会科学出版社1993年版。
134. 王振东:《自由主义法学》,法律出版社2005年版。
135. 王哲:《西方政治法律学说史》,北京大学出版社1988年版。
136. 王利明:《司法改革研究》,法律出版社2000版。
137. 王希:《原则与妥协:美国宪法的精神与实践》,北京大学出版社2000版。
138. 王云霞、何戍中:《东方法概述》,法律出版社1993年版。

139. 王云霞：《东方法律改革比较研究》，中国人民大学出版社 2002 年版。
140. 徐尚清主编：《当代英国法律制度》，延边人民出版社 1990 年版。
141. 徐爱国、李桂林、郭义贵：《西方法律思想史》，北京大学出版社 2002 年版。
142. 徐爱国：《破解法学之谜》，学苑出版社 2001 年版。
143. 徐爱国：《分析法学》，法律出版社 2005 年版。
144. 徐爱国等：《西方法律思想史》，北京大学出版社 2001 年版。
145. 徐崇温："西方马克思主义"论丛，重庆出版社 1989 年版。
146. 谢邦宇等：《行为法学》，法律出版社 1993 年版。
147. 由嵘主编：《外国法制史》，北京大学出版社 1992 年版。
148. 由嵘：《日耳曼法简介》，法律出版社 1987 年版。
149. 叶秋华：《外国法制史论》，中国法制出版社 2000 年版。
150. 叶秋华：《西方经济法律制度》，中国人民大学出版社 2001 年版。
151. 严存生主编：《西方法律思想史》，法律出版社 2004 年版。
152. 张彩凤：《英国法治研究》，中国人民公安大学出版社 2001 年版。
153. 张寿民：《俄罗斯法律发达史》，法律出版社 2000 年版。
154. 张宏生主编：《西方法律思想史》，北京大学出版社 1983 年版。
155. 张桂琳：《西方政治哲学》，中国政法大学出版社 1999 年版。
156. 张乃根：《经济学分析法学》，上海三联书店 1995 年版。
157. 张乃根：《西方法哲学史纲》，中国政法大学出版社 1993 年版。
158. 张文显：《二十世纪西方法哲学思潮研究》，法律出版社 1996 年版。
159. 朱景文主编：《对西方法律传统的挑战》，中国检察出版社 1996 年版。
160. 周一良、吴于廑主编：《世界通史》，人民出版社 1973 年版。
161. 周长龄：《法律的起源》，中国人民公安大学出版社 1997 年版。
162. 周枏：《罗马法原论》，商务印书馆 1994 年版。

二、外文参考书目

1. B. A. Ackerman, Social Justice in the Liberal State, Yale University Press, 1980.
2. John Arthur and William H. Shaw, Social and Political Philosophy, Prentice Hall, Inc., 1992.
3. John Austin, The Province of Jurisprudence Determined, Weidenfeld & Nicholson, London, 1954.
4. B. Barry, The Liberal Theory of Justice, Oxford University Press, 1973.
5. S. I. Benn & R. S. Peters, The Principles of Political Thought, the Free Press, 1959.
6. J. Bentham, An Introduction to the Principles of Morals and Legislation, Clarendon Press, Oxford, 1982.
7. E. Bodenheimer, Jurisprudence (revised edition), Harvard University Press, 1974.
8. G. C. Christie, Jurisprudence—Text and Readings on the Philosophy of Law, West

Publishing Company, 1973.

9. J. Cabin, General Theory of Law, Harvard University Press, 1950.
10. P. Devlin, The Enforcement of Morality, Oxford University Press, 1965.
11. R. W. M. Dias, Jurisprudence, Butterworth's (5th edition), 1985.
12. R. Dworkin, Taking Rights Seriously (revised edition), Harvard University Press, 1978.
13. R. Dworkin (ed.), the Philosophy of Law, Oxford University Press, 1979.
14. R. Dworkin, a Matter of Principle, Harvard University Press, 1986.
15. R. Dworkin, Law's Empire, The Belknap Press of Harvard University Press, 1986.
16. E. Ehrlich, Fundamental Principles of the Sociology of Law (English edition), Harvard University Press, 1936.
17. J. Feinberg & H. Gross, Philosophy of Law, Wadswirth Publishing Co., 1980.
18. J. Finnis, Natural Law and Natural Rights, Oxford University Press, 1980.
19. W. Freidman, Legal Theory(fifth edition), Columbia University Press, 1967.
20. L. L. Fuller, The Morality of Law (revised edition), Yale University Press, 1969.
21. M. P. Golding, Philosophy of Law, Prentice-Hall, Inc., 1975.
22. P. Hacher & J. Raz (ed), Law, Morality and Society, Oxford University Press, 1979.
23. J. Hall, The Foundations of Jurisprudence, The Bobbs-Merrill Company, Inc., 1973.
24. J. W. Harris, Legal Philosophy, Butterworth Co. (Publishers) Ltd.
25. H. L. A. Hart, The Concept of Law, Oxford University Press, 1961.
26. H. L. A. Hart, Law, Liberty, and Morality, Oxford University Press, 1963.
27. H. L. A. Hart, Essays in Jurisprudence and Philosophy, Oxford University Press, 1983.
28. F. A. Hayek, Law, Legislation and Liberty(volume1, 2, 3), The University of Chicago Press, 1973, 1976, 1979.
29. W. Hohfeld, Fundamental Legal Conceptions as Applied in Judicial Reasoning and Other Essays, Yale University Press, 1927.
30. Holmes, Collected Legal Papers, Harcourt, Brace, and Company, 1920.
31. H. J. Hommes, Major Trends in the History of Legal Philosophy, North Holland Publishing Company, 1979.
32. S. Hook(ed.), Law and Philosophy, New York University Press, 1964.
33. D. Kairys, The Politics of Law——A Progressive Critique, Pantheon Books, 1982.
34. H. Kelsen, General Theory of Law and State(revised edition), Harvard Universi-

ty Press, 1945.
35. H. Kelson, Pure Theory of Law (revised edition), California University Press, 1967.
36. D. Llyons, Moral Aspects of Legal Theory, Cambridge University Press, 1993.
37. Dennis Lloyd, Introduction to Jurisprudence, Stevens and Son, 1979.
38. Lord Lloyd of Hampstead and M. D. A. Freeman, Lloyd's Introduction to Jurisprudence, Stevens and Sons, 1985.
39. N. MacCormick & Z. Bankowski (ed.), Enlightenment, Rights and Revolution——Essays in Legal and Philosophy, Aberdeen University Press, 1989.
40. N. MacCormick, Legal Right and Social Democracy——Essays in Legal and Political Philosophy, Oxford University Press, 1984.
41. J. Maritain, The Rights of Man and Natural Law (trans. D. C. Anson), New York, 1954.
42. C. Morris, The Great Legal Philosophers – Selected Readings in Jurisprudence, University of Pennsylvania Press, 1959.
43. J. Murphy and J. Coleman, The Philosophy of Law – An Introduction to Jurisprudence, Rowman & Allanheld Publishers, 1984.
44. R. Nozick, Anarchy, State, and Utopia, Harvard University Press, 1974.
45. Bhikhu Parekh, Contemporary Political Thinkers, Martin Robertson, Oxford, 1982.
46. G. W. Paton, Jurisprudence (4th edition), Oxford University Press, 1972.
47. E. W. Paton, Jurisprudence——Men and Ideas of the Law, the Foundation Press, Inc., 1953.
48. C. Perelman, Justice, Law, and Argument, D. Reidel Publishing Company, 1980.
49. J. P. Plemenatz, Man and Society, Longmans, Green & Co., 1963.
50. A. M. Polinsky, An Introduction to Law and Economics, Little, Brown and Company, 1983.
51. R. A. Posner, Economic Analysis of Law (2th edition), Little Brown and Company, 1977.
52. R. A. Posner, The Problems of Jurisprudence, Harvard University Press, 1990.
53. R. Pound, Interpretations of Legal History, Harvard University Press, 1946.
54. D. D. Raphael, Justice and Liberty, Athloner Press, 1980.
55. J. Rawls, A Theory of Justice, Harvard University Press, 1971.
56. J. Raz, The Authority of Law——Essays on Law and Morality, Clarendon Press, 1979.
57. A. Ross, Towards a Realistic Jurisprudence, Copenhagen, 1946.
58. R. A. Samek, The Legal Point of View, Philosophical Library, 1974.

59. P. Shuchman, Cohen and Cohen's Readings in Jurisprudence and Legal Philosophy, Little, Brown and Company, 1979.
60. A. Simmons, Moral Principles and Political Obligation, Princeton University Press, 1979.
61. A. W. B. Simpson (ed.), Oxford Essays in Jurisprudence, Oxford University Press, 1973.
62. R. Wacks, Jurisprudence (3rd edition), Blackstone Press Limited, 1993.
63. J. Waldron, Theories of Rights, Oxford University Press, 1984.
64. Encyclopedia Britannica (15th edition), 1977.
65. International Encyclopedia of the Social Science, the Macmillan Publishing Company & the Free Press, 1967.
66. The Encyclopedia of Philosophy, the Macmillan Publishing Company & the Free Press, 1967.

图书在版编目（CIP）数据

西方法律思想史/张彩凤主编．—北京：中国政法大学出版社，2007.11
高等政法院校规划教材
ISBN 978-7-5620-3125-3

Ⅰ.西... Ⅱ.张... Ⅲ.法律-思想史-西方国家-高等学校-教材　Ⅳ.D909.5

中国版本图书馆CIP数据核字(2007)第174122号

出版发行	中国政法大学出版社
经　　销	全国各地新华书店
承　　印	保定市中画美凯印刷有限公司

720mm×960mm　　16开本　　23.25印张　　425千字
2007年12月第1版　2020年8月第4次印刷
ISBN 978-7-5620-3125-3/D•3085
定　价: 30.00元

社　　址	北京市海淀区西土城路25号
电　　话	(010)58908435(教材编辑部)　58908325(发行部)　58908334(邮购部)
通信地址	北京100088信箱8034分箱　邮政编码　100088
电子信箱	fada.jc@sohu.com(教材编辑部)
网　　址	http://www.cuplpress.com　(网络实名：中国政法大学出版社)
声　　明	1. 版权所有，侵权必究。 2. 如有缺页、倒装问题，由本社发行部负责退换。